Miedo

Trump en la Casa Blanca

Miedo

Trump en la Casa Blanca

Bob Woodward

Rocaeditorial

Título original: *Fear. Trump in the White House*

© 2018, Bob Woodward

Todos los derechos reservados.
Publicado en acuerdo con el editor original, Simon & Schuster, Inc.

Primera edición: noviembre de 2018

© de la traducción: 2018, Traducciones Imposibles
© de esta edición: 2018, Roca Editorial de Libros, S. L.
Av. Marquès de l'Argentera 17, pral.
08003 Barcelona
actualidad@rocaeditorial.com
www.rocalibros.com

Impreso por LIBERDÚPLEX, S.L.U.
Sant Llorenç d'Hortons (Barcelona)

ISBN: 978-84-17541-41-5
Depósito legal: B. 24025-2018
Código IBIC: JPA; KNTJ

RE41415

A Elsa

Índice

LA HISTORIA DEL PRESIDENTE TRUMP DESDE DENTRO, COMO SOLO BOB WOODWARD PODÍA CONTARLA

C on esa forma de comunicar tan autoritaria, perfeccionada durante ocho presidencias desde Nixon a Obama, el autor Bob Woodward revela con una minuciosidad sin precedentes la tormentosa vida del presidente Donald Trump dentro de la Casa Blanca, así como los detalles intrínsecos sobre la toma de importantes decisiones en política nacional e internacional.

Miedo es el retrato más íntimo que se haya publicado sobre un presidente en el poder durante su primer año de mandato.

Woodward extrae su información de cientos de horas de entrevistas con fuentes de primera mano, anotaciones de reuniones, diarios personales, archivos y documentos. Lleno de detalles del día a día, diálogos y documentación, Miedo hace un recorrido por las decisiones trascendentales en asuntos de ámbito internacional y nacional, y nos ofrece vívidos detalles de las negociaciones entre los abogados de Trump y Robert Mueller, el fiscal especial en las investigaciones sobre Rusia, exponiendo públicamente por primera vez las discusiones y estrategias que se fueron planteando reunión tras reunión. Revela cómo los altos cargos de la Casa Blanca de Trump tuvieron que organizarse para robar proyectos de decreto del Despacho Oval del presidente para que no creara normativas que pusieran en jaque operaciones de inteligencia cruciales.

«Era, prácticamente, un golpe de Estado administrativo —escribe Wodward—, una crisis nerviosa del poder ejecutivo en el país más poderoso del mundo.»

Bob Woodward

es editor adjunto de The Washington Post, donde ha estado trabajando durante cuarenta y siete años. Ha conseguido dos Premios Pulitzer, uno por la cobertura del escándalo Watergate para el Post junto a Carl Bernstein, y otro, en  2003, como principal reportero que cubrió los ataques terroristas del 11 de septiembre. Es autor y coautor de dieciocho libros, y todos han llegado a ser best sellers de no ficción. Doce de ellos han llegado al primer puesto de los más vendidos en Estados Unidos.

Nota del autor

Querría mostrar mi más sentido agradecimiento a Evelyn M. Duffy, que ha sido mi mano derecha en los cinco libros que han abarcado a cuatro presidentes. El presidente Trump representa un hito particular debido a las fervientes emociones y pasiones que desencadena tanto en sus defensores como en sus detractores. Evelyn se dio cuenta enseguida de que el reto en esta ocasión era conseguir nueva información, verificarla y ponerla en contexto al mismo tiempo que se extraían nuevos datos de las entrañas de la Casa Blanca.

Evelyn tenía claro que esta era la historia que había que contar y que teníamos que conseguir la mayor cantidad de información posible en el menor tiempo posible, mientras los recuerdos seguían vivos y la documentación y las notas todavía estaban disponibles. En ocasiones, investigábamos, entrevistábamos, transcribíamos y volvíamos a escribir pasajes enteros del libro en solo un par de días, abordando temas de política internacional, desde Corea del Norte hasta Afganistán y Oriente Medio, y cuestiones nacionales, como el comercio, la inmigración y los impuestos.

Se aseguró de que fuéramos construyendo la historia alrededor de escenarios específicos, con datos concretos, participantes de renombre e informes sobre lo que había sucedido. Evelyn tiene una increíble ética del trabajo y un enorme sentido de la justicia, curiosidad y honestidad. Me proporcionó una ingente cantidad de información, antecedentes, cronologías, recortes, su punto de vista, una lista de grandes preguntas sin resolver y una propuesta de entrevistas que se podían llevar a cabo.

Evelyn aportó su buen hacer y sabiduría sin límites; se convirtió en una colaboradora plena y, en espíritu (y por el nivel de esfuerzo), en la coautora del libro.

«El verdadero poder es —ni tan siquiera quiero utilizar la palabra— el miedo.»

El candidato presidencial Donald J. Trump, en una entrevista con Bob Woodward y Robert Costa el 31 de marzo de 2016, en el Old Post Office Pavilion, Hotel Trump International, Washington, D. C.

Nota para los lectores

*L*as entrevistas incluidas en este libro se realizaron siguiendo la regla básica periodística del *deep background* o información de referencia. Es decir, se podía utilizar toda la información de las entrevistas, pero sin indicar quién la había proporcionado. Este libro es el resultado de cientos de horas de entrevistas con participantes directos y testigos de los hechos relatados. Casi todos me permitieron grabar las entrevistas para que la historia se contara con la mayor precisión posible. Cuando atribuyo citas, pensamientos o conclusiones a los participantes, los datos provienen de la persona en cuestión o de algún colega con acceso directo a la información, o bien de notas, diarios personales, archivos o documentos gubernamentales o personales.

El presidente Trump rechazó la invitación a ser entrevistado en este libro.

Prólogo

$\mathcal{A}$ principios de septiembre de 2017, en el octavo mes de la presidencia de Trump, Gary Cohn, antiguo presidente de Goldman Sachs y el consejero económico por excelencia del presidente en la Casa Blanca, se dirigió con cautela hacia el escritorio Resolute del Despacho Oval.

En sus veintisiete años en Goldman, Cohn —de 1,90 metros de estatura, calvo, intrépido y con una alta dosis de autoconfianza— había conseguido miles de millones para sus clientes y cientos de millones para sí mismo. Se había ganado el privilegio de entrar en el Despacho Oval de Trump sin cita previa y el presidente así lo había aceptado.

Encima de la mesa había un borrador de una carta del presidente estadounidense dirigida al presidente de Corea del Sur en la que se daba por finalizado el Acuerdo de Libre Comercio entre Estados Unidos y Corea, conocido como Korus.

Cohn se quedó estupefacto. Durante meses, Trump había amenazado con retirarse del acuerdo, una de las bases de la relación económica, de la alianza militar y, lo que es más importante, de las operaciones de inteligencia del más alto secreto.

Bajo este acuerdo, que se remonta a la década de los cincuenta, Estados Unidos había posicionado 28.500 soldados estadounidenses en el sur y había llevado a cabo los Programas de Acceso Especial (PAE) más confidenciales y comprometidos, que proporcionaron inteligencia sofisticada y codificada de alto secreto, así como potencial militar. Los misiles ICBM norcoreanos tienen ahora la capacidad de llevar armas nucleares… incluso a territorio estadounidense. Si se lanzara un misil desde Corea del Norte, tardaría 38 minutos en llegar a Los Ángeles.

Estos programas permitían a Estados Unidos detectar un lanzamiento de un misil ICBM en Corea del Norte en siete segundos. En cambio, en Alaska tardarían quince minutos, lo que representa una asombrosa diferencia de tiempo.

La capacidad de detectar un lanzamiento en siete segundos le daría tiempo al ejército de Estados Unidos de derribar el misil norcoreano. Es probablemente la operación más importante y más secreta del Gobierno de Estados Unidos. La presencia estadounidense en Corea del Sur es la base de la seguridad nacional.

Por tanto, salir del acuerdo de comercio Korus, que era esencial a ojos de Corea del Sur para su economía, podía conllevar un deterioro completo de la relación. Cohn no podía creer que el presidente Trump se arriesgara a perder un recurso de inteligencia tan crucial para la seguridad nacional de Estados Unidos.

Esta situación se había desencadenado por la ira de Trump al ver que Estados Unidos tenía un déficit comercial de 18.000 millones de dólares anuales con Corea del Sur y que se gastaban 3.500 millones de dólares anuales para mantener allí las tropas estadounidenses.

A pesar de las informaciones casi diarias de caos y desavenencias en la Casa Blanca, el público no llegó a saber el alcance real de la situación. Trump cambiaba constantemente, se mostraba errático e inestable. Si se ponía de mal humor o si algo, de poca o mucha importancia, le exasperaba, hacía referencia al acuerdo de comercio Korus y afirmaba: «Hoy mismo salimos del acuerdo».

Pero ahora había una carta, con fecha del 5 de septiembre de 2017, que podía desencadenar una catástrofe de seguridad nacional. Cohn temía que Trump acabara firmando la carta si la veía.

Cohn cogió la carta del escritorio Resolute y la metió en una carpeta azul que tenía escrita la palabra «GUARDAR».

—La cogí de su mesa —comentó luego a un colega—. No iba a dejar que la viera. Nunca verá ese documento. Tengo que proteger el país.

En la anarquía y el desorden de la Casa Blanca, y en la mente de Trump, el presidente nunca se dio cuenta de la desaparición de la carta. Normalmente, Rob Porter, secretario de personal y responsable del papeleo presidencial, se hubiera encargado de redactar una carta así al presidente de Corea del Sur. Sin embargo, esta vez, la carta llegó peligrosamente a Trump a través de un canal desconocido. El secretario de personal, aunque suele estar en la sombra, juega un papel crucial en cualquier gobierno de la Casa Blanca. Durante meses, Porter había estado informando a Trump sobre memorandos y otros documentos presidenciales, entre los que se encontraban autorizaciones de seguridad nacional muy comprometidas, relacionadas con acciones militares y actividades encubiertas de la CIA.

Porter, un hombre de cuarenta años, 1,93 metros de altura y esquelético, educado en la religión mormona, era uno de los hombres grises: un hombre de organización sin ostentación que se había graduado en la Facultad de Derecho de Harvard y que fue becario Rhodes.

Porter se enteró después de que había varias copias de la carta y tanto él como Cohn se aseguraron de que ninguna copia llegara al escritorio del presidente.

Cohn y Porter trabajaron codo con codo para acabar con lo que ellos consideraban que eran las órdenes más impulsivas y peligrosas de Trump. Ese documento y otros por el estilo simplemente desaparecieron. Cuando a Trump le llegaba un documento para revisarlo, Cohn a veces lo tiraba y el presidente se olvidaba de él. Pero si estaba encima de su escritorio, lo firmaba. «No es lo que hemos hecho por el país —afirmó Cohn en privado—, sino lo que hemos evitado que él haga.»

Fue, básicamente, un *coup d'état* administrativo al socavar el poder del presidente de Estados Unidos y su autoridad constitucional.

Además de coordinar las decisiones políticas y la planificación y gestionar el papeleo para el presidente, en palabras de Porter a un colega, «un tercio de mi trabajo consistía en reaccionar ante algunas de las ideas verdaderamente peligrosas que se le ocurrían y darle razones para que pensara que tal vez esas ideas no eran tan buenas».

19

Otra estrategia que utilizaba era posponer, procrastinar o alegar restricciones legales. Porter, que es abogado, decía que «ralentizar cosas o no plantearle algunas cosas o decirle —de verdad, no como excusa— que algo se tenía que revisar o que se tenía que estudiar más o que no teníamos el visto bueno legal era diez veces más frecuente que coger documentos de su escritorio. Teníamos la sensación de estar continuamente al borde del precipicio».

Había días o semanas en las que parecía que la operación estaba controlada y el precipicio estaba un par de pasos más lejos. «Había otras veces en que nos caíamos al precipicio y se llevaban a cabo acciones. Era como si estuviéramos siempre al borde del precipicio.»

Aunque Trump nunca mencionó la carta del 5 de septiembre desaparecida, no se olvidó de lo que quería hacer con el acuerdo de comercio. «Hubo varias iteraciones de la carta», le comentó Porter a un colega.

Más tarde, en una reunión en el Despacho Oval, se estaba debatiendo acaloradamente sobre el acuerdo con Corea del Sur. «Me da igual —dijo Trump—. ¡Estoy harto de que se argumente siempre lo mismo! Ya no quiero oír nada más. Nos salimos del Korus.» Empezó a dictar la nueva carta que quería enviar.

Jared Kushner, el yerno del presidente, se tomó las palabras de Trump en serio. Jared, de treinta y seis años, era asesor principal de la Casa Blanca y tenía una apariencia tranquila, casi aristocrática. Se había casado con Ivanka, la hija de Trump, en 2009.

Como era el que estaba sentado más cerca del presidente, Jared empezó a copiar lo que Trump decía, tomando notas.

Trump le ordenó que acabara la carta y que se la diera para firmar.

Jared estaba pasando las notas que había tomado del presidente a una nueva carta cuando Porter se enteró de lo que estaba pasando.

—Envíame el borrador —le dijo—. Si vamos a hacer esto, no podemos hacerlo en la parte de detrás de una servilleta. Tenemos que redactarlo de forma que no nos avergüence.

Kushner envió una copia en papel del borrador. No servía de mucho. Porter y Cohn habían redactado algo para demostrar que estaban haciendo lo que el presidente había pedido. Trump esperaba una respuesta inmediata. No iban a presentarse con las manos vacías. El borrador era parte del subterfugio.

En una reunión formal, los oponentes a salir del Korus plantearon todo tipo de argumentos: que Estados Unidos nunca antes había salido de un acuerdo de libre comercio; que había temas legales, geopolíticos y de vital importancia para la inteligencia y la seguridad nacional; que la carta todavía no estaba lista. Abrumaron al presidente con hechos y lógica.

—Bueno, pues vamos a seguir trabajando en la carta —dijo Trump—. Quiero ver el siguiente borrador.

Cohn y Porter no prepararon el siguiente borrador. Así que no había nada que enseñarle al presidente. El tema, por el momento, se perdió en la neblina de la toma de decisiones presidenciales. Trump se ocupó con otras cosas.

Pero el tema del Korus no acababa de zanjarse. Cohn habló con el secretario de Defensa James Mattis, un general de la marina retirado que era, probablemente, la voz con más influencia en el gabinete y el personal de Trump. El general Mattis, un veterano de guerra, había servido cuarenta años en el cuerpo. Con 1,75 metros de altura y una postura completamente recta, siempre parecía estar cansado del mundo.

—Estamos a punto de caer en el abismo —le dijo Cohn al secretario—. Esta vez vamos a necesitar un poco de ayuda.

Mattis intentó limitar sus visitas a la Casa Blanca y centrarse en temas militares tanto como pudo; sin embargo, al darse cuenta de la urgencia, acudió al Despacho Oval.

—Señor presidente —dijo—. Kim Jong-un representa la mayor amenaza a nuestra seguridad nacional. Necesitamos que Corea del Sur sea un aliado. Puede parecer que el comercio no está relacionado con todo esto, pero es crucial. Los recursos militares y de inteligencia estadounidenses en Corea del Sur son la piedra angular para poder defendernos de Corea del Norte. Por favor, no salgamos del acuerdo.

—¿Por qué Estados Unidos está pagando mil millones de

dólares por un sistema de misil antibalístico en Corea del Sur? —preguntó Trump. Estaba furioso por el sistema de defensa de lanzamiento de misiles THAAD (*Terminal High Altitude Area Defense*) y había amenazado con quitarlo de Corea del Sur y trasladarlo a Portland (Oregón).

—No estamos haciendo esto por Corea del Sur —dijo Mattis—. Estamos ayudando a Corea del Sur porque nos beneficia a nosotros.

El presidente pareció aceptarlo, pero solo momentáneamente.

En 2016, el candidato Trump nos dio a Bob Costa y a mí su propia definición de en qué consiste el trabajo del presidente: «Es, ante todo, la seguridad de nuestra nación… Es la primera prioridad y la segunda y la tercera… El ejército, ser fuertes, no dejar que a nuestro país le pasen cosas malas que vengan de fuera. Y estoy convencido de que esta va a seguir siendo mi prioridad en esa definición».

La realidad fue que en 2017 Estados Unidos se vio subyugado por las palabras y las acciones de un líder volátil, impredecible y emocionalmente alterado. Algunos miembros de su equipo se unieron para bloquear deliberadamente lo que ellos consideraban que eran los impulsos más peligrosos del presidente. Asistimos al colapso nervioso del poder ejecutivo del país más poderoso del mundo.

A continuación se recoge esa historia.

Pendiente de aprobación / Deliberativo

5 de septiembre de 2017

Su Excelencia Moon Jae-in
Presidente de la República de Corea
La Casa Azul
Seúl
República de Corea

Su Excelencia Kim Hyun-chong
Ministro de Comercio
Ministerio de Comercio, Industria y Energía
Hannuri-daero, 402
30118 Sejong-si
República de Corea

Estimados señores:

El Acuerdo de Libre Comercio entre Estados Unidos y Corea (en adelante, el Acuerdo), en su forma actual, no vela por el mejor interés de la economía de Estados Unidos. Por tanto, de conformidad con el artículo 24.5 del Acuerdo, Estados Unidos procede por la presente a notificar que desea rescindir el Acuerdo.
Tal y como se recoge en el artículo 24.5, el Acuerdo terminará 180 días después de la notificación. Durante este periodo, Estados Unidos está en disposición de negociar con la República de Corea aquellos asuntos económicos que afecten a ambos países.

Saludos,

Donald J. Trump
Presidente de Estados Unidos

Robert E. Lighthizer
Representante de Comercio de Estados Unidos

GUARDAR

Borrador de la carta con fecha del 5 de septiembre de 2017 al presidente de Corea del Sur anunciando la retirada del acuerdo de comercio. Gary Cohn la cogió del escritorio del presidente Trump en el Despacho Oval para que no se firmara y se enviara.

1

*E*n agosto de 2010, seis años antes de encargarse de la victoriosa campaña presidencial de Donald Trump, Steve Bannon, que por aquel entonces tenía cincuenta y siete años y era productor de documentales políticos de derechas, contestó el teléfono.

—¿Qué haces mañana? —le preguntó David Bossie, un veterano investigador republicano y activista conservador que había perseguido los escándalos de Bill y Hillary Clinton durante casi dos décadas.

—Tío —le contestó Bannon—, estoy montando los puñeteros documentales que me has pedido.

Las elecciones parlamentarias de 2010, a mitad del mandato, estaban a la vuelta de la esquina. Era el momento cumbre del movimiento Tea Party y los republicanos estaban mostrando su fuerza.

—Dave, estamos literalmente sacando dos documentales más. Los estoy editando. Trabajo veinte horas al día. —En Citizens United, el comité de acción política conservador que Bossie dirigía, para producir en masa sus documentales anti-Clinton.

—¿Puedes venir conmigo a Nueva York?

—¿Para qué?

—Para ver a Donald Trump —le contestó Bossie.

—¿Para qué?

—Está pensando en presentarse a presidente —explicó Bossie.

—¿De qué país? —preguntó Bannon.

—No, en serio —insistió Bossie, que se había reunido con

Trump y había trabajado con él durante meses. Trump había pedido que se reunieran.

—No tengo tiempo ni de cascármela, colega —soltó Bannon—. Donald Trump no se va a presentar nunca a presidente. Olvídate. ¿Contra Obama? Qué va, olvídate. No tengo tiempo para estas gilipolleces.

—¿Quieres reunirte con él?

—No, no tengo ningún interés.

Trump le había concedido una vez a Bannon una entrevista de treinta minutos para su programa de radio dominical, *The Victory Sessions*, que Bannon había sacado corriendo de Los Ángeles y había promocionado como «el programa de radio del pensador».

—Este tío no va en serio —soltó Bannon.

—Yo creo que va en serio —dijo Bossie. Trump era famoso en la televisión y tenía un programa muy conocido, *The Apprentice*, que llegó a ser número uno en la cadena NBC algunas semanas—. No perdemos nada por ir y reunirnos con él.

Bannon acabó por aceptar ir a Nueva York, a la Torre Trump.

Subieron hasta la sala de reuniones del piso 26. Trump les dio una cálida bienvenida y Bossie comentó que traía consigo una presentación detallada. Era un tutorial.

En la primera parte, según comentó, se explicaba cómo presentarse a unas primarias republicanas y ganar. En la segunda parte se explicaba cómo presentarse a la presidencia de Estados Unidos contra Barack Obama. Describió estrategias electorales básicas y habló del proceso y de otros asuntos. Bossie era un conservador tradicional, con una visión gubernamental limitada, y el movimiento Tea Party le había cogido por sorpresa.

Era un momento importante en la política estadounidense, tal y como comentó Bossie, y el populismo del Tea Party estaba arrasando el país. Estaba consiguiendo hacerse oír. El populismo era un movimiento de base para desbaratar el *statu quo* político a favor del común de los mortales.

—Soy un hombre de negocios —les recordó Trump—. No soy un trepa político profesional.

—Si vas a presentarte a presidente —le dijo Bossie—, tienes que saber muchas cosas, tanto cosas pequeñas como cosas importantes.

Las cosas pequeñas eran cumplir con los plazos, las reglas estatales para las primarias... minucias.

—Tienes que conocer los entresijos políticos y saber cómo ganar delegados. Pero, primero —añadió—, tienes que entender cómo funciona el movimiento conservador.

Trump asintió.

—Tienes problemas con algunas cosas —comentó Bossie.

—Yo no tengo problemas con nada —contestó Trump—. ¿De qué hablas?

—En primer lugar, nunca ha ganado unas primarias republicanas alguien que no sea provida —explicó Bossie—. Y tú, lamentablemente, eres muy proelección.

27

—¿Qué quieres decir?

—Pues que has ayudado económicamente a los que apoyan el aborto, a los candidatos proelección. Has hecho declaraciones en público. Tienes que ser provida y estar en contra del aborto.

—Estoy en contra del aborto —contestó Trump—. Soy provida.

—Bueno, tienes una trayectoria y unos antecedentes.

—Eso se puede arreglar —espetó Trump—. Solo tienes que decirme cómo arreglarlo. Yo soy... ¿cómo has dicho que se dice? ¿Provida? Soy provida, ya te lo digo.

Bannon estaba impresionado con el espectáculo, y cada vez más según iba hablando Trump. Este estaba comprometido y era rápido. Estaba en buena forma física. Su presencia era más grande que su propio cuerpo y se apoderó de la sala con capacidad de mando. Tenía algo. También era como uno de esos tipos que están en el bar y le hablan a la tele. Un listo de barrio, de Queens. A ojos de Bannon, Trump era como el antipático personaje Archie Bunker, pero un Archie Bunker muy centrado.

—La segunda cosa importante —dijo Bossie— es tu historial de voto.

—¿Qué quieres decir con mi historial de voto?

—Cuántas veces has votado.

—¿De qué estás hablando?

—Bueno —explicó Bossie—, no dejan de ser unas primarias republicanas.

—Yo voto siempre —dijo Trump con confianza—. He votado siempre desde que tenía dieciocho o veinte años.

—Eso no es cierto. Sabes que hay registros públicos de cuándo se ha votado. —Bossie, el investigador del Congreso, tenía una pila de documentos.

—No saben lo que he votado.

—No, no, no lo que has votado, sino cuántas veces has votado.

Bannon se dio cuenta de que Trump no sabía las cosas más básicas de política.

—Yo voto siempre —insistió Trump.

—Pues la verdad es que nunca has votado en unas primarias, salvo una vez, una sola vez en toda tu vida —le corrigió Bossie haciendo referencia a la documentación que tenía.

—Eso es una mentira de mierda —soltó Trump—. Es mentira. Cada vez que puedo votar, voto.

—Solo has votado en unas primarias —repitió Bossie—. Fue más o menos en 1988, en las primarias republicanas.

—Tienes razón —admitió Trump, dando un giro de 180 grados sin perder el ritmo—. Voté a Rudy. —Giuliani se presentó a alcalde en unas primarias en 1989—. ¿Eso está ahí?

—Sí.

—Podré con eso —dijo Trump.

—Tal vez nada de esto tenga importancia —añadió Bossie—, pero tal vez sí la tenga. Si vas a seguir adelante, tienes que ser metódico.

Ahora era el turno de Bannon. Empezó a hablar del motor del Tea Party, de cómo no le gustaban las élites. El populismo era para el común de los mortales, que sabe que el sistema está amañado. Iba en contra del amiguismo y de los tratos de favor que estaban sangrando a los trabajadores.

—Me encanta. Eso es lo que soy yo —dijo Trump—. Soy un popularista —añadió cambiando la palabra.

—No, no —le corrigió Bannon—. Es populista.

—Eso, eso —insistió Trump—. Un popularista.

Bannon desistió. Primero pensó que Trump no conocía la palabra. Pero tal vez Trump lo decía a su manera: ser popular con la gente. Bannon sabía que el popularista siente afición a lo popular y el populista lo que pretende es atraer a las clases populares.

Una hora después de que empezara la reunión, Bossie dijo:

—Tenemos otro gran problema.

—¿Y qué es? —preguntó Trump, esta vez con algo más de cautela.

—Bueno —dijo—, el 80 por ciento de las donaciones que has hecho han ido a parar a los demócratas.

Para Bossie, ese era el mayor hándicap político de Trump, aunque no lo dijo.

—¡Y una mierda!

—Hay documentación pública —añadió Bossie.

—¿Documentación de qué? —preguntó Trump con verdadero asombro.

—De cada donación que has hecho.

Era normal que las donaciones políticas fueran públicas.

—Siempre soy ecuánime —afirmó Trump. Según decía, siempre dividía sus donaciones entre los candidatos de ambos partidos.

—Es cierto que has dado bastante. Pero el 80 por ciento ha ido a parar a los demócratas: Chicago, Atlantic City...

—Es lo que tengo que hacer —añadió Trump—. Esos demócratas de mierda gobiernan todas las ciudades. Hay que hacer hoteles. Hay que untarles. Son ellos los que vienen a verme.

—Mire —dijo Bannon—, lo que Dave está intentando decirle es lo siguiente: si quiere presentarse como uno de los del Tea Party, el problema es que ellos se están quejando justo de

29

eso, de que los tipos como usted se aprovechan del tráfico de influencias.

—Podré con eso —afirmó Trump—. Todo está amañado. Es un sistema fraudulento. Esa gente me ha estado chantajeando durante años. No quería darles nada, pero venían a verme y me decían que si no les extendía un cheque...

Según comentó Trump, hubo una votación en Queens «y había un tipo con un bate de béisbol. Si querías entrar, le tenías que dar algo, normalmente en metálico. Si no le dabas nada, no se hacía nada. No se construye nada. Pero si entras y le dejas un sobre, entonces sí. Es así. Pero lo puedo arreglar».

Bossie dijo que tenía una hoja de ruta.

—Es el movimiento conservador. El Tea Party, igual que ha venido, se irá. El populismo, también. Pero el movimiento conservador ha sido la piedra angular desde Goldwater. Además —añadió—, yo te recomendaría tomártelo como si te presentaras a gobernador de tres estados: Iowa, Nuevo Hampshire y Carolina del Sur.

Estos eran los tres primeros caucus o primarias.

—Preséntate y suena como si fueras de allí, como si quisieras ser su gobernador.

Muchos candidatos han cometido el error de intentar presentarse en los 27 estados.

—Preséntate a tres elecciones para ser gobernador. Ahí tienes una buena oportunidad. Céntrate en tres. Hazlo bien en tres y el resto vendrá.

—Puedo ser el candidato —dijo Trump—. A esos tíos les puedo ganar. Me da igual quiénes sean. Lo tengo controlado. Puedo ocuparme de esas otras cosas.

Cada posición se podía revisar y renegociar.

—Soy provida —dijo Trump—. Voy a empezar.

—Pues lo que tienes que hacer es esto —le dijo Bossie—. Tienes que firmar varios cheques a nombre de congresistas y senadores por un valor de entre 250.000 dólares y 500.000 dólares. Todos vendrán aquí. Les miras a los ojos y les das un apretón de manos. Les das un cheque. Porque necesitamos dar alguna señal. Así que tienes que reunirte con ellos personalmente para que lo sepan. Porque, más adelante, será como mínimo un punto de entrada para que se vea que estás construyendo relaciones con ellos —continuó Bossie—. Por ejemplo, les dices que este cheque es para ellos. Un cheque de 2.400 dólares —la cantidad máxima—. Tienen que ser cheques individuales, dinero directamente para los candidatos, para su campaña, y así sabrán que viene de ti personalmente. Los republicanos se darán cuenta de que vas en serio.

El dinero, según comentó Bossie, era fundamental en el arte de la política presidencial. «Esto es lo que dará grandes beneficios más adelante.» Tenía que dar dinero a los candidatos republicanos en un puñado de estados difíciles como Ohio, Pensilvania, Virginia y Florida.

—Vas a tener que hacer un libro sobre política. Necesitas tener un libro sobre lo que piensas de Estados Unidos y de estas políticas —añadió Bossie.

Bannon comentó con detalle la situación con China y sus triunfantes esfuerzos por aceptar trabajos y dinero de Estados Unidos. Estaba obsesionado con esa amenaza.

—¿Qué opinas? —le preguntó más tarde Bossie a Bannon.

—La verdad es que me ha impresionado —contestó Bannon—. Pero no hay ninguna posibilidad de que llegue a las presidenciales. El pavo no va a emitir ni un solo cheque. Él no es de los que emiten cheques. Él es de los que firma en el anverso. —Cuando le están pagando—. Has hecho bien en decírselo porque nunca emitirá un cheque.

—¿Y qué piensas del libro de política?

—Vamos, no me jodas. De entrada, no se lo compraría nadie. Ha sido una pérdida de tiempo, pero me lo he pasado de cojones.

Bossie dijo que estaba preparando a Trump por si en alguna ocasión se decidía a presentarse. Trump tenía un punto a su favor: estaba completamente fuera del proceso político.

Mientras iban caminando, Bossie se dio cuenta de que estaba haciendo un ejercicio mental, el mismo que acabaría haciendo la mayoría de los estadounidenses seis años más tarde. No participará nunca. No se presentará nunca. No se proclamará nunca. No presentará nunca su declaración financiera. ¿A que no? No lo hará nunca. No ganará nunca.

—¿Crees que se va a presentar? —acabó por preguntarle Bossie a Bannon.

—Imposible. No hay ninguna posibilidad —repitió Bannon—. Menos de cero. Tío, pero ¿tú has visto la vida que lleva? Venga, va. No lo va a hacer. No va a dejar que le vapuleen así.

Seis años después

Parece bastante probable que si las cosas no se hubieran desarrollado de una manera tan poco predecible, aleatoria y descuidada, el mundo sería muy diferente hoy en día. Donald Trump aceptó la nominación republicana el 21 de julio de 2016 y su carrera hacia la presidencia dio un giro significativo la mañana del sábado 13 de agosto de ese año.

Steve Bannon, que ahora era el director del medio digital de derechas Breitbart News, se sentó en un banco de Bryant Park, en Nueva York, con una buena pila de periódicos, como acostumbraba a hacer todos los sábados. Primero hojeó el *Financial Times* y después pasó al *New York Times*.

«Fracasa la misión interna para controlar la lengua de Trump» era el titular de la portada del *New York Times*. La elección presidencial estaba a tres meses vista.

«¡Dios mío!», pensó Bannon.

El primer acto de la representación de Bannon es su apariencia: una vieja chaqueta militar sobre diferentes polos. El segundo acto es su comportamiento: agresivo, seguro y ruidoso.

Los reporteros del artículo del *New York Times* decían que contaban con veinte fuentes anónimas republicanas cercanas a Trump o en comunicación directa con su campaña. El artículo pintaba a Trump como un tipo desconcertado, agotado, hosco, propenso a las meteduras de pata y con problemas con los donantes. Su situación era muy mala en Florida, Ohio, Pensilvania y Carolina del Norte, los estados verdaderamente decisivos en estas elecciones. Era un retrato feo, pero Bannon sabía que todo era verdad. Había calculado que Trump podría perder ante la nominada demócrata, Hillary Clinton, por unos buenos 20 puntos o, por lo menos, por una cifra de dos dígitos.

Trump era sin duda un espectáculo mediático, pero todavía no tenía ninguna operatividad más allá de lo que el Comité Nacional Republicano le había facilitado. Bannon sabía que la campaña de Trump estaba formada por unas pocas personas que cabían en un cuarto: una persona que le escribía los discursos y un equipo de unas seis personas que organizaba los mítines en los lugares más baratos, con frecuencia viejos y destartalados, o en estadios de hockey de todo el país.

Pero, a pesar de eso, Trump había ganado la nominación republicana frente a otros dieciséis candidatos y tenía una gran presencia, profana y subversiva, que captaba la atención de toda la nación.

34

Bannon, de sesenta y tres años y graduado por la Escuela de Negocios de Harvard, con una visión apasionadamente nacionalista, del America First, llamó a Rebekah Mercer.

Mercer y su familia eran una de las fuentes de dinero más grandes y controvertidas en la campaña del Partido Republicano, y el dinero es el motor de la política estadounidense, sobre todo en el Partido Republicano. En un principio, los Mercer estaban un poco al margen, pero el dinero les compró un sitio en la mesa. También poseían parte de Breitbart.

—Esto es malo porque nos van a echar la culpa —le dijo Bannon a Mercer. Breitbart había apoyado a Trump en sus peores momentos—. Vamos a asistir al final de Breitbart.

—¿Por qué no te involucras?

—Nunca he llevado una campaña en mi vida —le contestó Bannon. Ni de lejos. Era una locura.

—Manafort es un desastre —afirmó Mercer, haciendo referencia al jefe de campaña de Trump, Paul Manafort—. Ahora no hay nadie que dirija la campaña. Trump te escucha. Siempre busca la supervisión de un adulto.

—Mira —dijo Bannon—, yo lo haría en un segundo. Pero ¿por qué lo iba a hacer él?

—Ha sido un intruso desde el principio —le contestó, y mencionó el artículo del *New York Times* cuando decía «Esto está en modo pánico». Vamos, que Trump podría querer contratar a Bannon porque estaba desesperado.

Los Mercer contactaron con Trump, que iba a asistir a una recaudación de fondos en East Hampton (Long Island, Nueva York), donde vivía Woody Johnson, el propietario del equipo de fútbol americano New York Jets. Normalmente, los Mercer extendían los cheques sin necesidad de ver al candidato. Pero esta vez querían pasar diez minutos con Trump.

En una pequeña terraza, Rebekah, una mujer alta y pelirroja, se soltó. Su padre, Bob Mercer, un matemático con un alto coeficiente intelectual, casi no hablaba. Él era uno de los cerebros de un fondo de cobertura de enorme éxito, Renaissance Technologies, que gestionaba 50.000 millones de dólares.

35

—Manafort tiene que desaparecer —le dijo Rebekah a Trump, y añadió que era un caos.

—¿A quién recomendarías? —preguntó Trump.

—Entrará Steve Bannon —le contestó.

—No lo hará nunca.

—Te aseguro que sí —le contestó.

Bannon se puso en contacto con Trump esa misma noche.

—Lo que pone en el periódico da vergüenza —le dijo Bannon, haciendo referencia al artículo del *New York Times*—. Usted es mejor que eso. Podemos ganar. Tenemos que ganar. Venga, que es Hillary Clinton.

Trump se deshizo de Manafort. «Ya es un fiambre», dijo. No funcionaba bien en televisión.

—Quedemos mañana y arreglemos esto. Lo podemos hacer —dijo Bannon con una dosis de entusiasmo—. Pero, por ahora, que no lo sepa nadie.

Trump aceptó quedar al día siguiente, un domingo.

Otro político preocupado ese día era Reince Priebus, el presidente del Comité Nacional Republicano, un abogado de Wisconsin de cuarenta y cuatro años. Priebus, en sus cinco años como presidente, se había encargado de hacer de relaciones públicas. Su forma de comportarse, alegre y desenfadada, escondía a un gran constructor de imperios. Priebus tomaba las decisiones económicas del partido, contrataba a los 6.500 trabajadores externos, aparecía con frecuencia en televisión y tenía su propia operación de comunicaciones. Estaba en una posición incómoda.

En privado, Priebus valoraba el mes de agosto como una catástrofe. «Una lámpara de calor constante.» Y el responsable era el candidato Trump.

Priebus había intentado dirigir la campaña desde el principio. Cuando Trump llamó a los mexicanos «violadores» en el discurso en el que anunciaba su candidatura, el 16 de junio de 2015, Priebus le llamó y le dijo: «No puedes hablar así. Nos ha costado mucho ganarnos a los hispanos».

Trump no bajó el tono y siguió atacando a todos los que le atacaban a él. Ningún presidente del partido nacional había tenido que lidiar nunca con una pesadilla como Trump.

El senador Mitch McConnell, el astuto líder de la mayoría republicana, había llamado a Priebus en confianza. Su mensaje era: olvídate de Trump, desvía el dinero republicano hacia nosotros, hacia los candidatos al Senado, y ciérrale el grifo a Donald Trump.

Pero Priebus quería mantener la relación con Trump y decidió plantarse entre Trump y McConnell. Pensaba que era una buena táctica, que permitía que el partido y él siguiesen con vida. Le había dicho a Trump: «Estoy contigo al cien por cien. Te quiero. Voy a seguir trabajando para ti. Pero tengo que proteger al partido. Mi responsabilidad no eres solo tú».

Priebus había aceptado dar la cara y hacer campaña con Trump y presentarle en los actos electorales. Lo veía como una forma de dar la mano a un hombre que se estaba ahogando.

El artículo del *New York Times* sobre el fracaso de intentar controlar a Trump fue un golpe. «¡Hostia! —pensó Priebus—. Esto es una mierda.» La campaña se estaba desmoronando. «Eso no es una campaña —concluyó—. Es un chiste.»

Había tanta información en el artículo del *New York Times* que Priebus se dio cuenta de que o bien esas veinte fuentes estaban intentando sabotear la campaña, o bien, como suele pasar, estaban intentando salir bien paradas.

Eran tiempos peligrosos, probablemente los peores, para Trump y para el partido, pensó Priebus. Solo había un camino hacia delante: una escalada en todos los frentes. Maximizar la agresión para ocultar una debilidad fundamental.

El domingo por la mañana, Steve Bannon llegó a la Torre Trump en Manhattan y le dijo al de seguridad que tenía una reunión con el señor Trump.

—Pues muy bien —contestó el de seguridad—. Nunca está aquí el fin de semana.

Bannon llamó a Trump por teléfono.

—Eh —empezó a explicar el candidato—, estoy en Bedminster. —Donde está el Club Nacional de Golf Trump—. Como no estás aquí, voy a echar un partido de golf. Vente y comemos. Ven sobre la una.

Empezó a darle todas las instrucciones para conducir los 65 kilómetros que los separaban, en dirección al oeste de la ciudad de Nueva York.

—Lo encontraré —afirmó Bannon.

—No, gira a la derecha en Rattlesnake Bridge Road y después a la derecha durante un kilómetro y medio más o menos.

—Lo encontraré. Es el Club Nacional Trump.

—No —insistió Trump—, escúchame.

Trump le explicó con todo lujo de detalles cómo llegar, con más detalles de los que Bannon le había oído nunca darle sobre cualquier otra cosa.

Bannon cogió a un chófer para que le llevara a Bedminster a las doce y así asegurarse de llegar a tiempo. Una vez en el club, le dirigieron a una mesa con cinco cubiertos.

—Llega pronto —dijo alguien del personal—. Los otros no llegarán hasta la una.

—¿Los otros? —preguntó Bannon.

Roger Ailes, el gobernador Chris Christie y «el alcalde», Rudy Giuliani, también iban a asistir.

Bannon estaba cabreado. No había ido para actuar delante de nadie. Trump y él habían llegado a un acuerdo, un acuerdo que no se tenía que poder cambiar.

Ailes, el fundador y director de Fox News y un operativo político republicano desde hacía tiempo, desde Richard Nixon, llegó el primero. Había sido mentor de Bannon.

—¡Qué coño! —exclamó Ailes, y empezó a criticar la campaña.

—¿Cómo de malos son los números? —preguntó Bannon.

—Nos va a estallar en la cara.

—Anoche hablé con Trump —dijo Bannon—. Los Mercer hablaron con él. Se supone que voy a encargarme de la campaña, pero no se lo digas a los otros dos.

—¡Qué coño! —repitió Ailes—. Pero si no sabes nada de campañas.

No había discusión.

—Lo sé, pero cualquiera sería más organizado que el tipejo este.

Aunque Bannon conocía a Ailes desde hacía años, no aparecía en ningún programa de la cadena Fox News de Ailes.

Bannon dijo una vez: «Nunca me veréis en Fox porque no quiero estar en deuda con él… No se puede estar en deuda con Roger o se convierte en tu puto amo».

Esta era una situación radicalmente opuesta a la relación con Trump, quien, desde su punto de vista, suplicaba. Trump había aparecido en una serie de entrevistas en la radio, en *Breitbart News Daily*, con Bannon en SiriusXM, entre noviembre de 2015 y junio de 2016.

Ailes comentó que estaban ahí para preparar el debate semanal. El primer debate presidencial contra Hillary Clinton era en un mes y medio, el 26 de septiembre.

—¿Para preparar el debate? —preguntó Bannon—. ¿Tú, Christie y Rudy?

—Es la segunda vez.

—¿De verdad se está preparando para los debates? —preguntó Bannon, gratamente sorprendido.

—No. Él viene y juega al golf y nosotros hablamos de la campaña y cosas así. Pero estamos intentando que vaya cogiendo el hábito.

El jefe de campaña, Paul Manafort, entró.

Bannon, que solía definirse como «un populista que echa fuego», estaba indignado. Manafort iba disfrazado como si acabara de bajar de un yate, con pañuelo y todo. ¡En vivo y en directo desde Southampton!

Trump llegó y se sentó. Había un montón de perritos calientes y hamburguesas. «Este es el menú favorito de los niños de once años», pensó Bannon mientras Trump engullía dos perritos calientes.

Trump empezó a hablar del artículo del *New York Times* sobre el fracaso para controlar su lengua y le preguntó a Manafort cómo podía haber salido un artículo así. Era una de las paradojas de Trump: atacaba a los medios de comunicación con saña, sobre todo al *New York Times*, pero, a pesar de toda la palabrería, consideraba que el *New York Times* era el periódico de referencia y creía en gran medida lo que publicaba.

—Paul, ¿soy un bebé? —le preguntó Trump a Manafort—. ¿Es eso lo que estás diciendo, que soy un bebé? No sirves para la televisión. No tienes energía. No representas la campaña. Te lo estoy diciendo con buenas palabras. No vas a volver a salir por la tele.

—Donald... —intentó responder Manafort.

Bannon se imaginó que esa manera tan familiar de dirigirse a él, por el nombre de pila, como si fueran colegas, no le gustaba nada a Trump.

—Señor Trump, hay una cosa que debemos tener en cuenta —dijo Bannon—. La historia viene de muchas fuentes anónimas y no sabemos su veracidad.

—No, yo sí que lo sé —contestó Trump, dirigiendo su ira hacia Manafort—. Se han ido de la lengua.

Trump sabía que las citas eran veraces.

—Muchas de las cosas que publican son anónimas —dijo Bannon. No daban nombres—. El *New York Times* miente más que habla. Venga, va, que todo es mentira. —Bannon seguía haciendo de abogado del diablo, aunque sabía que la historia era verídica.

Trump no se lo estaba tragando. La historia era tal cual y en la campaña había mucha gente que se iba de la lengua. La carga contra Manafort duró un rato más. Trump sacó algunas historias de guerra durante media hora. Manafort se largó.

—Quédate —le dijo Trump a Bannon—. Esto es horrible. Está completamente fuera de control. Este tipo es un fracasado. No va a dirigir la campaña. Le cogí solo para que me ayudara con la convención.

—No hay que preocuparse por esos números —comentó Bannon—. No hay que preocuparse por los 12 o los 16 puntos o los que sean. No hay que preocuparse por los estados indecisos. Es muy simple —argumentó—: dos tercios del país cree que vamos por mal camino y el 75 por ciento cree que vamos en declive.

Así se sentaron las bases para el cambio. Hillary era el pasado. Era así de claro.

En cierta medida, Bannon había estado esperando toda su vida adulta a que llegara este momento.

—Esta es la diferencia —explicó—. Solo vamos a comparar y a contrastar a Clinton. Lo que no hay que olvidar es —y recitó uno de sus mantras— que las élites del país se sienten cómodas gestionando el declive, ¿verdad?

Trump asintió.

—Y la gente trabajadora no lo está. Quieren que Estados Unidos vuelva a ser grande. Vamos a simplificar la campaña. Ella es la tribuna de una élite corrupta e incompetente que se siente cómoda gestionando el declive. Usted es la tribuna de los olvidados que quieren que Estados Unidos vuelva a ser grande. Y vamos a trabajar solo en unos pocos puntos. En primer lugar

—continuó explicando Bannon—, vamos a acabar con la inmigración ilegal en masa y vamos a limitar la inmigración legal para restablecer nuestra soberanía. En segundo lugar, vamos a recuperar los trabajos del sector manufacturero para el país. Y, por último, vamos a salir de las guerras extranjeras sin sentido.

Estas ideas no eran nuevas para Trump. Durante el discurso del 8 de agosto en el Club Económico de Detroit, justo la semana anterior, ya había tocado todos esos palos y le había dado un buen revés a Clinton. «Clinton es la candidata del pasado. Nosotros somos la campaña del futuro.»

—Estos son los tres grandes temas contra los que ella no se puede defender —afirmó Bannon—. Porque ella forma parte del grupo que abrió las fronteras, y forma parte del grupo que negoció malos acuerdos comerciales y dejó que el empleo se fuera a China, y es neoconservadora. ¿A que sí?

Trump parecía compartir la idea de que Hillary era neoconservadora.

—Ha apoyado todas las guerras —continuó Bannon—. Ahí es donde le vamos a dar fuerte. Y ya está. Solo hay que aferrarse a eso.

Bannon añadió que Trump tenía otra ventaja. Hablaba con un tono de voz que no parecía político. Era la misma ventaja que tenía Barack Obama en 2008, en las primarias contra Hillary Clinton, quien hablaba como la política experimentada que era. El tempo de la demócrata estaba más que ensayado. Incluso cuando decía la verdad, parecía que te estaba mintiendo.

Los políticos como Hillary no pueden hablar de forma natural, según decía Bannon. Tienen una forma de hablar mecánica, que sale de los sondeos y de los grupos de debate, y contestan a las preguntas con jerga política. Es una manera de hablar reconfortante, pero que no tiene garra; es una forma de hablar que no viene del corazón o de una firme convicción, sino que son temas de conversación que ha elegido un asesor con un buen sueldo. No es un tono de voz enfadado.

Trump dijo que estaba bien, que le nombraba director ejecutivo de la campaña.

—No quiero ahora que se produzca una intriga palaciega —dijo Bannon—. Vamos a mantener a Manafort como jefe de campaña. No tendrá ninguna autoridad. Eso lo arreglo yo.

Acordaron que Kellyanne Conway, una encuestadora republicana abierta y luchadora, que ya estaba echando una mano en la campaña, gestionaría la campaña.

—La vamos a sacar todos los días por televisión, como la cara femenina y simpática —propuso Bannon—. Porque Kellyanne es una guerrera. Encajará lo que le echen. Pero a la gente le gusta. Y es justo lo que necesitamos. —Y en un momento de toma de conciencia, añadió—: Yo nunca saldré en televisión.

Conway tampoco había gestionado nunca una campaña. Ya eran tres: el brillante candidato neófito, el jefe de campaña y la gestora de la campaña.

42   Kellyanne Conway estaba ese mes supervisando la grabación de algunos anuncios de la campaña.

—¿Tengo que pagar a esa gente? —le preguntó Trump.

Se quejó de la disposición de las cámaras. Parecía que el equipo era antiguo y no le gustaba la iluminación. No se estaba trabajando en alta definición. Se quejó también del equipo. «Diles que no les voy a pagar» era una frase bastante común.

Después dijo: «Que se vayan todos, menos Kellyanne».

—Todo el mundo me dice que soy mejor candidato que Hillary Clinton —afirmó, como si estuviera pidiendo su opinión.

—Es verdad, señor. Y para eso no se necesita ningún sondeo. Pero se podrían hacer las cosas de otra manera. Está compitiendo con la candidata más triste de la historia. Y está empezando a parecer que nosotros también somos así.

—Nosotros no somos así.

—Pero es lo que parece. Yo le seguí cuando usted se presentó a las primarias y parecía mucho más feliz.

—Echo de menos la época en la que solo éramos unos pocos e íbamos de aquí para allá haciendo mítines y hablando con los votantes —confesó Trump.

—Esa época ya ha pasado —sentenció Kellyanne—. Pero, para ser justa, deberíamos poder replicar esa época y que fuera una estrategia en el proceso electoral general; así maximizaríamos esas habilidades que tiene y el gusto por lo que hace. —Le habló con franqueza—: Sabe que va perdiendo, ¿verdad? Pero no tiene por qué ser así. He mirado los sondeos. —Ese día, la CNN lo situaba entre 5 y 10 puntos por debajo—. Podemos volver a donde estábamos.

—¿Cómo?

Ella se dio cuenta de que él había hecho algo sin ser consciente.

—Esa fantasía de la elegibilidad que estaba chupando la sangre al Partido Republicano.

Básicamente, que no podía ganar y que no era elegible.

Los votantes estaban desilusionados con los nominados republicanos a las presidenciales. Los argumentos eran: «Tienes que apostar por Mitt Romney. Es el único que puede ganar», «Tienes que apoyar a John McCain. Él puede ganar», «Jeb puede ganar», «Marco puede ganar»… Trump no podía ganar. Pero la gente decidió. «No me volverán a engañar.» Y Trump fue el nominado republicano.

—Usted consigue que se congreguen esas masas y eso que no ha llevado una campaña política tradicional. Ha creado un movimiento. Y la gente siente que forma parte de ese movimiento. Sin pagar entrada. Puedo decirle lo que veo en los sondeos. Tenemos dos grandes impedimentos.

Dijo que nunca, jamás, tenían que hacer un sondeo nacional.

—Eso es una locura de los medios, que hacen sondeos nacionales.

Obviamente, ganar dependía de los colegios electorales, de conseguir 270 votos electorales. Necesitaban dirigirse a los estados indecisos, solo unos ocho estados, que eran los verdaderamente decisivos.

—La gente quiere hechos concretos —afirmó Conway. Los diez puntos del plan de reforma de la Administración de los veteranos que sacó en julio o los cinco puntos del plan de reforma fiscal habían sido una buena jugada—. La gente quiere ver he-

43

chos concretos, pero necesitan que se los repitan una y otra vez. El segundo problema que veo es que la gente quiere asegurarse de que va a cumplir sus promesas. Porque, si no puede cumplirlas, si el hombre de negocios no puede ejecutar y cumplir lo prometido, no deja de ser otro político más. Y usted no lo es.

Era una estrategia de ventas, un camino hacia delante, y parecía que a Trump le gustaba.

—¿Crees que puedes encargarte de esto? —le preguntó Trump.

—¿Qué es «esto»? —inquirió ella—. Yo ahora mismo me estoy encargando de esta sesión de fotos.

—De la campaña —matizó Trump—. De todo. ¿Estás dispuesta a no ver a tus hijos durante unos meses?

Aceptó sin dudarlo.

—Señor, puedo hacerlo por usted. Puede ganar estas elecciones. No me considero su colega. Nunca le llamaré por su nombre de pila.

44

3

*E*se domingo por la noche, Bannon se dirigía a su trabajo en la Torre Trump en Nueva York, la oficina central de la campaña. Era su primera visita y faltaban 85 días para las elecciones presidenciales. Subió hasta el piso catorce. Todavía se distinguía el sol en esa noche de agosto. Esperaba entrar y que todos se preguntaran qué hacía allí. Necesitaría una tapadera.

Entró en la sala de prensa, el centro de respuesta rápida, con todos esos televisores. Solo había una persona, y a Bannon le pareció un niño.

—¿Quién eres? —preguntó Bannon.

—Andy Surabian.

—¿Dónde coño están todos?

—No lo sé —respondió Surabian—. Siempre es así, los domingos.

—¿Esta es la oficina principal de la campaña?

—Sí.

—Quiero decir, ¿el sitio desde donde se mueven los hilos?

—Sí.

Surabian señaló la oficina de Jason Miller, director deComunicaciones, y Hope Hicks, la joven exmodelo que se había convertido en la principal responsable de prensa de la campaña y, quizás, el miembro del personal más cercano a Trump. Surabian era el director de la sala de prensa.

—¿Trabajáis los fines de semana?

Surabian asintió de nuevo. Algunos trabajaban en Washington D. C., otros informaban por teléfono.

Bannon lo volvió a intentar.

—¿Hay gente, aquí, los fines de semana?

—Es lo habitual.

—¿Dónde coño está Jared? Tengo que hablar con Jared e Ivanka.

Bannon había oído que Jared Kushner, el yerno de Trump, era el genio y la mente maestra de todo aquello.

Jared e Ivanka estaban en el yate de 300 millones de dólares, uno de los mayores del mundo, del magnate del entretenimiento y contribuyente demócrata David Geffen, en la costa de Croacia, de vacaciones con Wendi Deng, empresaria y exmujer de Rupert Murdoch.

Manafort llamó a Bannon. Quería verle.

—¿Por qué no vienes? —preguntó Manafort.

—¿Dónde?

—A la Torre Trump.

Bannon tuvo que volver al vestíbulo para subir al ascensor que llevaba a las residencias privadas. Mientras subía, se preguntó si Trump había preparado esto con su jefe de campaña. «Si se va a deshacer de mí, mejor que sea desde un ático de la Torre Trump, ¿por qué no?» Mejor que desde su casita en Bryant Park.

Resulta que Manafort era el dueño del lugar.

Bannon sintió pena por Manafort. El director de campaña estaba asombrado con el éxito y el poder de la cuenta de Twitter de Trump y había abierto una propia. Pero el *New York Daily News* publicó en abril el artículo «Make America kinky again» [Volvamos a hacer a América pervertida], en el que se revelaba que Manafort, que quizá no era consciente de que Twitter es un foro público, seguía a un club de *bondage* e intercambio de parejas llamado Decadence. «Manafort seguía a este sitio picante de moda que se vendía a sí mismo como "el club de *swing* más íntimo"» de la ciudad.

La casa de Manafort era bonita. Kathleen Manafort, su mujer, una abogada de más de sesenta años que miraba a Bannon como si tuviera cuarenta, iba vestida de blanco y estaba recostada como Joan Collins, la actriz de la serie *Dinastía*.

—Quiero darte las gracias por venir —dijo Manafort—. Donald es así. Siempre actúa así.

—Creía que te había dado algunos golpes bajos —respondió Bannon.

Manafort hizo un ademán con la mano.

—Oye, me han dicho que conoces bien los medios de comunicación —comentó.

—Dirijo un sitio web de derechas. Conozco bien la defensa.

—Necesito que eches un vistazo a algo por mí —solicitó Manafort, mientras le entregaba una copia del borrador de una noticia procedente del *New York Times* con el titular «Secret Ledger in Ukraine Lists Cash for Donald Trump's Campaign Chief» [Una contabilidad secreta en Ucrania incluye efectivo para el jefe de campaña de Donald Trump].

Bannon se puso a leer. En el artículo se explicaba que los libros de contabilidad manuscritos incluían 12,7 millones de dólares en pagos en efectivo no declarados destinados al señor Manafort procedentes del partido político prorruso.

—¡Joder, 12 millones de dólares en efectivo de Ucrania! —exclamó Bannon, casi gritando.

—¿Qué? —preguntó la señora Manafort, incorporándose.

—Nada, cariño —contestó Manafort—. Nada.

—¿Cuándo sale esto? —preguntó Bannon.

—Puede que esta noche.

—¿Trump sabe algo?

Manafort respondió que no.

—¿Cuánto hace que lo sabes?

—Dos meses —contestó Manafort—. Cuando el *Times* empezó a investigar.

Bannon leyó unos diez párrafos. Era su remate. Manafort estaba acabado.

—Mi abogado me dijo que no cooperara —explicó Manafort—. Eran solo falsedades.

—Deberías despedir a tu abogado.

—Me lo estoy planteando.

—Tienes que llamar a Trump… Ve a verle. Si esto se publica sin su conocimiento, ya puedes despedirte. ¿Cómo se pueden desviar 12,7 millones en efectivo?

—Todo es mentira —dijo Manafort—. Tenía gastos.

—¿Qué quieres decir?

—Yo soy solo un consultor general —explicó—. Tengo a gente que trabaja para mí.

Mucha gente había trabajado para él en Ucrania.

—Ese dinero se utilizó para pagar a la gente. No me llevé ni 500.000 dólares de allí.

—Eso no cuenta. No se explica en el artículo. Lo que dice es que tienes 12,7 millones de dólares en efectivo.

Bannon llamó a Jared.

—Tienes que volver aquí —le informó.

El artículo del *Times* sobre Manafort se publicó en línea esa misma noche y en papel a la mañana siguiente. Tal y como Bannon había predicho, Trump se puso furioso. Nadie le había avisado.

Trump llamó a Reince Priebus para decirle que Bannon se incorporaba como director general. Priebus se sorprendió de que Trump volviera a incorporar a alguien con poca experiencia en dirección, pero no comentó nada. Había participado en la operación de Breitbart de Bannon. Después de recibir ataques por parte de Breitbart durante unos dos años como parte de la élite republicana, había desarrollado una nueva estrategia: era más fácil trabajar con Breitbart, y recibir menos ataques.

De acuerdo con las encuestas, solo el 70 por ciento de los republicanos estaba a favor de Trump, y necesitaban el 90 por ciento. Para eso había que poner al equipo del partido del lado de Trump.

—Mira, no me conoces —dijo Bannon, que apenas conocía

a Priebus de años atrás—. Necesito que vengas aquí esta tarde. Y también Katie Walsh. He oído que es increíble.

Priebus y Walsh, la jefa de personal del Comité Nacional Republicano [RNC, por sus siglas en inglés], tenían una base de datos republicana con cada votante potencial del país.

Bannon quería estar seguro de que el RNC no iba a abandonar a Trump. Había rumores sobre contribuyentes que abandonaban y sobre cómo la gente del partido estaba intentando escapar del caos de Trump.

—No es nuestro caso —le aseguró Priebus—. No nos vamos a ningún sitio.

—Tenemos que trabajar como un equipo —respondió Bannon.

—¿Crees que puedes hacerlo?

—Mira, a Trump no le importan los detalles —dijo Bannon.

Dependía de ellos. Como Bannon declaró más tarde con la obscenidad marca de la casa: «El 15 de agosto me puse en contacto con Reince Priebus, le chupé la polla y le dije que la clase dirigente no podía ganar sin él».

49

Aunque Trump y su campaña no lo supieran, Priebus sabía que aquel necesitaba al RNC a su lado. Trump apenas tenía operaciones de campo donde estaban los votantes y carecía de ciertos conocimientos básicos: política para principiantes.

Priebus había dedicado los últimos años a supervisar el gran esfuerzo por reinventar el RNC como operación basada en datos. Inspirado por la estrategia de campaña ganadora de Obama, el RNC empezó a invertir grandes sumas (más de 175 millones de dólares en total) en análisis y macrodatos, haciendo un seguimiento de los votantes de las primarias y usando esa información en áreas divididas en territorios dotados de ejércitos de voluntarios.

Desde el principio, las expectativas eran que, una vez seleccionado el candidato republicano, el RNC añadiría el nuevo vagón, con su magnitud y esplendor, a un sistema de campaña que ya era bastante sólido y tenía grandes dimensiones. A pesar de los insultos que recibió el RNC durante las primarias (Trump llegó a decir que este era una «desgracia» y un «fraude» y que Priebus «debería estar avergonzado de sí mismo»), el RNC era el personal de campaña de Trump *de facto*.

El primer paso del personal de campo fue realizar una encuesta de votantes por correo o anticipados a todas las personas que consideraron pro-Trump porque obtuvieron una puntuación de 90 o superior en una escala de 0 a 100 en la base de datos nacional. En Ohio, de quizá seis millones de votantes uno obtendría una puntación de 90 o superior. Las encuestas de voto anticipado se orientarían a ese millón, y el personal de campo y los voluntarios los perseguirían uno a uno hasta que enviaran la encuesta.

A continuación, el personal de campo pasaría a persuadir a quienes obtenían una puntuación de 60 o 70, intentando convencerles para que votaran a Trump. El sistema se diseñó para reducir la aleatoriedad del contacto con los votantes, y así asegurarse de concentrar los esfuerzos de los voluntarios y el personal de campo en las personas con mayor probabilidad de votar a Trump.

La campaña anunció los cambios en la dirección el 17 de agosto. El *New York Times* afirmaba: «La decisión de Trump de designar a Stephen K. Bannon, presidente de la página web Breitbart News, como director de campaña supuso un rechazo y un desafío para los esfuerzos de los miembros republicanos más veteranos por apartarle de un discurso grandilocuente de gran carga racial que le ayudó a llegar a la nominación, pero que ahora suponía una amenaza para su candidatura... Sin embargo, para el señor Trump, contratar a Bannon era el equivalente político de pedir comida casera».

Bannon intentó sentarse con Trump y orientarle para refinar la estrategia y centrarse en estados concretos, pero el candidato no tenía ningún interés en discutir.

Bannon aseguró a Trump que tenía «la certeza metafísica de que ganaría si se ceñía al guion, y se comparaba y contrastaba con Hillary Clinton». «Los números que hay detrás de todo esto están de nuestra parte.»

Más tarde, Bannon afirmaría: «Me di cuenta de que yo soy el director y él, el actor».

Kellyanne Conway había asistido a la convención demócrata de cuatro días de Filadelfia en julio. Escuchó los discursos, habló con los delegados, salió en televisión. Sus observaciones dieron forma a su estrategia actual: «Su mensaje es que Donald Trump es malo y nosotros no somos Donald Trump. El resto del mensaje se centraba en la raza, el género, la comunidad LGTB».

Conway acuñó el término «votante oculto de Trump». Eran las personas confundidas ante el voto que tenían por delante y se preguntaban: «Dios, mi padre, mi abuelo y yo estamos en el sindicato. ¿Voy a votar a Donald Trump?». Con un signo de interrogación al final. «¿Voy a votar a un multimillonario republicano?» De nuevo, otra pregunta.

Y luego estaban las mujeres que decían cosas como: «Estoy a favor del derecho a elegir… pero no creo que el caso de Roe contra Wade vaya a cambiar. Y no entiendo por qué ya no nos podemos costear el día a día, así que voy a votar con eso en mente».

Para gran parte de los medios de comunicación, el argumento del «votante oculto de Trump» no coló. Pero la base de datos de Priebus y Walsh dio al RNC y a la campaña información valiosa sobre prácticamente cualquier votante potencial: qué cerveza bebía, la marca y el color del coche que conducía, la edad y la escuela de sus hijos, el estado de su hipoteca, los cigarrillos que fumaba, si recibía una licencia de caza cada año, si estaba suscrito a revistas sobre armas o a revistas liberales como el *New Republic*, etcétera.

Y Conway dijo: «No hay un solo votante oculto de Hillary en todo el país. Están todos en la calle».

Y añadió sobre Clinton: «No parece tener ningún mensaje. Si yo fuera ella, saldría a buscar un mensaje positivo, motivador y optimista. Lo que he visto hasta ahora no es optimismo».

Clinton no había conseguido el 50 por ciento en ocho estados clave que Obama había ganado en dos ocasiones con más del 50 por ciento. Conway y Bannon estuvieron de acuerdo en que, si la campaña de Trump podía centrarse en Hillary, en lugar de en aquel, se ganarían a los votantes ocultos de Trump. Si la carrera se centraba en este, «probablemente los perderían».

Repitiendo la impresión que se formó seis años atrás, cuando conoció a Trump en 2010, Bannon afirmó: «Literalmente, tengo al personaje Archie Bunker... Es Tiberio Graco, el populista romano del siglo II a. C. que defendió el traspaso de la tierra de los ricos terratenientes patricios a los pobres.

Bannon observó el programa que tenían por delante: semana de la educación, semana del empoderamiento de la mujer y semana de la pequeña empresa. Como cuando el primer George Bush gobernaba en los años ochenta.

—Tira esta basura —dijo.

Bannon le sugirió un plan nuevo a Jared Kushner. Trump estaba por debajo de los dos dígitos en todos los estados más disputados. Habría tres fases.

En primer lugar, las próximas seis semanas, de mediados de agosto al 26 de septiembre, fecha en que estaba programado el primer debate con Hillary.

—Si podemos conseguir entre cinco y siete puntos, eso supondría una ventaja para ganar.

En segundo lugar, estaban las tres semanas de debates. Este era el periodo de máximo riesgo.

—No está nada preparado para los debates —observó Bannon—. Lo aplastará porque es la mejor, en debates y en leyes.

Bannon afirmó que la forma de aproximarse a los debates era la espontaneidad. Trump no tenía ningún problema en ser imprevisible.

—Vamos a tener que recurrir a la improvisación en los debates. Es lo único que tenemos... donde él puede moverse y conectar.

Sin embargo, seguía siendo pesimista.

—Mira, nos van a aplastar... Aquí vamos a perder terreno.

52

En tercer lugar, se situaban las últimas tres semanas hasta el día de las elecciones, desde el debate final hasta el 8 de noviembre. A Bannon, la recaudación de fondos de Steve Mnuchin, antiguo banquero de Goldman Sachs y director financiero nacional de la campaña, le pareció un chiste de mal gusto. Tendrían que recurrir al propio Trump. Un candidato podía gastar cantidades ilimitadas de su propio dinero.

Bannon dijo que había visto datos que sugerían que podían ganar en Iowa y Ohio. También tenían que ganar en Florida y Carolina del Norte. Además, era posible que Pensilvania, Michigan, Wisconsin y Minnesota pudieran volver a los republicanos. Todo parecía una gran fantasía.

—Esto es *El ocaso de los dioses*, la batalla final —sentenció.

La salida de Manafort se anunció el 19 de agosto. El 22 de agosto, la revista *Time* publicó en su portada una ilustración con la cara de Trump derretida y el titular «Meltdown» [Se desvanece].

*E*n el verano de 2015 apareció por primera vez en las listas de inscripción digitalizadas de los votantes de las juntas electorales locales y estatales una relación de nombres y direcciones de electores, señales de reconocimiento ruso o intrusiones digitales, como las llamaba la Agencia de Seguridad Nacional. La primera se presentó en Illinois, y luego se extendió por todo el país, a 21 estados.

A medida que la NSA y el FBI recababan más información sobre estas intrusiones cibernéticas, el director de Inteligencia Nacional, James Clapper, temía que Rusia pudiera utilizar los datos para, de alguna manera, cambiar o manipular los votos. Se preguntaba si se trataba solo de Rusia. Los rusos siempre trataban de crear problemas.

Clapper se aseguró de que la información inicial se incluyera en el informe diario del presidente Obama [PDB, por sus siglas en inglés], el informe de más alto nivel de seguridad. Obama lo leía cada día en un iPad preprogramado, que después devolvía. Algunos informadores del PDB designados distribuyeron iPads similares al secretario de Estado, al secretario de Defensa, al asesor de Seguridad Nacional y al director de la CIA, aunque en estos casos los informadores se quedaban en la sala mientras los directores leían el PDB y luego recuperaban los iPad.

En julio de 2016, WikiLeaks y DC Leaks, otra página web conocida por divulgar material militar y gubernamental pirateado, comenzaron a publicar correos electrónicos sacados de un servidor del Comité Nacional Demócrata por unos grupos de piratas informáticos rusos identificados como Cozy Bear y Fancy Bear.

La información sobre la intromisión rusa causó una profunda preocupación en el Consejo de Seguridad Nacional de Obama. Con el tiempo, la información mejoró y se hizo más convincente.

¿Debería el presidente Obama salir en la televisión nacional en horario de máxima audiencia y compartir esta información? ¿Parecería como si estuviera atacando a Trump, vinculando al candidato republicano con Rusia? ¿Podría ser contraproducente y parecer que se estaba entrometiendo en las elecciones de Estados Unidos, tratando de inclinar la balanza?

Permanecer en silencio tenía sus peligros: «Dios mío, ¿estamos al tanto de esta intromisión rusa y no estamos actuando, no se lo estamos diciendo al público?». Podría haber una reacción contra Obama y su equipo de seguridad nacional después de las elecciones.

En un escenario improbable, casi inconcebible, en el que ganara Trump y la información se hiciera pública, vendrían las preguntas: ¿qué sabían? ¿Cuándo lo supieron? ¿Y qué hicieron?

John O. Brennan, director de la CIA, argumentó vehementemente en contra de mostrar las cartas. Brennan protegía las fuentes de la agencia. «Ahora te das cuenta del dilema», dijo, para él personalmente y para la CIA institucionalmente. El mantra siempre fue PROTEGER LAS FUENTES. Sin embargo, quería hacer algo.

Brennan necesitaba hablar con su homólogo, el jefe de inteligencia ruso del FSB, Aleksandr Bórtnikov, sobre Siria y el acoso a los diplomáticos estadounidenses. Le preguntó a Obama si podía plantear a Bórtnikov el tema de la intromisión en las elecciones.

Obama aprobó el enfoque subrepticio.

El 4 de agosto, Brennan le dijo a Bórtnikov: «Te estás entrometiendo en nuestras elecciones. Lo sabemos. Está más claro que el agua».

Bórtnikov lo negó rotundamente.

Al día siguiente, el 5 de agosto, Mike Morell, que había sido subdirector de la CIA de 2010 a 2013 y dos veces director en funciones, publicó un artículo de opinión en el *New York Times*. El titular era el siguiente: «Dirigí la CIA. Ahora apoyo a Hillary Clinton». Morell acusaba a Trump de ser «un agente inconsciente de la Federación Rusa».

Clapper fue elegido para informar a la llamada Gang of Eight en el Congreso: cuatro líderes republicanos y demócratas tanto en el Senado como en la Cámara, además de los cuatro presidentes y vicepresidentes de los comités de inteligencia del Senado y de la Cámara.

Clapper estaba sorprendido de lo partidistas que eran los líderes. A los republicanos no les gustó nada de la reunión. A los demócratas les encantó todo y le acribillaron a preguntas: querían saber todos los detalles y todas las fuentes. Salió de la reunión consternado porque la información se estaba convirtiendo cada vez más en una pelota que se iban pasando de unos a otros.

En otoño, los informes de inteligencia mostraron que Moscú —como casi todo el mundo— creía que probablemente Clinton iba a ganar. La campaña de influencia del presidente ruso Vladímir Putin cambió la estrategia y se centró en socavar su próxima presidencia.

Clapper y el secretario de Seguridad Nacional, Jeh Johnson, fueron los que más prisa tuvieron por alertar al público sobre la interferencia rusa. A las 15:00 del viernes 7 de octubre emitieron una declaración conjunta en la que acusaban oficialmente a Rusia de intentar interferir en las elecciones estadounidenses, aunque no nombraron a Putin públicamente.

«Los servicios de inteligencia de Estados Unidos están convencidos de que el Gobierno ruso orquestó la operación que recientemente puso en peligro los correos electrónicos de personas e instituciones estadounidenses. Estos robos y divulgaciones tienen como objetivo interferir en el proceso electoral de Estados Unidos. Solo los más altos funcionarios rusos podrían haber autorizado ese tipo de operaciones.»

Clapper, Johnson y la campaña de Clinton esperaban que

esta fuera la noticia bomba del fin de semana, al igual que los periodistas que empezaban a trabajar en la historia.

Pero una hora más tarde, a las 16:05, David Fahrenthold publicó un artículo en el *Washington Post* titulado «Trump grabado en 2005 alardeando en una conversación muy subida de tono sobre las mujeres».

El *Washington Post* sacó una grabación de audio del programa de la NBC *Access Hollywood* en el que se oía a Trump alardear vulgarmente de su destreza sexual. Dijo que podía manosear y besar a las mujeres a su antojo. «Cuando eres una estrella, te dejan hacerlo —dijo Trump—. Puedes hacer lo que se te antoje. Cogerlas del coño.»

La grabación de *Access Hollywood* era un terremoto político. La historia de Rusia, básicamente, desapareció.

«Esperaba que fuera algo que tuviera mucha repercusión durante los siguientes días —comentó Jeh Johnson más tarde—. Y que la gente no pararía de hablar del tema y que los medios de comunicación plantearían más preguntas.» Pero los medios cambiaron de tercio y se interesaron por la codicia, el sexo y el manoseo.

Trump hizo una breve declaración al *Washington Post*: «Esto no era más que una broma de vestuario, una conversación privada que tuvo lugar hace muchos años. Bill Clinton me ha dicho cosas mucho peores en el campo de golf, mil veces peores. Pido disculpas si alguien se ha ofendido».

Menos de media hora más tarde, a las 16:30, WikiLeaks ponía la guinda a la noticia del día con miles de correos electrónicos pirateados de la cuenta personal de John Podesta, el jefe de campaña de Clinton. Salieron a la luz extractos de los discursos pagados por Hillary Clinton a los financieros de Wall Street, que ella se había negado a publicar, los correos electrónicos de Podesta con el personal de la campaña y la correspondencia entre la campaña de Clinton y la presidenta del Comité Nacional Demócrata, Donna Brazile, con respecto a las preguntas y los temas que se plantearían en los próximos debates y eventos.

Pasada la medianoche, y tras horas de respuestas indignadas a la grabación de *Access Hollywood* que se extendieron por todo el espectro político, Trump emitió una disculpa grabada en vídeo: «Nunca he dicho que sea perfecto... Estas palabras no reflejan quién soy. Dije lo que dije, me equivoqué y me disculpo... Prometo ser un mejor hombre mañana, y nunca nunca os defraudaré. Y seamos sinceros. Vivimos en el mundo real. Esto no es más que una distracción... Bill Clinton ha abusado de mujeres y Hillary ha atemorizado, atacado, avergonzado e intimidado a sus víctimas... Nos vemos en el debate del domingo».

El alto mando de Trump se reunió a la mañana siguiente, el sábado 8 de octubre, en el ático de la Torre Trump.

Priebus le dijo a Bannon:

—Ya no tenemos donantes. Nos han dejado todos. Paul Ryan nos retirará su apoyo esta tarde.

La pérdida de la gente con posibles y del presidente republicano de la Cámara de Representantes señalaba el final.

—Se acabó —sentenció Priebus.

—¿Qué quieres decir con que se acabó? —preguntó Bannon.

—Todo el mundo está retirando sus apoyos. Ni siquiera sé si Pence va a seguir con nosotros.

El megaleal Mike Pence, el que se presentaba como vicepresidente de Trump, tenía sus dudas.

—¿Te estás quedando conmigo? —contestó Bannon—. Que es solo una grabación, colega.

—No lo entiendes —dijo Priebus—. Se acabó.

El equipo se reunió en la residencia de Trump. Este se sentó en su gran sillón dorado.

—¿Qué porcentajes tenemos? —preguntó—. Vale, vamos a ver, quiero saber qué recomiendas. ¿Qué aconsejas hacer?

—Tienes dos opciones —empezó a decir Priebus—. O te retiras ahora mismo o vas a perder y va a ser el mayor derrumbe de la historia de Estados Unidos y será una humillación para toda la vida. Me están dando por todas partes. Todos, todos los líderes, congresistas, senadores… toda la gente que me importa en el Comité Nacional Republicano… se están volviendo todos locos. Me dicen que si no te retiras, vas a perder a lo grande, a lo bestia. No puedo hacer nada más.

—Bueno —dijo Trump—, me alegro de que comencemos con una nota positiva.

—Déjate de tonterías —le dijo Bannon a Priebus—. Todo eso es mentira.

—Si quieres hacerlo ahora —continuó Priebus—, Pence está preparado para dar un paso adelante, y Condoleezza Rice será su vicepresidenta.

Rice había sido asesora de seguridad nacional y secretaria de Estado durante el gobierno de George W. Bush.

—Que no, que eso no va a pasar nunca —dijo Bannon en voz alta—. Es ridículo. Es una tomadura de pelo.

En menos de dos meses como director ejecutivo de la campaña, se había reducido a la mitad la diferencia en los sondeos gracias a mítines interminables. Ahora Trump era una estrella de rock.

El gobernador de Nueva Jersey, Chris Christie, estaba sentado con pantalones de chándal y gorra.

—No se trata de la campaña —dijo Christie con solemnidad—. Eso ya se ha acabado. Ahora estamos hablando de tu marca. Has trabajado toda tu vida. Estos niños… —Señaló al hijo de Trump, Don Jr., y a Jared Kushner—. Tienes que proteger la marca para ellos o se acabó.

Rudy Giuliani dijo que Trump tenía ahora menos del 50 por ciento de posibilidades de ganar.

—Básicamente, tienes un 40 por ciento.

—¿Llamamos al programa *60 Minutes*? —preguntó Kellyanne Conway, quien proponía una confesión pública—. No puede hacerlo el domingo porque es el día del debate… O llamamos a ABC o a NBC y lo ponemos en el sofá con Ivanka a un lado y Melania al otro, básicamente llorando, diciendo que se disculpa.

Melania Trump había bajado y estaba detrás del sofá en el

que Conway proponía que se sentaran. Era evidente que estaba furiosa.

—No, no hagáis eso —dijo Melania con su acento esloveno, agitando la mano despectivamente—. De ninguna manera. No, no, no, no.

Bannon pensaba que Melania era la que más podía influir en Trump, que podía ver quién le estaba lamiendo el culo y quién le decía la verdad. «Entre bambalinas es la bomba.»

—¿Qué te parece? —le preguntó Trump a Bannon.

—Cien por cien —contestó Bannon.

—¿Cien por cien, qué? —preguntó Trump.

—Que estoy al cien por cien metafísicamente convencido de que va a ganar.

Solía utilizar eso del cien por cien de certeza.

—¡Corta el rollo! —gritó Trump—. Estoy cansado del cien por cien. ¡Necesito saber lo que realmente piensas!

Priebus no creía en el cien por cien y pensaba que nadie en la sala se lo tragaba. Se dio cuenta de que Trump estaba molesto consigo mismo.

—Al cien por cien —repitió Bannon. Las palabras de Trump eran «comentarios de vestuario». Los partidarios seguirían a su lado—. Están preocupados por salvar el país. —La comparación con Bill Clinton le salió bien—. Vamos a comparar lo que usted ha dicho con lo que él ha hecho.

Bill Clinton era igual de contrincante de Trump como Hillary, quizás ahora más que nunca.

—¿Cómo vamos a hacer eso? —preguntó Trump.

—Jared y yo reservamos el salón de baile del hotel Hilton para esta noche. Lo pondremos en Facebook y conseguiremos a mil tarugos —uno de los términos que Bannon utilizaba para referirse a los seguidores incondicionales de Trump— con gorras rojas. Y va a hacer un mitin de la hostia y va a atacar a los medios de comunicación. Vamos a doblar la apuesta. ¡Que se jodan! ¿A que sí?

Trump parecía encantado.

Los otros se opusieron. Hubo una gran lucha, pero acabaron con un acuerdo.

Conway llamaría a ABC y conseguiría que David Muir, el presentador de ABC, llegara en helicóptero. Giuliani y Christie escribirían una introducción para Trump y Muir podría hacer una entrevista de diez minutos.

«Es un suicidio político», pensó Bannon. Seguro que esto acabaría con la campaña y Trump perdería por 20 puntos.

Dijo que tenían que avisar al Hilton sobre el mitin porque tendrían que poner dinero en efectivo.

Priebus volvió a decir que Trump tenía que retirarse. «No sabéis lo que hacéis. Vais a caer estrepitosamente.»

Muchos prominentes republicanos empezaron a pedir que Trump se apartara y que entrara Mike Pence, quien había aparecido ya en la campaña de Ohio. Se había escondido cuando se supo lo de la cinta de *Access Hollywood*.

Poco antes de la una de la tarde, Pence emitió un comunicado diciendo: «Como esposo y padre, me ofendieron las palabras y las acciones descritas por Donald Trump en el vídeo de hace once años que salió ayer a la luz. No apruebo sus observaciones y no puedo defenderlas. Me alegra ver que ha expresado remordimiento y ha pedido disculpas al pueblo estadounidense. Rezamos por su familia y esperamos que aproveche la oportunidad que tendrá mañana, cuando se dirija a la nación, de mostrar al pueblo estadounidense lo que siente de verdad».

Circulaban rumores de que Pence le había dado a Bannon una carta sellada instando a Trump a que se retirara.

Dos horas más tarde, Melania Trump emitió un comunicado: «Las palabras que usó mi esposo son inaceptables y me ofenden. Pero no representan al hombre que conozco. Tiene el corazón y la mente de un líder. Espero que la gente acepte sus disculpas, como yo he hecho, y se centre en los importantes problemas a los que se enfrenta nuestra nación y el mundo».

A las 15:40 Trump tuiteó: «Los medios de comunicación y el *establishment* quieren desesperadamente que me retire. PERO ¡NUNCA ME RETIRARÉ, NUNCA DEFRAUDARÉ A LOS QUE ME APOYAN! #MAGA».

Trump se sentó. Los preparativos para la entrevista de ABC estaban en marcha y, probablemente, batiría todos los

61

récords. Giuliani y Christie entregaron una lista de sugerencias a Trump. Este la leyó: «Mi lenguaje era inapropiado, no es aceptable para un presidente». Era un discurso político, pero no de Trump, sino de Giuliani y Christie. Trump estaba malhumorado.

—No puedo hacer esto —dijo—. Es una mierda. Es una bajada de pantalones. Sois unos blandengues.

Bannon se dio cuenta de que lo tenía controlado. Solo tenía que mantener la boca cerrada.

—Donald, no lo entiendes —dijo Christie.

—Donald, Donald, Donald —dijo Giuliani—. Lo tienes que hacer. Piensa en todas las señoras y madres de familia de bien.

El tiempo seguía corriendo.

Bannon se volvió hacia Conway y le preguntó:

—¿Qué haces para parar esto?

—Imposible. ABC y David Muir ya están aquí.

—¿Que qué haces para parar esto? —repitió Bannon.

—Mi credibilidad está en juego. No se puede hacer nada. Ya ha arrancado. Va a pasar —contestó Conway.

—No va a pasar —dijo Bannon—. Él no lo va a hacer. Si hace la presentación —continuó Bannon—, no puedes dejar que haga una entrevista en vivo y en directo. Lo van a despedazar.

El camino de la disculpa no era para Trump; si le preguntaban después, retrocedería y se contradeciría a sí mismo.

Intentaron reformularlo.

Trump leyó dos líneas.

—No voy a hacer esto.

Los cristales de la Torre Trump eran gruesos, pero se podía oír a una multitud rugiente formada por los partidarios de Trump en la calle, un motín de «lamentables», que habían adoptado el término peyorativo de Hillary Clinton como propio.

—¡Mi gente! —exclamó Trump—. Voy a bajar. No te preocupes por el mitin. Voy a hacerlo aquí mismo.

—No va a bajar —insistió un agente del Servicio Secreto—. No va a salir a la calle.

—Voy a bajar —dijo Trump mientras se dirigía hacia el ascensor—. Esto es genial.

Conway intentó intervenir:

—No podemos cancelar con ABC.

—Me da igual. No pienso hacer esto. Es una idea de mierda. Desde el principio sabía que no quería hacerlo.

Bannon estaba a punto de seguir a Trump al ascensor cuando Christie dijo:

—Espera un segundo.

Bannon se quedó atrás mientras Trump bajaba con Conway, Don Jr. y el Servicio Secreto.

—Tú eres el problema —le dijo Christie a Bannon—. Tú has sido el problema desde el principio.

—¿De qué estás hablando?

—Eres tú quien mueves los hilos. Juegas con sus peores instintos. Esto se acabó, y te echarán la culpa. Siempre tiene un instinto horrible para estas cosas, y tú todo lo que haces es ponerlo nervioso. Esto va a ser humillante.

Christie le estaba plantando cara a Bannon. Era amenazante. Bannon, por una parte, quería decir: «Venga, gordo de mierda, a ver quién gana». En cambio, contestó:

—Gobernador, el avión sale mañana. —Se dirigían a San Luis para participar en el segundo debate presidencial—. Si está en el avión, está en el equipo.

Abajo, el Servicio Secreto acabó cediendo. Trump podía salir a la calle, pero solo un momento. Podía haber armas por todas partes. Era una turba de partidarios y manifestantes.

A las 16:30 Trump salió y empezó a dar apretones de manos durante algunos minutos, flanqueado por el Servicio Secreto y la policía de Nueva York.

—¿Sigue en la carrera? —preguntó un periodista.

—Al cien por cien —dijo Trump.

Todos en la campaña de Trump se negaron a aparecer en los programas de entrevistas del domingo por la mañana, salvo Rudy Giuliani. Estaban confirmados Priebus, Christie e inclu-

63

so el acorazado Conway, en el que siempre se podía confiar y que nunca decía que no. Todos cancelaron sus entrevistas.

Giuliani apareció en los cinco programas, completando lo que se conoce como un pleno de Ginsburg, un término en honor de William H. Ginsburg, el abogado de Monica Lewinsky, quien apareció en los cinco programas dominicales de la cadena el 1 de febrero de 1998.

Giuliani dio, o intentó dar, el mismo discurso en todos los programas: las palabras de Trump habían sido «reprochables, terribles, horribles» y ya se había disculpado. Trump no era el mismo hombre ahora que en 2005, cuando se hizo la grabación. La campaña presidencial estaba siendo «transformadora» y lo había convertido en un hombre nuevo. Y, además, las palabras de Hillary Clinton a Goldman Sachs, que habían salido en la publicación de WikiLeaks de los correos electrónicos de John Podesta, revelaban que se sentía cómoda con Wall Street, lo que chocaba con sus posiciones públicas liberales. El país vería eso con mucha más dureza.

Bannon, que no era un espectador habitual de los programas de entrevistas dominicales, enchufó la tele. La mañana estaba siendo brutal. Cuando Jake Tapper de la CNN dijo que las palabras de Trump representaban una agresión sexual que era «francamente ofensiva para cualquier ser humano», Giuliani tuvo que darle la razón: «Sí, así es».

Giuliani estaba exhausto, prácticamente agonizando, pero había demostrado su devoción y su amistad. Había hecho todo lo que estaba a su alcance, apoyándose mucho y con frecuencia en su catolicismo: «Confiesas tus pecados y decides firmemente no volver a cometer ese pecado. Y, luego, el sacerdote te da la absolución y, luego, con suerte, cambias, eres una persona nueva. Quiero decir, creemos que la gente de este país puede cambiar».

Giuliani, aparentemente borracho, llegó al avión justo a tiempo, antes de que despegara camino del debate de San Luis. Se sentó junto a Trump, que estaba en su sitio, con las gafas para leer. Miró al exalcalde.

—¡Rudy, eres un niñato! —exclamó Trump en voz alta—.

Nunca en mi vida me han defendido peor. Te dejaron en pelotas. Eres como un bebé al que hay que cambiar el pañal. ¿Cuándo vas a ser un hombre?

Trump se volvió hacia los otros, mirando sobre todo a Bannon.

—¿Por qué le dejaste ir? No sabe defenderme. Necesito que alguien me defienda. ¿Dónde está mi gente?

—¿De qué está hablando? —preguntó Bannon—. Es el único que no se rajó.

—No quiero que me digas nada —contestó Trump—. Fue un error. No debería haber ido. Él es un flojeras. Rudy, eres un flojo. Se te ha ido.

Giuliani levantó la vista, pálido.

Ya había pasado la hora prevista para despegar y Chris Christie no había aparecido. «Que le jodan», dijo Bannon, y el avión despegó.

5

Giuliani había dicho en dos ocasiones, en la CNN y en la NBC, que no esperaba que Trump fuera a atacar la vida privada de Bill Clinton o de Hillary en el debate de esa noche. Pero Bannon había orquestado lo que consideraba que sería un disparo mortal a tiempo.

Cuatro de las mujeres que afirmaban que Clinton las había agredido o que Hillary había intentado socavar estarían en el debate, según le explicó Bannon a Trump. Se trataba de Paula Jones, que dijo que Clinton le había mostrado los genitales, y con quien había llegado a un acuerdo en una demanda por acoso sexual por el que le había pagado 850.000 dólares; Juanita Broaddrick, que afirmaba que Clinton la había violado; Kathleen Willey, que alegaba que Clinton la había agredido sexualmente en la Casa Blanca; y Kathy Shelton, que alegaba que, cuando tenía doce años, Hillary la había difamado cuando defendía a su cliente, quien supuestamente había violado a Shelton. Era la lista de los Óscar del pasado de Clinton, que recordaba sus años en Arkansas y en la Casa Blanca.

Según comentó Bannon, sentarían a las cuatro mujeres a una mesa con Trump antes del debate e invitarían a los periodistas. «Estos pavos de los medios creerán que entran para escuchar el final de la preparación del debate. Pero, cuando lo hagan, se encontrarán con las mujeres. Y emitiremos en vivo y en directo. ¡Bum!»

Tierra quemada, como le gustaba a Bannon.

Trump había estado tuiteando a lo largo del día enlaces a los artículos de Breitbart sobre las mujeres que acusaban a Clinton.

—Me gusta —dijo Trump, de pie y con aspecto imperial—. ¡Me gusta!

Justo antes de las 19:30, los reporteros entraron a la sala del Four Seasons de San Luis, donde Trump y las cuatro mujeres los estaban esperando. Bannon y Kushner se situaron al fondo de la sala, sonriendo.

A las 19:26, Trump tuiteó: «Únete a mí en #FacebookLive mientras acabo de preparar el debate final». Y cadenas como la CNN, que retransmiten en directo, recogieron la señal.

Las mujeres lanzaban fuego a los micrófonos.

—Los hechos dicen más que las palabras —dijo Juanita Broaddrick—. El señor Trump puede haber dicho algunas palabras poco correctas, pero Bill Clinton me violó y Hillary Clinton me amenazó.

Los organizadores del debate prohibieron que las mujeres que acusaban a Clinton se sentaran en el palco VIP de la familia, justo enfrente del escenario, como Bannon había planeado, así que entraron las últimas y se sentaron en primera fila.

Ya desde el principio, Anderson Cooper, de la CNN, el coanfitrión del debate, sacó el tema de la cinta de *Access Hollywood* y dijo: «Eso es agresión sexual. Te jactaste de haber agredido sexualmente a unas mujeres. ¿Lo entiendes?».

Trump esquivó el tema. «Cuando hay un mundo en el que tenemos a ISIS cortando cabezas… Donde hay guerras y escenarios horribles, horribles, por todas partes y están pasando tantas cosas espantosas… Sí, estoy avergonzado y no me gusta nada, pero no es más que un comentario de vestuario. ¡Acabaré con ISIS!»

Un poco después, Trump dijo: «Si te fijas en Bill Clinton, es mucho peor. Lo mío son palabras, pero lo suyo son hechos… Nunca ha habido nadie en la historia de la política de este país que haya abusado tanto de las mujeres como él».

Entonces Trump anunció que Kathy Shelton y Paula Jones estaban entre el público y añadió: «Cuando Hillary habla de lo que dije hace once años… Creo que es escandaloso y creo que debería avergonzarse de sí misma».

Martha Raddatz, de la ABC y comoderadora del debate,

67

tuvo que intervenir para pedirle al público que no aplaudiera todavía para que Hillary Clinton pudiera hablar.

David Bossie, que ahora era el subdirector de campaña de Bannon, participaba en la gestión del día a día y en cientos de decisiones cotidianas, y aprendió rápido quién mandaba de verdad. Si estaba en una reunión con Bannon, Conway y Kushner y se tomaba una decisión sobre, por ejemplo, los tres próximos anuncios de televisión, Bossie comunicaba la decisión a la persona que llevaba los anuncios digitales, para luego darse cuenta de que no se habían publicado. «Pero ¡qué coño! —exclamaba—. Vine y te dije lo que tenías que hacer. Lo habíamos decidido en una reunión.»

—No, no —le decían—. Jared vino después y me dijo que no lo hiciera.

Era una situación muy evidente. Si Kushner no estaba del todo de acuerdo, las cosas no se hacían. Así que, después de cualquier reunión en la que se tomaran decisiones, Bossie se acercaba a Kushner para asegurarse de qué quería Jared. Este, sin ostentar el cargo, dirigía la campaña, sobre todo en cuestiones de dinero. Sabía que su suegro consideraba que todo el dinero era su dinero, y Jared tenía que autorizarlo todo.

Kushner se burló cuando Bannon sugirió que Trump pusiera 50 millones de dólares de su propio bolsillo para la campaña presidencial. «Nunca emitirá un cheque de 50 millones de dólares», le dijo Kushner a Bannon en agosto.

—Colega —contestó Bannon—, vamos a tener que dejarlo en tablas.

Pronto estarían empatados con Hillary.

—Ahora es cuando tenemos que ir a la tele con algo. —Tenían que contribuir al juego al mismo nivel—. Vamos a necesitar como mínimo 50 millones de dólares. Va a tener que emitir ese cheque.

De conformidad con las normas y la ley electoral, el candidato puede hacer contribuciones personales ilimitadas a su propia campaña.

—No lo hará nunca —insistió Kushner.

—¡Está en juego ser presidente de Estados Unidos!

—Steve, a menos que puedas asegurarle que es un trato seguro —una victoria segura—, que va a subir, seguro, de 3 a 5 puntos, no emitirá un cheque por tanto dinero.

—Tienes razón —asintió Bannon.

—A lo mejor le podemos sacar 25 millones de dólares —dijo Kushner, y añadió—: no tiene mucho dinero.

Después del debate presidencial final en Las Vegas el 19 de octubre, Trump regresó a Nueva York. Ahora quedaba el esprint final de tres semanas hasta el día de las elecciones.

Bannon, Kushner y Mnuchin, el antiguo ejecutivo de Goldman Sachs, presentaron un plan a Trump para que donara 25 millones de dólares a la campaña.

—Ni hablar —contestó Trump—. A la mierda con todo. No lo voy a hacer. ¿Dónde están los famosos donantes republicanos? ¿Dónde coño está el dinero? ¿Dónde está todo ese dinero de esos tíos? Jared, se supone que tenías que recaudar todo ese dinero. No lo voy a hacer.

Al día siguiente elaboraron una nueva propuesta de 10 millones de dólares y se la presentaron a Trump en su avión. Ni siquiera iba a ser un préstamo, sino un adelanto de las donaciones en efectivo de los simpatizantes. Eran los *grundoones* o *hobbits*, como los llamaba Bannon en broma y con cierto tono burlón. Y tenía una fecha límite: debían tener los 10 millones de dólares ese mismo día.

Las donaciones de los simpatizantes «seguirán llegando, independientemente de que gane, pierda o empate —le aseguró Bannon—. Pero yo digo que va a ganar».

—Eso no lo sabes —dijo Trump—. Estamos tres puntos por debajo.

A Bannon le pareció que Trump no tenía mucha confianza en ganar.

Después de dos días presionando para conseguir los 10 millones de dólares, Trump por fin les dijo:

—Vale, está bien, dejadme ya en paz. Adelante con los 10 millones de dólares.

69

Steve Mnuchin le entregó a Trump dos documentos para que los firmara. El primero era una hoja de plazos y condiciones en la que se recogía cómo se le iría devolviendo el dinero a medida que fuera entrando en la campaña.

—¿Y esto qué es? —preguntó Trump haciendo referencia al segundo documento.

—La orden de transferencia. —Mnuchin sabía que cualquier decisión de Trump era temporal y que se podía cambiar. Nunca se cerraba nada.

—¡Qué coño! —dijo Trump. La orden de transferencia se debía enviar a alguien de la Organización Trump.

Mnuchin dijo que no, que se tenía que hacer en ese mismo momento.

Trump firmó los dos documentos.

Las cuestiones de dinero encendían a Trump. Cuando se enteró de que Christie, que sería el jefe de su equipo de transición, estaba recaudando dinero para la operación, lo convocó a él y a Bannon a la Torre Trump.

—¿Dónde coño está el dinero? —le preguntó Trump a Christie—. Necesito dinero para mi campaña. Estoy poniendo dinero en mi campaña, y tú me estás robando. —Lo veía todo como suyo.

Christie defendió el esfuerzo que estaba haciendo. El dinero recaudado era para la organización de transición, que se iba a necesitar si Trump ganaba.

Trump dijo que Mitt Romney había pasado demasiado tiempo en las reuniones de transición como nominado en 2012 y no había invertido suficiente tiempo en los eventos de la campaña.

—Por eso perdió. Me estás gafando —le dijo a Christie—. No quiero una transición. Mira, voy a eliminar la transición. Te dije desde el primer día que era solo un título honorífico. Me estás gafando. No voy a perder ni un segundo en esto.

—Guau —interrumpió Bannon—. Una transición podía tener sentido.

—Me está gafando —dijo Trump—. No quiero tener una transición.

—Vale, vamos allá —dijo Bannon—. Lo cancelo todo. ¿Y qué cree que dirá mañana *Morning Joe*? Confía mucho en que usted va a ser presidente, ¿verdad?

Al final, Trump aceptó, a regañadientes, una versión reducida y esquelética de la transición. Christie no seguiría recaudando fondos.

—Que tenga su transición si quiere —dijo Trump—, pero yo no quiero tener nada que ver con eso.

Dos semanas antes de las elecciones, el 25 de octubre de 2016, yo estaba en Fort Worth (Texas) dando un discurso a unos cuatrocientos ejecutivos de una empresa llamada KEY2ACT que proporciona *software* de construcción y gestión de servicios externos. El título de mi discurso era «La era de la presidencia estadounidense. ¿Qué traerá el año 2016?». El grupo era mayoritariamente blanco y provenía de todo el país.

Les pedí que contestaran a algunas preguntas levantando la mano. ¿Cuántos pensaban votar a Hillary? Creo que levantaron la mano unos diez. ¿Cuántos pensaban votar a Trump? La mitad levantaron la mano, aproximadamente unos doscientos. «¡Hala!», pensé. Me parecían muchos votantes de Trump.

Después del discurso, el director ejecutivo de la empresa se acercó.

—Necesito sentarme —dijo, cogiendo una silla cerca de donde yo estaba de pie. Respiraba con dificultad—. No salgo de mi asombro. He trabajado con estas personas todos los días durante más de un año. Los conozco. Conozco a sus familias. Si me hubieras dicho que doscientos de ellos piensan votar a Trump, te habría dicho que es imposible.

Me dijo que se hubiera esperado más o menos la mitad, pero doscientos... Estaba asombrado. No me dio ninguna explicación y yo tampoco tenía ninguna.

Diez días antes de las elecciones, Trump voló a Carolina del Norte, un estado donde debía ganar. Había bajado varios puntos en la mayoría de los sondeos nacionales. El sondeo de NBC/*Wall Street Journal* le situaba 6 puntos por debajo.

Bannon habló con el congresista Mark Meadows, quien representaba al distrito 11. Meadows era uno de los favoritos del Tea Party y el presidente del poderoso Freedom Caucus, que congrega a unos treinta republicanos conservadores y libertarios. Era un gran partidario de Trump. Durante el verano, había proporcionado a los asistentes a los mítines su consigna favorita contra Clinton: «Que la encierren».

De todos los estados que representaban un campo de batalla, Bannon dijo a Meadows: «Este es el que más me preocupa». La campaña no parecía estar funcionando bien.

Meadows no estaba de acuerdo. «Los evangélicos están en las calles. Están llamando puerta a puerta. De verdad, no necesitas volver a Carolina del Norte. Lo tenemos controlado.» La esposa de Meadows y otras mujeres conservadoras habían alquilado un autobús después de la grabación de *Access Hollywood* y viajaban por todo el estado instando a las mujeres a votar por Trump. Todo iba bien y estaba mejorando, según decía Meadows.

Meadows tenía grandes planes para derrocar al portavoz Paul Ryan. Le dio a Bannon una carpeta.

—Lee esto —le dijo—. A las veinticuatro horas de la victoria de Trump, le hacemos la pregunta a Ryan y está acabado. Recuperaremos la Cámara de Representantes. Y así tendremos una verdadera revolución.

Bannon seguía preocupado, aunque veía algunos aspectos positivos en la estrategia de Trump-Pence. Aquel creía que estaban usando bien a Pence, ya que lo llevaban sobre todo por un circuito de estados: al menos 23 apariciones en Pensilvania, 25 en Ohio, 22 en Carolina del Norte, 15 en Iowa, 13 en Florida, 8 en Michigan y 7 en Wisconsin. La idea era que Pence hiciera campaña como si se postulara para gobernador de esos estados, centrándose en temas locales y en lo que Trump, si fuera presidente, podría hacer por el estado. «Y de vez en cuando lo llevábamos [a Pence] a la tierra de Jesús», dijo Bannon.

A ojos de Bannon, Trump se presentaba básicamente como el supervisor del condado en 41 grandes centros de población.

Bannon no entendía que la campaña de Clinton no utilizara estratégicamente al presidente Obama. Obama había ganado Iowa en 2008 y en 2012 por 6 y 10 puntos. «Él nunca va.» Clinton nunca fue a Wisconsin en las elecciones generales. Y no habló lo suficiente de la economía.

—Cuando la vi irse a Arizona, pensé que habían perdido la cabeza —confesó Bannon—. ¿Qué hacen?

Habrá historiadores que en los próximos años escribirán libros tratando de responder a esa pregunta y a otros temas relacionados con la campaña de 2016. Yo había pensado escribir un libro sobre el primer o segundo año del próximo presidente. Parecía probable que fuera Hillary Clinton, pero Fort Worth me dio que pensar.

Dos días antes de las elecciones, el 6 de noviembre, aparecí en *Fox News Sunday* con Chris Wallace. La conversación se centró en la posibilidad de que Trump pudiera ganar.

Según la transcripción, dije en el programa:

—Si Trump gana, ¿cómo es posible? ¿Qué hemos pasado por alto? Y creo que, en los viajes que hago por todo el país hablando con grupos de Texas, Florida y Nueva York, la gente no confía en los sondeos. Y consideran que votar es mucho más personal. No les gusta la idea esa de «Ah, como estoy en este grupo demográfico, voy a votar esto o aquello». Quieren decidir por sí mismos.

Wallace me preguntó si creía que eso implicaba que la gente estaba mintiendo a los encuestadores.

—Creo que es muy posible —le dije. Pero no vi ninguna señal ni tenía información interna. Estaba lejos de entender lo que estaba pasando.

La víspera del día de las elecciones, Trump hizo un cambio en cinco estados, incluyendo Carolina del Norte. Estaba agotado.

—Si no ganamos —dijo en un mitin en Raleigh—, consideraré que ha sido el mayor desperdicio… de tiempo, energía y dinero… Si no ganamos, de verdad, todos habremos perdido el tiempo.

Decir eso era algo extraño, parecía un poco deprimente, pero a la gente le encantó y se lo tomó como una motivación.

73

Uno de los últimos mítines de Clinton fue en el Independence Hall, donde decenas de miles de personas se reunieron el 7 de noviembre. El presidente Obama estaba allí. Según el libro de Clinton, la abrazó y le susurró: «Ya lo tienes. Estoy muy orgulloso de ti».

El día de las elecciones, sobre las 17:00, Trump recibió los últimos sondeos a pie de urna. Eran brutales. Empatados en Ohio y Iowa, 9 por debajo en Pensilvania y 7 por debajo en Carolina del Norte.

—No podíamos hacer nada más —le dijo Trump a Bannon—. Lo hemos dado todo en el campo.

La noche de las elecciones, era impresionante ver la aguja en el marcador de los pronósticos de la página web del *New York Times*, que comenzó dando a Clinton un 85 por ciento de posibilidades de ganar. Pero el marcador empezó a cambiar rápidamente a favor de Trump. Una buena señal para Trump fue Carolina del Norte. La participación de los afroamericanos y latinos fue baja. A las 23:11, el estado era de Trump. A las 22:36 se había anunciado que había ganado en Ohio; a las 22:50, en Florida, y a las 00:02, en Iowa.

El presidente Obama envió un mensaje a Hillary Clinton diciéndole que le preocupaba que otro resultado de elecciones incierto, como el de las elecciones presidenciales de 2000, fuera malo para el país. Si perdía, tenía que reconocerlo rápidamente y con gracia.

La Associated Press (AP) comunicó que Wisconsin era para Trump a las 2:29 de la mañana y le declaró ganador.

—Donald, soy Hillary. —Clinton comenzó su llamada telefónica de concesión poco después.

Trump se dirigió a la multitud congregada en el Hilton de Nueva York, en el centro de Manhattan, a pocas manzanas de la Torre Trump.

—Ahora ha llegado el momento de que los estadounidenses cierren las heridas que nos separan —dijo en su intervención, sacada de un libro de estrategias para un buen gobierno—. Prometo a todos los ciudadanos de nuestra tierra que seré el presidente de todos los estadounidenses. Como he dicho desde el principio, lo que hemos vivido no ha sido una mera campaña, sino un movimiento increíble y grandioso..., compuesto por estadounidenses de cualquier raza, religión, origen y creencia. Debemos reclamar el destino de nuestro país y soñar a lo grande, con audacia y valentía. Buscaremos un denominador común, no la rivalidad; buscaremos alianzas, no conflictos.

Dedicó unas palabras de agradecimiento a su familia, a Conway, a Bannon y al senador republicano de Alabama Jeff Sessions («un gran hombre»), quien había apoyado a Trump desde el principio, y al general Michael Flynn, un general retirado del Ejército y asesor de seguridad nacional para la campaña. Flynn había forjado una relación extraordinariamente estrecha con Trump.

El presidente electo se centró en Priebus.

—Reince es una superestrella. Pero le dije: «No pueden llamarte superestrella, Reince, si no ganas». Reince, sube aquí.

Localizó a Priebus entre el público y lo llamó al escenario. Priebus salió de entre la multitud.

—Di unas palabras —dijo Trump—. Va, venga, di algo.

—Damas y caballeros —dijo Priebus—, el próximo presidente de Estados Unidos, Donald Trump.

—Es un tío increíble —dijo Trump y, como si entendiera completamente lo que el RNC había hecho por él (todo el dinero, los trabajadores, los voluntarios, el escrutinio...), añadió—: nuestro trabajo con el Comité Nacional Republicano ha sido fundamental para el éxito y lo que hemos conseguido.

Concluyó diciendo: «Han sido dos años increíbles. Adoro este país».

Bannon estaba convencido de que Trump estaba aturdido.

—No tenía ni idea de que iba a ganar —declaró Bannon más tarde—. Y no se había preparado nada. Nunca pensó que perdería, pero tampoco pensó que ganaría. No es lo mismo. Y hay que recordar que no se había preparado y no tenía un equipo de transición.

Putin llamó desde Rusia para felicitar a Trump, al igual que el presidente Xi Jinping desde China. Muchos otros líderes mundiales llamaron.

75

—Por fin se está dando cuenta —recordó Bannon— de que esto es lo que importa. Es un tipo que no se ha preparado para nada. Hillary Clinton se ha pasado toda su vida adulta preparándose para este momento. Trump no ha pasado ni un segundo preparándose para esto.

Después de haber dormido unas horas, Bannon empezó a hojear los documentos de transición. «Basura suprema», pensó. Para secretario de Defensa, pusieron en la lista a un gran donante de campaña de Nuevo Hampshire. Increíble. Ahora había que cubrir 4.000 puestos de trabajo. Se dio cuenta de que tendrían que aceptar, al menos temporalmente, a la clase dirigente. Tal vez sería mejor hablar de desplumar a los que sabían algo.

—Dime quién es el director ejecutivo de esto —ordenó Bannon, buscando alguna conexión con el aparato de transición que existiera—. Que venga a mi despacho ahora mismo.

No recordaba su nombre.

Bannon llamó a la oficina del director y preguntó si podía acudir.

—Va a ser difícil.

—¿Por qué?

—Está en las Bahamas.

—Esta es la isla de los juguetes inadaptados —dijo Bannon—. ¿Cómo demonios vamos a formar un gobierno? Relevamos la guardia dentro de diez semanas, a mediodía. Tenemos que estar listos y funcionando.

Priebus y Bannon iban a compartir el poder del personal de alto nivel. Llegaron a un acuerdo poco usual. Bannon sería el director de estrategia, que era una idea nueva y un cargo nuevo. Priebus sería el director de personal de la Casa Blanca. El comunicado de prensa mencionaba primero a Bannon, a lo que Priebus accedió para evitar que Bannon se convirtiera en director de personal, que tradicionalmente figuraba en la parte superior de la lista.

*U*na semana después de las elecciones, el presidente electo Trump invitó a la Torre Trump al general del ejército Jack Keane, condecorado con cuatro estrellas, con el objetivo de entrevistarlo para convertirse en secretario de Defensa.

—Eres mi hombre número uno —le dijo Trump.

Keane, de setenta y tres años, invitado habitual de Fox News y consejero cercano del antiguo vicepresidente Dick Cheney, rechazó la oferta. Las deudas financieras por haberse ocupado de su mujer, que había muerto recientemente, le impedían aceptar. Durante la reunión de una hora, dio a Trump una guía del mundo y algunos consejos.

—Señor presidente —le dijo—, el Congreso, la opinión pública y su consejo estarán involucrados con la agenda nacional. En seguridad nacional y política extranjera, este es su camino. Los problemas del mundo sabrán llegar al 1.600 de Pennsylvania Avenue, quiera usted o no. Los errores en el ámbito nacional tienen mecanismos de corrección. Puede haber una segunda oportunidad con los asuntos nacionales, pero no sucede lo mismo con la seguridad nacional. Cuando se cometen errores, las consecuencias son enormes.

Era de la opinión de que el presidente Obama había sido demasiado asustadizo en un mundo peligroso.

—Por nuestras acciones o por la falta de ellas, realmente podemos desestabilizar parte del mundo y causar enormes problemas —le advirtió Keane.

Trump le preguntó a quién recomendaría como secretario de Defensa.

—Por motivos prácticos —dijo Keane—, a Jim Mattis.

Era el general de la Marina de cuatro estrellas retirado a quien Obama había despedido como comandante central en Oriente Medio. Lo había sustituido en 2013 porque pensaba que era demasiado belicista y estaba ansioso por enfrentarse militarmente a Irán.

—Es un buen hombre ese Mattis, ¿verdad? —preguntó Trump. Había oído hablar del general, cuyos motes eran «Perro loco» y «Caos».

—Sí, señor —respondió Keane—. Es un buen hombre. Y también tiene ventajas. Está muy al día. Así que si tenemos problemas gordos entre manos, tiene a un tío que puede arremangarse la camisa desde el primer momento y ocuparse de ellos. Eso es lo primero. Lo segundo es que tiene mucha experiencia, sobre todo en el lugar más volátil del mundo, Oriente Medio. Y es un veterano de guerra muy experimentado, tanto en Afganistán como en Irak. Y está muy bien considerado dentro de las fuerzas armadas, pero también fuera. Lo que no es tan evidente es lo reflexivo que es —añadió Keane—. Y lo meditabundo que es.

—¿Qué quieres decir? —preguntó Trump.

—Piensa mucho en las cosas. Se toma su tiempo para cavilar en el problema.

Mattis no se había casado y se pasaba el tiempo leyendo libros. Tenía siete mil en su biblioteca personal. También conocido como el «monje guerrero», había estado totalmente dedicado a las fuerzas armadas durante más de cuatro décadas de servicio. Era decidido y tranquilo.

—Siento mucho respeto por él —dijo Keane—. Es un hombre de coraje e íntegro.

De vuelta en su coche, Keane marcó el número de Mattis. Le explicó que Trump se lo había pedido a él primero y le había dicho que no. Mattis parecía querer garantías.

—¿Tú no puedes hacerlo, Jack? —le preguntó.

—No, no puedo —respondió Keane—. Jim, tú sí puedes, ¿verdad?

—Sí, Jack.

—Parecen estar decididos a fichar a algún militar como secretario de Defensa por los desafíos a los que se enfrentan.

☐

Más tarde, en noviembre, Trump invitó a Mattis, de sesenta y seis años, a Bedminster. Su presencia silenciosa era imponente.

—Tenemos que ocuparnos del ISIS —enfatizó el presidente.

El Estado Islámico había crecido de entre los restos de Al Qaeda en Irak y se había expandido brutalmente a Siria con la ambición de establecerse y gobernar como un califato. Trump había prometido la derrota del ISIS en su campaña, y la amenaza estaba creciendo.

Mattis lo miró directamente.

—Tenemos que cambiar lo que estamos haciendo —dijo—. No puede ser una guerra de desgaste. Tiene que ser una guerra de aniquilación.

A Trump le encantaba el concepto. Perfecto. Le ofreció a Mattis el trabajo, aunque acordaron no anunciarlo de inmediato.

Bannon consideraba a Mattis demasiado liberal en la política económica y un globalista de corazón, pero la conexión que Trump y Mattis habían tenido era primordial. Este era tanto un guerrero como alguien reconfortante. Bannon pronto lo llamó «secretario de aserción» y «el centro de gravedad moral de la Administración».

En Bedminster, Bannon se encargó de que las sesiones de fotos de los candidatos siendo entrevistados se parecieran a las del 10 de Downing Street mientras Trump y los visitantes atravesaban la gran puerta.

—Será perfecto —le dijo a Trump—. Pondremos a los medios por toda la calle, y tú los saludarás como el primer ministro británico.

La fotografía que apareció en muchos periódicos fue de Trump y Mattis delante de la puerta, con los dedos de Trump unidos en el aire y Mattis con su perfecta postura de marine, erguido, el general silencioso.

79

☐

Como coronel, Mattis había llegado con los marines a Afganistán tras los ataques terroristas del 11-S. El capitán de la Marina y miembro de los SEAL (los equipos de Mar, Aire y Tierra) durante diecisiete años Bob Harward había liderado allí a este cuerpo de especialistas.

—Oye, ¿quieres que vayamos juntos? —le había preguntado Mattis a Harward en 2001. Durante los doce años posteriores, Harward ejecutó grandes misiones a las órdenes de Mattis.

En el verano de 2013, Harward, ahora vicealmirante, fue destinado a la base aérea de MacDill, en Florida, para convertirse en subcomandante central de Mattis. Entró en el Bachelor Officer Quarters (BOQ), trabajó un día y volvió a su habitación. Todas sus pertenencias habían sido trasladadas. Le dijeron que se lo habían llevado todo a la casa del general Mattis.

Harward fue a la casa. Entró en la cocina y se encontró allí al general Mattis, doblando la ropa interior de Harward.

—Señor —dijo Harward—, ¿qué coño está haciendo?

—He lavado mi ropa —respondió él—. Pensé que podía lavar también la tuya.

Harward pensaba que Mattis era el oficial más cortés y humilde al que había servido. En vez de presentarlo como «mi subcomandante», Mattis decía: «Te presento a mi compañero comandante».

Cuando Harward se retiró y fue a Oriente Medio como director ejecutivo de Lockheed Martin en los Emiratos Árabes Unidos, siguió en contacto con Mattis.

Mattis estaba preocupado por los efectos del fracaso de la Administración de Obama para disuadir a Irán. Sin embargo, Harward dijo:

—Si conoces a Jim Mattis, sabrás que no es muy partidario de ir a la guerra.

Para los marines, Irán había infligido una herida en los cuerpos que nunca había llegado a sanar y que no había recibido respuesta, pues había estado detrás del bombardeo terrorista de los barracones de marines de Beirut, en 1983. El ataque mató a 220 marines, uno de los días con mayor número de muertos en la historia del cuerpo. Otros 21 militares estadounidenses murieron, elevando la cifra hasta los 241: el mayor ataque terrorista a Estados Unidos antes del 11-S. Mattis había sido oficial de los marines durante once años, y entonces era comandante.

Como comandante del Mando Central de Estados Unidos entre 2010 y 2013, según un ayudante, Mattis creía que Irán seguía «siendo la mayor amenaza a los intereses de Estados Unidos en Oriente Medio». Le preocupaba que los israelíes fueran a atacar las instalaciones nucleares iraníes y meter en el conflicto a Estados Unidos.

Mattis también creía que Estados Unidos no disponía de suficiente fuerza militar en la región y no contaba con una disciplina de combate sólida. Escribió un memorando al presidente Obama a través del secretario de Defensa Leon Panetta pidiendo más autoridad para responder a las provocaciones iraníes. Le preocupaba que los iraníes pudieran minar las aguas internacionales y crear un incidente en el mar que pudiera intensificar el conflicto.

Tom Donilon, el consejero de seguridad nacional, le respondió. Un documento, pronto conocido como «el memorando Donilon», instruía que bajo ninguna circunstancia Mattis podía realizar acciones contra Irán por minar aguas internacionales, a menos que la mina se encontrara en el camino de un barco de guerra estadounidense y supusiera un peligro inminente para este. El memorando Donilon sería una de las primeras órdenes que Mattis revocó al convertirse en secretario de Defensa.

Mattis continuó hablando de Irán. El plan de guerra le parecía insuficiente, ya que dependía por completo de la aviación, de la fuerza aérea. No se había dispuesto un programa amplio de fuerza conjunta. El plan tenía cinco opciones de ataque: la primera contra barcos pequeños iraníes; otra contra misiles balísticos; más adelante contra sistemas de armamento y finalmente para una invasión.

El «Strike Option Five» [Plan de Ataque Cinco] era el proyecto diseñado para destruir el programa nuclear iraní.

Mattis escribió un feroz memorando al jefe de operaciones navales diciendo que su fuerza naval no estaba preparada en absoluto para un conflicto en el Golfo Pérsico.

Panetta le explicó a Mattis que su postura sobre Irán lo enfrentaba a problemas reales dentro de la Casa Blanca de Obama, y le pidió que le diera algo para contrarrestar esa percepción.

—Me pagan para dar los mejores consejos militares —respondió Mattis—. Ellos toman las decisiones políticas. No voy a cambiar lo que pienso para aplacarlos. Si no tengo su confianza, entonces me iré.

Y eso hizo. Mattis fue sustituido con cinco meses de antelación y, cuando se marchó en marzo de 2013, destruyó lo que llamaba su «libro inteligente», de casi treinta centímetros de grosor, que contenía todos los memorandos clave, documentos, notas, sumarios y recordatorios. Para ser alguien que disfrutaba de la historia, decidió no conservar nada para los demás.

Como parte de su informe final, Mattis adjuntó una estrategia para Irán de quince páginas, ya que no creía que la Administración de Obama tuviera una. Aunque señaló que Obama había hecho varias declaraciones en Irán, observó que «los discursos presidenciales no son una política».

Su boceto de estrategia se centraba en el enfrentamiento y en no tolerar las acciones desestabilizadoras de Irán a través de Hezbolá, las operaciones de la Fuerza Quds y sus acciones en Irak para debilitar a Estados Unidos. Estaba diseñado para restablecer la credibilidad militar estadounidense. La segunda parte era un plan de combate a largo plazo para moldear la opinión pública iraní.

Con Mattis fuera, a nadie le importaban sus visiones sobre Irán. Cuando fue nombrado secretario, el plan se aceleró de repente y se hicieron copias a toda prisa. La cuestión era si el nombramiento de Mattis como secretario de Defensa en la belicista presidencia de Trump significaría un probable conflicto militar con Irán.

Ante la sugerencia del antiguo secretario de Estado James

82

A. Baker III y el antiguo secretario de Defensa Robert Gates, Trump se reunió con Rex Tillerson, de sesenta y cuatro años, presidente de Exxon entre 2006 y 2016.

Trump quedó impresionado ante la confianza nata del texano. Tenía una gran presencia. Había pasado cuarenta años en Exxon, y carecía de experiencia gubernamental. Era un hombre que veía el mundo a través de la lente de los acuerdos y los viajes, un hombre de negocios que había firmado contratos petroleros por todo el mundo, incluyendo algunos multimillonarios con Rusia. Putin le había otorgado a Tillerson la Orden Rusa de la Amistad en 2013.

En diciembre, Trump ignoró la política internacional de Washington, pero abrazó el *establishment* comercial y nombró a Tillerson como su secretario de Estado, el mayor puesto del gabinete. Le dijo a sus asistentes que Tillerson encajaba con el papel que desempeñaría en el escenario mundial.

—Una elección muy de Trump —sentenció Kellyanne Conway en televisión, prometiendo un «gran impacto».

83

*J*ared Kushner invitó a Gary Cohn, presidente de Goldman Sachs, a reunirse con su suegro el 30 de noviembre para hablar sobre el estado de la economía. Se organizó una reunión entre Cohn y el presidente en la Torre Trump. Cohn era conocido por los riesgos que asumió durante el periodo que estuvo en el gran grupo de banca de inversión. Mostraba el mismo orgullo y convicción que Trump. Le advirtieron de que las reuniones con el presidente no solían durar más de diez minutos.

En la oficina de Trump se encontraban Bannon, Priebus, Kushner y Steve Mnuchin, otro antiguo banquero de Goldman Sachs y gestor financiero que había sido el principal recaudador de fondos de Trump durante los últimos seis meses de campaña. A Mnuchin le habían concedido el puesto de secretario del Tesoro, aunque la noticia aún no era de dominio público.

—La economía de Estados Unidos va bien en general —le dijo Cohn a Trump—. Pero podría producirse una explosión en el crecimiento si llevamos a cabo ciertas medidas.

Para conseguirlo, la economía precisaba de una reforma de impuestos y debía deshacerse de las regulaciones excesivas.

Cohn sabía que eso era lo que Trump quería oír. Entonces, el demócrata de Nueva York le dijo al presidente electo algo que no le iba a gustar oír:

—Nuestra economía está orientada hacia el comercio —explicó—. El comercio libre y justo es esencial.

Trump había hecho campaña en contra del comercio internacional.

—En segundo lugar, Estados Unidos es el foco mundial de la inmigración. Tenemos que seguir teniendo fronteras abiertas —dijo Cohn. El panorama laboral era tan favorable que Estados Unidos se quedaría pronto sin trabajadores. Por tanto, la inmigración debía continuar—. Hay muchos trabajos en este país que sus propios ciudadanos no están dispuestos a hacer.

Después, Cohn repitió lo que todo el mundo decía: que la tasa de interés iba a subir en un futuro muy cercano.

—Estoy de acuerdo —dijo Trump—. Deberíamos tomar prestado un montón de dinero ahora mismo, guardarlo y después venderlo para ganar más dinero.

Cohn estaba perplejo ante el poco conocimiento de Trump sobre algo tan básico. Se lo intentó explicar:

—Si el Gobierno Federal toma dinero prestado mediante la emisión de bonos, estaremos incrementado el déficit de Estados Unidos.

—¿Qué quieres decir? —preguntó Trump—. Solo hay que poner en marcha las máquinas e imprimir dinero.

—No podemos hacer eso —dijo Cohn—. Tenemos un déficit muy importante y hay que tenerlo en cuenta. El Gobierno no puede mantener un balance general así. Si quieres actuar de manera inteligente y hacer algo que esté al alcance de tu mano, yo añadiría un bono de cincuenta años y otro de cien de la Tesorería estadounidense.

Como la tasa de interés ha bajado en los últimos años, la Tesorería había reducido la duración de los bonos a diez años tanto como había podido.

—Era la mejor decisión —dijo Cohn—. Si suben los impuestos, las aseguradoras y las pensiones le prestarán dinero al Gobierno durante cincuenta o cien años. Y lo podrás hacer al 3,75 por ciento. Eso nos garantizaría dinero fácil en los próximos cincuenta o cien años.

—¡Vaya! —exclamó Trump—. Es una gran idea. —Se volvió hacia Mnuchin—. ¿Podemos hacer eso?

—Por supuesto —dijo el secretario del Tesoro—. Lo podemos hacer sin problema.

—¿Estás de acuerdo con él? —preguntó Trump.

—Sí, estoy de acuerdo con él —dijo Mnuchin.

—Llevas seis meses trabajando para mí —dijo Trump—.

¿Por qué coño no me has hablado nunca de esto? ¿Por qué él es el primero en contármelo?

—Antes no podíamos asegurar un rédito de un 3,75 por ciento —dijo Cohn—. Habría sido una locura porque habría habido muchísimos compradores a la vez.

Los bonos corporativos a cincuenta años no paraban de venderse. Los inversores querían un rédito alto y libre de riesgos.

Observando el trabajo de la Reserva Federal, Cohn comprobó que Estados Unidos tuvo durante años una tasa de interés de cero. Solo se podía hacer una cosa, la tasa de interés subiría por dos razones: la economía se estaba fortaleciendo y las altas tasas bajarían la inflación.

—Entonces, si dirijo la Reserva Federal, subiré las tasas —conjeturó.

Trump sabía que a los presidentes les gustaban las tasas bajas para así ayudar a la economía.

—Bueno, no te elegiría para dirigir la Reserva Federal en la vida —dijo.

—No pasa nada —dijo Cohn—. Es el peor trabajo en todo Estados Unidos.

»Volviendo a los impuestos —continuó Cohn—, la tasa de interés corporativa al 35 por ciento me ha ido muy bien en mi negocio durante los últimos diez años. Hemos estado invirtiendo un 10 por ciento de impuestos jurisdiccionales en varias empresas y nos pagan unas tarifas muy elevadas. —Se expresaba como un presidente de Goldman Sachs—. Una inversión supone trasladar la sede legal de la empresa a un país con unos impuestos bajos, como Irlanda o las Bermudas, como si fuese una nueva empresa matriz, mientras se mantienen el control y las operaciones como subsidiarias en el país de los impuestos más altos.

Goldman había facilitado el traslado al extranjero de docenas de empresas. Los líderes de la empresa y su junta directiva tenían la responsabilidad de comprar acciones para maximizar los beneficios y estos cambios e inversiones los aumentaron notablemente. Casi todas las farmacéuticas y las compañías de seguros se habían trasladado.

Cohn presumía.

—¿A qué otro sitio puedo llevar una empresa que hace X negocio y que mañana seguirá haciendo X negocio pero aumentará sus beneficios en un 20 por ciento solo por cambiar su sede central? —Y argumentando en contra del interés propio de Goldman, prosiguió—. No podemos permitir que eso suceda. Tenemos que ajustar la tasa de interés corporativa a la media, que está entre un 21 y un 22 por ciento.

Aunque el Congreso había impuesto algunas restricciones, había ciertas maneras de eludir las nuevas leyes.

—No podemos permitir que las empresas sigan invirtiendo fuera de Estados Unidos. No está bien. No favorece a los negocios ni al empleo. Hablo en contra de mi negocio, aunque ganamos muchísimo dinero.

Trump volvía a la idea de imprimir dinero.

—Lo pediremos prestado —dijo encantado con la idea de dirigir el Gobierno Federal, que tenía la mejor calificación crediticia del mundo. Así podrían pedir el dinero prestado al mínimo interés.

Cohn no mencionó un informe que se publicó durante la campaña que decía que la calificación crediticia de la Organización Trump era de 19 sobre 100, por debajo de la media nacional de 30 puntos, y que podría tener dificultades a la hora de pedir dinero prestado.

—No puedes imprimir dinero así como así —aseguró Cohn.

—¿Por qué no? ¿Por qué no?

El Congreso marcaba un techo de la deuda que podía establecer un límite de cuánto dinero podía tomar prestado el Gobierno Federal y era un acuerdo vinculante. Estaba claro que Trump no comprendía cómo funcionaba el ciclo de deudas del balance general del Gobierno de Estados Unidos.

—La inflación, seguramente, se mantendría. Llega la era de la automatización, de la inteligencia artificial, las máquinas y los robots —explicaba Cohn—. Manejaremos a la población activa de manera más eficaz que nunca. Bueno, te encuentras en unos tiempos muy precarios con respecto a la pérdida de puestos de trabajo. Ahora podremos crear empleos con máqui-

87

nas. Si vas a estar aquí ocho años, vas a tener que lidiar con la automatización de los automóviles y los camiones. Alrededor del 25 por ciento de la población estadounidense se gana la vida conduciendo algún tipo de vehículo. Piensa en ello.

—¿Qué quieres decir? —preguntó Trump.

—Con los vehículos autónomos, millones de personas van a tener que ocupar otros puestos de trabajo. Eso supondría un cambio y una gran alteración.

—Quiero que trabajes para mí —aseguró Trump.

—¿Haciendo qué?

Trump mencionó el puesto de vicesecretario de Defensa.

—En primer lugar, no quiero ser el vicesecretario de nada —dijo Cohn.

—¿Y director de Inteligencia Nacional?

Cohn respondió que no. No tenía claro qué suponía ocupar ese puesto. Más tarde descubrió que consistía en supervisar el trabajo de la CIA y otros servicios de inteligencia.

—Te mueves en el mercado de materias primas, ¿por qué no te piensas lo de ser secretario de Energía? —preguntó Trump.

No mostraba interés.

Trump intentó convencer a Cohn de que se convirtiese en el nuevo director de la Oficina de Administración y Presupuesto.

—No. —Cohn sabía que era un trabajo horrible.

—¿Sabes qué? —dijo Trump tras lo que se había convertido en una reunión de una hora—. Contraté a un tipo que no es adecuado para ser secretario del Tesoro. Tú serías mucho mejor para el puesto.

Mnuchin, que estaba allí, no dijo nada ni mostró reacción alguna.

—Vuelve y dime qué necesitas —propuso Trump—. Serías de gran ayuda para el equipo. Nos vendrías muy bien.

Cinco minutos después, mientras Cohn seguía en el edificio, vio una noticia de última hora en la televisión: «El presidente electo Trump ha seleccionado a Steve Mnuchin como secretario del Tesoro».

—Qué locura —dijo Jared—. Mnuchin acaba de conseguir el puesto. Le has asustado en la reunión.

☐

Cohn se informó bien y habló con algunos antiguos ejecutivos de Goldman Sachs que habían trabajado en el Gobierno. Robert Rubin, que había sido el director del Consejo Económico Nacional de la Casa Blanca [NEC, por sus siglas en inglés] durante el Gobierno de Clinton y más tarde secretario del Tesoro, dijo que si Cohn podía asegurarse el puesto de director del Consejo Económico Nacional, sería el diplomático jefe de la economía. Pensaba que debía aceptarlo. Estar en el Ala Oeste tendría unas increíbles ventajas si llegaba a un acuerdo con el presidente.

La mujer de Cohn, Lisa, le dijo que tenía que hacerlo porque se lo debía al país. «Eres demasiado lento, demasiado gordo y demasiado viejo como para servir a tu país de otra manera.»

Cohn volvió a ver a Trump y expresó su interés en el puesto de director del NEC, con la condición de que todos los negocios pasasen por él. Era el equivalente en temas de economía al puesto de consejero de Seguridad Nacional en política exterior.

—Por supuesto —aseguró Trump—. Lo haremos como tú digas. Vamos a hacer grandes cambios.

Priebus, que estuvo en la reunión, estaba preocupado por las contrataciones apresuradas.

—¿Vamos a contratar a un demócrata que votó a Hillary Clinton para dirigir nuestro consejo económico? —le preguntó a Trump—. ¿Por qué? ¿No deberíamos hablarlo antes? Seguro que es muy inteligente. Pero ¿no deberíamos hablar estas cosas antes de ofrecer puestos de trabajo como este?

—Bueno, no creo que haga falta hablarlo —observó Trump—. Además, el puesto ya está ocupado, lo ha aceptado. Lo hará muy bien.

El 26 de diciembre de 2016 contacté por teléfono con Michael Flynn, al que Trump había designado como el nuevo consejero de Seguridad Nacional. Estaba de vacaciones en Florida visitando a sus nietos. Flynn era un teniente general retirado bastante problemático y especialista en inteligencia que había

89

apoyado a Trump durante su campaña como consejero de política exterior. En la Convención Nacional Republicana animaba al público a corear «¡Que la encierren!», refiriéndose a Hillary Clinton. Más tarde se disculpó.

Obama había despedido a Flynn del puesto de director de la Agencia de Inteligencia de la Defensa en 2014 por su incapacidad para manejar la situación. Y después de la campaña, Trump ignoró el consejo de Obama de no darle el puesto de consejero de Seguridad Nacional a Flynn.

Llamé a Flynn para conocer su opinión sobre Rusia. Varios oficiales de Inteligencia y del Pentágono me habían dicho que Rusia se había esforzado en mejorar y modernizar su capacidad nuclear en los últimos años con un nuevo misil balístico lanzado desde un submarino y dos nuevos misiles balísticos intercontinentales.

Flynn lo reconoció de manera oficial. Bajo la dirección de Putin, en los últimos siete u ocho años, Rusia no solo había igualado a Estados Unidos, sino que nos había superado.

90

Dijo que había empezado a hablar con Trump sobre el desarrollo de Rusia dieciocho meses antes, en 2015, cuando se vieron por primera vez. Dijo que coincidieron en que Estados Unidos había bajado el rendimiento en sus capacidades, entrenamientos, preparación y modernización.

Putin, dijo, había mejorado de manera sistemática no solo sus fuerzas nucleares, sino también sus fuerzas especiales y sus tácticas. «Si Rusia se convierte en nuestro adversario y nos tenemos que batir con ellos, nos enfrentaremos a la realidad de las innovaciones, la tecnología y los esfuerzos de Putin.»

Flynn habló abiertamente de la posibilidad de que Estados Unidos tuviera que empezar a probar armas nucleares. La última prueba se hizo en 1992. «Vamos a tener que decidir si las probamos otra vez —razonó—. Los exámenes computarizados puede que no basten y es importante comprobar si funcionan. Mi consejo para el jefe fue dedicarle tiempo, energía y recursos a esto.» Dijo que el plan de Trump era hablar y actuar, pero a la vez enviarle una advertencia a Putin. Añadía: «Nos basaremos en las estrategias de Reagan. Seremos agresivos y luego negociaremos. Tenemos que dejarlo claro al mismo tiempo que nos enfrentemos a Rusia. No podemos tener una única perspectiva sobre Rusia».

Flynn fue muy criticado por ir a hablar a Rusia por 33.750 dólares pagados por una cadena de televisión propiedad del Estado ruso en 2015. Declaró que era una gran oportunidad y que pudo conocer a Putin. «Cualquiera hubiese ido», respondió.

Flynn hizo una ronda de preguntas en Moscú. Hizo una petición estándar para mejorar las relaciones con Estados Unidos y derrotar al ISIS. Remarcó la importancia de delimitar al enemigo y no solo contenerlo, como hizo Obama. En general, sobre política exterior Flynn me aseguró que «el presidente electo se está haciendo cargo de toda la mierda que pasa en el mundo. El mundo está hecho un desastre. Hay mucho que barrer».

*D*espués de las elecciones, el presidente Obama instruyó a sus jefes del servicio de inteligencia para redactar un informe definitivo y altamente clasificado sobre la interferencia en las elecciones rusas, con todas las fuentes y detalles. Sería enviado a la Gang of Eight en el Congreso y al presidente electo Trump.

Una versión no clasificada y reducida, pero sin identificar las fuentes, se haría pública antes de que Obama abandonara el despacho el 20 de enero.

El director de Inteligencia Nacional James Clapper, el director de la CIA John Brennan, el director del FBI James Comey y el director de la Agencia de Seguridad Nacional Mike Rogers se reunieron para trabajar en los puntos centrales e informar a Trump. Sabían que vería el informe como un desafío a su victoria, al sembrar la duda en la legitimidad de su elección. Acordaron que tendrían que hablar con una sola voz.

—Esta es nuestra historia y vamos a ceñirnos a ella —dijo Clapper, incentivando la solidaridad. Él sería el principal informador, y era esencial que hablara con confianza. Estaba claro que el informe iba a agitar a la bestia. Anteriormente, en diciembre, Brennan había llamado a Clapper. Había recibido una copia de un dosier de 35 páginas, una serie de informes del antiguo jefe del MI6 británico Christopher Steele que detallaba los presuntos esfuerzos de Rusia por interferir e influir en la elección presidencial, para causar el caos, dañar a Hillary Clinton y ayudar a Trump. El dosier también contenía salaces afirmaciones sobre Trump, prostitutas rusas y «lluvias doradas».

—Deberías leer esto —le dijo Brennan a Clapper. El FBI ya tenía una investigación de contrainteligencia de alto secreto en marcha para ver si había algún complot entre la campaña de Trump y Rusia—. Esto servirá para verificar lo que estamos haciendo.

No era una prueba, pero parecía ir por el mismo camino.

Clapper lo consultó con el FBI. ¿Cómo debían tratarlo con Trump? El FBI estaba familiarizado con el documento. Steele había compartido fragmentos del dosier con ellos, y el 9 de diciembre el senador John McCain había compartido una copia con el director del FBI Comey.

Andrew McCabe, director adjunto del FBI, estaba preocupado. Pensaba que si no le hablaban al presidente Trump sobre el dosier cuando le hablaran del informe de inteligencia sobre Rusia, el FBI parecería haber vuelto a los viejos tiempos de J. Edgar Hoover, como si dijeran: «Tenemos basura sobre la gente y nos la vamos a guardar». Comey estaba de acuerdo. El legado de Hoover seguía proyectando su sombra sobre la agencia.

Clapper quería asegurarse de que desarrollaran un modelo de competencia consistente mientras unían toda su inteligencia en un informe. El FBI y la CIA tenían distintos estándares.

El FBI lleva a cabo investigaciones criminales, además de reunir inteligencia. La agencia tiende a ser más rigurosa con sus fuentes y su verificación. Lo que comenzaba como una pura investigación de contrainteligencia podía convertirse en una investigación criminal, y entonces la inteligencia se convertía en evidencias que debían utilizarse en un juicio.

La misión de la CIA es reunir inteligencia y transmitirla a la Casa Blanca y al resto del gobierno federal. No tiene que ser sólida, porque normalmente no se utiliza en juicios criminales.

Al igual que el FBI estaba atormentado por Hoover, la CIA tenía su propio fantasma. En el periodo anterior a la invasión de Irak en 2003, la CIA cometió un gran error. En parte como resultado de las mentiras de una fuente esencial (increíblemente tenía el nombre en clave de «Bola curva»), que aseguraba haber trabajado en un laboratorio móvil de armas químicas en Irak, la CIA había concluido que Sadam Husein disponía de armas de destrucción masiva (ADM). El caso había sido «pan comido» según una presentación que el director de la CIA

George Tenet le había hecho al presidente George W. Bush. La presunta presencia de las ADM era la justificación clave de la invasión de Irak. Pero no se encontraron ADM, para gran vergüenza del presidente y de la CIA.

Clapper sabía que la sombra del error seguía sobre gran parte de lo que la CIA hacía y analizaba. Un procedimiento de la agencia era utilizar el polígrafo en las fuentes tan a menudo como fuera posible. Aunque pasar la prueba de un detector de mentiras nunca se consideraría una evidencia completa, superarla era un buen barómetro de fiabilidad.

Las fuentes que Steele había usado para su dosier no habían pasado por el polígrafo, por lo que la información no estaba corroborada y era potencialmente sospechosa. Pero Brennan decía que la información se ajustaba a la de sus propias fuentes, en las que tenía gran confianza.

El dosier estaba circulando entre los periodistas, y Steele había concedido entrevistas confidenciales a micro cerrado a los reporteros. Todavía no había publicaciones.

94

En la segunda página, se leía: «Según la fuente D, cuando había estado presente, la (pervertida) conducta de TRUMP en Moscú incluyó reservar la suite presidencial del Ritz-Carlton Hotel, donde sabía que el presidente y la señora Obama (a quienes odiaba) se habían alojado en uno de sus viajes oficiales a Rusia, y profanar la cama donde habían dormido contratando a varias prostitutas para realizar un espectáculo de "lluvia dorada" (micción) delante de él. El hotel era conocido por estar bajo el control del FSB, con micrófonos y cámaras ocultas en todas las habitaciones principales para grabar lo que quisieran».

Esto estaba diseñado para obtener «kompromat (material comprometido) sobre él», según el dosier.

Era una argumentación espectacular. No había ningún indicio disponible de quién podía ser la fuente D.

Como el FBI tenía el dosier, Comey dijo que debía mostrárselo a Trump tras la presentación principal de la valoración de inteligencia comunitaria. Sería un anexo, virtualmente una nota a pie de página.

Las 35 páginas fueron reducidas a un resumen de una página y tres cuartos que se centraba en la alegación de coordinación entre los rusos y la campaña.

La respuesta de Trump al coro creciente de noticias diciendo que los servicios de inteligencia habían concluido que Rusia había interferido en las elecciones fue agresiva.

El 9 de diciembre, Trump dijo que aquellos que daban la alarma en la comunidad de inteligencia eran «los mismos que decían que Sadam Husein tenía armas de destrucción masiva». Posteriormente, informó a Fox News: «No tienen ni idea de si es Rusia, China, o alguien sentado en la cama en algún sitio». También tuiteó: «Salvo que atrapes a los *hackers* en el acto, es muy difícil determinar quién estaba *hackeando*. ¿Por qué no sacaron esto antes de las elecciones?».

El 5 de enero, el Comité de Servicios Armados del Senado celebró una audiencia sobre las interferencias rusas. Clapper, que iba a informar a Trump al día siguiente, testificó. Furioso por las críticas de Trump a la comunidad de inteligencia, declaró: «Hay una diferencia entre el escepticismo y la denigración. La confianza pública en la comunidad de inteligencia es crucial. Y he recibido muchas expresiones de preocupación de homólogos extranjeros sobre... la denigración de la comunidad de inteligencia de Estados Unidos».

Al día siguiente, Kellyanne Conway dijo en *CBS This Morning*: «¿Por qué querría Rusia que Donald Trump ganara la presidencia aquí? Donald Trump ha prometido modernizar nuestra capacidad nuclear».

En una entrevista telefónica con el *New York Times*, Trump afirmó: «Esto es una caza de brujas política».

Hope Hicks, de veintiocho años, la especialista en relaciones públicas que había sido secretaria de prensa de Trump durante la campaña, se encontraba en una pequeña sala de conferencias del decimocuarto piso de la Torre Trump durante la transición a principios de enero de 2017. Tenía dos cualidades importantes para Trump: lealtad y buena presencia. Había sido modelo de adolescente, y ahora, con los ojos perfectamente maquillados y el largo pelo castaño peinado hacia atrás sobre un lado, tenía el aspecto refinado y glamuroso que a Trump le gustaba. También tenía verdaderas habilidades como relaciones públicas.

Trump le había preguntado qué trabajo quería en la Casa Blanca. Deseosa de evitar el combate cuerpo a cuerpo diario con la prensa, había elegido ser directora de comunicaciones estratégicas para poder gestionar sus oportunidades mediáticas que, por supuesto, ahora eran infinitas. Había sido quien controlaba las entrevistas de Trump. Todos querían hablar con él, y Hicks pensaba que había perdido parte de su influencia con los medios al estar demasiado expuesto durante la campaña. Explotar esas oportunidades requeriría ahora una cuidadosa calibración. Pero sabía tan bien como cualquiera que eso podía ser tarea imposible con el presidente electo.

Hicks estaba convencida de que los medios tenían un «trastorno oposicionista desafiante», que es un término de psicología clínica que se suele aplicar a los niños rebeldes. Está caracterizado por furia excesiva contra la autoridad, ansia de venganza y rabietas irascibles. Por lo que a ella respectaba, esos conceptos describían a la prensa.

Hicks ya estaba trabajando en una respuesta a los informes de Rusia inmiscuyéndose en las elecciones. Las excesivas noticias sobre lo que ella llamaba «supuestos *hackeos* de Rusia» tan solo hicieron que Estados Unidos pareciera más débil y Rusia más influyente de lo que creía posible.

El 6 de enero, los jefes de inteligencia fueron a la Torre Trump. Comey se encontró con Trump por primera vez. En su libro, Comey ofrece una descripción del presidente, tal vez para demostrar su ojo clínico: «La chaqueta de su traje estaba abierta y su corbata, demasiado larga, como era habitual. Su cara parecía ligeramente anaranjada, con unas brillantes medias lunas blancas bajo los ojos, donde supuse que se habría puesto las pequeñas gafas de bronceado, y el pelo de un rubio brillante e impresionantemente peinado, que tras una inspección cercana parecía ser todo suyo. Recuerdo preguntarme cuánto tiempo tardaría por las mañanas en arreglarse así. Mientras me tendía la mano, tomé nota mentalmente para comprobar su tamaño. Era más pequeña que la mía, pero no de una forma inusual».

En el informe de la Torre Trump, Clapper resumió los puntos clave, el meollo de cualquier informe de inteligencia:

- Rusia tenía un antiguo deseo de «socavar el orden democrático liberal liderado por Estados Unidos», pero en las elecciones presidenciales de 2016 hubo «un significativo incremento en la claridad, el nivel de actividad y el alcance de sus esfuerzos».
- Putin había «encargado una campaña de influencia en 2016 dirigida a las elecciones presidenciales de Estados Unidos para socavar la confianza pública en el proceso democrático del país, denigrar a la secretaria Clinton y dañar su campaña y potencial presidencia. También evaluamos la clara preferencia por el presidente electo Trump por parte de Putin y el gobierno ruso».
- «Cuando a Moscú le pareció que la secretaria Clinton probablemente ganaría las elecciones, la campaña de influencia rusa comenzó a centrarse más en socavar su futura presidencia».

Era una formulación suave. Trump era una «clara preferencia», y los esfuerzos estaban dirigidos sobre todo a «desacreditar» y «socavar» a Clinton. No había sugerencias de que Trump o sus asociados hubieran conspirado o se hubieran coordinado con Rusia.

Todas las fuentes encajaban y contaban una historia consistente desde diferentes lugares del Kremlin, según Clapper. Esas fuentes humanas habían sido apodadas «fuentes legado»: habían tenido razón en sus informes de inteligencia y sus valoraciones a lo largo de los años, y al menos una de ellas había proporcionado información fiable desde una generación anterior.

Lo que no había sido informado previamente era que una

97

fuente corría tal peligro que la CIA quería expatriarla de Rusia a un lugar seguro en el extranjero o en Estados Unidos. La fuente se negó a marcharse, al parecer por miedo a represalias contra su familia si de repente salía de Rusia o desaparecía.

Clapper no le dio los nombres de las fuentes a Trump, aunque él podía haberlos pedido.

—No creo en las fuentes humanas —respondió Trump—. Es gente que ha vendido su alma y ha vendido a su país. —No las creía—. No confío en la inteligencia humana ni en esos espías.

Eso hizo que Brennan, cuya CIA se basaba casi por completo en fuentes humanas, comentara posteriormente: «Supongo que eso no se lo contaré a los empleados».

Había otra cosa de la que no se había informado previamente: la CIA creía que tenía al menos seis fuentes humanas que apoyaban este hallazgo. Una persona con acceso al informe completo de alto secreto me dijo después que creía que solo dos eran sólidas.

Trump preguntó si había algo más.

—Bueno, sí, hay algún material sensible adicional —dijo Clapper.

—¿Quiere que nos quedemos o quiere hacer esto solo? —le preguntó Priebus a Trump.

—Estaba pensando en solo nosotros dos —sugirió Comey.

—Solo nosotros dos —asintió Trump.

Aunque podía actuar como un duro agente del FBI, Comey suavizó un tanto la información que tenía. Explicó que había un dosier con acusaciones y que se lo iba a entregar. Ya estaba ahí fuera, y no quería que al presidente electo lo pillara por sorpresa porque ya estaba circulando y seguramente el dosier o parte de él aparecerían en los medios.

El dosier afirmaba que Trump había estado con prostitutas en un hotel de Moscú en 2013 y que los rusos lo habían grabado. Comey no mencionó que el dosier aseguraba que Trump había hecho que las prostitutas orinaran las unas encima de las otras en la cama que el presidente Obama y Michelle Obama habían utilizado una vez.

Posteriormente, Comey escribió: «Pensé que ese detalle no era necesario para darle a conocer el material. Todo aquel asunto ya era lo bastante raro. Mientras hablaba, sentí una extraña experiencia extracorporal, como si me estuviera observando a mí mismo hablar con el presidente sobre las prostitutas de Rusia.

Trump negó las afirmaciones. ¿Le parecía un hombre que necesitara prostitutas?

En su libro *A Higher Loyalty* [Una lealtad superior], Comey escribió: «El FBI no lo estaba investigando en ese momento. Es completamente cierto. No teníamos un archivo de contrainteligencia abierto sobre él. Realmente no nos importaba si había retozado con prostitutas en Moscú, siempre que los rusos no estuvieran tratando de coaccionarlo de alguna forma».

Esto es lo que Comey escribió sobre cómo había expresado este mensaje a Trump al final de su reunión privada: «Mientras comenzaba a ponerse más a la defensiva y la conversación se abocaba hacia el desastre, por instinto recurrí a esa táctica y le dije que no lo estábamos investigando. Eso pareció tranquilizarlo».

La reunión privada duró cinco minutos.

Trump dijo posteriormente a su abogado que se sentía alterado por Comey con la información sobre las supuestas prostitutas de Moscú.

—Ya tengo suficientes problemas con Melania, las chicas y todo eso. No necesito más. No puedo dejar que Melania oiga nada sobre esto.

Tras la reunión, Trump lanzó un comunicado denominándola «constructiva», pero estaba claro que no había quedado impactado. Los intentos de «Rusia, China y otros países» por interferir no habían tenido «absolutamente ningún efecto en el resultado de las elecciones, incluyendo el hecho de que no había forma alguna de manipular las máquinas de votación».

Cuatro días después, el 10 de enero, BuzzFeed publicó en Internet el dosier de 35 páginas.

Fue entonces cuando leí el documento. En la página 27

decía: «Dos informadas fuentes de San Petersburgo aseguran que el candidato republicano Trump pagó sobornos y realizó actividades sexuales allí, pero los testigos clave fueron silenciados y las evidencias son difíciles de obtener». Y añadía: «Todos los testigos directos sobre esto han sido recientemente "silenciados", es decir, sobornados o coaccionados para desaparecer».

Dejaba claro que al parecer no había forma de buscar la verificación.

Me sentí sorprendido, no por las acusaciones, que podían ser ciertas, sino porque los jefes de inteligencia, particularmente el director del FBI, no presentaran nada de esto a Trump.

La base de su presentación del 6 de enero había sido la valoración de inteligencia de la comunidad sobre la interferencia rusa en las elecciones. Era un informe que creían que era uno de los más importantes, bien documentados y convincentes de la comunidad de inteligencia en tiempos recientes. En su libro *Facts and Fears* [Hechos y temores], Clapper lo denominó «un producto trascendental; entre los más importantes jamás producidos por la inteligencia de Estados Unidos». La CIA, la NSA, el FBI y otras agencias de inteligencia habían invertido mucho en la reunión. También habían corrido un riesgo al incluir tanta información sensible en un informe que podía filtrarse o reseñarse.

Y entonces, casi como una ocurrencia tardía, Comey había incluido el dosier, como diciendo: «Por cierto, tome esta nota a pie, injuriosa, sin verificar y sin base con algunas de las acusaciones más desagradables contra usted».

Querían que la evaluación formal fuera creída por el presidente electo. ¿Por qué contaminarla con el dosier? Sabían lo suficiente sobre Trump como para saber que eso lo encolerizaría. Probablemente habría encolerizado a cualquiera. ¿Por qué acompañarían uno de sus trabajos más serios con un dosier sin evidencias?

El material del dosier era la clase de cosas que un periodista o el FBI podrían investigar de forma más que razonable, tratando de descubrir su origen e incluso localizar algunas de sus fuentes y ver si encontraban alguna confirmación. Evidentemente, el FBI tenía la obligación de hacer ese esfuerzo, como más tarde haría.

Pero incluirlo, incluso en una forma reducida, en uno de los informes más importantes que los jefes de inteligencia podrían presentar alguna vez a un presidente electo tenía muy poco sentido para mí. Sería como si yo hubiera documentado y escrito una de las historias más serias y complejas que había hecho jamás para el *Washington Post* y después hubiera proporcionado un apéndice de declaraciones sin verificar. «Ah, por cierto, esta es una lista de cosas que investigar y la estamos publicando.»

En *A Higher Loyalty*, publicado un año más tarde, Comey escribe con detalle sobre sus recelos acerca de cómo debía ocuparse del dosier antes de encontrarse con Trump.

«Me iba a quedar como director del FBI —relataba Comey—. Conocíamos la información, y había que contárselo. Para mí tenía todo el sentido hacerlo. El plan era apropiado, si esa palabra se puede aplicar en el contexto de hablar con un nuevo presidente sobre unas prostitutas de Moscú.»

Tal vez resulta ser todo cierto, pero hay que imaginar que es el director del FBI quien lo dice.

Comey continuó: «Aun así, el plan me dejó profundamente incómodo... Había muchas posibilidades de que Donald Trump, político y duro negociante, asumiera que estaba utilizando lo de las prostitutas para forzarlo, para ganar influencia sobre él. Podría asumir que estaba haciendo de J. Edgar Hoover, porque eso es lo que este hubiera hecho en mi lugar. Una ceja alzada no hacía justicia a esa situación; iba a ser un verdadero asco».

101

El 15 de enero, cinco días antes de la inauguración, aparecí en *Fox News Sunday*. Dije: «He vivido en este mundo durante cuarenta y cinco años en los que consigues cosas y la gente hace afirmaciones. Este documento es basura. Nunca debería haber sido presentado como parte de un informe de inteligencia. Trump tiene razones para estar molesto por ello». Los oficiales de inteligencia, «que son geniales y han hecho un gran trabajo, han cometido un error aquí, y cuando la gente comete errores debería disculparse». Dije que la ruta normal para tal información, como en administraciones pasadas, era pasarla al consejo de la Casa Blanca. Que el abogado del nuevo presidente se encargara de esa patata caliente.

Posteriormente, esa tarde, Trump tuiteó: «Gracias a Bob Woodward, que dijo: "Este documento es basura... nunca debería haber sido presentado... Trump tiene razones para estar molesto (furioso)..."».

No me complacía que pareciera haberme puesto de un bando, pero estaba convencido de que tal documento, incluso en su forma abreviada, realmente era «basura» y debería haberse tratado de forma diferente.

El episodio jugó un gran papel en la guerra de Trump con el mundo de la inteligencia, en especial el FBI y Comey.

9

*E*l 25 de enero, cinco días después de prestar juramento, el presidente Trump organizó una cena en la Casa Blanca para su círculo de confianza más cercano y el equipo de seguridad nacional. Mattis, el nuevo secretario de Defensa, le presentó los planes de una operación en Yemen a manos del 6.º Equipo SEAL (unidad de élite para misiones especiales) para dar caza a uno de los miembros de Al Qaeda más buscados.

La operación consistiría en docenas de ofensivas de comandos, con la esperanza de obtener información, teléfonos, ordenadores y acabar con el colaborador, uno de los últimos líderes de Al Qaeda con vida.

Sería la primera operación en Yemen en dos años. Esta misma misión ya había sido planteada a Obama, pero él la había retrasado.

El ejército estaba esperando una noche sin luna para esta operación, y pronto habría una.

Bannon tenía en la cabeza problemas más serios que Yemen. El antiguo teniente comandante de la Armada se preguntaba por qué no se bloqueaba el tráfico de armas por mar a los insurgentes hutíes, ya que Irán era su único aliado.

—Controlas cielo y mar —aclaró Bannon—, tienes a la Armada estadounidense. No puede ser tan difícil.

—Es una costa muy grande —replicó Mattis.

—Steve —se impacientó Trump—, estos tipos saben lo que hacen, se dedican a esto. Déjales.

En pocas palabras: cierra el pico.

Al día siguiente, Trump firmaba la petición. El ataque se llevó a cabo el domingo 29 de enero, antes del amanecer. Pero la jugada no les salió tan bien como esperaban. Durante los cincuenta minutos de fuego cruzado, los SEAL perdieron a un hombre y otros tres fueron heridos. También fallecieron civiles, incluidos niños. Una aeronave militar de 75 millones de dólares, la MV-22 Osprey, tuvo un aterrizaje forzoso y quedó inutilizada. La tuvieron que destruir para evitar que cayera en manos enemigas.

El jefe de operaciones militares especiales William Ryan Owens —de treinta y seis años y procedente de Peoria, Illinois— fue la primera baja en el mandato de Trump. Trump asistió a la ceremonia en la que recibieron su cuerpo, en Dover, Delaware. Ivanka le acompañaba.

Cuando llegaron, el comandante le apartó. Según lo que contó Trump a su personal de confianza, el comandante le dijo:

—Señor presidente, quiero que esté preparado. En cuanto entre, la familia se le va a tirar al cuello. No hay experiencia que se asemeje. Usted está al mando. Le tienen mucho respeto, pero están destrozados. Tendrá que mostrar todo su apoyo. Cuando el avión llegue, cuando vean bajar ese ataúd envuelto en la bandera…, van a perder la cabeza, y no sabemos qué pasará. Prepárese, porque puede que le digan de todo y va a ser una situación difícil.

Al final, no pasó nada de eso, pero el presidente aún recuerda la frialdad recibida.

—Ha sido un trago muy duro —dijo al cabo de un rato. Se le veía muy afectado. Dejó muy claro que jamás volvería a Dover.

El padre de Owens, Bill Owens, también asistió, pero su mujer e hijo no quisieron cruzarse con Trump.

—Lo siento —dijo Owens al capellán—, no quiero verle. No es que vaya a montar una escena, pero no sé cómo reaccionaré. —Al cabo de un rato añadió—: Hacía dos años que no poníamos el pie en Yemen. Todo lo que hacíamos era bombardearles y enviar drones. Se suponía que no había ningún objetivo que mereciera perder vidas americanas. Y va, y ahora, hacemos toda esa pantomima.

Trump, en vez de criticarle, como hizo contra la familia

Khans —padres miembros de *Gold Star* (organización formada por familias con militares fallecidos en servicio), que asistieron a la convención demócrata en 2016—, se limitó a expresar
su simpatía.

—Yo le entiendo —declaró Trump tiempo después—. Si lo
piensas, ¿hay algo más duro?

No, no hay nada peor.

Antiguos oficiales de la Administración de Obama revelaron que la operación se había planeado con meses de antelación, manteniendo a Obama al margen. Afirmaron que este
nunca había dado su aprobación.

Durante la mañana de su primera sesión conjunta con el
Congreso, en una entrevista de la Fox, Trump declaró que la
operación de Yemen era algo que sus generales «más respeta-
dos» llevaban esperando «desde hacía mucho».

—Además, perdieron a Ryan —añadió.

Trump invitó a Carryn Owens, la viuda de Ryan y madre
de tres niños, a que asistiera a esta sesión el 28 de febrero. Carryn se sentó junto a Ivanka.

Frente a la audiencia del Congreso y los 47 millones de te-
lespectadores, el presidente declaró:

—Esta noche, Carryn Owens nos honra con su presencia.
Su marido murió como vivió: como un luchador, como un héroe. Ryan hizo frente al terrorismo y defendió nuestra nación.
—Debido a las críticas que había recibido la operación, Trump
añadió—: Acabo de hablar con el general Mattis, quien ha confirmado que, y cito textualmente: «La misión en la que partici-
pó Ryan fue todo un éxito. Nos ha proporcionado información
vital que nos garantizará la victoria en próximos conflictos
contra nuestros enemigos».

El legado de Ryan pasará a la posteridad.

El presidente se volvió hacia donde se sentaba la viuda de
Owen y le dijo:

—Gracias.

El Congreso estalló en un fuerte aplauso.

Al principio, Carryn Owens contuvo las lágrimas, suspiró y susurró: «Te quiero, cariño». Los aplausos continuaron y las lágrimas recorrieron el rostro de Carryn.

Se levantó, juntó las manos como si fuera a rezar y, mientras alzaba la mirada, articuló: «Te amo».

Trump añadió:

—Tal y como nos enseña la Biblia, no hay mayor acto de amor que quitar la vida a alguien por proteger la de un ser querido. Ryan se sacrificó por sus seres queridos, por su país, por nuestra libertad. Jamás le olvidaremos.

El aplauso cerrado del Congreso y la audiencia duró unos dos minutos.

—Desde ahí arriba, Ryan nos está observando ahora mismo —prosiguió Trump—. Y lo sabes. Y está muy feliz porque creo que acaba de batir un nuevo récord.

Carryn Owens sonrió y aplaudió. Tras el discurso, en el pasillo, el presidente se despidió de ella con un abrazo.

No fue hasta tiempo después, cuando Trump tuvo que realizar las llamadas a los familiares de soldados que habían perdido la vida en servicio, que la Casa Blanca notó lo duro que se le hacía.

—No es ese tipo de persona —declaró Bannon—. Nunca había estado cerca de ese mundo. Nadie de su familia pertenece al ejército. No sabía lo que era la muerte.

La muerte de «los padres con niños pequeños» es lo que más le afectó.

—Fue un trago muy duro para él, y se le notaba en todos los niveles.

A un miembro de su servicio, que estuvo presente durante las llamadas a estas familias, le llamó la atención el tiempo y la dedicación que Trump empleaba. Este tenía una copia del material de los archivos personales de los soldados fallecidos.

—Estoy mirando una de sus fotos, qué niño más guapo —dijo Trump en una de las llamadas.

¿Dónde se criaría? ¿A qué colegio iría? ¿Qué le llevaría a unirse al ejército?

—Tengo el informe justo aquí —continuó Trump—. Contiene declaraciones de lo mucho que le querían. Era un gran líder.

Parte del personal del Despacho Oval tenía esas mismas copias. Nada de lo que Trump dijo estaba en esos informes. Se lo iba inventando, sabía lo que las familias querían oír.

Durante el primer mes de la Administración Trump, también veríamos si las relaciones internacionales se verían afectadas o no.

Durante su campaña, Trump había menospreciado la Organización del Tratado del Atlántico Norte (OTAN), alianza europea con sesenta y ocho años de antigüedad. La OTAN se suele considerar el mayor éxito de la guerra fría frente a la Unión Soviética y el pilar de la alianza occidental. Sus miembros juraron defensa colectiva: si alguno era atacado, se consideraría un ataque a toda la organización.

Trump afirmó que la OTAN estaba obsoleta. Gran parte de sus críticas tenían que ver con el dinero. El objetivo de la OTAN era que cada una de sus naciones invirtiera, poco a poco, hasta un 2 por ciento de su PIB en Defensa. Pero, mientras Estados Unidos invertía un 3,5 por ciento, Alemania solo gastaba un 1,2.

El secretario de Defensa, Mattis, esperaba dar pronto un discurso en Múnich (a mediados de febrero) y, para entonces, la Administración debía decidir su postura: ¿Trump estaba a favor o no?

Mattis, como ciudadano particular, tachó las ideas en contra de la OTAN de Trump de «excéntricas». Muchos de los comentarios del presidente estadounidense enervaron a varios del *establishment* de la política exterior, además de a aliados europeos.

Priebus organizó una cena, el miércoles 8 de febrero a las 18:30, en la Sala Roja de la Casa Blanca. De esta forma, Trump podría averiguar qué opinaban Mattis, el general Joseph Dunford (presidente del Estado Mayor Conjunto) y C. Boyden

107

Gray (uno de los peces gordos del *establishment* republicano de Washington), entre otros.

Gray, de setenta y tres años, no hacía mucho que había sido el embajador de Estados Unidos en la Unión Europea (durante dos años) bajo la administración del presidente George W. Bush. También fue asesor legal de George H. W. Bush durante los ocho años que este fue vicepresidente y sus cuatro años de presidente.

Al dar comienzo la cena, Trump quiso comentar las últimas noticias. El senador, John McCain, haciendo alarde de su inconformidad, había criticado públicamente el ataque en Yemen por parte del Ejército estadounidense.

Trump arremetió contra él, sugiriendo que McCain había escogido la salida de los cobardes al escapar como prisionero de guerra.

Le dijo que le habían rescatado antes porque su padre era el almirante John McCain (comandante del Pacífico) y que, siendo piloto de la Armada en la guerra de Vietnam, había abandonado a sus compañeros presos.

—Señor presidente, no fue así —le corrigió rápidamente Mattis—. Creo que fue justo al revés.

McCain rechazó salir antes y, durante cinco años, recibió brutales torturas mientras estuvo preso en Hanoi Hilton.

—Ah, pues eso —contestó Trump.

A Gray, quien había servido durante cinco años en el cuerpo de Marines, le sorprendió mucho que Trump —quien solía saltar en cuanto alguien le plantaba cara— estuviera tan tranquilo.

No fue hasta el postre cuando Priebus sacó por fin el tema:

—Tenemos que zanjar el asunto de la OTAN.

Keith Kellogg, teniente general retirado y jefe de personal del Consejo de Seguridad Nacional, representaba a esta organización. Además, como buen veterano de Vietnam —galardonado con la Estrella de Plata, de Bronce y de la primera guerra del Golfo— se lanzó al ataque. Haciendo uso de las tóxicas palabras de Trump, declaró que la OTAN estaba «obsoleta» y que se formó tras la Segunda Guerra Mundial, cuando Estados

Unidos tenía más poder y se enfrentaba a una agresiva Unión Soviética. En la actualidad, ese gasto estaba injustificado para Estados Unidos y, comparado con los aliados europeos, era desproporcionado. Estaban aprovechándose de Estados Unidos.

—Yo no lo veo así, señor presidente —se atrevió a inferir el general Joseph Dunford.

—¿No me digas? —lo interrumpió Trump—. ¿Y cómo lo ves?

Dunford, el hombre de mayor rango militar, ofreció un discurso conciliador:

—Es una alianza que no debería deshabilitarse. Sería muy complicado volver a formarla —afirmó.

Teniendo a naciones del Este europeo sintiéndose atacadas por las invasiones de Putin en Crimea y el este de Ucrania, como por ejemplo Polonia, era importante mantenerse unidos y mostrar solidaridad.

—Es de vital importancia mantener Europa como una unidad política, estratégica y económica.

Concordó que las naciones pertenecientes deberían cumplir con el acuerdo del 2 por ciento de su PIB anual.

—Creo que los alemanes conseguirán llegar a pagar el 2 por ciento de su PIB, y son los más importantes —añadió Mattis.

Jared Kushner intervino:

—Comparado con nuestro presupuesto de Defensa, ese porcentaje representa una minucia —añadió—, no es más que calderilla.

Priebus aclaró que el 2 por ciento no era obligatorio, sino que se trataba de un acuerdo muy reciente que todos los países pertenecientes tendrían que acatar para el año 2024. No se trataba de dinero destinado para la OTAN en sí, sino que se invertiría en Defensa.

—Pero sí es un problema político cuando tus aliados no cumplen con su parte del trato —declaró Trump.

Otra vez con lo mismo, Trump no dejaba de sacar el mismo tema. ¿Por qué iba a tener que pagar Estados Unidos por la defensa europea?

Priebus se dio cuenta de que no le importaba si se trataba

109

de una obligación o un fin. A Trump lo que le importaba era si podía usarlo para ganarse a la opinión pública.

—Me da igual si es un objetivo o no —admitió Trump—. Es lo que tendrían que hacer.

Boyden Gray apuntó que Europa tenía bastantes problemas económicos:

—No es que nosotros no los tengamos, pero ellos están mucho peor.

Los países europeos necesitan un mayor crecimiento económico.

—En parte, si no están pagando el 2 por ciento es porque no están creciendo con suficiente rapidez.

—¿Insinúas que no tienen dinero? —inquirió Trump.

—No —respondió Gray.

Pero Estados Unidos debería echar una mano a Europa con ese ritmo de crecimiento económico anémico. En Europa, en el mundo de los negocios, no se suelen tomar grandes riesgos.

—¿Cuál será el siguiente país en irse? —preguntó Trump.

Debido al Brexit, aprobado por votantes británicos, Gran Bretaña no seguiría formando parte de la Unión Europea.

—No creo que ningún otro país quiera salirse —contestó Gray.

Trump estuvo de acuerdo.

—Si no existiera la OTAN, la tendríamos que inventar —declaró Mattis—. Si Rusia se hiciera con la OTAN, serían incapaces de ganar una guerra.

Al final de la cena, parecía que le habían convencido.

—Te puedes quedar con tu OTAN —le espetó a Mattis.

La Administración apoyaría a la alianza.

—Pero tú te encargarás de recaudar el dinero.

Mattis soltó una carcajada y, después, asintió.

El 15 de febrero, el secretario Mattis dio un discurso pacificador:

—Estados Unidos cumplirá con su responsabilidad —afirmó.

Pero modificaría su compromiso si viera que otros países de la OTAN no cumplen con su parte. A pesar de todo, añadió que la alianza era una «pieza fundamental» de la política estadounidense.

Dos meses después, en una rueda de prensa con el secretario general de la OTAN, Trump declaró:

—Había dicho que estaba obsoleta, pero me equivocaba.

En mayo, cuando Trump se reunió con los líderes europeos en Bruselas, acusó a los países de la OTAN de «quedarse cortos de forma continuada». Dijo que «23 de los 28 países miembros siguen sin llegar a pagar lo que deberían y se supone que es lo que tendrían que estar pagando por su defensa».

Dejó muy claro que se dirigía al pueblo de Estados Unidos.

—No es justo para los ciudadanos y contribuyentes estadounidenses.

«¡*No* me jodas!», pensó Priebus, al hojear un artículo del *Washington Post* del 9 de febrero, que informaba de que el consejero de Seguridad Nacional, Michael Flynn, había hablado sobre las sanciones contra Rusia con el embajador ruso antes de que Trump accediera al cargo.

Una de las últimas actuaciones de Obama como presidente fue imponer sanciones a Rusia, el 29 de diciembre, como represalia por la intromisión rusa en las elecciones. Expulsó a 35 presuntos espías rusos y ordenó el cierre de dos recintos de propiedad rusa en Maryland y Nueva York que supuestamente estaban involucrados en actividades de espionaje.

Priebus había intentado muchas veces sonsacarle a Flynn si mantenía conversaciones sobre las sanciones con el embajador Sergéi Kislyak, un simpático hombre de mundo. Pero Flynn lo había negado con firmeza cada vez.

Dos semanas antes, el 26 de enero, la fiscal general adjunta, Sally Yates, se había presentado en la Casa Blanca y le había dicho a Donald McGahn, consejero de la Casa Blanca, que algunas filtraciones demostraban que Flynn no había sido sincero acerca de los contactos con los rusos y que le preocupaba que pudieran estar chantajeándolo.

Priebus calculaba que Flynn había negado sus conversaciones con los rusos sobre las sanciones por lo menos diez veces.

El artículo del periódico, firmado por tres de los reporteros de inteligencia y seguridad nacional con más experiencia del rotativo, declaraba que «nueve funcionarios, actuales y antiguos», fueron las fuentes de aquella afirmación categórica. Cuando los periodistas habían entrevistado a Flynn, él había negado las acusaciones con un «no» rotundo dos veces, hasta que se había echado atrás con una respuesta más ambigua. Según las palabras de su portavoz, Flynn «no podía estar seguro de que el tema nunca surgiera».

Priebus localizó al consejero de la Casa Blanca: McGahn, de cuarenta y ocho años, experto en leyes de financiación de las campañas electorales, había servido durante cinco años como miembro representante del Partido Republicano en la Comisión Federal Electoral. Priebus le preguntó si podían hacerse con las transcripciones de las conversaciones que Flynn mantuvo con el embajador ruso.

—Sí —respondió McGahn—, por supuesto.

Enseguida tuvo en las manos las transcripciones altamente confidenciales de tres comunicaciones entre Flynn y Kislyak que el FBI había interceptado durante la supervisión rutinaria del embajador ruso.

El vicepresidente Pence se reunió con McGahn y Priebus en la Sala de Crisis para revisar las transcripciones. Pence había respaldado públicamente las declaraciones de Flynn que negaban las conversaciones. Según un memorando interno de seis páginas de la oficina del consejero de la Casa Blanca: «[Flynn dijo que, si él y Kislyak habían hablado en alguna ocasión de algo sobre las sanciones]... fue solo porque Kislyak lo mencionó. Pero, según las transcripciones, fue Flynn quien sacó el tema a colación. McGahn y Priebus están de acuerdo en que hay que despedir a Flynn».

En las tres transcripciones, Flynn y el embajador hablaban sobre las sanciones. En la última llamada, iniciada por Kislyak, el embajador le dio las gracias a Flynn por su consejo sobre las sanciones y le aseguró que los rusos lo seguirían al pie de la letra.

Aquello remató la historia y dio una explicación lógica a la extraña pasividad de la respuesta de Putin frente a las sanciones. Normalmente se esperaría que el presidente ruso tomara represalias, expulsando a unos cuantos estadounidenses de Rusia. Pero el día después de que Obama anunciara las sanciones, Putin anunció que no haría nada.

El presidente electo Trump elogió a Putin, tuiteando: «Gran

jugada con retraso (de V. Putin): ¡siempre supe que era muy listo!».

La serie de intervenciones sugiere que Trump podría haber sabido cuál era el papel de Flynn. Sin embargo, no estaba claro que Flynn le hubiera dicho algo al presidente sobre sus conversaciones con Kislyak.

Priebus le dijo al presidente que habría que despedir a Flynn. Su autorización de seguridad le podría ser retirada. Sentiría una vergüenza considerable.

La renuncia de Flynn fue anunciada el 13 de febrero. La razón principal que se dio de cara al público fue que Flynn le había mentido al vicepresidente Pence. Trump les dijo a otros funcionarios de su gobierno que despidió a Flynn porque no daba la talla en el trabajo.

Los siguientes nueve meses fueron difíciles para Flynn. Más tarde se declaró culpable del cargo de mentir al FBI.

Flynn dijo a unos colegas que no pensaba que hubiese mentido al FBI cuando fue entrevistado durante cuatro días en el gobierno. Los agentes del FBI fueron a hablar con él sobre temas que no estaban relacionados con Rusia, y él no pensaba que aquello fuera una entrevista formal.

¿Por qué se declaró culpable, entonces? Le estaban investigando por una serie de presuntos delitos: tenía ingresos procedentes de Turquía sin declarar, contactos en el extranjero de los que no informaba y, además, se unió al Gobierno de Trump antes de registrarse como miembro parlamentario.

Flynn les dijo a sus colegas que sus costas legales se habían elevado a cifras astronómicas, al igual que las de su hijo, que también estaba siendo investigado. Declararse culpable del cargo por mentir parecía ser la única salida. Su declaración fue: «Acepto toda la responsabilidad de mis actos», y dijo que tenía un «acuerdo para cooperar». Negó haber cometido «traición», aparentemente negando haber coludido con los rusos.

El sábado 25 de febrero, después de cinco semanas en el cargo, Mattis convocó una reunión al mediodía en la residencia del ministro de Defensa, en el Old Naval Observatory, cerca del Departamento de Estado. Asistieron algunos expertos en política exterior, el general retirado Anthony Zinni, varios exembajadores y personal de Mattis. En la residencia de Mattis no había casi muebles. Todos se sentaron alrededor de lo que parecía una mesa de comedor. Mattis dijo que se había presentado con cuatro maletas.

—Deberían ver la sala que tengo montada para la información altamente clasificada —dijo, refiriéndose a una zona de acceso restringido implementada para tratar información particularmente sensible con un sistema de control de acceso, regulada por el Servicio Nacional de Inteligencia, que se encontraba en el piso de arriba—. Nunca tengo que salir de casa. Puedo hacer todo el trabajo desde aquí.

Según Mattis, el presidente Trump sabía escuchar, siempre y cuando no se tratara de uno de los temas que le tocaban la fibra: la inmigración y la prensa eran los dos más importantes. Si entrabas en uno de ellos, era probable que se saliera por la tangente y no te prestase atención durante un rato largo. Mattis bromeó:

—Los secretarios de Defensa no siempre podemos elegir al presidente para el que trabajamos.

Todos reímos.

El tema de la reunión era el plan contra el ISIS que Trump quería tener listo cuanto antes. Mattis explicó que, básicamente, estábamos empezando la casa por el tejado: intentábamos planear una estrategia contra el ISIS sin una estrategia más amplia y compleja para Oriente Medio. Lo ideal sería, por tanto, tener la estrategia para Oriente Medio primero y que la del ISIS fuese una pieza más de esta, que la respaldase. Pero el presidente había marcado la del ISIS como prioritaria.

Al final, la estrategia para combatir al ISIS fue una continuación de la de Obama, pero otorgando más licencias a los comandantes locales, a los que daban más rienda suelta para realizar bombardeos y demás acciones.

Mattis estaba preocupado por la expansión iraní. En cierto momento se refirió a los iraníes como «esos moros de mierda».

☐

Una madrugada de febrero, un equipo de altos funcionarios de inteligencia llegó a la oficina del Ala Oeste de Priebus para informarle sobre cómo estar alerta ante aquellos que podrían tratar de influir en él deshonestamente. Es una advertencia normal para quienes trabajan con las autorizaciones de seguridad más altas.

—Antes de irnos —dijo el director adjunto del FBI, Andrew McCabe, levantando la mano—, me gustaría hablar con usted a solas en su despacho.

«¿De qué va esto?», pensó Priebus. Recordaba que había visto a McCabe unas semanas antes en la Sala de Crisis.

Durante la campaña, Trump había puesto el grito en el cielo con el tema de la esposa de McCabe, Jill, una demócrata que había recibido 675.288 dólares por la infructuosa campaña de 2015 para el Senado de Virginia por parte del Comité de Acción Política del gobernador Terry McAuliffe y del Partido Demócrata de Virginia. McAuliffe era uno de los amigos personales y políticos más cercanos de Bill y Hillary Clinton. Fue él quien recaudó gran parte de los fondos para la reelección de Bill Clinton en 1996.

Trump había descrito el dinero como donaciones de Hillary, y no dejó correr el tema sin más: siguió hablando y tuiteando sobre ello.

Después de la sesión informativa sobre seguridad y de que todos se marcharan, McCabe cerró la puerta del despacho de Priebus. «Esto es muy raro», pensó Priebus, de pie junto a su escritorio.

—¿Te suena este artículo del *New York Times*? —Priebus lo conocía muy bien. McCabe se refería a un artículo reciente, del 14 de febrero, que afirmaba: «Registros telefónicos y llamadas interceptadas muestran que algunos miembros de la campaña presidencial de 2016 de Donald J. Trump y otros de sus allegados contactaron repetidamente con altos funcionarios de inteligencia rusos durante el año anterior a las elecciones, según cuatro antiguos y actuales funcionarios estadounidenses».

Ese artículo fue una de las primeras bombas que estallaron con supuestas conexiones entre Trump y Rusia después de la renuncia de Flynn.

—No son más que sandeces —afirmó McCabe—. No es verdad y queremos que lo sepas. Es una exageración como una casa.

«Dios mío», pensó Priebus.

—Andrew —le dijo al director adjunto del FBI—, van a acabar conmigo.

Parecía que la historia sobre Rusia y su intromisión en las elecciones salía en la tele las veinticuatro horas del día, los siete días de la semana, cosa que estaba volviendo tarumba a Trump y, por ende, también a Priebus.

—Esto es de locos —le había dicho Trump a Priebus—. Tenemos que pararlo. Tenemos que poner punto y final a esa historia.

McCabe era un regalo caído del cielo, un regalo de san Valentín. «Seré el héroe de toda el Ala Oeste de la Casa Blanca», pensó Priebus.

117

—¿Puedes ayudarme? —preguntó Priebus—. ¿Habría alguna manera de desmentir el artículo públicamente?

—Llámame en un par de horas —respondió McCabe—. Preguntaré por ahí y te informaré. Veré qué puedo hacer.

Priebus no perdió ni un minuto para contarle a Trump la buena nueva: pronto, el FBI acabaría con el artículo del *Times*.

Pasaron dos horas y seguía sin noticias de McCabe. Priebus lo llamó.

—Lo siento, no puedo —dijo McCabe—. No hay nada que pueda hacer al respecto. Lo he intentado, pero si empezamos a publicar comentarios sobre artículos concretos, tendremos que estar haciendo declaraciones cada tres días.

El FBI no podía convertirse en una entidad encargada de filtrar la información de las noticias según su exactitud. Si el FBI intentaba desacreditar ciertos artículos, el simple hecho de no hacer ningún comentario sobre otros podría malinterpretarse como la confirmación de la veracidad de la información.

—Andrew, has sido tú el que ha venido a mi despacho para

decirme que ese artículo es una gilipollez, ¿y ahora me dices que no puedes hacer nada?

McCabe respondió que tal era su posición.

—Esto es la leche —exclamó Priebus, desesperado—. ¿Qué se supone que debo hacer? ¿Aguantar el tipo hasta que acaben conmigo?

—Dame un par de horas más.

No pasó nada. No hubo ninguna llamada del FBI. Priebus trató de explicárselo a Trump, que estaba esperando una retractación. Aquella provocación malintencionada que los dejó con la miel en los labios se sumó a la lista de razones por las que Trump desconfía y odia al FBI.

Alrededor de una semana más tarde, el 24 de febrero, la CNN publicó una exclusiva: «El FBI se negó a atender la petición de la Casa Blanca de retirar el reciente artículo del *New York Times* sobre la relación de Trump con Rusia». Priebus fue acusado de intentar manipular al FBI con fines políticos.

La Casa Blanca no consiguió corregir la noticia y demostrar que McCabe había iniciado el asunto. Cuatro meses después, el 8 de junio, Comey testificó bajo juramento públicamente que el artículo del *New York Times* que afirmaba que los impulsores de la campaña Trump tenían contacto con altos funcionarios de la inteligencia rusa «en general no era cierto».

118

*T*rump necesitaba un nuevo consejero de Seguridad Nacional, y quería actuar deprisa. Dijo que estaba siendo asesinado por los medios, y que estaba convencido de que una nueva persona borraría la debacle de Flynn. ¿Otro general, tal vez? Bannon creía que los medios eran la preocupación principal de Trump. Todo pasaba por la pregunta: «¿Parece encajar con el papel?». Todo era valorado como si se tratara de una película. Dunford y Mattis le parecían marines porque eran hombres de pocas palabras. Fueron directos al grano.

En la parte alta de la lista se encontraba el teniente general del ejército H. R. McMaster (metro ochenta, calvo, ojos verdes, pecho de barril, postura erguida), que era la rara combinación de héroe de guerra y erudito. Había escrito *Dereliction of Duty: Lyndon Johnson, Robert McNamara, the Joint Chiefs of Staff, and the Lies That Led to Vietnam* [Incumplimiento del deber: Lyndon Johnson, Robert McNamara, el Estado Mayor y las mentiras que llevaron a la guerra de Vietnam]. Se trataba de un trabajo revolucionario que acusaba a los líderes militares de no enfrentarse a sus líderes civiles. McMaster era considerado un renegado y un forastero en el club del ejército, pero nadie dudaba de su buena fe.

El general McMaster iba a disponer de dos horas con Trump. Bannon se encontró con él en Mar-a-Lago y le dio su consejo habitual: «No le des lecciones a Trump. No le gustan los profesores. No le gustan los intelectuales». Trump era un hombre que «nunca iba a clase. Nunca tuvo el programa de estudios. Nunca tomaba apuntes. Nunca iba a conferencias. La noche antes del examen, llegaba a medianoche a la fraternidad, preparaba una cafetera, cogía tus apuntes, memorizaba todo lo que podía, se presentaba a las ocho de la mañana y sacaba un aprobado. Y eso era suficiente. Iba a ser multimillonario».

Consejo final: «Ve con tu uniforme».

McMaster se puso un traje.

—Te dije que vinieras con el uniforme —advirtió Bannon.

—He llamado y me dijeron que no sería apropiado, porque ya he entregado los papeles para retirarme —respondió McMaster. Si era seleccionado, se retiraría y serviría como consejero de Seguridad Nacional siendo civil.

—Te he traído aquí porque eres un general en servicio —le recordó Bannon.

La reunión con Trump no fue bien. McMaster hablaba demasiado, y la entrevista fue corta. Bannon, que estaba presente, informó después: «McMaster le dio a la puta lengua durante veinte minutos con sus teorías sobre el mundo. Un puto amiguito de Petraeus». En 2007, McMaster había formado parte de un «grupo de expertos sobre Bagdad» que aconsejó al general David Petraeus sobre la guerra de Irak.

Después de que McMaster se marchara, Trump preguntó:

—¿Quién era este tío? Ha escrito un libro, ¿verdad? Decía cosas malas sobre la gente. Pensaba que me habías dicho que estaba en el Ejército.

—Está en el Ejército.

—Va vestido como un vendedor de cerveza —observó el presidente.

Bannon, conocido por su terrible vestuario, coincidía. Pensaba que el traje de McMaster parecía no costar más de doscientos dólares, o quizá solo cien.

El siguiente en ser entrevistado fue John Bolton, un antiguo embajador en la ONU de la extrema derecha. Se había graduado con honores en Yale, apoyaba la guerra de Irak y promovía el cambio de régimen en Irán y Corea del Norte. Era un invitado habitual de Fox News; recibió 567.000 dólares en 2017 solo de Fox. Sus respuestas estaban bien, pero a Trump no le gustaba su bigote grande y frondoso. No encajaba con el papel.

□

El teniente general Robert Caslen, superintendente de West Point, fue el siguiente. Antes de que entraran, Trump se volvió hacia el general Kellogg, el jefe de personal del Consejo de Seguridad Nacional, que estaba presente en las entrevistas.

—General, ¿qué piensas de este tío?

—Bobby Caslen es el mejor pistolero del Ejército —respondió Kellogg.

Caslen, que tenía grandes orejas y llevaba medallas en el uniforme hasta la parte superior del hombro, daba respuestas cortas, la mayoría «Sí, señor» o «No, señor». Era como Clint Eastwood. Trump comenzó a tantearlo, contándole historias de la campaña electoral.

Bannon pensó que Trump apostaba por ese hombre. Creía que Caslen estaba dentro.

Esa noche, Kushner dijo que a todos los medios les encantaba McMaster: veterano de guerra, pensador y autor.

—Pero Trump no tiene química con ese tío —le recordó Bannon. La química había estado ahí, con Caslen, pero este era un general de campo sin experiencia en Washington, salvo por un corto servicio en la Junta de Jefes en posición de subalterno—. Conseguiremos a alguien.

Acordaron que McMaster y Bolton debían tener otra ronda al día siguiente, y también invitaron a Caslen a la Casa Blanca para una comida privada después.

121

Al día siguiente, Bolton entró. Estuvo bien, igual, pero seguía teniendo el bigote.

McMaster llegó con su uniforme. Tenía mejor aspecto; importante y serio. Hubo mejor química, aunque no extraordinaria.

Bannon y Kushner le dijeron a Bolton y a McMaster que esperaran; se tomaría una decisión en el siguiente par de días. McMaster se quedó en Mar-a-Lago.

—Ya sabes que nos están matando con malas noticias sobre el asunto de Flynn —recordó Trump—. Hay que decidir y ya.

—No creo que podamos decidir y ya —respondió Bannon—. Caslen y McMaster son dos oficiales del Ejército en servicio. No creo que lo tengan todo preparado. —Tenían que informar a sus superiores del Ejército. El jefe de personal del Ejército, el general Mark Milley, dijo que Caslen sería la mejor elección posible—. Tienen trabajos, así que hay un proceso.

—No, no, no —replicó Trump—. Nos están matando. Malas noticias.

—A los medios les encanta McMaster —señaló Jared.

—Porque es un puto liberal —sentenció Bannon—. Sin ofender, no ha sido tan impresionante en lo suyo. Ustedes dos no tienen mucha química.

—Sí, pero ya sabes —insistió el presidente—. Dile que venga.

Bannon fue a por McMaster.

—El presidente quiere hablar contigo. Ven.

—¿Qué crees que va a pasar? —preguntó McMaster.

—Creo que el presidente podría ofrecerte el trabajo.

—Tengo que decírselo a algunas personas. No puedo decirle al presidente que puedo aceptarlo. Tengo que informar al Ejército.

—Tú ve improvisando —aconsejó Bannon—. Ya nos las arreglaremos.

Ese era el método de Trump. Improvisar, actuar por impulso. Puro Trump.

—¿Quieres este trabajo? —le preguntó el presidente a McMaster.

—Sí, señor.

—Es tuyo —dijo Trump, y le dio la mano—. Llamad a los medios. Que vengan las cámaras.

Quería una foto con su último general, que parecía sacado de un *casting*.

McMaster se sentó torpemente en un sofá de brocado dorado junto al presidente. Había un gran jarrón dorado con rosas en la mesa, detrás de ellos.

—Solo quería anunciar que hemos estado trabajando todo el fin de semana con mucha diligencia y que el general H. R.

McMaster será el consejero de Seguridad Nacional —informó Trump a los reporteros—. Es un hombre de tremendo talento y muchísima experiencia.

—Le estoy muy agradecido por la oportunidad —contestó McMaster—. Estoy deseando unirme al equipo de Seguridad Nacional y hacer todo lo que pueda para avanzar y proteger los intereses del pueblo norteamericano.

El aturdimiento frente a la cámara era evidente mientras le daba la mano a Trump.

—Tengo que llamar al jefe de personal del Ejército —le dijo McMaster a Bannon.

—Hazlo —respondió él—. Pero ya has aceptado el trabajo.

La elección de Trump funcionó bien. Los medios veían a McMaster como un adulto. No habría más locos. El presidente disfrutó de las noticias positivas.

12

$\mathcal{M}$cMaster sabía que el mayor desafío de seguridad nacional sería Corea del Norte. Era uno de los principales quebraderos de cabeza que tenían desde hacía años.

Seis meses antes, el 9 de septiembre de 2016, el presidente Obama recibió noticias alarmantes, cuando entraba en la etapa final de sus ocho años de gobierno. Corea del Norte había detonado un arma nuclear en una prueba subterránea, la quinta en una década, y la más potente.

124

Los monitores sísmicos revelaron al instante que las vibraciones que captaron no procedían de un terremoto. El temblor de magnitud 5,3 se había originado de manera instantánea, a menos de un quilómetro y medio bajo el suelo, precisamente en el área de pruebas Punggye-ri, donde anteriormente ya se habían producido cuatro detonaciones nucleares. El rendimiento estimado fue equivalente a 10 kilotones de TNT: se acercó bastante, por tanto, a los 15 kilotones de la bomba de Hiroshima en 1945.

Por si quedaba alguna duda, apareció en la televisión estatal, para anunciar la prueba, la versión femenina y norcoreana de Walter Cronkite: Ri Chun-hee, la periodista de más de setenta años que casi siempre lucía su vestimenta rosa en los grandes momentos. Hablando con voz alegre y alta, casi cantarina, anunció a los televidentes que el régimen había construido una bomba mejor, más grande y más versátil.

El centro de armas nucleares de Corea del Norte aseguró que la nueva bomba nuclear podía montarse en un misil balístico, una afirmación inquietante, pero puesta seriamente en duda por la inteligencia estadounidense.

Para empeorar la posible amenaza, cuatro días antes, Corea del Norte había lanzado tres misiles balísticos de alcance medio que habían volado 1.000 kilómetros antes de caer en el mar del Japón, lo que convertía a Corea del Sur y a Japón en objetivos alcanzables. Estas pruebas coincidían con un lanzamiento de 1.000 kilómetros de recorrido del mes anterior. Tres no era un golpe de suerte.

Aunque lo último que quería Obama era una guerra, decidió que había llegado el momento de considerar si la amenaza nuclear de Corea del Norte podría eliminarse con un ataque militar quirúrgico. Mientras se preparaba para pasar el testigo de la presidencia, sabía que no tenía más remedio que afrontar el asunto de Corea del Norte. Por supuesto, quien tomaría el relevo casi seguro que sería Hillary Clinton. No escatimó palabras para asegurar a sus partidarios que el pueblo estadounidense haría lo correcto y la elegiría.

Desde el principio, con el objetivo de disuadir ataques norcoreanos, el presidente Obama había autorizado varios de los protocolos de seguridad llamados Special Access Programs [Programas de Acceso Especial]: las operaciones de más alto secreto llevadas a cabo por los servicios militares y de inteligencia. Una de las operaciones envió ciberataques a los sistemas de comando, control, telemetría y teledirección antes o durante el lanzamiento de una prueba de misiles de Corea del Norte. Estos ciberataques de alto riesgo habían comenzado en su primer año como presidente, y su tasa de éxito fue variada.

Otra operación de alto secreto se dirigió a conseguir misiles norcoreanos. Y una tercera permitió a Estados Unidos detectar un lanzamiento de misiles desde Corea del Norte en siete segundos. Los funcionarios me han pedido que no describa los detalles para proteger las operaciones de seguridad nacional que se consideran vitales para los intereses de Estados Unidos.

La amenaza norcoreana no había disminuido y, en septiembre de 2016, Obama planteó una pregunta delicada a su Consejo de Seguridad Nacional: ¿era posible lanzar un ataque militar preventivo, respaldado por ciberataques, contra

Corea del Norte, para acabar con sus programas de armas nucleares y de misiles?

Ese cabo suelto en concreto era lo que más reconcomía a Obama. Sus predecesores, Bill Clinton y George Bush, lo habían abordado, pero no habían llegado a resolverlo, y los problemas se habían multiplicado durante décadas. Y ahora Estados Unidos se había quedado sin recursos. La República Popular Democrática de Corea estaba acumulando una fuerza que podría alcanzar a Estados Unidos con un haz de destrucción nuclear devastadora.

James Clapper, el director del Servicio Nacional de Inteligencia de Obama, había empezado su carrera al mando de un puesto de escucha de comunicaciones de inteligencia en Tailandia, durante la guerra de Vietnam. Ahora, con setenta y cinco años, calvo y barbudo, y con un rostro amplio y expresivo, era el abuelito de la inteligencia estadounidense: brusco, directo, honesto y experimentado.

Clapper fue muy claro con Obama: el informe decía que los nuevos sistemas de armas de Corea del Norte podrían funcionar de alguna forma. Pero ¿qué tipo de amenaza representaban? ¿Para Corea del Sur? ¿Japón? ¿Estados Unidos? ¿Cuándo estarían disponibles? ¿Podía ser que Corea del Norte solo estuviese buscando algo con lo que negociar?

La evaluación de inteligencia mostró que Kim Jong-un estaba aumentando cada vez más los recursos para la construcción de armas nucleares, lo que sin duda sugería que quería aumentar su fuerza de combate, o al menos que así pareciera.

A pesar de la caricatura pública que lo describía como un hombre mentalmente inestable, informes confidenciales de inteligencia señalaban que Kim, ahora de treinta y cuatro años, era un líder mucho más efectivo a la hora de manejar los programas de misiles y armas nucleares que su padre, Kim Jong-il, que había gobernado durante diecisiete años, desde 1994 hasta 2011.

Kim padre solía lidiar con las pruebas de armas fallidas

condenando a muerte a los científicos y oficiales responsables de ellas. Eran fusilados. El joven Kim, en cambio, aceptaba que las pruebas fallasen. Parecía que, a base de práctica, había aprendido la lección: el fracaso es inevitable en el camino hacia el éxito. Bajo el mandato de Kim Jong-un, los científicos vivían para aprender de sus errores y, así, los programas de armas mejoraron.

Obama encargó al Pentágono y a las agencias de inteligencia que investigasen si sería posible eliminar todas las armas nucleares e instalaciones relacionadas de Corea del Norte. ¿Era ese un objetivo viable? Tendrían que actualizar los satélites, las señales y la inteligencia humana. Conllevaría mucho esfuerzo y los resultados no estaban asegurados.

Pakistán, que tenía armas nucleares desde 1998, había disminuido su tamaño y las había puesto en minas y proyectiles de artillería. ¿Corea del Norte podía hacer lo mismo? Las evaluaciones de inteligencia de entonces no pudieron responder con exactitud.

Por otro lado, la evaluación de inteligencia advirtió de que un ataque de Estados Unidos no podía eliminar todo lo que tenía Corea del Norte. Destruirían solo parcialmente algunos objetivos, mientras que otros ni siquiera los tocarían, ya que desconocían su existencia.

La gran megalópolis de Seúl albergaba aproximadamente a diez millones de personas y llegaba hasta la zona desmilitarizada de cuatro quilómetros de extensión que dividía Corea del Norte y Corea del Sur. La primera escondía miles de piezas de artillería en cuevas, cerca de la zona desmilitarizada. En los ejercicios militares, los norcoreanos sacaban la artillería, practicaban disparos y volvían a las cuevas. Es lo que se conocía como «táctica de desgaste». ¿Un solo ataque de Estados Unidos podría destruir tantas armas?

Después de un mes de estudio, la inteligencia estadounidense y el Pentágono informaron oficialmente a Obama de que, tal vez, podrían atacar y destruir el 85 por ciento de todas las armas nucleares y de sus instalaciones…, pero solo de las que se tenía constancia. Clapper pensaba que la tasa de éxito

127

del plan debería ser perfecta, sin margen de error, puesto que, si Corea del Norte tenía la oportunidad de detonar una única arma nuclear, la respuesta al ataque se traduciría en miles de bajas en Corea del Sur.

Cualquier ataque de Estados Unidos también podría desencadenar la artillería con potencial devastador de Corea del Norte, otras armas convencionales y un ejército terrestre de al menos 200.000 voluntarios.

El Pentágono declaró que la única forma de «localizar y destruir con total certeza todos los componentes del programa nuclear de Corea del Norte» era mediante una invasión terrestre. Una invasión terrestre desencadenaría una respuesta norcoreana, probablemente con un arma nuclear.

Eso era impensable para Obama. En su discurso de aceptación del Premio Nobel de la Paz en 2009, dijo: «La guerra conlleva tragedia humana» y «La guerra es, en cierta manera, una expresión del desatino del ser humano».

Con frustración y exasperación, rechazó el ataque preventivo. Fue un querer y no poder.

128

Continuó la diplomacia informal entre Estados Unidos y Corea del Norte. Exfuncionarios del Gobierno estadounidense se reunieron con funcionarios en activo de Corea del Norte para mantener abierto el diálogo. Este tipo de reuniones se denominaron Track 1.5. Las reuniones en que participaban funcionarios del gobierno en activo por ambas partes se llamaban Track 1, mientras que, si todos los participantes eran funcionarios no gubernamentales o antiguos, se denominaban Track 2.

«Nosotros somos viejas glorias, pero ellos no», fueron las palabras de un exfuncionario estadounidense, profundamente involucrado en las reuniones Track 1.5. No mucho antes de esa declaración, se había celebrado una reunión en Kuala Lumpur, Malasia, con el viceministro de Asuntos Exteriores de Corea del Norte. El antiguo negociador de Estados Unidos, Robert Gallucci, afirmó que los norcoreanos le advirtieron en esa reunión de que «siempre serán un Estado de armas nucleares».

Una segunda reunión de Track 1.5 con el jefe de la división de asuntos estadounidenses de Corea del Norte se celebró después de las elecciones de 2016, en Ginebra.

—Los norcoreanos no se lo toman en serio —explicó un exfuncionario estadounidense—, porque saben que los representantes de Estados Unidos no pueden proponer nada nuevo. Pero seguramente es mejor tener estas reuniones que nada.

Trump tenía un historial de declaraciones públicas sobre Corea del Norte que se remontaba a una aparición en el programa estadounidense *Meet the Press*, en octubre de 1999:

—Yo negociaría a más no poder —afirmó Trump entonces.

En un discurso de la campaña electoral, en 2016, dijo:

—El presidente Obama mira sin hacer nada cómo la agresividad de Corea del Norte va en aumento y su alcance nuclear se extiende cada vez más lejos.

En mayo de 2016, manifestó para la agencia de noticias Reuters refiriéndose a Kim Jong-un:

—Yo no tendría problemas para hablar con él.

Como presidente, ya en 2017, llamó a Kim Jong-un «chico listo».

El director del Servicio Nacional de Inteligencia, Clapper, pensó que, sin una alternativa militar válida, Estados Unidos tenía que ser más realista. En noviembre de 2014 se fue a Corea del Norte para rescatar a dos ciudadanos estadounidenses que habían sido tomados como prisioneros. Por sus conversaciones con funcionarios norcoreanos, quedó más que convencido de que Corea del Norte no renunciaría a sus armas nucleares. ¿Por qué tendrían que hacerlo? ¿A cambio de qué? Habían conseguido tener un elemento de disuasión perfecto: tan real y poderoso como ambiguo. La inteligencia estadounidense no estaba segura de su potencia. En una de las discusiones junto con Obama y el Consejo de Seguridad Nacional, Clapper argumentó que no servía de nada que Estados Unidos se empeñara en mantener la desnuclearización como condición en las negociaciones porque no estaba funcionando y nunca funcionaría.

Clapper afirmó que él entendía que Corea del Norte quisiese que el tratado de paz pusiera fin a la guerra de Corea, que se había resuelto formalmente con un armisticio en 1953 (una tregua entre los comandantes de los ejércitos involucrados, pero no entre las naciones en guerra). Estados Unidos tenía que entender la situación desde el punto de vista de Corea del Norte: tanto Estados Unidos como Corea del Sur parecían estar continuamente acechando, preparados para atacar y acabar con el régimen de Kim Jong-un en cualquier momento.

Solo hubo un punto de la discusión, según Clapper, que los norcoreanos no pudieron rebatir durante su visita en 2014: Estados Unidos no tiene enemigos permanentes.

—Miren —explicó—, estuvimos en guerra con Japón y Alemania, pero ahora somos amigos de ambos. Estuvimos en guerra con Vietnam, pero ahora somos amigos también.

Clapper había visitado Vietnam hacía poco. Incluso después de una guerra a gran escala, la coexistencia pacífica era posible.

Él quería que Estados Unidos estableciera una sección de intereses en Pyonyang. Se trataría de un canal informal en el que otro gobierno con una embajada en la capital de Corea del Norte actuaría como intermediario. No constituirían relaciones diplomáticas como tal, pero daría a Estados Unidos una base, un lugar en la capital desde donde podría obtener información y también hacer llegar información a Corea del Norte.

Clapper hablaba con las paredes. Nadie estuvo de acuerdo. Obama adoptó una postura firme: Corea del Norte tenía que renunciar a sus armas nucleares. El presidente estadounidense, que defendía con convicción la reducción de las armas nucleares en todo el mundo, quería retroceder en el tiempo. Condenó la prueba nuclear de Corea del Norte del 9 de septiembre en una larga declaración pública y repitió la política estadounidense:

—Hablando claro, Estados Unidos no acepta ni aceptará a Corea del Norte como un Estado nuclear.

El hecho primordial, argumentó Clapper, era que nadie sabía realmente qué movía a Kim Jong-un.

—Nadie sabe qué puede hacerlo estallar —afirmó. Esa era la información que necesitaban y que no tenían. En cambio, los analistas debatían si Kim Jong-un era un genio brillante y estratégico que manipulaba a otros países, incluido Estados Unidos, o un patán inexperto e impulsivo.

A medida que el Gobierno de Obama iba descartando opciones, la discusión se centró en la posibilidad de aumentar los ciberataques contra Corea del Norte. Algunos veían la cibernética como una varita mágica que podía mitigar la amenaza de Corea del Norte sin armar barullo.

Para lanzar ataques cibernéticos más amplios, la Agencia de Seguridad Nacional tendría que pasar por servidores que Corea del Norte tenía en China. Los chinos detectarían el ataque y podrían llegar a la conclusión de que iba dirigido a ellos, cosa que podría desencadenar una guerra cibernética catastrófica.

—No podemos prometerle que seamos capaces de parar un contraataque cibernético —informó a Obama un miembro de su gabinete.

Y eso sería un gran problema. La guerra cibernética podía subir el nivel de agresividad a un ritmo nefasto y desencadenar una ronda de ataques y contraataques que paralizarían Internet por completo; incluyendo sistemas financieros como tarjetas bancarias y de crédito, redes eléctricas, noticias y otros sistemas de comunicaciones, lo que pondría de rodillas a la economía estadounidense o, incluso, mundial.

Los abogados del Gobierno que tenían los permisos de seguridad más altos y que, por tanto, participaron en la discusión, objetaron enérgicamente. Era demasiado arriesgado. Se llegó de nuevo a un punto muerto.

El potencial cibernético de Corea del Norte se demostró de sobra en el ataque de 2014 a Sony Pictures Entertainment, diseñado para detener el lanzamiento de una película satírica sobre Kim Jong-un. La película, una comedia llamada *The Interview*, trataba de un par de periodistas que tenían la misión de ir a Corea del Norte para asesinar al joven dictador.

131

Más tarde, los investigadores descubrieron que piratas informáticos norcoreanos se habían colado en las redes de Sony tres meses antes, y habían estado esperando desde entonces para atacar. El 24 de noviembre, Corea del Norte se hizo con el control de las pantallas de los ordenadores de Sony. Para provocar tanta conmoción como fuera posible, en las pantallas apareció un amenazante esqueleto rojo que se acercaba al espectador con un texto que decía: «*Hackeado* por #GOP [abreviatura de *Guardians of Peace* (Guardianes de la Paz)]. Ya os lo advertimos, y esto es solo el principio». Los *hackers* norcoreanos destruyeron el 70 por ciento o más de los ordenadores de Sony, incluidos los portátiles.

Por medio de la contratación de miles de *hackers*, Corea del Norte se puso a usar programas cibernéticos con regularidad para robar cientos de millones de dólares de bancos y entidades financieras a escala mundial.

Dos días después de las elecciones, Obama y Trump se reunieron en la Casa Blanca. La reunión tenía una duración estimada de veinte minutos, pero continuó durante más de una hora.

—Corea será el asunto más importante que tendrás en marcha —advirtió Obama al nuevo presidente—. Es mi principal quebradero de cabeza.

Trump dijo al personal más tarde que Obama le había advertido de que Corea del Norte sería su peor pesadilla.

Un analista de inteligencia con amplia experiencia y que también había servido en Corea del Sur afirmó:

—Me sorprende que el Gobierno de Obama mirase hacia otra parte y actuase como el mono sordo, mudo y ciego respecto a este tema. Y ahora entiendo por qué el equipo de Obama le dijo a Trump que el principal problema que tendría serían las armas nucleares de Corea del Norte. Han estado ocultando el problema.

13

*E*n febrero, el general Dunford pasó por la oficina del senador Lindsey Graham, un republicano de Carolina del Sur, para hablar con él en privado.

Probablemente poca gente en el Senado había trabajado más que Graham en temas militares. Soltero y coronel de la reserva de la Fuerza Aérea, Graham parecía estar siempre de servicio. Había construido una amplia red bipartidista en Washington. El antiguo vicepresidente Joe Biden, que había servido treinta y seis años en el Senado, había afirmado que Graham tenía los «mejores instintos» de todos los miembros de la Cámara Alta. Con sesenta y un años y miembro de alto rango del Comité de Servicios Armados del Senado, Graham fue el mejor amigo y compañero virtual permanente del presidente de la comisión, el honorable senador John McCain.

Cuando Dunford llegó a la oficina de Graham, este pudo ver que el presidente estaba alterado. Según le confió Dunford, Trump estaba pidiendo un nuevo plan de guerra para un ataque militar preventivo contra Corea del Norte.

La inteligencia sobre Corea del Norte no era lo suficientemente buena, explicó Dunford. «Necesitamos más información antes de presentarle un plan al presidente.»

Dunford, veterano de marina y de combate, y excomandante del Cuerpo de Infantería de Marina, había servido como comandante del Quinto Regimiento de Infantería de Marina durante la invasión de Irak en 2003. Su apodo era Fighting Joe y había servido bajo el entonces general de división James Mattis. El estilo impulsivo que tenía Trump para tomar decisiones le ponía nervioso. Graham percibió que Dunford estaba retrasando la petición de Trump por el riesgo que implicaba.

Graham tuvo una relación polémica con Trump durante las primarias. Él había sido, junto con Trump, uno de los dieciséis candidatos a la nominación republicana, pero no había pasado del segundo nivel. Había declarado que Trump era un «imbécil» y, como consecuencia, este dio su número de teléfono móvil en un mitin en Carolina del Sur. Graham recibió tantísimas llamadas que acabó por destruir su teléfono en un vídeo bastante cómico. Apoyó a Jeb Bush y lo comparó con Trump: Bush «no ha intentado adelantarse en unas primarias controvertidas lanzando comentarios peligrosos».

Priebus instó a Graham a forjar una relación con Trump. Uno de los puntos a favor, según le dijo a Graham, es que «eres muy divertido. Y él necesita gente divertida a su alrededor».

Graham había atacado a Trump con ganas, especialmente en referencia a la primera orden ejecutiva, sobre el veto a la entrada de musulmanes. «Esto lo ha garabateado un niño de primaria en la parte de atrás de un sobre», había asegurado.

Graham y McCain habían emitido una declaración conjunta: «Tememos que esta orden ejecutiva se convierta en una herida autoinfligida en la lucha contra el terrorismo. Esta orden ejecutiva da una señal, intencionada o no, de que Estados Unidos no quiere que los musulmanes entren en nuestro país. Por eso tememos que sirva más para reclutar terroristas que para mejorar nuestra seguridad».

Graham estaba dispuesto a dejar atrás el pasado.

Varias semanas después, el 7 de marzo, Trump invitó a Graham a almorzar en la Casa Blanca. Graham había preparado un pequeño discurso.

Cuando entró en el Despacho Oval, Trump estaba sentado detrás del escritorio Resolute. Se levantó de un salto, se acercó rápidamente a Graham y le dio un gran abrazo.

—Tenemos que ser amigos —dijo Trump—. Vas a ser mi amigo.

—Sí, señor —contestó Graham—. Quiero ser tu amigo.

Trump admitió que no debería haber dado públicamente el número del móvil de Graham.

—Ese fue el punto culminante de mi campaña —bromeó Graham.

—¿Cuál es tu nuevo número? —preguntó Trump. Lo anotó, se rio y preguntó de dónde venían sus desavenencias.

—Era una competición —sentenció Graham—. Sabes que nunca tuve la fuerza necesaria. No pude llegar a la nominación. Tú has ganado. Me rindo ante la derrota y acepto tu victoria. —Sabía que esto era lo que Trump quería oír—. ¿Quieres que te ayude?

Trump dijo que sí.

—Antes de que vayamos a comer —dijo Graham—, quiero disculparme por esta mayoría republicana de mierda. El Congreso te va a joder la presidencia. No sabemos lo que estamos haciendo. No tenemos un plan de atención sanitaria. Estamos en planetas diferentes cuando se trata de reducir los impuestos. Y tú eres el que más va a perder. —La reforma tributaria y el cambio del Obamacare deberían haberse hecho hace años—. Ahora tú puedes hacerlo. Tú eres un negociador. Esos líderes en el Congreso no saben cómo hacer algo tan simple como comprar una casa. Este es el momento en el que más necesitamos a un negociador. Hay mucha gente buena, pero la mayoría no ha llegado nunca a un acuerdo en el sector privado. Puedo contar con la palma de una mano el número de personas del Capitolio a las que les dejaría comprarme un coche. A ti sí que te dejaría comprarme un coche. Y te quiero convencer justo de esto: déjame que te compre un coche.

Entraron en el comedor contiguo. En la gran pantalla de televisión estaba puesta la Fox con el sonido apagado. McMaster y Priebus se unieron a ellos.

—¿Qué tienes en mente? —preguntó Trump.

—A corto plazo, Corea del Norte —señaló Graham—. Llegará un día en el que alguien vendrá y dirá: «Señor presidente,

135

están a punto de conseguir un misil. Han miniaturizado un arma nuclear. Pueden atacar nuestra patria. ¿Qué quiere que hagamos?».

De repente, todos centraron su atención en cuatro misiles norcoreanos que se disparaban en la pantalla gigante de la televisión. Pocos días antes, el 5 de marzo, Corea del Norte había disparado cuatro misiles al mar del Japón.

Los ojos de Trump se abrieron como platos.

—Esa grabación es antigua, es antigua —explicó Graham, tratando de calmar a todo el mundo. La había visto antes.

—Tengo que hacer algo —dijo Trump, señalando la pantalla.

—Ese día está cada vez más cerca —vaticinó Graham—. ¿Qué vas a hacer?

—¿Qué crees que debería hacer? —preguntó.

—Puedes aceptar que tienen un misil y decirles a ellos y a China que, si alguna vez lo usan, es el fin de Corea del Norte —dijo Graham—. Y puedes tener un sistema de defensa antimisiles que tenga una probabilidad alta de derribarlo. Esa es la primera posibilidad. La segunda posibilidad es que le digas a China que no vamos a dejar que consigan un misil así para amenazar a nuestra patria. Y si tú no te encargas de hacerlo, lo haré yo.

—¿Qué harías? —preguntó el presidente.

Tenía que escoger la segunda opción, afirmó Graham. No se puede dejar que tengan esa capacidad. La primera opción era demasiado arriesgada.

El presidente se volvió hacia McMaster.

—¿Qué te parece?

—Creo que tiene razón —dijo el asesor de Seguridad Nacional.

—Si se acaba convirtiendo en una amenaza real —dijo Graham—, no dejes que [el Congreso] se quede al margen y se lamente. El día que vengan a decirte que hay pruebas reales, llama a los líderes del Congreso y diles que es posible que tengas que usar la fuerza. Te voy a decir por qué quiero que pidas autorización para usar la fuerza contra Corea del Norte. Si tuviéramos un voto decisivo y tuvieras esa autoridad asegurada, es posible que no tuvieras que usarla.

—Eso sería una provocación —dijo Priebus.

—Se supone que es una provocación —contestó Graham—. Solo lo haces como último recurso.

—Eso haría que todos se preocuparan y se alteraran —observó Priebus.

—Me importa una mierda a quién pongo nervioso —dijo Trump.

—No querrás que en tu biografía conste que, durante tu mandato, Corea del Norte, una potencia nuclear, consiguió un misil que podía llegar a Estados Unidos —dijo Graham.

Trump dijo que lo había estado pensando.

—Si tienen una fuga —dijo Graham—, y tienen un misil que puede llegar a Estados Unidos, tienes que ir a por ellos. Si el Congreso te autoriza, tienes un as bajo la manga.

Sería un paso intermedio y daría a Trump ventaja.

—Creen que si consiguen un misil con un arma nuclear, se salvan. Tienes que convencerles de que, si intentan conseguir un misil con un arma nuclear, están acabados.

McMaster dijo que la información sobre Corea del Norte estaba incompleta.

—Llamadme antes de disparar —les aconsejó Graham.

Graham abogó por el mayor bipartidismo posible. Traigan a los demócratas. Quería proporcionar una hoja de ruta a Trump para lidiar con el Congreso.

—Presidente, tienes que comprar a algunos demócratas —dijo Graham—. La buena noticia es que son baratos.

Dijo que Trump tenía que conocer a los republicanos y demócratas clave.

—Usa tu pasado y tu habilidad para hacer tratos. Les tienes que poner algo sobre la mesa. Mira, he estado haciendo esto con republicanos y demócratas durante diez años.

¿Habría desacuerdos? Sí, afirmó. Los buenos amigos siempre están en desacuerdo.

—Washington siempre se centra en lo que viene después. Cuando algo no funciona, tienes que seguir adelante.

El presidente tuvo que dejar de tuitear. La semana anterior, el 4 de marzo, había enviado cuatro tuits acusando a Obama de poner escuchas telefónicas en la Torre Trump.

—Tienes un corte superior en la mandíbula y te lo has hecho tú solo —aseguró Graham sobre la reacción negativa generalizada a los tuits—. Van a por ti. No les ayudes.

—Tuitear —dijo el presidente— es mi forma de funcionar.

—Está bien tuitear a tu favor, presidente. Pero no tuitees en tu contra. Siempre están tratando de arrastrarte a su terreno. No muerdas el anzuelo.

Trump llamó a Graham al día siguiente para agradecerle la charla.

—Invita a John McCain y a su esposa, Cindy, a cenar —recomendó Graham—. John es un buen tipo. Tenéis que llevaros bien, y él te puede ayudar en muchas cosas.

En 2015, Trump había hecho uno de sus comentarios más crueles e irreflexivos sobre McCain. «No es un héroe de guerra. Es un héroe de guerra porque le capturaron. A mí me gusta la gente que no fue capturada.»

Graham sabía que McCain odiaba a Trump. Sabía que en Washington había que tratar con gente que te odiaba. Pero no le dio ese consejo en concreto al presidente.

—Mi trabajo principal es conseguir que John McCain esté tranquilo —comentó Graham. El líder de la mayoría del Senado, Mitch McConnell, estaba «muerto de miedo por John McCain»—. Porque John no tiene límite. Levantará por los aires nuestro mando y el de ellos. Yo, a veces, también lo hago, pero de forma más calculada. John es puramente John. Es el hombre más amable del mundo. Y una puta mediática, como yo. Bueno, es un tipo mucho más agradable que yo.

La cena con McCain y Cindy se organizó para abril. Graham también asistió. Cindy McCain había dedicado su vida a la lucha contra la trata de personas, y Graham sugirió que Trump la convirtiera en su embajadora para esa causa.

En la cena en la Sala Azul, Trump sacó una carta. Se la leyó a Cindy McCain palabra por palabra, deleitándose.

—Me gustaría mucho que fueras mi embajadora especial para la trata de personas —leyó, subrayando que ella había dedicado toda su vida a causas relacionadas con los derechos humanos.

—Sería un honor —aceptó ella, y se emocionó.

McCain estaba visiblemente conmovido. Como presidente del Comité de Servicios Armados, también agradeció al presidente su promesa de reconstruir el ejército.

—¿Qué quieres que hagamos para ayudarte? —preguntó McCain.

—Solo quiero llegar a conocerte —aseguró Trump dorándole la píldora—. Te admiro. Eres un hombre muy fuerte. Eres un buen hombre.

Era lo máximo que podía hacer, lamentablemente.

McCain parecía otra vez conmovido.

139

—Las cosas no son nada fáciles —dijo—. Queremos ayudarte.

—¿Qué pasa con Corea del Norte? —preguntó Trump.

—Todos lo han estropeado —afirmó McCain—. Demócratas, republicanos... Los tres últimos presidentes durante los últimos veinticuatro años: George W. Bush, Barack Obama y Bill Clinton.

—Estas son las posibilidades, presidente —dijo Graham, repitiendo lo que ya le había dicho a Trump—: O bien llevamos una estrategia de contención, es decir, dejar que Corea del Norte consiga el misil avanzado con arma nuclear, esperando que se pueda derribar o que cambien de opinión y no lo disparen nunca; o bien le decimos a China que Estados Unidos impedirá que Corea del Norte tenga la capacidad de disponer de ese misil.

—¿Tú qué opinas? —le preguntó Trump a McCain.

—Es muy complicado —contestó—. Pueden matar a un millón de personas en Seúl con artillería convencional. Por eso es tan difícil.

Graham lo planteó desde un punto de vista militarista:

—Si van a morir un millón de personas, que lo hagan allí, no aquí.

—Eso es bastante duro —interrumpió Trump. Dijo que creía que en China lo adoraban. Parecía que lo había dicho unas diez veces y que eso le daba una gran ventaja.

Durante una reunión en primavera en el Despacho Oval, el debate se centró en la controversia en Corea del Sur sobre el despliegue del sistema de defensa de misiles THAAD (Terminal High Altitude Area Defense), que se había convertido en un problema en la carrera presidencial surcoreana. El sistema ayudaría a proteger a Corea del Sur de un ataque con misiles de Corea del Norte. Y, lo que es más importante, podría utilizarse para ayudar a proteger a Estados Unidos.

—¿Ya lo han pagado? —preguntó Trump.

—Ellos no han pagado nada —explicó McMaster—. Lo pagamos nosotros.

—Eso no puede ser verdad —dijo Trump. Quería una explicación, así que McMaster se dispuso a obtener algunas respuestas del Pentágono.

—En realidad es un trato que nos favorece —explicó McMaster cuando regresó por la tarde—. Nos dieron gratis el terreno en un contrato de arrendamiento de noventa y nueve años. Pero nosotros pagamos el sistema, la instalación y las operaciones.

Trump se enfureció.

—Quiero ver dónde está —exigió. Finalmente llegaron algunos mapas que mostraban la ubicación. Parte del terreno incluía un antiguo campo de golf.

—Este es un terreno de mierda —dijo el exgolfista y promotor inmobiliario—. Este es un trato horrible. ¿Quién negoció este acuerdo? ¿Quién ha sido el genio? Rómpelo. No quiero esa tierra.

El principal sistema de defensa contra misiles podría costar 10.000 millones de dólares en diez años, y ni siquiera estaba físicamente en Estados Unidos, dijo Trump.

—¡A la mierda! Rompe el acuerdo y llévalo a Portland.

Trump seguía indignado por el déficit comercial de 18.000 millones de dólares con Corea del Sur y quería salir de lo que llamó el «horrible» acuerdo de comercio Korus.

El aumento de las tensiones en torno al THAAD ya era suficientemente problemático. Corea del Sur era un aliado y un socio comercial crucial. Trump se reunió con McMaster y Mattis. Ambos dijeron que, dada la crisis con Corea del Norte, no era el momento de sacar el tema del acuerdo comercial.

—Es exactamente ahora cuando hay que sacarlo —aseguró Trump—. Si quieren protección, vamos a aprovechar para renegociar el acuerdo. Jugamos con ventaja.

Trump dijo luego a Reuters que el coste inicial del THAAD se estimaba en mil millones de dólares.

—Informé a Corea del Sur de que sería apropiado que pagaran —dijo—. Es un sistema de mil millones de dólares. Es fantástico, dispara misiles desde el cielo.

El 30 de abril, McMaster llamó al jefe de Seguridad Nacional de Corea del Sur. Según comentó a Chris Wallace en Fox News: «Lo que le dije a nuestro homólogo surcoreano es que, hasta que no hubiera una renegociación, los acuerdos seguían en vigor y cumpliríamos con nuestra palabra».

Como primer paso, el Ministerio de Comercio de Corea del Sur acordó posteriormente empezar a renegociar el acuerdo de comercio Korus.

*E*n febrero, Derek Harvey, excoronel de la Armada y de los primeros analistas de inteligencia del Gobierno de Estados Unidos, fue escogido como director de personal del Consejo de Seguridad Nacional para Oriente Medio. Una posición ventajosa en un terreno muy difícil.

Harvey, una leyenda viva y de mente fría, afrontaba los análisis como si fuera un auténtico detective de homicidios: examinaba miles de informes de interrogatorios, extractos de conversaciones, testimonios de combates, documentos enemigos, información en bruto e incluso usaba fuentes poco convencionales (como líderes de tribus).

El resultado era un cóctel de ideas poco ortodoxas. En algunos círculos, le llamaban «El Granada», no solo por sus aptitudes, sino por su habilidad para ver más lejos que nadie.

Antes de los atentados del 11 de septiembre, Harvey redactó un informe en el que declaraba que Osama Bin Laden junto a Al Qaeda representaban una amenaza estratégica para Estados Unidos. Harvey fue, prácticamente, la única persona que previó la persistencia e intensidad de las insurgencias en Irak y Afganistán tras la invasión estadounidense. Solía decir que sus ideas eran «factibles, pero difíciles de vender». Es decir, el sistema político no secundaría ni apoyaría sus agresivos y ambiciosos planes. Por ejemplo, uno de ellos era mantener durante años a decenas de miles de soldados estadounidenses en Afganistán.

Harvey hizo una visita a Jared Kushner en su pequeña oficina junto al Despacho Oval.

Kushner se reclinó en su asiento, cruzó las piernas y escuchó lo que Harvey venía a decirle.

La mayor preocupación de Harvey sobre Oriente Medio era Hezbolá, una organización terrorista apoyada por Irán. Según información confidencial, Hezbolá conservaba a más de cuarenta y ocho mil soldados apostados día y noche en el Líbano, donde representaban una amenaza para la seguridad del Estado judío. Tenían a ocho mil miembros de exploración en Siria y Yemen, así como unidades de comandos por toda la región. Además, su gente estaba por todo el mundo: mantenían de treinta a cincuenta hombres en Colombia, Venezuela, Sudáfrica, Mozambique y Kenia.

La organización islámica poseía la alarmante cantidad de 150.000 mil misiles. Cuando participaron en la guerra de 2006 contra Israel, tan solo perdieron 4.500.

Las filas de Hezbolá estaban formadas por oficiales de la Guardia Revolucionaria iraní. Básicamente, Irán le pagaba las facturas, nada menos que mil millones de dólares anuales. Esto sin tener en cuenta el dinero que conseguía con el tráfico de personas, el contrabando de opio y cocaína, el blanqueo de dinero y la compraventa de colmillos de marfil provenientes de Mozambique.

Hezbolá controlaba todo el Líbano, era un Estado dentro de otro. Tenía vía libre para usar la fuerza, no había nada que sucediera en el Líbano sin su conocimiento, y estaba decidido a acabar con Israel.

Era el salvoconducto perfecto para Irán. A través de Hezbolá, podía presionar y atacar Israel (incluso hacer añicos sus bases aéreas usando sus misiles). Las defensas israelíes —Iron Dome o Cúpula de Hierro (sistema antimisiles), David's Sling (sistema antiaéreo) y los Arrow (misiles antibalísticos)— serían insuficientes.

Harvey proclamó que se estaba acercando una guerra catastrófica, de inmensas consecuencias humanitarias, económicas y estratégicas. Un conflicto entre Irán e Israel que arrastraría a Estados Unidos con él y, además, desequilibraría los esfuerzos por conseguir la estabilidad regional.

De esta conversación, a Trump le llegaría una versión mucho más fácil de digerir.

143

En una de las reuniones matutinas del Despacho Oval, el director de Inteligencia Nacional, Dan Coats, y el director de la CIA, Mike Pompeo, mostraron su apoyo. Mattis, McMaster y el secretario de Estado, Rex Tillerson, lo secundaron sin darle demasiada importancia.

Harvey sentía que no estaban entendiendo hasta qué punto se estaba cambiando el equilibrio de poder: otro conflicto más árabe-israelí llegaría hasta las mismas puertas del territorio judío con más fuerza que nunca. Un ataque a todos los niveles significaría el fin de sus enfrentamientos.

Harvey recalcó todo esto cuando se lo expuso a Kushner: la nueva Administración de Trump no estaba capacitada para la que se avecinaba. Insistió en continuar la conversación con el presidente y retomar el tema de los acuerdos de su reunión de febrero con el primer ministro de Israel Benjamín Netanyahu.

Era de gran importancia cambiar el enfoque del diálogo estratégico y enfrentarse a la nueva realidad que les esperaba. Quería mejorar la relación que, según él, se había deteriorado tras ocho años de Administración Obama.

144

Aquel verano, el embajador de Israel en Washington y sus asesores de seguridad nacional querían que Harvey fuera a Israel.

Sin embargo, McMaster se lo impidió sin dar ninguna explicación.

A principios de julio, Harvey consiguió reunirse con oficiales superiores de la inteligencia del Mossad, de la inteligencia militar y con representantes de las Fuerzas Aéreas de Israel y la Armada. McMaster, enfadado, no le permitiría llegar más lejos.

Y la gran pregunta: ¿acaso Harvey había descubierto la inminente gran bomba (Hezbolá) del montón de problemas de política exterior a los que se estaban enfrentando Estados Unidos y Trump?

Al poco tiempo, Harvey se volvía a reunir con Kushner.

—¿Qué opinas de que Trump vaya a Riad en su primer viaje presidencial? —inquirió Kushner.

—Cuadra perfectamente con lo que estamos intentando conseguir —respondió Harvey—. Reafirmar nuestro apoyo a los saudíes, el objetivo estratégico de la zona. Además, nuestra relación ha empeorado muchísimo durante los ocho años de Obama.

Harvey consideraba que el anterior presidente había invertido demasiado tiempo tratando de negociar el tema nuclear con Irán y que había rechazado (o incluso menospreciado) las relaciones con los saudíes e Israel. Si el primer viaje presidencial de Trump iba a ser a Arabia Saudita, podría significar que las prioridades de la Administración habían cambiado. Otra de las razones por las que Harvey apoyaba tanto este viaje era porque los miembros más antiguos del Consejo de Seguridad Nacional estarían encantados de unirse.

Si se celebraba una cumbre en Arabia Saudita, Israel también saldría beneficiada. Era de dominio público que tanto los saudíes como los israelíes, ambos enemistados con Irán desde tiempos inmemorables, tenían valiosas relaciones extraoficiales.

Harvey sabía que tenía que hacer hincapié en esto al exponérselo a Kushner, quien, obviamente, no era un asesor presidencial cualquiera. Se trataba, nada menos, que del yerno del presidente, seguramente la mayor fuente de conocimiento de Trump, si no su mayor impulsor.

Harvey tenía tan buenas conexiones con la inteligencia de Israel como cualquier oficial de inteligencia, y sabía que Kushner también tenía las suyas. Es más, Netanyahu era un antiguo amigo de la familia Kushner.

Kushner le confesó a Harvey que tenía información crucial y fiable que sugería que la clave para Arabia Saudita era el príncipe heredero al cargo: el carismático Mohamed Bin Salmán, de treinta y un años, también conocido como MBS.

MBS no solo era el hijo del rey de Arabia Saudita, sino también el ministro de Defensa y la pieza clave. Sería el trampolín perfecto para que Estados Unidos metiera mano en el reino. MBS tenía visión y energía, era encantador y hablaba sin miedo sobre ideas de modernización y reformas.

Cuando McMaster se enteró de que Kushner quería montar una cumbre en Arabia Saudita, nervioso, se preguntó: «¿Quién está detrás de esto? ¿A quién se le ha ocurrido?».

Harvey no sabía en qué lado se posicionaría el presidente.

Estaba claro que a McMaster no le gustaba la forma que estaba tomando el asunto, pero poco podía hacer.

Harvey se reunió múltiples veces con las agencias de inteligencia (incluida la CIA). El mensaje que le dieron estaba claro: más valía que Kushner se anduviera con cuidado. El que realmente interesaba era el actual heredero de la corona, Mohamed Bin Nayef, de cincuenta y siete años, conocido por las siglas MBN. Era el sobrino del rey y se le atribuía el desmantelamiento de Al Qaeda en Arabia Saudita, por lo que estaba al cargo del Ministerio del Interior. Si la familia real veía favoritismos hacia el joven MBS, se iban a crear ciertas tensiones.

Tras décadas de contacto con la inteligencia de Oriente Medio, Harvey opinaba que Kushner tenía razón: MBS era el futuro. Este sabía que el único camino para la supervivencia del reino era la reforma.

Bajo la protección de Kushner, Harvey tenía, por primera vez, vía libre para sus planes. Se puso manos a la obra, contactó con el Departamento de Defensa, del Tesoro y con el Consejo Económico Nacional de la Casa Blanca. Harvey consideraba que apenas había riesgos, que todo iban a ser ventajas.

En marzo, McMaster presidió una reunión de directores para discutir la posibilidad de que la cumbre en Arabia Saudita se llevara a cabo.

—Si tenemos en cuenta mi experiencia en Exxon —dijo el secretario de Estado, Tillerson, mientras agitaba la mano para restarle importancia—, los saudíes siempre están exagerando. Parece que están listos para zarpar, pero en cuanto llega el momento de firmar el papeleo… siempre se echan atrás.

El acercamiento a MBS no se debía tomar al pie de la letra. Estados Unidos podía organizar una cumbre, pero no cambiaría nada.

—Sería una locura —declaró Mattis.

Organizar la compraventa de armas (y otros proyectos que

beneficiarían a la economía estadounidense), además de los preparativos para la cumbre, llevaría demasiado tiempo.

—Sería mejor que esperásemos al año que viene. La nueva Administración será más prudente. Tendrá más cuidado —concluyó con energía Rick Perry.

Nadie apoyó a Kushner cuando propuso la cumbre.

Kushner se sentaba en el lado opuesto de la mesa, frente a McMaster.

—Entiendo que es apuntar muy alto —admitió el yerno del presidente. Poniéndose en pie, anunció—: Entiendo las dudas, pero tendréis que reconocer que es una oportunidad de oro. Sí, hay que ir con cuidado, ser muy meticulosos, como si al final no se hiciera, y, si al final no sucede, aún habría tiempo para maniobrar. Pero esta oportunidad no la podemos dejar escapar.

Nadie objetó nada. En realidad, Harvey sabía que no podían, y él seguiría trabajando como si la cumbre fuera a producirse. Estableció algunas bases: decidió que se tendrían que acordar, de antemano, contratos militares por más de cien mil millones de dólares.

Harvey se estaba jugando el pellejo. Reservó varias salas de conferencias en el edificio de la Oficina Eisenhower para los treinta hombres que MBS envió a Washington. Estadounidenses y saudíes trabajando juntos contra el terrorismo, su financiación, la violencia extrema y creando campañas informativas. Los detalles de los contratos y los tratados de seguridad los discutirían en el Pentágono.

Harvey sabía que no podía pedirles demasiado, los saudíes no tenían tanto dinero como se pensaba. El precio del petróleo se había desplomado, y afectaba a su economía.

A pesar de todo, a McMaster seguía sin gustarle la idea.

—Todo esto es un capricho de Kushner —le explicaba a Harvey—. Aunque sigamos adelante, no lo apoyarán, no pasará de las mociones.

Kushner opinaba que, mientras hubiera estadounidenses en la región, mostrarían su apoyo a los saudíes y a los israelíes victoriosos. Según él, si los únicos beneficiarios de la defensa estadounidense eran los países de Oriente Medio, Trump no seguiría pagando su coste.

Lo que realmente le preocupaba a Kushner era el aumento de la influencia iraní y las operaciones subversivas en la zona, en especial las de Hezbolá, que representaban una amenaza para Israel.

—Consigue que los saudíes compren más —exigió Kushner.

Si compraban más armas, favorecerían la economía estadounidense y la creación de puestos de trabajo. Los saudíes adquirieron montones de munición y firmaron contratos de mantenimiento y asistencia técnica de diez años.

El equipo de MBS visitó Washington una vez más. Durante cuatro días seguidos, se encerraron en reuniones que duraban hasta la una de la madrugada.

Kushner se entrevistaba a diario con diversos organismos estadounidenses, en encuentros en los que llegaban a congregarse una docena de los más altos cargos.

Al principio, los saudíes no parecían cumplir ni con los contratos ni con la compra de armas.

—Haré unas llamadas —le dijo Kushner a Harvey.

Contactó directamente con MBS y la adquisición de armas aumentó de inmediato.

Cuando parecía que la cumbre se acercaba, Kushner invitó a MBS a Estados Unidos y le llevó a la Casa Blanca. El 14 de marzo comieron con Trump en la Sala del Comedor del Estado. También estuvieron presentes Pence, Priebus, Bannon, McMaster y Kushner. Esto violaba todos los protocolos, aumentando las preocupaciones entre los oficiales del Estado y de la CIA. Se suponía que una comida en la Casa Blanca entre el presidente y un príncipe heredero al cargo de rango medio, simplemente, no tenía que suceder.

Tillerson y Mattis siguieron expresando sus dudas: era demasiado difícil, demasiado trabajo, demasiadas ambigüedades con los contratos.

Al final, Trump dio su aprobación. El jueves 4 de mayo anunció que viajaría tanto a Arabia Saudita como a Israel.

Visitó Arabia Saudita del 20 al 21 de mayo. Fue recibido por todo lo alto. Anunció la adquisición de material de defensa desarrollado en Arabia Saudita por un valor de ciento diez mil millones de dólares y que en el futuro acordarían varios centenares de millones en contratos (sin duda una cantidad desorbitada).

Harvey creía que la cumbre había restablecido las relaciones por completo. Suponía todo un éxito: enviaba un mensaje estratégico a Irán, el mayor adversario. Los saudíes, los países pertenecientes al Consejo de Cooperación para los Estados Árabes del Golfo (Baréin, Kuwait, Omán, Catar, Emiratos Árabes Unidos y Arabia Saudita) e Israel estaban unidos. El enfoque neutral de Obama había llegado a su fin.

Al cabo de un mes, el rey de Arabia Saudita, Salmán, de ochenta y un años, señaló a MBS (de treinta y uno) como el nuevo heredero a la corona y el primero en la línea de sucesión para lo que, seguramente, serían las próximas décadas.

15

*Q*uizá no todo el mundo conocía las directas opiniones de Trump sobre los dieciséis años de guerra en Afganistán, pero pronto pasarían a formar parte de la historia estadounidense. Estas tenían una base común: una oposición absoluta a cualquier enfrentamiento bélico. Podría decirse que era hasta ridículo. A principios de 2011, cuatro años antes de anunciar oficialmente su candidatura a presidente, lanzó una serie de tuits sin morderse la lengua.

En marzo de 2012 escribía: «Afganistán es un desastre total. No sabemos ni qué hacemos allí. Bueno sí, tirar el dinero».

En 2013, los tuits fueron a más. En enero: «Hay que salir de Afganistán. Los mismos afganos que entrenamos están asesinando a nuestros propios soldados. Estamos despilfarrando millones. Esta guerra no tiene sentido. ¡Reconstruyamos Estados Unidos!». En marzo: «Tenemos que salir [de Afganistán] a la de ya. No desperdiciemos más vidas. Y si tuviéramos que volver, lo haríamos armados hasta los dientes, entrando y saliendo rápidamente. Lo primero es reconstruir Estados Unidos». En abril: «El Gobierno es tan patético que el dinero destinado en Afganistán acaba financiando el terrorismo». Y en noviembre: «No permitamos que estos inútiles que tenemos por líderes firmen para seguir en Afganistán hasta 2024. Sobre todo cuando Estados Unidos cubre todos los gastos… ¡Hagamos América grande otra vez!».

En diciembre de 2015 tuiteó: «En un ataque suicida, un afgano ha hecho explotar una bomba acabando con múltiples vidas estadounidenses. ¿Cuándo va el Gobierno a ponerse las pilas? ¡Nos están llevando al matadero!».

Como todos los presidentes, Trump estaba ocupándose del trabajo inacabado de sus predecesores, y Afganistán era el caso más claro del siglo XXI.

La guerra, que empezó tras los atentados terroristas del 11 de septiembre —cuando Afganistán era la guarida de Osama Bin Laden y Al Qaeda—, era una maraña de altas expectativas, contratiempos, malentendidos y una enorme tumba de dinero, tropas y vidas.

Durante los mandatos de Bush y Obama, el número de tropas era el tema principal de los debates públicos y en las discusiones internas del Consejo de Seguridad Nacional [NSC, por sus siglas en inglés] y generaban expectativas de algún tipo de progreso o de resultados. Los medios de comunicación solo hablaban de ese número y de cuándo ocurrían los acontecimientos. El número de soldados estadounidenses se había convertido en sinónimo de progreso.

Durante la presidencia de Obama, el número de soldados fue una montaña rusa. Primero, llegó hasta los 100.000 y luego se desplomó hasta 8.400, creando la sensación de que las misiones de combate contra los rebeldes talibanes estaban a punto de acabar. Más tarde se darían cuenta de que no era así. En el fondo, los expertos sabían que este número era irrisorio.

151

En una reunión en 2010, el teniente general Douglas Lute, coordinador de la Casa Blanca, se refirió a esta guerra como «un castillo de naipes» después de que Obama añadiera otros 30.000 soldados.

El doctor Peter Lavoy, subsecretario de Defensa de Obama a cargo de los asuntos relativos a la seguridad de Asia y el Pacífico, y quien más tarde pasaría a formar parte del personal del NSC de Obama como encargado del Asia del Sur, era toda una eminencia en esta región (Pakistán y Afganistán). Lavoy, desconocido para la opinión pública, era un gran crítico del actual funcionamiento de la defensa y la inteligencia estadounidenses. Se le consideraba tanto un hombre de números como de acción. Opinaba que la obsesión con el número de soldados había sido el talón de Aquiles de la Administración Obama en Afganistán.

—Hay, literalmente, miles de pequeñas tribus en Afganistán —declaró Lavoy—. Cada una con sus propias reivindicaciones. Si se acabara con los talibanes, emergerían otros rebeldes.

La victoria era improbable. La línea de meta aún estaba muy difusa.

H. R. McMaster vio venir que tendría dificultades para entenderse con Trump y su forma de ver Afganistán. El consejero de Seguridad Nacional conocía Afganistán. Entre 2010 y 2012, en Kabul, sirvió como asistente del comandante planeando en los cuarteles oficiales cómo afrontarían la guerra de Afganistán para el Departamento de Política y Planificación Estratégica del Estado Mayor Conjunto.

En 1991, en la guerra del Golfo, en la operación Tormenta del desierto, justo después de siete años como capitán de la Armada en la academia militar de West Point, McMaster lideró el ataque de 9 carros de combate estadounidenses que acabaron con 28 de la Guardia Republicana iraquí. El capitán McMaster no sufrió ninguna baja y el enfrentamiento duró veintitrés minutos. Fue galardonado con la Estrella de Plata al valor.

En la guerra de Irak llevó a 5.300 soldados a la victoria como coronel del Tercer Regimiento de Caballería Acorazada usando tácticas de contrainsurgencia para proteger a los civiles y reclamar la ciudad de Tal Afar en 2005. El presidente Bush citó públicamente esta operación como modelo de esperanza para dar «promesas de libertad a Irak».

En el libro que publicó McMaster en 1997, *Dereliction of Duty* [Negligencia del deber], acusó al Estado Mayor Conjunto como responsables de la guerra de Vietnam, ya que «su silencio» imposibilitó establecer relaciones personales con los líderes civiles; de vital importancia para que se expresaran con libertad. *Dereliction of Duty* era, en esencia, un manual de campo para evitar otro conflicto como el de Vietnam.

Lo irónico del asunto era que ahora Trump opinaba que Afganistán era como Vietnam: un barrizal sin un claro propósito nacional. El caso más reciente de incoherencia política de Estados Unidos. La función de McMaster era encontrar un punto intermedio entre las recomendaciones del Ejército sobre Afganistán y los objetivos del presidente, pero todo lo que quería Trump era sacar a las tropas de ahí. Trabajo burocrático en terreno del NSC.

Del 1 al 10 de marzo de 2017, el teniente coronel de los Rangers del Ejército, Fernando Lujan, también miembro de dicho consejo en Afganistán, presidió las primeras reuniones de rango medio entre los diversos organismos de la Administración Trump. Asistieron representantes del Departamento de Estado, del Pentágono y de las agencias de inteligencia.

Lujan, evocando la Administración Obama, sabía que la política sobre Afganistán era fácil de entender: no más catástrofes. Había centenares de dudas y las posibilidades de un desastre eran altísimas. Por ejemplo, facilitó a la policía afgana, quien no era un cuerpo muy cualificado, los fundamentos para lograr una estabilidad a largo plazo.

Durante la primera reunión, el oficial del Departamento de Estado enfocó el tema centrándose en las siguientes cuestiones: ¿por qué pensamos que una base antiterrorista en Afganistán es necesaria para impedir futuros atentados? ¿Cómo la justificaríamos? ¿Qué nos hace creer que la amenaza terrorista viene de Afganistán? ¿Por qué miles de soldados estadounidenses y especialistas de inteligencia tienen que entrar en combate cuando tenemos, por ejemplo, drones o podríamos contratar a alguien más? Apuntó que la presencia estadounidense continuada podría desestabilizar aún más la situación; no solo con los insurgentes, sino también con otros miembros de la región, como Pakistán.

El oficial del Departamento de de Estado explicó que Estados Unidos no tenía la intención de quedarse durante mucho tiempo en Afganistán, cuando empezaron a invadirlo en 2001. Pero después de dieciséis años, ¿cómo se explicaba que aún siguieran allí?

—No, no, y no —sentenció el representante del Ejército.

La presencia estadounidense no debía durar para siempre.

153

Lo que llevaba a la siguiente pregunta: ¿cuándo saldrían? ¿Acaso cabía la posibilidad de una estabilidad política? ¿Sería la solución o el pretexto? Además, si los insurgentes talibanes no querían que hubiera presencia estadounidense de ningún tipo en Afganistán, ¿cómo iba a ser posible un asentamiento? ¿Se convertiría en una excusa más para seguir justificando el conflicto?

En el caso de que la estabilidad política fuera la máxima prioridad, requeriría un gran nivel de compromiso. ¿Estaría Trump dispuesto a ello?

¿Sería todo una superchería para que Estados Unidos pudiera seguir haciendo lo que le conviniese? ¿De verdad hacía falta un gobierno estable o democrático en Afganistán? ¿Hasta qué punto estaba Estados Unidos a favor de la existencia de un asentamiento político?

Otro representante del Departamento de Estado apuntó que el Gobierno central carecía de legitimidad frente a los ojos del pueblo afgano (el nivel más bajo en diez años, según una encuesta del país). Aclaró que la economía sumergida (el opio y las minas ilegales) era tan grande como la estándar, y que en gran parte estaba dominada por los rebeldes talibanes.

Tras los atentados del 11 de septiembre, la CIA y el Ejército habían comprado a caudillos afganos para que persiguieran a los talibanes. Parte de ese dinero se había invertido en perseguir a la oposición política. Estados Unidos había llegado a gastar unos 50.000 millones de dólares anuales en Afganistán. ¿Acaso estaba su Gobierno (que era de los más corruptos) aceptando el dinero estadounidense y el de los aliados solo para poder financiarse? ¿Estaría ese dinero llevándose las intenciones del Gobierno afgano de desarrollar las reformas y la voluntad política de encarar las actividades ilegales del opio y la malversación de la minería? El dinero estadounidense era el mayor veneno en el sistema afgano.

Y una duda más importante se planteaba también: ¿debía Estados Unidos ganar en Afganistán o tan solo aguantar?

Tras una primera reunión, se dividieron en tres grupos, cada uno apuntó en una pizarra cuál era el problema fundamental y los objetivos vitales estratégicos. Hubo una respuesta común: evitar futuros ataques en Estados Unidos.

Además, plantearon otras dudas: ¿qué tipo de gobierno necesitaba Afganistán? ¿Y qué tipo de estabilidad necesitaba Estados Unidos para conseguir ese objetivo?

Al principio, en las reuniones con los representantes del Pentágono, del Departamento de Estado y de las agencias de inteligencia, McMaster expuso sus cuatro «pilares» u objetivos:

1. Conseguir la estabilidad política suficiente que permitiera la coexistencia de un asentamiento político, pese a los insurgentes talibanes.
2. Presionar al Gobierno afgano para que tomase medidas institucionales contra los talibanes.
3. Aumentar la presión en los países vecinos como Pakistán, que jugaba a dos bandas, en teoría aliados de los estadounidenses, pero que también apoyaba a los terroristas y a los talibanes.
4. Mantener el apoyo internacional de los 39 países aliados y Estados Unidos en forma de coalición.

Tratando de encontrar un término medio en la adición de tropas, McMaster consideraba la posibilidad de enviar miles más, quizás entre tres o cinco mil soldados más, para prevenir cualquier ataque terrorista. Hubo un miembro del personal que sugirió añadir decenas de miles más.

En una reunión del Comité de Directivos —que, al contrario de las del Consejo de Seguridad Nacional, se reunía sin el presidente—, el fiscal de sesiones generales estalló ante estas sugerencias, incluso ante las de McMaster y su idea de añadir más tropas.

Según el fiscal, estaban llevando al presidente por el único camino en el que no creía, y por el que no querría ir. «Estamos perdiendo a demasiados hombres en Afganistán. No entiendo cómo no lo veis.»

155

—Esto no es lo que querría el presidente —sentenció Priebus—. No habéis trabajado lo suficiente junto a él para entender cuál es su filosofía, sus opiniones respecto a la política exterior y por qué. —Recalcó que la parte más importante era «por qué». ¿Por qué estamos aquí? ¿Por qué estamos haciendo lo que hacemos? ¿Por qué queremos que suceda? ¿Y qué es exactamente lo que estamos intentando conseguir?

Esto era precisamente lo que había estado planteando Peter Lavoy durante la Administración Obama. Ni Priebus ni Lavoy obtuvieron respuesta.

Hubo un consenso entre los directivos: enviarían 4.000 soldados más.

—¿Alguien se lo ha contado al presidente? —preguntó Priebus—. Lo de que estáis planeando seguir en Afganistán durante décadas. Si se lo contáis, se va a poner hecho una furia. ¿Hay alguien que le esté informando de todo este asunto?

No hubo respuesta.

156 Más tarde, Priebus organizó una reunión para los actores principales.

—Escuchad —comenzó—, tenemos un problema. No le estamos contando al presidente lo más importante. ¿Por qué queréis más presencia estadounidense? ¿Cuál es el objetivo? ¿Por qué Estados Unidos arriesgaría más vidas americanas? Tenéis que llegar a una propuesta común y acordar cuáles son los problemas fundamentales antes de empezar a discutir sobre cuántas tropas queréis añadir a Afganistán. Vais diez pasos por delante.

Para McMaster, no era suficiente con manifestar que el objetivo era prevenir otro ataque terrorista. La pregunta era muy sencilla: ¿cómo se supone que miles de soldados ayudarían a conseguirlo?

Había cuatro misiones en Afganistán: entrenar y formar a las fuerzas afganas, dar soporte logístico, antiterrorismo e inteligencia. A McMaster se le tenía que ocurrir una estrategia que evitara un recrudecimiento del conflicto o, al menos, que lo aparentara. No podía contradecir ni directa ni abiertamente el deseo de Trump de ponerle fin, sino que tendría que tantear el terreno, un nuevo enfoque que él llamaría «mantener el rumbo».

El 28 de marzo, McMaster propuso al personal del Consejo de Seguridad Nacional las «cuatro erres»: reforzar, realinear, reconciliar y regionalizar. Estos eran los componentes de la estrategia en Afganistán que él buscaba. Además, encajaban perfectamente con sus cuatro pilares.

Reforzar se refería a más equipamiento y entrenamiento. Realinear, a enfocarse en financiar áreas controladas por el Gobierno afgano, y no en las que estaban bajo disputa con los talibanes. Reconciliar era el intento de conseguir un gobierno afgano inclusivo, que implantara las elecciones y colaborara con personas influyentes. Por último, regionalizar significaba que Estados Unidos trabajara con elementos de la región, como la India.

En mayo se había establecido la idea de añadir de tres a cinco mil soldados más. Algunas cantidades «no aparecerían en los libros», lo que quería decir que no estarían plasmadas en los datos oficiales.

El plan sería centrarse en el antiterrorismo. Se permitiría el apoyo aéreo cuando el Gobierno afgano necesitara ayuda urgente en enfrentamientos contra los talibanes. Las reglas estaban cambiando: antes, el Ejército de Estados Unidos solo podía usar la fuerza en caso de verse amenazado, pero ahora también podía hacer uso de ella si era el Ejército afgano el que tenía problemas.

157

A su vez, el senador Lindsey Graham presionaba a Trump para que enviara más tropas. Él y Trump mantuvieron tres conversaciones sobre Afganistán en mayo.

—¿Quieres que en tu currículo aparezca que permitiste a Afganistán volver a caer en las manos equivocadas y que nos venga otro 11-S? —inquirió Graham.

Copió la misma postura que había tenido Trump con Corea del Norte.

—Bueno… —contestó él—, pero, entonces, ¿cuándo acabará?

—Nunca acabará —declaró Graham—. Es el bien contra el mal. Esas historias nunca acaban. Esto es igual que los nazis. Ahora el radicalismo está en el islam. El día de mañana estará en cualquier otra parte. Así que por ahora centrémonos en que Afganistán no vuelva a atacar nuestro país. Considéralo así: las tropas que enviemos son una póliza de seguros para evitar otro 11-S. Escucha a tus generales.

Graham había plantado una idea que sabía que a Trump le encantaría. «El general Obama era terrible. El general Biden era espantoso. La general Susan Rice era horrible. La general Valerie Jarrett...» Pero «Trump va camino de no ser mucho mejor. Graham tampoco parecía serlo. Escucha a tus generales o despídelos».

Hubo una vez que el vicepresidente Pence llamó a Graham para decirle: «Le tienes que decir cómo podemos acabar con todo esto».

—No va a acabar —le repitió Graham.

Graham era consciente de las disputas internas en la Casa Blanca. El general Kellogg, jefe de personal del Consejo de Seguridad Nacional, estaba del lado de Bannon y defendían que había que salir. Lo que significaba que Kellogg estaba en guerra con McMaster, su propio jefe.

Graham vio las historias que Bannon, o algún otro, estaba filtrando a la prensa; lo llamó «la guerra McMaster». Finalmente, se reunió con Trump.

—Esta es tu guerra, amigo mío —le dijo al presidente—. Nadie se acordará de McMaster o de Bannon. Se acordarán de ti.

A ojos de Bannon, la antigua Administración haría lo de siempre: mantener el rumbo o retirarse con deshonor. Quería encontrar una forma de mitigar los daños, y proteger a Trump.

El 31 de mayo, Erik Prince, fundador de la controvertida empresa de seguridad privada Blackwater, publicó un artículo de opinión en el *Wall Street Journal* que afirmaba: «Afganistán es un desastre, muy caro, para Estados Unidos». Proponía la creación de un «virrey» que liderara a todas las fuerzas militares en Afganistán y el reemplazo de todas las tropas excepto un pequeño comando de operaciones especiales del Ejército de Estados Unidos junto con «soluciones más baratas y privadas», como contratistas que se comprometieran a entrenar a las fuerzas afganas durante años. «Estados Unidos debería cambiar el rumbo de los últimos quince años y pico que ha dedicado en reconstruir la nación y centrarse en darles una lección a los talibanes y el resto de terroristas, hacerles suplicar. Hasta que Estados Unidos no les enseñe quién está al mando, los talibanes seguirán ganando.»

Su planteamiento no llegaría muy lejos, ya que significaba que empresas privadas (como la de Prince, hermano de Betsy DeVos, secretaria de Educación) se hicieran de oro.

Bannon le pidió a Mike Pompeo, director de la CIA, que encontrara una solución que complaciera a todo el mundo. Pompeo acordó ir a Afganistán la primera semana de agosto.

Durante años, la CIA había coordinado un ejército secreto de 3.000 hombres en Afganistán. El CTPT [las siglas en inglés de *Counterterrorism Pursuit Team*, Equipos de búsqueda antiterrorista] estaba formado por equipos afganos sufragados, entrenados y controlados por la CIA. Eran los mejores combatientes afganos, la flor y nata. Se dedicaban a capturar y matar insurgentes talibanes. Incluso solían acceder a áreas tribales para acabar con ellos. Llevaban a cabo operaciones transfronterizas muy peligrosas y altamente cuestionables en el país vecino, Pakistán. ¿Se podría aumentar el número de fuerzas paramilitares de la CIA y así no sería necesario el incremento de las tropas estadounidenses? ¿Podría este grupo, más los miles de fuerzas especiales del Ejército, cumplir el objetivo del Gobierno y conseguir así que las tropas regulares pudieran volver?

Mattis llamó al senador Graham. Le explicó que una nueva propuesta estaba al caer: el Ejército se coordinaría con la CIA. «A la CIA le gustaría encontrar a alguno de sus objetivos más buscados.» Hubo cuatro operaciones: «Dos a cada lado de la frontera entre Pakistán y Afganistán».

159

☐

Cuando McMaster trató de vender una versión reducida de sus posiciones (como los pilares o las cuatro erres), Trump no se contuvo. Solo le hizo una pregunta: «¿Qué coño estamos haciendo allí?». Aunque tenía una idea por el secretario Mattis y por Bannon. «Quiero escuchar la versión de los reclutas, los soldados de verdad, que vengan; no quiero más oficiales.» Quería tener el punto de vista de soldados que hubieran estado en suelo afgano.

Mattis puso los ojos en blanco.

Bannon, siempre usando la historia para sus intereses, les recordó la devoción, casi religiosa, del presidente Lincoln por escuchar a sus soldados cuando fue comandante en jefe.

El 18 de julio, Trump organizó una comida en la Casa Blanca con tres soldados y un aviador que habían servido en Afganistán. A un lado de la amplia y reluciente mesa de la Sala Roosevelt, se sentaron Trump, Pence y McMaster; al otro, los cuatro jóvenes soldados uniformados, algo incómodos por las cámaras.

El presidente dijo: «Quiero entender por qué llevamos diecisiete años allí, cuál es la situación actual y qué futuras ideas tendríamos que aplicar. Tenemos una infinidad de propuestas de un montón de gente, pero quiero escuchar las vuestras, de los que han estado ahí».

Tras la comida, Trump le resumió a Bannon las opiniones de los soldados: «Unánime. Tenemos que descubrir cómo coño salir de allí. Están totalmente corruptos. No vale la pena luchar por esa gente… La OTAN no está haciendo nada, solo molestan. No dejes que nadie te diga lo formidable que es. Es una sandez».

A la mañana siguiente (el 19 de julio), a las diez, el Consejo de Seguridad Nacional se reunió en la Sala de Crisis, para informar a Trump de cómo se procedería en Afganistán y Pakistán.

Al principio de la reunión, McMaster se pasó todo el tiempo señalando cuáles eran los problemas y apuntando las cuestiones que debían tratar. Trump parecía aburrido y abstraído. Tras los primeros cinco minutos, le interrumpió.

—He estado escuchando sobre este sinsentido de Afganistán durante diecisiete años, sin resultados —anunció antes de que McMaster pudiera acabar su discurso.

Todo lo que tenían era un puñado de inconsistencias, de estrategias a corto plazo. El viejo modelo tenía que cambiar.

Sacó el tema de su reunión del día anterior con los soldados.

—La mejor información que me ha llegado ha sido de soldados regulares, no de los generales —prosiguió—. Vosotros no me importáis —les espetó a Mattis, a Dunford y a McMaster—. Afganistán es una gran tumba. Un completo desastre. Nuestros aliados no nos están apoyando. Los soldados fantasma, a los que pagamos pero que no actúan, nos están sangrando. La OTAN está obsoleta, es un despilfarro —añadió. Los soldados le habían dicho que el personal de la OTAN era completamente inoperante—. Pakistán tampoco nos apoya. No son nuestros aliados.

161

Pese a que Estados Unidos entregó mil trescientos millones de dólares un año. Aseguró que se negaba a ayudarles más.

Insistió que los líderes afganos eran unos corruptos y que se estaban aprovechando de Estados Unidos. Los campos de amapolas, casi todos en territorio talibán, estaban fuera de control.

—Los soldados con los que me reuní podrían llevar las cosas mucho mejor que vosotros —les espetó a sus generales y asesores—. Harían un trabajo mucho mejor. No sé qué coño estamos haciendo.

Fueron veinticinco minutos de reprimenda.

—Escucha, no puedes pensar en Afganistán como un caso aislado —le acabó explicando Tillerson—. Tienes que tener en cuenta toda la región. Nunca antes se había tomado un enfoque multilateral de Afganistán y el resto de la zona.

—¿A costa de cuántas vidas? —inquirió Trump—. ¿Cuántos tullidos? ¿Hasta cuándo estaremos allí? Su discurso antibélico, que parecía sacado de una canción de Bob Dylan, reflejaba los deseos y la visión política de aquellas familias mayoritarias en las fuerzas armadas.

—La salida más rápida es la derrota —declaró Mattis.

Trump vaciló:

—El primer ministro de India, Modi, es amigo mío —dijo—. Me cae muy bien. Me dijo que Estados Unidos no había sacado nada de provecho de Afganistán. Nada. Afganistán es una tierra rica en minerales. Nosotros no nos los estamos llevando sin más, como los chinos.

Estados Unidos necesitaba obtener parte de los valiosos minerales afganos a cambio de su apoyo. «No haré ningún trato hasta que obtengamos más minerales.» Y Estados Unidos «debe dejar de enviar dinero a Pakistán hasta que coopere».

Mattis describió su estrategia y objetivos para evitar una proliferación nuclear:

—Necesitamos una táctica que sirva como puente hasta que les demos suficiente poder a los afganos —declaró.

—¿Y por qué no contratamos a mercenarios para que hagan el trabajo por nosotros? —sugirió Trump.

—Porque tenemos que averiguar si tenemos el apoyo absoluto del comandante en jefe —respondió Mattis—. No podemos seguir luchando a medio gas.

Para que el ejército funcionara, Mattis necesitaba que Trump mostrara un apoyo incondicional a esa estrategia.

—Estoy cansado de escuchar que tenemos que hacer esto o lo otro para proteger nuestro país o por la seguridad nacional —contestó Trump.

El informe oficial del Consejo de Seguridad Nacional se limitaba a decir que Trump «respaldaba» el uso de «un conjunto de herramientas» para forzar a Pakistán a abandonar su apoyo encubierto a los talibanes. Contradiciendo las palabras del presidente, el documento afirmaba que Estados Unidos seguiría tratando con Pakistán, donde había disparidad de intereses; también continuaría la asistencia civil a los paquistaníes, mientras que el apoyo militar se ajustaría para lograr mejores condiciones. Metafóricamente y en la práctica, se trataba de una nueva estrategia en la que se pondrían más serios.

Más tarde, ese mismo día, todos los que habían asistido a la reunión se apiñaron en la oficina de Priebus para discutir la estrategia de Afganistán y Asia del Sur.

McMaster delimitó su planteamiento para demostrar que había escuchado al presidente y trataba de aplicar sus opiniones, dentro de lo posible, en un nuevo enfoque. Trató de mantenerse positivo. Pero estaba claro que tanto él como Mattis y Tillerson seguían estando en contra.

Esa misma noche, Priebus celebró una cena para discutir de nuevo qué estrategia tomar. Bannon parecía llevar la batuta. Priebus, Bannon y Stephen Miller (un joven escritor de discursos y asesor político de la línea dura, que había sido director de Comunicación para Jeff Sessions) se quejaron de la dirección que estaba siguiendo el Consejo de Seguridad Nacional. Parecía que McMaster no tenía intención de implementar el punto de vista del presidente, sino que estaba intentando convencer a Trump del suyo. Bannon quería reemplazar a McMaster por Kellogg, el jefe de seguridad del Consejo de Seguridad Nacional, cuya visión del mundo se acercaba más a la suya y a la del presidente.

163

Graham le había asegurado a Trump que Ashraf Ghani, presidente de Afganistán, les permitiría tener tantas fuerzas antiterroristas como quisieran y todas las bases de la CIA que necesitaran. Era la mejor forma de recabar información y la plataforma perfecta para intervenir en atentados terroristas internacionales.

—Aceptarán 100.000 soldados —le dijo Graham, exagerando—. Deberías estar dando saltos de alegría de que haya alguien en Afganistán que nos esté ayudando a evitar otro 11-S.

—Dejémonos de tanta reconstrucción nacional —ordenó Trump.

—No vamos a ir hasta allí tratando de venderles las ideas democráticas de Jefferson —concordó Graham.

Su mayor preocupación era el incremento de la eterna tensión entre Pakistán y la India.

—Pakistán está invirtiendo mucho dinero en el desarrollo de armas nucleares. Está fuera de control.

Hacía poco que Graham había visitado Afganistán y había vuelto desalentado.

—Si hablamos de diplomacia en Afganistán, no hay nada que hacer.

En ese momento no había ningún representante estadounidense, papel ocupado por Richard Holbrooke al principio de la Administración Obama.

—Ni siquiera tenemos un embajador.

Según él, en todo Asia del Sur solo había un tipo trabajando para el Departamento de Estado.

—Fracasaríamos en el ámbito político —declaró.

Un acuerdo de paz con los talibanes era la única salida.

—Los paquistaníes seguirán jugando a dos bandas hasta que se derrote a los talibanes.

A Trump se le había ocurrido una solución. ¿Querría Graham ser el embajador en Pakistán?

—No, no quiero —le dijo Graham.

No volverían a hablar del tema.

En la Casa Blanca, Trump no dejaba de repetir una frase que escuchó en las reuniones: «La única forma de ganar era empezar una insurgencia en contra de los rebeldes talibanes».

A Trump le encantó la idea de una operación con insurgentes, una campaña en la que el *establishment* sabía que nadie ganaría. El presidente la explicaba de forma muy sencilla: «Tipos salidos de los ochenta contra rusos a caballo». Era perfecto.

Bannon añadió leña al asunto criticando lo débil que era el Ejército afgano.

—Hemos invertido miles de millones de dólares en los mejores hombres —dijo Bannon—, todo para convertirlos en un puñado de incompetentes.

A Trump le pareció una idea genial. Bannon había presionado todo lo posible. Estaban tratando de hacer política a base de un recital de clichés de una frase.

Graham tenía una última advertencia para Trump.

—Mejor que los saques de allí. ¿8.600 [soldados]? No van a ser suficientes. Tendrás que afrontar las consecuencias —remarcó, refiriéndose a la cantidad actual de soldados en Afganistán—. ¿Sabes a qué me refiero? Afganistán se convertirá en un Irak con esteroides. Allí hay más terroristas internacionales de los que jamás hubo en Irak. El deterioro será rápido y el alcance del terrorismo proveniente de Afganistán crecerá de manera exponencial. El próximo 11-S vendrá del mismo sitio que el primero. Y tú serás el responsable. El dilema es: ¿seguirás el mismo camino que Obama? ¿Acabar con la guerra y ponernos a todos en peligro? ¿O tratarás de garantizar la seguridad del país reconstruyendo Afganistán?

—*T*iene que ser una broma —le había dicho Priebus al secretario de Estado Tillerson en una llamada telefónica a principios de marzo. El controvertido pacto sobre Irán negociado por Obama tenía que revisarse cada noventa días. Tillerson dijo que ahora tenían dos días para renovarlo o rechazarlo. En febrero, Trump había dicho que era «uno de los peores pactos que he visto jamás». Como candidato en 2016, había afirmado: «Mi prioridad número uno es desmantelar el desastroso pacto con Irán».

Tillerson quería renovarlo como un asunto tanto de practicidad como de principios. Era fundamental el hecho de que Irán estaba conforme con el pacto tal como Obama lo había negociado. Había ideado un nuevo comunicado para la renovación.

—El presidente no va a aceptarlo —observó Priebus—. Tienes que hacer un comunicado mejor. Algo suave y prosaico no servirá. Necesitamos un lenguaje que vaya a defender la posición del presidente Trump. No le va a gustar. Y, además, si lee esto, va a explotar de verdad.

Cuando Priebus informó a Trump sobre la propuesta de Tillerson, el presidente respondió:

—¡No vais a obligarme a tragarme esto!

Priebus trató de actuar diplomáticamente entre el presidente y el secretario de Estado.

—No han violado el pacto —aseguró Tillerson. Tanto la comunidad de inteligencia como los aliados que eran signatarios del pacto estaban de acuerdo en ello.

—Esos argumentos no van a servir con el presidente —dijo Priebus, pero Tillerson se mantuvo firme—. Entonces, tenemos un problema. —Creía que tenía que recordarle algo a Tillerson—. El presidente es quien decide aquí. —Se puso a cubierto—. No estoy tratando de echarte la bronca.

Tillerson fue a ver al presidente.

—Este es uno de mis principios básicos —dijo Trump—. No estoy a favor de este pacto. Es el peor pacto que hemos hecho nunca y aquí estamos, renovándolo. —Como solo tenía una validez de noventa días, seguiría adelante—. Esta es la última vez. No vuelvas a mí para tratar de renovarlo de nuevo. No habrá más renovaciones. Es un pacto de mierda.

Mattis encontró una forma diplomática y más tranquila de estar de acuerdo con Tillerson.

—Bueno, señor presidente —dijo—. Creo que probablemente sea un cumplimiento técnico.

Priebus lo observó con admiración. Mattis no era dócil, y claramente sabía cómo manejar a Trump.

Tillerson tenía que enviar una carta al presidente de la Cámara de Representantes Paul Ryan antes del 18 de abril. A Trump no le gustó el primer borrador. Ordenó que la breve carta incluyera que Irán era un «Estado líder en la financiación del terrorismo», y que el Consejo de Seguridad Nacional analizaría si continuar con la suspensión de las sanciones económicas que eran parte del pacto.

Cuando se publicó la carta, los comentaristas de televisión atacaron a Trump. Esto le enfadó todavía más. Ordenó a Tillerson que organizara una rueda de prensa para denunciar tanto el pacto, que acababa de ser renovado, como a Irán. Era muy fuera de lo común lanzar un ataque a pocas horas de renovar un acuerdo diplomático fundamental.

En una presentación de cinco minutos, Tillerson leyó una lista preparada de todas las quejas sobre Irán: pruebas de misiles balísticos, el «Estado líder en la financiación del terrorismo», amenazas a Israel, violaciones de los derechos humanos, ciberataques, detenciones arbitrarias de extranjeros, incluidos ciudadanos estadounidenses, acoso a naves de la Marina de Estados Unidos., encarcelamiento o ejecución de oponentes políticos y «alcanzar el atroz punto bajo de ejecutar a jóvenes», así como el apoyo al «brutal régimen de Asad en Siria».

El pacto con Irán, según Tillerson, «no consigue lograr el objetivo de una Irán no nuclear. Tan solo retrasa el propósito de convertirse en un Estado nuclear».

Obama había definido el pacto como un «acuerdo no vinculante», y no como un tratado que requeriría la ratificación del Senado.

—Tal vez —le dijo Priebus a Trump— podríamos declarar que hay que enviar este documento al Senado para su aprobación. Quitárnoslo de encima. Dárselo al Senado y decir que, si lo aprueban con dos tercios, lo declaren un tratado.

Trump parecía tentado, pero pronto comprendió que estaría cediendo su autoridad al enviarlo al Senado. Entonces, aceptó que, por el momento, tenían que aguantarse con él. Solo por el momento.

168

Priebus, Tillerson y McMaster se aseguraron de estar «*calendaring*»,* como decían en la Casa Blanca, cuando llegara la siguiente renovación de noventa días.

—Han violado el pacto —dijo Trump en una reunión antes de la fecha límite del 17 de abril—, y tenéis que averiguar cómo va a ser el argumento para declarar eso.

Un día, Tillerson acudió al comedor junto al Despacho Oval para ver a Trump y a Priebus, y explicarle otra vez al presidente que no había ninguna violación.

—Lo han violado —insistió Trump—, y deberías presentar el argumento de que el acuerdo está finiquitado. —Sugirió que podrían considerar reabrir los términos del pacto—. Aunque tal vez estaríamos dispuestos a renegociar.

—Señor presidente —dijo Tillerson, exasperado—, tienes la autoridad. Eres el presidente. Tan solo dime lo que quieres que haga. Tú mandas. Haré lo que digas.

* «En el calendario», con tiempo y preparación suficientes para ocuparse de ese asunto.

Estaba peligrosamente cerca de violar los protocolos de interacción con un presidente.

El director de la CIA Pompeo no estaba en desacuerdo con los argumentos de Tillerson sobre Irán y la realidad del pacto iraní, pero, al igual que Mattis, lo trató con más delicadeza cuando habló con el presidente.

—Bueno, señor presidente, así es como yo pienso que funciona técnicamente.

Mattis todavía veía a Irán como la influencia desestabilizadora clave de la región. En privado podía ser bastante rígido, pero se había suavizado. Podían echarlos atrás, joderlos, sembrar la discordia entre rusos e iraníes, pero nada de guerras.

Rusia había advertido en privado a Mattis de que, si hubiera una guerra en el Báltico, no dudarían en usar armas nucleares tácticas contra la OTAN. Mattis, con el beneplácito de Dunford, comenzó a plantear que Rusia era una amenaza para la existencia de Estados Unidos.

Mattis había forjado una relación cercana con Tillerson. Intentaban comer juntos la mayoría de las semanas. La casa de Mattis estaba cerca del Departamento de Estado, y varias veces Mattis le decía a su personal: «Voy a pasarme a saludarle».

McMaster consideraba a Mattis y a Tillerson «un equipo de dos», y se encontró fuera de su órbita, que era exactamente lo que ellos querían.

169

Para complicar las cosas, Tillerson estaba discutiendo con la Casa Blanca por el personal para el Departamento de Estado. Priebus convocó una reunión con Tillerson y media docena de empleados de la Casa Blanca en el patio, al otro lado del despacho del jefe de personal. En un momento, Tillerson se había opuesto por completo a la persona sugerida por la Casa Blanca para un puesto de alto rango y había contratado a su propio candidato.

Johnny DeStefano, director de personal de la Casa Blanca, se opuso. Tillerson estalló:

—Nadie va a decirme a quién contratar y a quién no contratar. Cuando me dieron este trabajo me dijeron que podía contratar a mi gente.

—Puedes contratar a tu gente —intervino Priebus—, pero el problema que tenemos aquí es que lo haces muy despacio. Primero, estamos empantanados por no tener personal donde tiene que haberlo. Segundo, nos hace quedar como imbéciles. Tienes que contratar a esa gente antes de que acabe julio, o voy a tener que empezar a escoger personas.

Tillerson pronto se enzarzó en otra discusión, esta vez en el Despacho Oval y frente al presidente. Menospreció al consejero de política Stephen Miller, uno de los favoritos de Trump, acusándolo de no saber de lo que estaba hablando.

—¿Qué has dirigido tú? —le peguntó a Miller con condescendencia.

El secretario de Prensa de la Casa Blanca Sean Spicer, que era comandante en la reserva de la Marina, trató varias veces de persuadir a Mattis para que apareciera en programas dominicales en nombre de la Administración. La respuesta siempre era que no.

—Sean —dijo al fin Mattis—, me he ganado la vida matando gente. Si vuelves a llamarme, te voy a mandar a tomar por culo a Afganistán. ¿Queda claro?

—No voy a volver a firmar una de estas renovaciones del acuerdo —dijo Trump—. No puedo creer que la esté firmando. Ni de broma vas a hacerme firmar una más.

McMaster firmó después y sacó una meticulosa estrategia para Irán de veintisiete páginas y dos partes. La primera era un ataque, que en realidad consistía en una campaña de subversión para influenciar a la población de Irán. La segunda era una confrontación por sus acciones malignas.

17

*D*urante la campaña, Trump había atacado los acuerdos comerciales de Estados Unidos con casi tanta dureza como había atacado a Hillary Clinton. Desde su punto de vista, los actuales acuerdos comerciales de Estados Unidos daban lugar a un tránsito de productos extranjeros mucho más baratos que los nacionales y esto estaba dejando sin trabajo a los estadounidenses.

En junio de 2016 durante un mitin en una chatarrería en Pensilvania, dijo que las pérdidas de empleo en el sector industrial eran culpa de «un desastre por parte de los políticos» y «una consecuencia de que la clase líder venere el globalismo en vez del patriotismo». El resultado ha sido que «nuestros políticos les han arrebatado a los ciudadanos la manera de ganarse la vida y dar sustento a sus familias, desplazando nuestros puestos de trabajo, nuestro dinero y nuestras fábricas a México y otros países extranjeros». Criticó a Clinton «y a sus amigos de las finanzas mundiales, que quieren asustar a Estados Unidos haciéndonos pensar que somos pequeños».

Casi ningún economista estaba de acuerdo con Trump, pero encontró a uno que odiaba el libre comercio tanto como él. Le dio un puesto en la Casa Blanca como director de Comercio y Política Industrial y como director del Consejo Nacional de Comercio. Peter Navarro tenía sesenta y siete años y era licenciado en economía.

—Este es el punto de vista del presidente —aseguró Navarro públicamente—. Mi función como economista es la de intentar confirmar con datos y hechos lo que nuestro presidente ya intuye. Y su intuición nunca falla en este tipo de temas.

Gary Cohn estaba convencido de que la balanza comercial no tenía mayor importancia y que incluso podría ser bueno para los estadounidenses comprar bienes a mejor precio. Desde México, Canadá y China llegaban productos con precios muy competitivos. Los ciudadanos gastaban menos dinero comprando esos productos importados y así tenían más dinero para gastar en otras mercancías, servicios o podían ahorrarlo. Así es como funcionan los mercados globales.

Cohn y Navarro no estaban de acuerdo. En una reunión con Trump y Navarro en el Despacho Oval, Cohn dijo que el 99,9999 por ciento de los economistas del mundo estaban de acuerdo con él. Y era cierto. Navarro estaba prácticamente solo.

Navarro se encaró con Cohn y lo llamó el «idiota del grupo de poder de Wall Street».

El principal argumento de Navarro era que el déficit comercial de Estados Unidos era consecuencia de los altos impuestos que imponían países como China, de la manipulación del dinero, del robo de la propiedad intelectual, de la explotación laboral y de las negligencias del control ambiental en el trabajo.

El Tratado de Libre Comercio de América del Norte [NAFTA, por sus siglas en inglés] había dejado sin sustento al sector industrial estadounidense, tal y como Trump predijo, según Navarro. México se había convertido en el centro neurálgico de la industria y estaba dejando sin empleo a los ciudadanos estadounidenses. Estaban echando a los obreros de las siderurgias, y el precio del acero estaba bajando. Trump tenía que subir los impuestos del acero importado.

Trump dijo que estaba de acuerdo.

—Si os callaseis la puta boca y escuchaseis, podríais aprender algo —les recomendó Cohn a Trump y a Navarro.

Para Cohn, Goldman Sachs siempre se había basado en investigación y hechos. Cada vez que ibas a una reunión con él, tenías que haber investigado y tenías que tener más datos verídicos y fundamentados que nadie.

—El problema es que Peter llega y suelta todas esas cosas sin tener hechos con los que respaldarse. Yo sí tengo hechos —aseguró Cohn.

Le había mandado a Trump un informe exhaustivo sobre la tercerización. Sabía que Trump no se lo habría leído y que, probablemente, no se lo iba a leer. A Trump no le gustaba hacer los deberes.

—Señor presidente —dijo Cohn intentando resumir—. Tienes un punto de vista similar al de Norman Rockwell. La economía de hoy día no es la misma que antes. En la actualidad, más del 80 por ciento de nuestro PIB está en el sector servicios.

Cohn sabía que era alrededor de un 84 por ciento, pero no quería que le llamasen la atención por redondear cifras a la alza. Se aseguró redondeando a la baja, como harían en Goldman.

—Piénsalo, presidente, piensa cómo es andar por una calle de Manhattan hoy en día comparado con cómo era hace veinte o treinta años.

Escogió una intersección que se le vino a la mente. Veinte años antes, las cuatro esquinas estaban ocupadas por un GAP, un Banana Republic, un J. P. Morgan y un comercio local.

173

—Banana Republic y GAP ya no están allí. Tampoco está el comercio local. J. P. Morgan todavía está allí. Ahora hay un Starbucks, un salón de belleza y J. P. Morgan. Todo son negocios del sector servicios. Así que cuando camines hoy por Madison Avenue, cuando vayas por la Tercera Avenida o por la Segunda, verás centros de lavandería, restaurantes, Starbucks y salones de belleza. Ya no están ahí las ferreterías de toda la vida. No están esas tiendas de ropa de toda la vida. Piensa en a quién le estás alquilando el espacio de la Torre Trump.

—Es cierto que uno de mis mayores arrendatarios es el banco chino más importante —dijo Trump.

—¿Quién es tu minorista de mayor peso en la Torre Trump?

—Starbucks —reconoció Trump—. Y un par de restaurantes en la parte baja.

—Exacto —dijo Cohn—. Tus minoristas pertenecen al sector servicios. No es gente que vende zapatos, electrodomésticos o bienes duraderos. Así es Estados Unidos en la actualidad. Así que si más del 80 por ciento se dedica al sector servicios, si gastamos menos dinero en productos, tendremos más disponibilidad de dinero para gastar en servicios o hacer ese milagro al que llaman ahorrar.

Cohn se dio cuenta de que para que lo escuchasen casi tenía que gritar.

—Mira, la única vez que bajó la balanza comercial fue en los tiempos de crisis de 2008. Baja porque la economía está contraída. Bajar la balanza comercial está al alcance de la mano. Podemos mejorar la economía.

Por otro lado, Cohn afirmaba que si lo hacían a su manera, sin impuestos, sin cuotas, sin proteccionismo y sin batallas comerciales, la balanza comercial mejoraría.

Y cuando la balanza comercial creció cada mes, Cohn fue a hablar con Trump, que cada vez estaba más alterado.

—Señor, te dije que esto iba a pasar —dijo Cohn—. Es una buena señal. No es nada malo.

—He ido a algunas zonas de Pensilvania —observó el presidente—. He ido a ciudades que se dedicaban a la siderurgia y ahora están desoladas. Todos se han quedado sin trabajo.

—Puede que eso sea cierto, señor —dijo Cohn—. Pero recuerda que hace cien años había ciudades que hacían carruajes y fustas para los caballos. Nadie tenía trabajo entonces tampoco. Tuvieron que reinventarse. Hay estados, como el de Colorado, que tienen una tasa de desempleo del 2,6 porque han sabido reinventarse.

A Trump no le gustaban los argumentos que escuchaba.

—No tiene nada que ver con eso —advirtió Trump.

Cohn hizo pasar a Lawrence B. Lindsey, un economista de Harvard que había ocupado el puesto de Cohn durante el mandato del presidente George Bush. Lindsey preguntó abiertamente por qué estaban perdiendo el tiempo pensando en la balanza comercial cuando deberían estar pensando en la economía como conjunto. Dijo que si podían comprar productos más baratos en el extranjero, y así sobresalir en otras áreas como el sector servicios y productos de alta tecnología, deberían centrarse en eso. El marketing internacional reporta beneficios inmensos a Estados Unidos.

—¿Por qué no fabricamos cosas en casa? —preguntó Cohn—. Somos un país industrializado.

Claro que Estados Unidos fabricaba productos, pero la realidad no cuadraba con la visión que Trump tenía en mente. El presidente se aferraba a una visión anticuada de Estados Unidos donde aún había locomotoras, fábricas con chimeneas enormes y trabajadores ocupados en cadenas de montaje.

Cohn había reunido todos los datos económicos posibles para demostrar que los obreros estadounidenses no aspiraban a trabajar en fábricas de montaje.

Cada mes Cohn le llevaba a Trump los últimos JOLTS (*Job Openings and Labor Turnover Survey*), es decir, los informes de ofertas de trabajo y rotación laboral que llevaba a cabo la Oficina de Estadísticas Laborales. Se daba cuenta de que estaba haciendo un poco el capullo al restregárselo, porque ningún mes cambiaban, pero no le importaba.

—Presidente, ¿puedo mostrarte una cosa? —Cohn pasaba las páginas de los informes delante del presidente—. Mira, las personas que más abandonan de forma voluntaria sus trabajos son las de las fábricas.

175

—No lo entiendo —dijo Trump.

Cohn se lo intentó explicar:

—Puedo sentarme en una buena oficina con aire acondicionado y un escritorio o puedo estar de pie ocho horas todos los días. ¿Cuál escogerías si te pagasen el mismo sueldo? La gente no quiere estar en un horno a mil grados. No quiere bajar a las minas de carbón y contraer la enfermedad del pulmón negro. Por el mismo sueldo o uno similar, cualquiera escogería otro tipo de trabajo.

Pero Trump no lo entendía.

—¿Por qué piensas de esa manera? —le preguntó en numerosas ocasiones al presidente.

—Es mi manera de pensar —contestaba Trump—. Llevo pensando así desde hace treinta años.

—Eso no quiere decir que tengas razón —dijo Cohn—. Yo pensé durante quince años que podía ser jugador de fútbol profesional. No quiere decir que estuviese en lo cierto.

☐

Priebus había contratado a Rob Porter como secretario de personal. Llegó a su puesto con excelentes recomendaciones de antiguos secretarios de personal de presidentes republicanos. Priebus casi le pidió a Porter que firmase con sangre un contrato de lealtad hacia él.

«Está muy bien que hayas ido a Harvard o a Oxford, eres inteligente y todos te ponen por las nubes. Pero lo que de verdad me importa es que me seas leal.»

Porter había coincidido en Harvard con Jared Kushner, que asistía a una clase impartida por el padre de Porter, Roger Porter, que había sido secretario de personal del presidente Ford, del primer presidente Bush y de Reagan.

Jared y Porter estuvieron juntos unas dos horas durante la transición. La primera hora parecía un examen de lealtad.

—Trump tiene un instinto infalible y es un genio de la política, pero nos va a costar acostumbrarnos a él —explicaba Kushner—. Vamos a tener que aprender a manejarlo. Tenemos que comprenderlo.

Aunque durante la campaña de 2016 no apoyó a Trump, Porter había aceptado el trabajo. Para el día de la investidura todavía no se habían conocido en persona. Durante el discurso, Porter se sentó detrás del podio y se retorció cuando Trump habló de la «carnicería americana». Se fue antes de que acabase el discurso para empezar con su trabajo y conocer al nuevo presidente.

—Soy Rob Porter, señor presidente. Su secretario de personal.

Estaba claro que Trump no tenía ni idea de quién era Porter. Jared le dijo a Trump que Porter le iba a dar orden y estructura a su vida.

Trump les miró con cara de no comprender nada. No estaba dispuesto a permitirlo. Nadie iba a hacer nada de eso. El presidente se fue sin decir nada a buscar una pantalla de televisión.

El primer documento oficial que tenía que firmar Trump era una exención del general de la Marina jubilado James Mattis para que se convirtiese en secretario de Defensa. Mattis se había retirado del Ejército antes de los siete años obligatorios necesarios para que se le permitiese ser secretario de Defensa.

Otro asunto era el de retirar a Estados Unidos del Acuerdo Transpacífico de Cooperación Económica [TPP, por sus siglas en inglés], un acuerdo de libre comercio regional, que se negoció durante la presidencia de Obama, que rebajó los impuestos y proporcionaba un foro para resolver las disputas de la propiedad intelectual y los derechos laborales entre Estados Unidos y otros once países. Entre ellos estaban Japón, Canadá y varios países del sudeste de Asia.

Durante la transición, muchas personas le habían dicho a Trump que no tenía que hacerlo todo en un día. Que las cosas eran más complicadas. Debían tomarse su tiempo para comentar las posibilidades.

—De ninguna de las maneras —dijo Trump—. Ya hablé de ello en la campaña. No nos vamos a rajar ahora. Lo vamos a firmar. Traédmelo.

Firmó los papeles de la retirada oficial el 23 de enero, su primer día laboral completo como presidente.

«La agenda de comercio de Trump sigue restringida por las fuerzas políticas del Ala Oeste.» Peter Navarro, el asesor de la Casa Blanca y director del Consejo Nacional de Comercio, escribía esto en un informe confidencial de dos páginas al presidente y al jefe de personal Priebus el 27 de marzo de 2017.

Navarro, que coincidía con Trump en que la balanza de comercio era de suma importancia, estaba furioso. Había sido incapaz de ganar terreno en los dos primeros meses de presidencia de Trump. «Es imposible llevar a cabo medidas de comercio en un tiempo tan limitado.»

Atacó a Rob Porter, el secretario de personal: «Cualquier acción ejecutiva relacionada con el comercio que se proponga y que pase por el secretario de personal será susceptible de ser pospuesta, disuelta o truncada».

Cohn «ha amasado un gran poder en el Ala Oeste y sus dos

177

mejores ayudantes de comercio son agentes políticos especializados que se oponen a la agenda de comercio de Trump. Lo que no se ha dicho en la prensa es que Mnuchin, el secretario del Tesoro, forma parte del "ala de Wall Street" de Cohn, que ha bloqueado o aplazado todas las acciones que se han propuesto relacionadas con el comercio».

Navarro nombró a aquellos que luchaban «contra el viento de Cohn»: Bannon, Stephen Miller, el secretario de Comercio Wilbur Ross y él mismo.

—Presidente, ¿eres consciente de que, debido a la presión de la facción de Cohn, bajé de un día para otro de consejero a diputado, que no me han proporcionado personal de comercio, que casi me paso tres semanas sin oficina y que no tengo acceso directo al Despacho Oval?

Usó una analogía que Trump entendiese y le dijo:

—En la terminología del golf, me han dado un hierro cinco y un *putter* y quieren que haga un hoyo en uno con el comercio; es misión imposible.

Propuso que tanto el Consejo Nacional de Comercio como él recibiesen más poder, más personal y mayor acceso. Incluyó algunos artículos que criticaban a Cohn y que denunciaban su aumento de poder.

Navarro le dio la circular a Porter para que se la pasase a Priebus y a Trump. Porter trataba de presentarse como un agente honesto, pero daba clases de economía en Oxford y estaba convencido de que la visión de Navarro estaba anticuada y no tenía donde sustentarse. Según Porter, Navarro era miembro de la Sociedad de la Tierra Plana en lo que se refería al balance de comercio, al igual que el propio presidente.

Porter y Cohn habían formado una alianza. El secretario de personal era, sin lugar a dudas, miembro del «ala de Wall Street».

Al mismo tiempo, Porter comprendió que Navarro representaba claramente los valores del presidente en cuanto a comercio. Si le pasaba la circular, las dificultades con la política de comercio podrían intensificarse y acabar en una batalla.

Porter le enseñó la circular a Priebus.

—Me parece una idea malísima —dijo Porter—. No se la voy a entregar. La voy a dejar en mi escritorio, con mis archivos. Esto no va a ninguna parte.

A Priebus no le parecía mal.

Porter habló de nuevo sobre comercio con Priebus:

—Tenemos que hacer algo al respecto —dijo—. Esto va a ser un desastre. La facción Cohn-Mnuchin contra la facción Navarro-Ross. Aquí cada uno vela por lo suyo. Nadie mira por los demás.

—Bueno —dijo Priebus—. ¿Qué crees que deberíamos hacer?

—Alguien tiene que ser el coordinador de comercio.

—¿Quién debería encargarse? —preguntó Priebus.

—Deberían encargarse el Consejo Económico Nacional y Gary Cohn —aseguró Porter—. El trabajo consiste en reunir todos los puntos de vista, toda la información, integrarlos si es posible, presentarle las opciones al presidente, tomar una decisión y desarrollar un plan de implementación.

Priebus conocía la teoría.

179

—Gary Cohn no puede hacerlo —dijo Porter—, porque apoya el globalismo. Peter Navarro y Wilbur Ross no le dejarían ser un agente honesto, no respetarían la decisión. De todas formas, no quiere el puesto.

—Bueno —dijo Priebus, adoptando el hábito de Trump de escoger a la persona de la habitación que estuviese más a mano—. ¿Por qué no te encargas tú?

Así que Porter, el secretario de personal de treinta y nueve años sin experiencia previa en el campo ejecutivo, se convirtió en el coordinador de política comercial y se hizo cargo de uno de los pilares más fuertes y de las mayores promesas de la presidencia de Trump.

Porter comenzó a presidir reuniones de comercio todos los martes a las 9:30 de la mañana en la Sala Roosevelt. Invitó a todas los partes interesadas. Priebus le dio el visto bueno, pero no hizo nada público. Surgió de manera natural. Cada vez se presentaban más secretarios del gabinete y más secretarios del personal veteranos.

Trump, pasado un tiempo, descubrió lo de las reuniones de los martes porque hablaba mucho de comercio con Porter. Este había formado un vínculo estrecho con Trump y había pasado suficiente tiempo con él como para que el resto pensase que el mismo presidente había sido el que lo había autorizado a presidir la coordinación de comercio.

Mientras tanto, Robert Lighthizer, un abogado de Washington y exdiputado de la oficina de comercio de Reagan, fue proclamado oficialmente representante de comercio de Estados Unidos el 11 de mayo. Era quien debía estar a cargo de los asuntos comerciales.

El 17 de julio, Lighthizer y Navarro llevaron un cartel al Despacho Oval que querían enseñarle a Trump. En él se veían flechas, textos y un título: «Programa de la Agenda de Comercio». Mostraba la visión de una agenda de comercio proteccionista con quince fechas programadas para comenzar las renegociaciones o para pasar a la acción con el Tratado de Libre Comercio con Corea del Sur (Korus), el Tratado de Libre Comercio con América del Norte (NAFTA), y comenzar las investigaciones y las acciones referentes al aluminio, el acero y los componentes automovilísticos. Se proponía que se impusiesen impuestos para el acero en menos de dos meses, después del Día Internacional del Trabajador.

Navarro y Lighthizer comenzaron con la presentación. A Trump parecía interesarle la idea.

Porter llegó varios minutos tarde y pronto empezó a poner objeciones contundentes y a llamarles la atención a Lighthizer y a Navarro por jugar sucio. Desde el 22 de marzo, tras establecer las reglas en una circular de tres páginas, Priebus había establecido que se requería de cierto papeleo previo antes de tener reuniones con el presidente y tomar decisiones. En la circular se leía en negrita: **«Las decisiones no son definitivas, por tanto no se implementarán hasta que el secretario de personal lleve a cabo un escrutinio firmado por el presidente».**

Sabiendo cómo funcionaba la Casa Blanca al mando de Trump, la circular también explicaba en negrita: **«Las decisiones que se tomen sobre la marcha serán estrictamente provisionales».**

Porter dijo que muchas de las acciones que se mostraban en el cartel requerían la autorización por parte del Congreso.

—Usted no tiene autoridad —le informó al presidente.

No hubo ningún intento de rebatir los argumentos.

—Peter y Bob tan solo representan un punto de vista —explicó Porter—. Tiene que tener en cuenta el punto de vista del Comercio (Wilbur Ross), el punto de vista del Tesoro (Mnuchin) y el punto de vista del Consejo Económico Nacional (Cohn). Primero, tenemos que aprobar las medidas.

De momento, y de forma temporal, los asuntos de comercio empezaron a ser analizados. Todo quedó estancado.

181

18

$\mathcal{A}$l llegar la primavera, Bannon se dio cuenta de que el constante desorden en la Casa Blanca no le estaba favoreciendo ni a él ni a nadie. «Tú estás al mando —le dijo Bannon a Priebus—. Te consultaré a ti las cosas. Ya no voy a ir por mi cuenta.» Tener un jefe de personal que no asume sus responsabilidades perturbaba demasiado, incluso a alguien como el solitario Steve Bannon, que era un perturbador por excelencia.

Era una gran concesión que Jared e Ivanka no iban a hacer. Se trataba de su propia forma de funcionamiento, según Priebus. No podía meterlos en un programa organizado. Esa situación estaba perjudicándoles a todos. Le estaba haciendo daño. Les estaba haciendo daño.

—¿No crees que deberían estar aquí? —preguntó Trump varias veces.

—No, no deberían estar aquí —contestó Priebus cada vez. Pero no pasó nada. Creía que de ninguna manera podía ir más lejos para intentar expulsar a la hija y al yerno de Trump del Ala Oeste. Nadie podía poner a la familia de patitas en la calle. Eso no iba a suceder.

El presidente llegó incluso a decir varias veces: «Jared e Ivanka son demócratas moderados de Nueva York». Era más una descripción que una queja.

Bannon estaba convencido de que Jared había filtrado hacía poco una historia al diario británico *Daily Mail* sobre que Trump se había enfadado con él y con Priebus y no les había dejado viajar en el Air Force One a Florida. No era verdad que los habían echado del avión. Ambos se habían negado a viajar ese día. «Me has tendido una trampa —le dijo a Kushner—. Destruiste a Reince en esta historia. Y sé que lo hiciste tú.»

Kushner lo negó con vehemencia y parecía haberse ofendido por la acusación. Por su parte, estaba convencido de que Bannon había filtrado una historia al *New York Times* sobre su reunión con el embajador ruso, en diciembre de 2016, lo que añadió leña a las acusaciones de que la campaña de Trump había sido un complot con Rusia.

Durante una reunión en la oficina de Priebus, Bannon e Ivanka tuvieron un altercado.

—¡No eres más que una empleada! —Bannon acabó por gritarle a Ivanka—. ¡Eres una simple empleada de mierda!

Tenía que pasar por el jefe de personal como todos los demás, le dijo. Tenía que haber cierto orden.

—Te paseas por aquí como si mandaras tú, ¡y tú no mandas! Eres una más del equipo.

—¡No soy una empleada! —le gritó Ivanka—. Nunca seré una empleada. Soy la primera hija del presidente —de verdad que usó ese título—, ¡y nunca voy a ser una empleada!

La distancia entre los dos se hizo mayor.

Bossie, subdirector de campaña de Trump, seguía en contacto con Bannon aunque no había recibido ningún cargo de la Casa Blanca. Este estaba llevando a cabo un ataque frontal contra Kushner en la Casa Blanca, y Bossie le dio algunos consejos.

—Steve —dijo Bossie—, uno de los dos es el padre de sus nietos y el otro no. Si te pones en la piel del presidente, ¿a quién crees que apoyarías?

Priebus tenía sus problemas con Bannon, pero este estaba cumpliendo con las reglas y era diez veces más unificador que Jared e Ivanka.

Priebus todavía tenía problemas para conseguir que Mc-Master congeniara con Trump. Cuando el asesor de Seguridad Nacional acudía al Despacho Oval para las reuniones que tenían programadas, el presidente solía decir: «¿Otra vez tú?

Pero si te acabo de ver». El estilo que tenía McMaster para dar información no congeniaba con Trump. Era completamente lo opuesto al presidente en casi todos los sentidos. McMaster era ordenado y disciplinado, le gustaba la jerarquía y el pensamiento lineal. Trump iba de la A a la G, de la L a la Z. O volvía a la D o a la S. McMaster era incapaz de ir de la A a la C sin pasar por la B.

Priebus descubrió que McMaster también era un poco impulsivo. El primer ministro de la India, Narendra Modi, que había sido cortejado asiduamente por Obama, iba a ir de visita a Estados Unidos en junio para ver a Trump. La India era la contrapartida de Pakistán, que estaba dando tantos problemas a la nueva Administración como los que había dado a las anteriores, encubriendo sin ton ni son el terrorismo. Modi quería ir a Camp David y cenar, relacionarse con Trump.

—No, eso no va a ser así —le dijo Priebus a McMaster—. Solo vamos a cenar aquí. Es lo que quiere el presidente.

184

—¿Qué me estás contando? —McMaster explotó—. Coño, que es la India. Es la India, joder.

Entendía la importancia estratégica de la India, un enemigo acérrimo de Pakistán. Era esencial mantener un compromiso y una buena relación.

El evento para Modi fue un cóctel de recepción «sin adornos». La cena de trabajo fue en la Casa Blanca.

Donald Trump, lleno de emoción, llamó a su secretario de Defensa James Mattis al Pentágono en la mañana del martes 4 de abril. Era el tercer mes de su presidencia. Estaban llegando fotos y vídeos sin parar a la Casa Blanca de un ataque con gas sarín contra los rebeldes sirios.

Fue un ataque brutal y espantoso, que acabó con docenas de personas. Entre los muertos había mujeres y niños… bebés, bebés monísimos. Se asfixiaban, les salía espuma por la boca… Y se veía a los padres afligidos por el dolor y la desesperación. Eran las acciones del dictador sirio Bachar el Assad sobre su propio pueblo.

—¡Matémoslo! —exclamó el presidente—. Entremos. Matémoslos a todos.

Los militares tenían la capacidad de lanzar un ataque aéreo encubierto en Siria.

Trump se comportaba como si le hubieran atacado a él personalmente. Siria había prometido no utilizar armas químicas, en una referencia aparente al acuerdo del presidente sirio Bachar el Assad de destruir todas sus armas químicas.

—Sí —dijo Mattis. Se iba a poner manos a la obra.

Colgó el teléfono.

—No vamos a hacer nada de eso —le dijo a un ayudante—. Vamos a ser mucho más comedidos.

Iban a plantear diferentes opciones, pequeñas, medianas y grandes, para llevar a cabo un ataque aéreo convencional, con los tres niveles estándar.

Mattis comprendió que a la Administración se le había presentado una rara oportunidad de oro para hacer algo sin hacer demasiado, pero sí más que Obama.

En 2012, Obama había anunciado que el uso de armas químicas por parte de Bachar el Assad sería una línea roja. Al año siguiente, este mató a 1.400 civiles con armas químicas. Obama hizo que los militares prepararan un plan de ataque, pero fue ambiguo. Quería evitar otro conflicto armado y meterse en un atolladero.

Fue Vladímir Putin, precisamente, quien acudió al rescate de Obama. El líder ruso negoció un acuerdo según el cual Bachar el Assad aceptaría destruir todas sus armas químicas. Siria retiró la asombrosa cantidad de 1.300 toneladas de armas químicas.

Obama disfrutó del éxito. En 2014 dijo: «Conseguimos un logro importante en nuestro esfuerzo continuo para contrarrestar la propagación de las armas de destrucción masiva al eliminar los arsenales de armas químicas declarados en Siria». El secretario de Estado John Kerry dio un paso más: «Retiramos el cien por cien de las armas químicas».

Los informes de inteligencia clasificados no daban la misma información. En 2016, Clapper, director del Servicio Nacional

185

de Inteligencia, aseguró públicamente: «Siria no ha declarado todos los elementos de su programa de armas químicas».

A medida que avanzaba la guerra civil siria, Obama quedó marcado por un fracaso estratégico. La guerra había dejado más de 400.000 muertos y millones de refugiados.

Después del ataque químico, McMaster y Derek Harvey, su director del Consejo de Seguridad Nacional para Oriente Medio, entraron en acción en la Casa Blanca para plantear opciones.

Bannon se enteró de lo que estaba pasando. Era impensable fallar. Cuando Trump ardía, todos en su órbita cercana podían sentir el calor. Bannon se enfrentó a Harvey en un pasillo del Ala Oeste.

—¿Qué coño estás haciendo? —le preguntó.

—Planteando opciones para el presidente —contestó Harvey—. Pidió opciones, y así es como funciona el proceso.

El proceso era precisamente lo que Bannon odiaba. Lo veía próximo a la acción militar, con dureza, con un impulso y un concepto propios: América como la policía del mundo. «Haz algo» se había convertido en el mantra; «soluciónalo». Ni siquiera habían respondido a la pregunta de Trump sobre por qué Estados Unidos tenía tanta presencia en Oriente Medio.

Bannon vio la mano de Ivanka moviendo los hilos. Sabía cómo manipular a su padre mejor que nadie. Ella le había mostrado en casa fotos de los bebés que estaban sufriendo o que habían muerto. El ataque con gas fue un verdadero horror, y Bannon lo entendía, pero una respuesta militar era exactamente lo que Trump no debía hacer.

Por el contrario, Derek Harvey estaba cansado de verse involucrado en la gestión de la política de seguridad nacional con resultados poco concluyentes. El estudio del caso de Siria era el tipo de documento lleno de palabras y medias tintas, casi diseñado para no solucionar el problema. Esta era una oportunidad de maximizar una respuesta militar.

La opción intermedia requería un ataque de unos 60 misiles Tomahawk en un aeródromo.

—Tenemos la oportunidad de hacer más —argumentó

Harvey a McMaster—, y hay que pensar en atacar múltiples aeródromos.

Podrían atacar y tener un impacto real.

—Les quitamos su poder aéreo porque eso es lo que multiplica las fuerzas del régimen. Estamos intentando llegar al final del partido y presionar más al régimen para que se comprometa políticamente.

Harvey dijo que deberían «eliminar su fuerza aérea, no el 15 o el 20 por ciento, eliminemos el 80 por ciento». Eso significaba usar 200 Tomahawk, más del triple de los 60 de la opción intermedia.

—Derek, lo sé —confesó McMaster—, pero tenemos que lidiar con la realidad de Mattis, que me está abroncando por la dirección que estamos tomando.

Mattis quería ser prudente. Cualquier acción era arriesgada. Los rusos estaban trabajando en los aeródromos sirios; si mataban a rusos, tendrían una situación completamente diferente, una confrontación o una catástrofe.

Se programó una reunión del Consejo de Seguridad Nacional (NSC) para valorar las opciones. Bannon hizo uso de sus privilegios y fue a ver directamente a Trump a solas al Despacho Oval. Le dijo al presidente que una manera de evitar guerras innecesarias y compromisos en el extranjero era no bombardear con misiles como proponían sus asesores.

—Entra y asegúrate de que se te oiga —dijo Trump.

En una declaración pública del 4 de abril, Trump atacó tanto a Bachar el Assad como a Obama: «Estas odiosas acciones del régimen de Bachar el Assad son consecuencia de la debilidad y la falta de resolución de la anterior Administración. El presidente Obama dijo en 2012 que establecería una "línea roja" contra el uso de armas químicas y luego no hizo nada».

En la reunión del NSC se presentaron las tres opciones: caliente, intermedia y fría. La opción de mayor envergadura contemplaba un ataque con 200 misiles contra todos los principales aeródromos sirios, la opción intermedia era de 60 misiles y la menor era casi nada o nada en absoluto.

La lista de objetivos potenciales era grande. En 2013, cuan-

187

do Obama amenazó con un ataque con misiles, aprobó una lista de objetivos que incluía una instalación del Gobierno que albergaba el programa de armas químicas. No estaba en la lista actual de objetivos porque Mattis y el Pentágono querían mantener el ataque lo más limitado posible.

Mattis lo había reducido a un único aeródromo con un ataque de 60 misiles. Un complejo de viviendas en el aeródromo también fue eliminado de la lista de objetivos debido a la probabilidad de que las familias estuvieran allí.

—Si esa es la pauta que seguir —argumentó Bannon—, iré a buscar algunas fotos del África subsahariana. ¿De acuerdo? Veamos lo que está pasando en Guatemala y Nicaragua. Si esa es la norma para un maldito ataque con misiles, vayamos a todas partes. Hagámoslo todo.

Pensaba que tenía al presidente de su lado.

—Vamos a volver a pinchar —continuó Bannon. Si iban a atacar, había que hacer algo dramático, añadió sarcásticamente—. Esto es muy clintoniano —resumió, utilizando el mayor insulto que podía utilizar—. Va a dejar caer un par de misiles de crucero en una pista que estará totalmente operativa en un día o dos.

Pero entonces los defensores de la opción intermedia se ganaron al presidente. Bannon pensó que era insidioso. Su argumento era que esto no estaba diseñado para iniciar una guerra. Realmente se trataba de una operación de mensajería, diseñada para evitarla.

El viernes, Trump voló a Mar-a-Lago (Florida) y por la noche convocó una reunión del Consejo de Seguridad Nacional en un SCIF, una zona de encuentro para el tratamiento de información confidencial. Había catorce personas: Tillerson, Priebus, McMaster, Kushner, Bannon, Cohn y la asesora adjunta de Seguridad Nacional para Estrategia, Dina Powell. Mattis se conectó a través de videoconferencia. La opción intermedia de lanzar desde el mar 60 misiles estaba encima de la mesa. Los objetivos eran las aeronaves sirias en tierra, los refugios blindados para ellas, las instalaciones de almacenamiento de petróleo y otros materiales, los búnkeres de suministro de municiones, los sistemas de defensa aérea y los radares.

Trump ya no quería matar a Bachar el Assad. Estaba muy concentrado en los detalles, algo poco frecuente en él. Tenía varias preguntas sobre los riesgos. ¿Qué pasa si uno o varios misiles se desvían de su trayectoria? ¿Qué pasa si caen en una escuela? ¿Y si caen en un hospital? ¿O en un objetivo que no queríamos alcanzar? ¿Qué posibilidad hay de matar civiles?

Mattis les tranquilizó. Estos eran los mejores aviones y los mejores hombres.

Trump pidió hablar por una línea segura con los capitanes de los dos buques, el USS Porter y el USS Ross, ambos destructores de misiles teledirigidos. Les preguntó a los capitanes: «Voy a seguir adelante con el ataque de esta noche. ¿Sois los mejores programando misiles?».

Ambos capitanes le dieron garantías. Trump se dio una vuelta por la sala y les pidió a todos su opinión.

—¿Tú qué opinas? Si alguien tiene una segunda opinión, quiero escucharla aquí y ahora, no más tarde.

Llegaron a un acuerdo e incluso tuvo un fuerte apoyo.

Los servicios de inteligencia demostraron de manera convincente que los rusos estarían en un solo recinto en el aeródromo. La hora del ataque, las 4:40 de la mañana en Siria, casi aseguraba que no estarían trabajando alrededor de las aeronaves. Unos quince minutos antes de que los Tomahawk atacaran, se envió una advertencia a los rusos en el aeródromo. Cuando se hizo la llamada, el ruso que cogió el teléfono en el aeródromo parecía borracho.

Trump dio luz verde a su primera acción militar significativa. Cincuenta y nueve Tomahawk dieron en el blanco; uno cayó en el Mediterráneo apenas ser lanzado.

Trump se fue a cenar con el presidente chino Xi Jinping, que estaba de visita en Mar-a-Lago, en una cumbre de dos días en la que se iba a hablar de comercio y de Corea del Norte. Mientras se servía el postre, Trump le dijo a Xi:

—Estamos bombardeando Siria por su ataque con gas.

—¿Puedes repetir eso? —dijo el presidente chino a través del intérprete.

Trump lo repitió.

189

—¿Cuántos misiles? —preguntó Xi.

Trump dijo que 59.

—¿59? —preguntó Xi Jinping.

Trump confirmó que eran 59.

—Está bien —dijo Xi—. Entiendo. Bien, se lo merecía.

Y ese fue el final de la cena.

Después, Bannon llamó a Harvey «belicista. Tú y la Cámara de Representantes estáis intentando empezar una guerra».

A medianoche, Trump llamó al senador Lindsey Graham.

—¿Te he despertado? —preguntó Trump.

—Sí —confirmó Graham.

—Lo siento.

—No, me alegra tener noticias tuyas, presidente.

—Apuesto a que eres la persona más feliz del mundo.

—Feliz no es la palabra correcta. Estoy orgulloso de mi presidente. —Graham podía oír caer un alfiler—. Has hecho algo que se debería haber hecho hace mucho tiempo.

—Me han llamado cien países —dijo Trump.

Graham pensó que, probablemente, serían, tal vez, diez.

—Todos me están llamando y me están dando palmaditas en la espalda. ¿Sabes lo que me dijo el presidente chino cuando le dije durante el postre que acabábamos de disparar 59 Tomahawk a Bachar el Assad? «¡Bien, se lo merecía!»

«¡Un golpe al modelo de Bannon!», pensó Graham.

—Obama —dijo Trump— es un blandengue. Él nunca habría hecho eso.

—Y el hecho de que no lo haya hecho ha costado la vida a unas 400.000 personas —indicó Graham, señalando el número de personas que murieron durante toda la guerra de Siria.

Trump seguía hablando de los niños: quemados, con la piel abrasada, muertos o con lesiones horribles.

—Señor presidente —dijo Graham—, yo también tengo fotos así de todo Oriente Medio.

No parecía saber que estaba repitiendo lo que había dicho

Bannon sobre las atrocidades de los derechos humanos en todo el mundo.

—Has hecho lo correcto, pero no por cómo Bachar el Assad ha matado a esos niños. Ha sido muy descarado y le ha dicho a todo el mundo que se joda. Pero tú le has contestado con un «no, te jodes tú».

Graham conocía el lenguaje de Trump, que a un «que se joda» contestaba con un «que se joda» mucho más grande.

—Eso es lo que le estás diciendo: «Que te jodan». Pero tienes que tener varias cosas en cuenta. ¿Qué vas a hacer si arreglan los daños en esa misma base y empiezan a salir volando de ella de nuevo y lanzan una bomba de barril sobre unos niños? Tienes que prepararte para eso. Porque eso sería meter el dedo en la llaga.

El problema no eran solo las armas químicas, advirtió Graham, sino el bombardeo de civiles. Eso no debería permitirse con ninguna clase de arma.

—Si no dices eso —presionó Graham—, entonces todo lo que has ganado se perderá, porque él solo está diciendo que te jodan, vale, los mataré de otra manera. Eso es lo que Bachar el Assad te dirá. Esto es una prueba. «Una y no más» no es una respuesta correcta. Hazle saber a ese cabrón que, si despega de la base aérea y bombardea a un grupo de niños con bombas de barril, lo derribarás.

191

Cada vez que un comandante en jefe comienza a disparar, aunque sean solo 59 Tomahawk, la opinión pública y política tiende a unirse a su alrededor. Y esta vez no fue una excepción. Trump fue elogiado casi universalmente por su rápida y decisiva respuesta.

A la mañana siguiente, el senador John McCain apareció en *Morning Joe*: «La señal que se envió anoche, como usted dijo, fue muy muy importante».

El presentador Joe Scarborough dijo que era importante no solo para Rusia y Bachar el Assad, sino también para China y Corea del Norte.

—Y para nuestros amigos —añadió McCain—. Muchos países árabes están dispuestos a ser nuestros socios si ven que pueden confiar en nosotros.

Scarborough explicó que los árabes sunitas habían sentido que, con Obama, Estados Unidos no les había «respaldado». ¿Cambian las cosas con lo que pasó anoche?

—Están empezando a hacerlo —dijo el columnista del *Washington Post* David Ignatius, quien estaba hablando del ataque—. Quieren ver más.

McCain elogió al equipo de seguridad nacional de Trump y al presidente por escucharlos: «Eso es lo que más me anima, que respeta a Mattis. Respeta a McMaster».

Algunos de los elogios más grandes vinieron de los sorprendentes expertos en política exterior. Anne-Marie Slaughter, que había sido directora de personal de la poderosa oficina de Planificación Política del Departamento de Estado durante los dos primeros años de Hillary Clinton como secretaria de Estado en los años de Obama, tuiteó: «Donald Trump ha hecho lo correcto con Siria. ¡Por fin! Después de años de inútiles puñetazos ante atrocidades horribles».

Durante los días y semanas siguientes, Trump a menudo les decía a los ayudantes del Ala Oeste que no creía que el ataque a la base aérea fuera suficiente. ¿No debería Estados Unidos hacer más? Barajó la idea de ordenar un ataque encubierto contra Bachar el Assad.

Se le había informado o había leído algunos documentos sobre las consecuencias del gas nervioso en el cuerpo humano. «¿Sabes lo que hace?», preguntó en un momento dado. Tenía una imagen visual que describió. Se llenan los pulmones. Te quedas sin respiración y te sale espuma por la boca. Babeas y no puedes ver ni moverte. No puedes controlar ni los vómitos ni la orina ni las heces. Sientes un dolor insoportable en todas partes, sobre todo calambres abdominales. Convulsionas. Los órganos del cuerpo se desconectan del cerebro. Después de todo esto, después de diez minutos de tortura, llega la muerte. Niños. Bebés.

El presidente Donald J. Trump, la primera dama Melania Trump y su hijo Barron, de once años, en la Casa Blanca el 17 de abril de 2017.

Tras la publicación de la cinta de *Access Hollywood* en octubre de 2016, Mike Pence, candidato a vicepresidente de Trump, se pronunció con dureza ante lo sucedido. Algunos creían que estaba listo para relevar a Trump como candidato a presidente republicano, con la exsecretaria de Estado Condoleezza Rice como vicepresidenta.

En diciembre de 2016, Trump nombró secretario de Estado al exdirector general de ExxonMobil, Rex Tillerson. El presidente explicó a los asesores que el propio Tillerson sería quien decidiese qué papel tomar en la escena mundial. Tillerson había trabajado cuarenta años en Exxon y carecía de experiencia en el gobierno. «Una decisión muy inspirada en Trump», decía en televisión la jefa de campaña Kellyanne Conway, prometiendo «un gran impacto».

James Mattis, general de la Marina retirado y secretario de Defensa, ayudó a señalarle a Trump la importancia de mantener un acuerdo comercial con Corea del Sur junto con el consejero económico de la Casa Blanca, Gary Cohn, y con el secretario de personal Rob Porter. «Señor presidente, Kim Jong-un representa la mayor amenaza a nuestra seguridad nacional. Necesitamos que Corea del Sur sea un aliado. Puede parecer que el comercio no está relacionado con todo esto, pero es crucial. No estamos haciendo esto por Corea del Sur. Estamos ayudando a Corea del Sur porque nos beneficia a nosotros», decía Mattis al presidente.

El presidente del Estado Mayor Conjunto de los Estados Unidos, Joseph Dunford, estaba a favor de la OTAN y en contra de salir del acuerdo comercial con Corea del Sur. Cuando Trump preguntó por un nuevo plan para un ataque militar a Corea del Norte, Dunford no pudo más que asustarse. «Necesitamos más información antes de presentarle un plan al presidente», aseguró Dunford.

El director de la CIA Mike Pompeo, un excongresista republicano, se convirtió en
el ojo derecho de Trump. Pompeo comenzó intentando encontrar un punto medio
en el asunto de la guerra en Afganistán. Si las fuerzas paramilitares de la CIA
pudiesen ampliarse, eso significaría que el aumento de las tropas sería innecesario.
Después de que varios antiguos miembros de la Agencia lo convenciesen de que
la CIA no debía comprometerse mucho con Afganistán, Pompeo le dijo al presidente
que la CIA no era una opción viable de las fuerzas convencionales en ese país.
Más tarde fue nombrado secretario de Estado en lugar de Tillerson.

Trump sintió que el fiscal general Jeff Sessions le había fallado al abandonar
la investigación Mueller sobre la influencia de los rusos en las elecciones
presidenciales de 2016. Trump afirmó: «Jeff no está dispuesto a estar conmigo
en las buenas y en las malas. Sessions es un idiota, un traidor y un retrasado
mental por haberse marchado». Luego se preguntaba: «¿En qué momento
me convencieron de escogerle para este puesto? Ni siquiera fue capaz de ser un
buen abogado para su país en Alabama. ¿Cómo se supone que va a ser fiscal?»

Reince Priebus, primer jefe de personal de Trump, creía que la Casa Blanca no estaba tratando temas de suma importancia, como la reforma de impuestos o la atención sanitaria. Además, la política exterior no era coherente y solía contradecirse. Según él, la Casa Blanca de Trump no tenía un equipo de rivales, sino de depredadores. «Porque cuando metes una serpiente con un ratón, un halcón con un conejo y un tiburón con una foca, en un zoo sin paredes, las cosas comienzan a ponerse desagradables y sangrientas. Eso es lo que pasa.» En julio de 2017, sustituyeron a Priebus por John Kelly, secretario de Seguridad Nacional.

El secretario de Seguridad Nacional y general retirado de la Marina John Kelly criticó en el ámbito privado el desorden y el caos de la Casa Blanca. Kelly le dijo al presidente que creía poder enderezar la situación. Pero le pilló por sorpresa que Trump anunciase por Twitter en julio de 2017 que lo había nombrado su nuevo jefe de personal. Trump apartó pronto a Kelly, aunque le mantuvo en su puesto.

El general retirado Michael Flynn dimitió de su cargo como primer consejero de Seguridad Nacional de Trump el 13 de febrero de 2017 por haber mentido sobre sus conversaciones con el embajador ruso Sergéi Kislyak. Más tarde, Flynn se declaró culpable de mentir al FBI, pero negó que hubiese cometido un acto de traición.

El teniente general H. R. McMaster, segundo consejero de Seguridad Nacional de Trump, consideraba que el secretario de Defensa Mattis y el secretario de Estado Tillerson eran «un equipo de dos» y se sentía fuera de lugar. Creía que Mattis y Tillerson habían concluido que tanto el presidente como todos los de la Casa Blanca no estaban en sus cabales. Buscaban implementar y formular la política siguiendo sus propias reglas sin que McMaster o el presidente interfiriesen. McMaster decía: «Lo más honrado sería tratar de convencer al presidente, en vez de actuar a sus espaldas».

Trump mantuvo enfrentamientos con su consejero de Seguridad Nacional,
H. R. McMaster, con su jefe de personal, el general retirado John Kelly, y con Rex
Tillerson, secretario de Estado. Sin embargo, su vicepresidente, Mike Pence, evitó
los conflictos pasando desapercibido.

13

Gary Cohn, director del Consejo
Nacional de Economía, formó una
alianza con el secretario de personal
Rob Porter y con el secretario de
Defensa Jim Mattis para frenar
algunos de los impulsos más
peligrosos de Trump. Cohn dijo: «No
es lo que hemos hecho por el país, sino
lo que hemos evitado que él haga».

Kellyanne Conway se convirtió en jefa de la campaña de Trump en agosto de 2016 y acuñó la frase «El votante oculto de Trump... No hay un solo votante oculto de Hillary en todo el país. Están todos en la calle».

Hope Hicks trabajó como secretaria de prensa de Trump durante la campaña y se convirtió en directora de Comunicación y estrategia de la Casa Blanca. Como muchos otros, intentó fallidamente frenar los tuits del presidente. Le dijo a Trump: «No ayuda en nada a la gestión política. No puedes disparar al aire en Twitter; ese tipo de acciones acabará contigo, te saldrá el tiro por la culata. Estás cometiendo graves errores». En la fotografía, Hicks con Sarah Huckabee Sanders, secretaria de prensa.

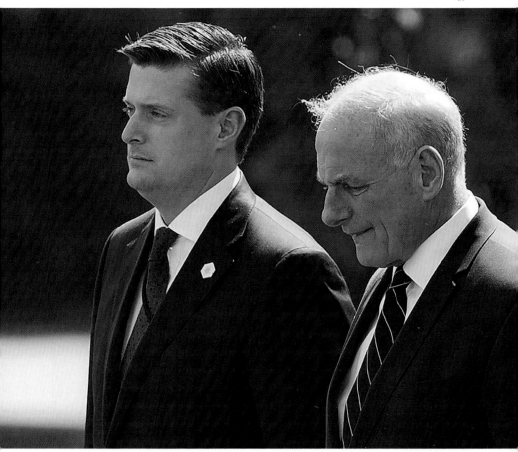

Como secretario de personal, Rob Porter informó a Trump sobre las circulares de decisiones y otros documentos presidenciales importantes. En alianza con Gary Cohn, intentó bloquear los peligrosos impulsos de Trump en cuanto a economía y política exterior. Porter le comentó a un compañero: «Un tercio de mi trabajo consistía en reaccionar ante algunas de las ideas verdaderamente peligrosas que se le ocurrían y darle razones para que pensara que tal vez esas ideas no eran tan buenas ideas».

Trump le dio un puesto de trabajo en la Casa Blanca a Peter Navarro, un doctor en Economía de Harvard de sesenta y siete años. Ambos creían firmemente que el déficit comercial dañaba la economía estadounidense. Navarro estaba de acuerdo con Trump con respecto al tema de los impuestos del acero y del aluminio, aunque no contasen con muchos más adeptos.

El senador Lindsey Graham presionó a Trump para que se pusiese firme con Corea del Norte. Le dijo al presidente: «No querrás que en tu biografía conste que, durante tu mandato, Corea del Norte, una potencia nuclear, consiguió un misil que puede llegar a Estados Unidos. Si tienen una fuga, y tienen un misil que puede llegar a Estados Unidos, tienes que ir a por ellos».

Trump despidió a James Comey, director del FBI, en mayo de 2017. Trump le dijo a su consejero de la Casa Blanca, Don MacGahn, y a Reince Priebus, su jefe de personal: «No intentéis disuadirme, porque he tomado una decisión, así que ni lo intentéis». Pensaba que Comey era un creído y que estaba fuera de control. Trump se apoyó en que Comey había manejado mal la investigación de los correos de Hillary Clinton para justificar su despido.

Nombraron al exdirector del FBI Robert Mueller consejero especial para que investigase los entresijos de las elecciones en Rusia y la conexión con la campaña presidencial de Trump. Este lo rechazó como sustituto de Comey al puesto de director del FBI. Trump dijo: «Estuvo aquí hace nada y no lo contraté para el FBI. No hay duda de que tiene un interés personal contra mí».

John Dowd se unió al equipo legal de Trump en mayo de 2017. Convenció al presidente de que no testificase en la investigación Mueller, pero dimitió en marzo de 2018, cuando Trump cambió de opinión y ya no podía disuadirlo. Dowd le dijo a Trump: «Señor presidente, como abogado y persona dedicada a la justicia que soy, no puedo sentarme a tu lado y simplemente dejar que respondas a estas preguntas cuando sé perfectamente que no eres capaz de hacerlo bien».

El consejero de la Casa Blanca Don McGahn quería que el presidente impusiese
su privilegio ejecutivo en la investigación Mueller y que se resistiese a entregar
los documentos. El abogado de Trump, John Dowd, no estaba de acuerdo y cooperó
con Mueller para acelerar la investigación. «Conseguiríamos muchísimo más
con miel que con vinagre.»

Trump y la primera dama, Melania Trump, con el presidente chino Xi Jinping
y la primera dama Peng Liyuan. Trump pensaba que el apoyo de China en cuanto
a sanciones a Corea del Norte era fruto de su relación personal con Xi. Trump decía, a
pesar de las advertencias de que Xi se estaba aprovechando de él: «Todo esto es
por la buenísima relación que mantengo con el presidente Xi y porque nos
respetamos mutuamente. Y es fantástico que yo siga siendo amigo suyo, si no fuera
por nuestra amistad, esto no hubiera pasado. Puedo conseguir que haga cosas que,
de otra forma, no haría».

Según el equipo de inteligencia estadounidense, el líder norcoreano Kim Jong-un, de treinta y cuatro años, fue un líder más eficiente que su padre, Kim Jong-il, en cuanto a las armas nucleares de Corea del Norte y sus programas de misiles. Kim Jong-un tenía claro que las pruebas de armas y misiles podían fracasar. No ordenó que matasen a científicos y oficiales cuando las pruebas no salieron como era previsto, cosa que sí hizo su padre. Trump creía que el conflicto entre Estados Unidos y Corea del Norte era una lucha de poderes. «Esto solo es un combate líder contra líder. Yo contra Kim.»

Quería opciones. Muchas. El Ejército de Estados Unidos tenía una capacidad letal sin límites. ¿Qué podía hacer? Quería saber qué podía hacer.

El secretario Mattis temía que Trump pudiera ordenar un segundo ataque y se esforzó para impedir y desalentar otra acción militar en Siria.

Después de varias semanas, la indignación de Trump fue disminuyendo y se centró, aunque no enseguida, en otros asuntos.

McMaster se quejó a Jared de su falta de autoridad para hacer avanzar las decisiones. Como la mayoría de los secretarios de Estado y de Defensa, Tillerson y Mattis no querían un asesor de Seguridad Nacional fuerte.

En una ocasión, después del ataque a Siria, el presidente quería información sobre las recientes provocaciones rusas e iraníes en ese país. Estados Unidos había matado a unas tropas de Hezbolá subvencionadas por Irán en una carretera al este de Palmira y había derribado un amenazante dron iraní. Trump tenía algunas preguntas para McMaster. ¿Qué pasa si unos americanos son asesinados? ¿Qué vamos a hacer? ¿Qué opciones tenemos?

McMaster llamó a Tillerson y a Mattis. No hubo respuesta. Llamó a Harvey y fue a por él. Las palabras malsonantes volaban por todas partes. Este es tu trabajo, haz que tus homólogos vayan allí.

Nueve horas más tarde seguía sin haber respuesta de Tillerson ni de Mattis.

El personal conjunto del Pentágono llegó a la Casa Blanca para informar a Harvey. El Departamento de Defensa tenía algunas opciones de ataque, pero no se habló nada sobre lo que pasaría si unos estadounidenses eran asesinados en la ciudad fronteriza siria de Tanf, donde operaban las fuerzas norteamericanas. O si una nave de Estados Unidos era derribada por una mina.

Resultaba increíble tanto para McMaster como para Harvey. No hubo respuestas a esas cuestiones. Pero Trump pronto se olvidó de sus preguntas.

193

19

—*Q*uiero un decreto que retire a Estados Unidos del NAFTA —ordenó Trump, usando las siglas del Tratado de Libre Comercio de América del Norte—, y lo quiero sobre mi mesa para el viernes.

El martes 25 de abril, reunidos con el presidente en el Despacho Oval, estaban: el vicepresidente Pence, el secretario de Comercio Ross, Kushner, Porter y Navarro. Trump quería anunciar públicamente el abandono del acuerdo en su centésimo día en el cargo.

Dado que nadie rebatió la demanda o formuló objeción alguna, Porter, que presidía las reuniones sobre comercio del martes por la mañana, remarcó que no podía ser un decreto, sino que tendría que ser una rescisión a 180 días, tal como exigía el acuerdo comercial.

—El tiempo supone un gran inconveniente en este asunto —explicó, dirigiéndose a Trump y a los demás—, porque da igual lo rápido que podamos renegociar el NAFTA, bajo las reglas de la Autoridad de Promoción Comercial: será un proceso lento.

El Congreso tendría que aprobar las modificaciones del acuerdo y eso costaría todavía más tiempo que esos 180 días.

—No nos conviene ese periodo en blanco —continuó Porter, que era la persona más joven y de menor antigüedad en la sala—, no queremos un lapsus de tiempo en el que no tengamos ningún acuerdo. Hay que encontrar el momento propicio para hacerlo bien. No podemos empezar la cuenta atrás de los 180 días a lo loco.

Los otros no decían nada, así que parecía que apoyaban a

Trump. A Porter, en cambio, se le había helado la sangre en las venas ante el simple hecho de que el presidente estuviera considerando un abandono preventivo del NAFTA. El acuerdo comercial había sido la base de la seguridad nacional y económica de Norteamérica durante más de dos décadas. Gracias a él, se habían suprimido los aranceles entre Estados Unidos, Canadá y México. El comercio anual entre los tres países movía más de un billón de dólares. Estados Unidos comerciaba casi tanto con Canadá y México como con China, su mayor socio comercial.

—Tenemos que idear una estrategia para asegurarnos de que haremos las cosas en el orden correcto y que tendremos en cuenta todos los aspectos —argumentó Porter y, a continuación, hizo un gesto hacia Pence, Ross, Kushner y Navarro—. Agradezco la presencia de las personas que están hoy aquí. Pero Gary Cohn no está, Steve Mnuchin tampoco… Entiendo que quiera avanzar rápido, pero las cosas de palacio van despacio.

—Todo eso a mí me la trae floja —replicó Trump—. Lo quiero en mi escritorio el viernes.

195

Porter fue a ver a McMaster para conseguir su apoyo. McMaster no estaba muy al día en las charlas sobre comercio, pero coincidió en que retirarse del NAFTA sería una pesadilla para la seguridad nacional y, además, no hacía ninguna falta. Asimismo pondría nerviosos a los aliados de Estados Unidos.

—Estoy contigo —prometió.

Se convocó una reunión de emergencia con los principales secretarios del gabinete y asesores experimentados en la Sala Roosevelt al día siguiente. La mecha estaba encendida. Parecía que solo tenían un día o dos antes de que Trump firmara.

Mientras que Navarro presionaba para llevar a cabo el plan de Trump, el secretario de Seguridad Nacional, John Kelly, y otros opinaron que amenazar con abandonar el acuerdo podría resultar beneficioso para Estados Unidos, pero que hacerlo de verdad sería catastrófico. Sería como tirar piedras al propio tejado y habría que afrontar una reacción en cadena interminable: los mercados financieros se tambalearían y habría represalias al instante. Los socios comerciales de todo el mundo se preguntarían si ellos también pagarían los platos rotos.

Después de la reunión, yendo de camino al Despacho Oval para revisar los documentos que Trump quería preparar, Porter detuvo al secretario de Agricultura, Sonny Perdue, que acababa de ocupar el cargo. Perdue era exgobernador republicano de Georgia, el primero de su partido desde la reconstrucción.

—Sonny —lo llamó Porter—, ¿por qué no entras?

Wilbur Ross se unió a ellos en el Despacho Oval.

—El NAFTA ha sido una bendición para los intereses agrícolas estadounidenses —le explicó Perdue a Trump—. El valor de las exportaciones a México y Canadá es de 39.000 millones de dólares al año. Sin el acuerdo, no tendríamos mercados para esos productos. Las personas que más pueden perder si nos retiramos del NAFTA son tu base, tus partidarios.

Perdue le mostró a Trump un mapa de Estados Unidos que indicaba los estados y condados donde las pérdidas para la agricultura y la industria serían mayores. Muchos eran lugares que habían votado por Trump.

—No es solo tu base —prosiguió Perdue—. Es la base de los estados bisagra que son importantes para las elecciones presidenciales. De modo que simplemente no puedes hacer esto.

—Ya —respondió Trump—, pero nos están jodiendo, así que hay que hacer algo.

El presidente finalmente decidió que deberían ampliar los discursos públicos sobre el tema y reforzar la amenaza, pero no poner en marcha el plan de salida de 180 días.

Jared le transmitió el mensaje a Porter:

—El presidente ha aceptado no abandonar el acuerdo por ahora.

Porter sabía que con Trump todo era mucho ruido y pocas nueces, pero se sorprendió de lo cerca que habían estado del precipicio. Y no se había acabado.

Peter Navarro se coló en el Despacho Oval para una reunión *ad hoc*, no programada, con el presidente.

—Lo único que hemos hecho es retirarnos del Acuerdo

Transpacífico de Cooperación Económica —observó el presidente—. ¿Por qué no hemos hecho nada más en el ámbito del comercio?

—Ya se sabe, la burocracia lo retrasa todo —contestó Navarro.

—Madeleine —llamó Trump a su asistente, Madeleine Westerhout—. Tráeme a Rob aquí ahora mismo.

Porter subió corriendo las escaleras hasta el Despacho Oval.

—¿Por qué coño vas dándome largas? —le soltó Trump a Porter—. ¿Por qué no terminas lo que te pedí? Haz tu trabajo. En lugar de tocarme las narices, toca las teclas del ordenador y escribe. Quiero hacer esto.

El presidente iba en serio otra vez. Porter redactó una carta que, una vez firmada por Trump, serviría para notificar la rescisión de Estados Unidos del NAFTA en 180 días.

Porter estaba cada vez más convencido de que aquello podría desencadenar una crisis económica y de relaciones exteriores con Canadá y México. Fue a ver a Cohn.

—Puedo hacer algo para detener esto —dijo Cohn a Porter—. Simplemente quitaré la carta de su mesa antes de irme.

Y así lo hizo, más tarde.

—Si quiere firmarla, necesitará otra.

—Retrasaremos al máximo el momento de dársela, otra vez —prometió Porter.

Cohn sabía, por supuesto, que el presidente podía pedir fácilmente una copia, pero si el documento no estaba frente a él, probablemente lo olvidaría. Ojos que no ven, corazón que no siente.

Porter estuvo de acuerdo. La memoria de Trump funcionaba a base de impulsos externos: algo sobre su escritorio, algo que leyó en el periódico o vio en la televisión... O Peter Navarro presentándose de nuevo en el Despacho Oval. Sin algo o alguien que activase su memoria, podían pasar horas, o días, o incluso semanas antes de que pensara: «Un momento, íbamos a retirarnos de eso, ¿por qué no lo hemos hecho?». Y sin un detonante externo, podría ser que nunca se le pasara por la cabeza.

197

□

Sonny Perdue hizo una presentación en la Sala de Crisis el 4 de mayo sobre el papel de la agricultura en el comercio. Informes confidenciales de inteligencia indicaban que si Estados Unidos imponía nuevos aranceles a China, los chinos usarían sus propios aranceles como represalia.

Los chinos sabían exactamente cómo infligir dolor económico y político. En eso, Estados Unidos estaba al nivel de un niño de guardería, mientras que China tenía un doctorado. China sabía qué producto (como la soja) producía cada distrito electoral. Sabían qué distritos bisagra serían importantes para mantener el control de la Cámara de Representantes. Podían dirigir los aranceles hacia los productos de esos distritos, o hacerlo a nivel estatal. Seguro que atacarían el *bourbon* de Kentucky, que representaba McConnell, y los productos lácteos de Wisconsin, representados por Paul Ryan.

Varios días después, Wilbur Ross argumentó la importancia de los déficits comerciales. Ross, que compartía la opinión del presidente, explicó que los déficits comerciales eran el punto de referencia que permitía determinar la salud económica del país, ya que demostraban inestabilidad y debilidad. El presidente se había centrado en reducir los déficits comerciales, les recordó, y todos deberían hacer lo mismo.

Porter sacó a relucir su faceta de corredor de bolsa sin pelos en la lengua, replicando:

—Los déficits comerciales no importan, al menos no en países individuales. Esa forma de pensar es absurda —opinó, usando probablemente el tono más irrespetuoso con el que jamás se había dirigido a un secretario de Gabinete—. Nuestra política comercial y, especialmente, los acuerdos comerciales que negociamos no son un factor decisivo sobre el déficit comercial.

Explicó que el déficit dependía de las condiciones económicas, de qué país podía producir unos bienes de la manera más eficiente y barata, de la tasa de ahorro y del valor de la moneda. Así que no todas las políticas proteccionistas eran buenas para el país, en el ámbito económico.

—Bueno —contraatacó Ross—, he ganado miles de millones de dólares y he trabajado en Wall Street. Sé cómo funcionan esos mercados. Tú no entiendes las leyes de la oferta y la demanda.

Ross argumentó que si Estados Unidos imponía aranceles a China y esta tomaba represalias, solo tenían que comprar los productos en otros países.

Durante la primavera de 2017, Ross negoció un acuerdo con China para que Estados Unidos importase pollo chino y exportase carne de vacuno. Él mismo lo calificó de «hazaña heroica». Pero el acuerdo recibió muchas críticas. Un titular del *New York Times* decía: «China planta cara a Estados Unidos en la primera ronda de negociaciones comerciales».

En una reunión en la Casa Blanca, el presidente saltó sobre Ross:

—No me puedo creer que hayas hecho ese acuerdo. ¿Por qué no lo consultaste con nadie? A mí no me dijiste nada. Fuiste y lo zanjaste por tu cuenta. Y es un acuerdo horrible. Estamos jodidos. Wilbur, quizás antes eras muy capaz —le dijo a Ross, de setenta y nueve años, haciendo alusión a cuando, en 1990, jugó un papel clave como banquero de inversiones para conseguir un acuerdo con los acreedores del casino de Trump, que estaban enfurecidos con él. Aquel acuerdo salvó a Trump de la bancarrota y dio a conocer el nombre de Wilbur Ross. Trump siguió hurgando en la herida—: Creía que eras una máquina. Cuando estabas en Wall Street, conseguiste buenos acuerdos. Pero ha pasado tu hora: ya no eres un buen negociador. No sé por qué, pero has perdido tu don. No confío en ti. No quiero que te encargues de más negociaciones.

Bob Lighthizer se encargaría del NAFTA y de otros acuerdos comerciales.

Ross intentó defender el acuerdo (Estados Unidos conseguiría exportar más carne de vacuno), pero Trump ya había desconectado.

El presidente celebró una reunión para tratar el tema de los impuestos sobre el acero (una de sus obsesiones) en el Despacho Oval, el 8 de junio. Gary Cohn, Wilbur Ross, Porter y el secretario de Defensa, Mattis, ocupaban los asientos alrededor de la mesa.

—Ya podemos empezar —anunció Ross—. Quiero presentarles este informe.

En ese documento recomendaba cuotas arancelarias, especialmente para China. Se impondría un arancel inasequible si China aumentaba su tasa actual de exportaciones de acero a Estados Unidos.

Porter enumeró una serie de problemas legales. El Ministerio de Comercio no lo había consultado con el Ministerio de Defensa, como exigía la ley, para determinar si las importaciones representan una amenaza para la seguridad nacional.

—Sí que lo hemos hecho —alegó Ross.

—A mí no se me ha consultado nada parecido —replicó Mattis.

—En eso tiene razón —respondió Ross. Explicó que había hablado con el vicesecretario de Defensa que se ocupaba de esos asuntos. Tenía algunos correos electrónicos que lo probaban.

—Pues muy bien —dijo Mattis—, pero conmigo no hablaron.

Porter intervino para señalar que la ley decía que había que consultar al secretario de Defensa, no a cualquiera del ministerio. Ese era el tipo de sutilezas burocráticas que reventaban a Trump.

—Wilbur, ¡habla con Jim! Solucionadlo —ordenó—. Estoy harto de tanta tontería. Y hazlo rápido, porque quiero avanzar con esto.

Porter vio enseguida la oportunidad de darle largas durante varias semanas más. Mattis también ayudó a ganar tiempo, diciéndole a Ross que necesitaba un análisis antes de poder opinar.

Sin embargo, un análisis posterior realizado por el Ministerio de Defensa de Mattis mostraba que «el uso militar del acero representa menos del uno por ciento de la demanda total de acero de Estados Unidos» y el Ministerio de Defensa podría, por tanto, «adquirir el acero necesario para cumplir con los requisitos de la defensa nacional».

*T*rump dijo que desearía haber despedido a Comey al principio de la etapa de gobierno, pero ahora lo quería fuera ya.

Bannon no estaba de acuerdo y así se lo hizo saber a Trump en el Despacho Oval: «El 75 por ciento de los agentes detesta a Comey, no cabe duda. Pero en el momento en que usted lo despida, será otro J. Edgar Hoover. El día que lo despida, lo convertirá en el mayor mártir de la historia estadounidense, un arma que vendrá a por usted. Nombrarán un fiscal especial. Puede despedir a Comey, pero no puede despedir al FBI. En el instante en que lo despida, el FBI como institución tendrá que acabar con usted, y lo hará».

Bannon pensó que Trump no comprendía el poder de instituciones permanentes como el FBI, la CIA, el Pentágono u otros estamentos militares. Como tampoco comprendía el inmenso poder atesorado por un fiscal que podía ser nombrado para investigar todo lo que atañía a un presidente.

—No intentéis disuadirme —advirtió Trump a McGahn y Priebus—, porque he tomado una decisión, así que ni lo intentéis. Comey es un fanfarrón, está fuera de control.

A principios de mayo, Trump pensó que Comey era vulnerable debido a su reciente testimonio durante la enrevesada investigación de los correos electrónicos privados de Clinton. Dictó una carta en la que enumeraba las razones por las que despedía a Comey.

McGahn le explicó que había una forma de proceder, que el fiscal general adjunto, Rod Rosenstein, era quien supervisaba al FBI. Escuchemos lo que este tiene que decir. No era más que una táctica de distracción que el personal de la Casa

Blanca usaba cada vez más. Dejemos que el asunto se calme, hablemos con Rod y, entonces, formulemos un plan.

Rosenstein explicó a Trump que él creía que se debía despedir a Comey. No le suponía un problema escribir un memorando en el que resumiera sus razones. Trajo un documento de tres páginas a la Casa Blanca. El asunto era: «*Restoring Public Confidence in the FBI*» [Restablecer la confianza pública en el FBI]. En él se exponía que, el 5 de julio, Comey «anunció sus propias conclusiones sobre la investigación criminal más delicada de la nación», la investigación sobre los correos electrónicos de Hillary Clinton, y que con ello se había adelantado a la decisión del fiscal y había dado «información despreciativa» al tildar el comportamiento de Clinton de «sumamente negligente». Luego, once días antes de las elecciones, anunció que iba a reabrir la investigación sobre Clinton porque creía que era una cuestión de «hablar» u «ocultar». Rosenstein dijo que el asunto estaba mal planteado. Citó a cinco fiscales generales y fiscales generales adjuntos que convenían en que Comey había quebrantado las normas.

—Hecho —dijo el presidente. Él mismo no podría haberlo dicho mejor. Envió una breve carta a Comey en la que le informaba de que había sido «despedido y destituido de su cargo con efecto inmediato».

El plan para retrasar el despido no solo había fracasado, sino que se había acelerado el proceso. El memorando de Rosenstein no tenía nada que ver con esa resolución, y Priebus lo sabía. El presidente ya se había decidido.

Bannon estaba convencido «al cien por cien» de que la razón del despido de Comey se debía a que el FBI intentaba conseguir la declaración de bienes de Jared. Era pura especulación, pero Ivanka se había quejado del FBI a su padre.

A medida que pasaban los meses, Priebus se dio cuenta de que si Trump planeaba o decía que iba a despedir a alguien, eso no significaba que ocurriera. «Nada está muerto hasta que está enterrado por aquí» se convirtió en uno de sus dichos preferidos.

De momento, parecía que Comey al menos estaba muerto, pero ni él ni su historia estaban enterrados.

Trump estaba pendiente de la cobertura de los medios de televisión por cable del despido del director del FBI, James Comey, el 9 de mayo. No iba bien. Había enredado las cosas y se había contradicho el 11 de mayo cuando dijo a Lester Holt, de la cadena NBC, que iba a despedir a Comey independientemente de las recomendaciones que había recibido del fiscal general adjunto Rosenstein y del fiscal general Sessions. Durante su larga e incoherente respuesta a Holt, Trump afirmó, en lo que pareció una explicación de su razonamiento, que «me dije a mí mismo, sabes, este asunto de Rusia, sobre Trump y Rusia, es un invento».

Esta respuesta no concordaba demasiado con su carta a Comey, en la que decía que le despedía porque, en su memorando, Rosenstein criticaba duramente a Comey por cómo había llevado la investigación de los correos electrónicos de Hillary Clinton.

La noche del martes, el 16 de mayo, Michael Schmidt, del *New York Times*, publicaba una bomba: Comey había escrito notas sincrónicas de sus conversaciones con Trump. El 14 de febrero, en una reunión en el Despacho Oval, cuando Comey todavía era director del FBI, escribió que el presidente le había preguntado sobre la investigación a Flynn y le había dicho: «Espero que encuentres la forma de dejarlo pasar, de dejar a Flynn tranquilo. Es un buen tipo. Espero que puedas dejarlo pasar».

Trump pululaba alrededor de la televisión, pegado a las noticias. Esa noche en la CNN, David Gergen, una persona con experiencia y razonable, que había sido asesor de la Casa Blanca durante las investigaciones de destitución de los presidentes Richard Nixon y Bill Clinton, hizo sonar la alarma.

—Creo que estamos en terreno de destitución —dijo Gergen—. Por lo que veo estamos ante una presidencia que empieza a desmoronarse.

Porter se daba cuenta de que Trump estaba a punto de perder los papeles tras la mención de una posible destitución. El presidente manifestó su indignación por que Comey hubiese vuelto las tornas contra él.

Al día siguiente, el miércoles 17 de mayo, Trump se encontraba en el Despacho Oval cuando se enteró de que, de entre todas las opciones, Rosenstein había designado a Robert Mueller, quien había dirigido al FBI durante doce años, para que investigara la interferencia de Rusia en las elecciones, así como cualquier conexión que pudiera existir con la campaña presidencial de Trump.

El estado de ánimo de Trump empeoró durante la noche y, al día siguiente, el 18 de mayo, alcanzó su punto álgido. El presidente estalló en una cólera incontrolable, visiblemente agitado, de una forma que nadie en su círculo más íntimo había presenciado antes. Fue una experiencia espeluznante. «Nos libramos por poco», aseguró Porter a un adjunto.

Normalmente, Trump se sentaba tras el escritorio Resolute o en su comedor privado, pero ese día permaneció la mayor parte del tiempo de pie, mientras iba y venía de una habitación a otra hecho una furia.

El presidente se aferró a su salvavidas, las noticias por cable. Vio un segmento de dos horas de Fox News, y luego la mayoría de los segmentos de dos horas de la MSNBC y la CNN que había grabado.

Bramaba a la televisión mientras importantes asesores entraban y salían: Priebus, Bannon, Kushner, McGahn, Cohn, Hicks y Porter.

—¿Por qué han elegido a Mueller? —preguntó Trump—. Estuvo aquí hace nada y no lo contraté para el FBI —espetó Trump—. No cabe duda de que tiene un interés personal contra mí.

»Todos van a por mí —continuó el presidente—. Es injusto. Ahora todos dicen que van a destituirme. ¿Qué poderes tiene un fiscal especial? —inquirió.

Porter le dijo que un fiscal especial tenía el poder, prácticamente ilimitado, de investigar cualquier posible crimen. Era

205

lo que había sucedido con escándalos como el del Watergate, Irán-Contra o el de Clinton con Monica Lewinsky.

—Ahora tengo que lidiar con esta persona —señaló Trump amargamente—, que no tiene que rendir cuentas a nadie y que puede investigar lo que quiera, ¿sin importar si está o no relacionado? Va a pasar años escudriñando toda mi vida y mis finanzas.

Trump no podía centrarse en nada más. Se cancelaron algunas reuniones y se desperdició parte del día.

Porter nunca había visto a Trump tan angustiado. Sabía que era un narcisista, que lo veía todo desde el punto de vista del impacto que tendría sobre sí mismo. Pero las horas de furia incontrolada hicieron recordar a Porter lo que había leído sobre los últimos días de Nixon en el poder: rezando, caminando ruidosamente por la alfombra y hablando a los cuadros de antiguos presidentes que colgaban de las paredes. El comportamiento de Trump había llegado al límite de la paranoia.

206

—Van a por mí —aseguró Trump—. Esto es una injusticia, esto no es justo. ¿Cómo ha podido pasar esto? Todo es culpa de Jeff Sessions. Todo esto tiene una motivación política. Rod Rosenstein no sabe qué coño hace. Es un demócrata, es de Maryland.

Mientras andaba de un lado para otro, Trump continuó:

—Rosenstein fue uno de los que recomendó que se despidiera a Comey y me escribió esa carta. ¿Cómo es posible que esté supervisando esta investigación?

Bob Mueller se había visto envuelto en muchos conflictos que deberían impedirle ser el fiscal especial que le investigara. «Era miembro de uno de mis clubs de golf» (el Trump National Golf Club de Sterling, en el estado de Virginia), hubo una disputa sobre las tarifas y Mueller renunció. Anteriormente, el despacho de abogados de Mueller había representado al yerno de Trump.

—Me están pegando —dijo Trump—. Tengo que devolver los golpes. Para que sea una pelea justa, tengo que pelear.

Y así todo el día, el presidente alternaba entre ver la televisión en el comedor o entrar en el Despacho Oval enloquecido, haciendo preguntas y expresando su ira por haber perdido el control de la investigación.

—Soy el presidente —afirmó Trump—. Puedo despedir a quien quiera. No pueden investigarme por despedir a Comey. Además, Comey merecía que lo despidiera. Todos lo odiaban, era horrible.

21

$\mathcal{M}$arc Kasowitz, el experimentado abogado de pelo gris que había representado a Trump durante décadas en divorcios y bancarrotas, le pidió a John Dowd, de setenta y seis años, uno de los abogados con más experiencia en la defensa criminal de cuello blanco, que fuera a su despacho de Nueva York a las cuatro de la tarde del 25 de mayo de 2017.

—Te necesitamos en Washington para representar al presidente —dijo Kasowitz.

Querían que defendiera a Trump en la investigación sobre Rusia lanzada por el fiscal especial Robert Mueller. Varios abogados preeminentes ya habían rechazado la oferta, alegando conflictos o dificultad para manejar a Trump. Pero Dowd, un antiguo fiscal con una larga lista de clientes ilustres, estaba encantado con la posibilidad de completar una carrera legal de cuarenta y siete años con el caso más importante del país.

—Dios mío —respondió—. Esto es increíble. Sería un placer representar al presidente.

—No es un día en la playa.

—Creo que de eso ya me he dado cuenta —respondió Dowd.

John Dowd era al mismo tiempo la típica figura de un buen hombre pero también un duro investigador. Había sido abogado de la Marina en los años sesenta y había trabajado de fiscal contra la mafia como jefe del Departamento de Justicia contra el Crimen Organizado en los setenta. En los años ochenta fue fiscal especial del comisionado de la Liga Mayor de Béisbol (MLB). Dirigió varias investigaciones, y las más prominentes significaron la expulsión de Pete Rose, de los Cincinnati Reds, por apostar en partidos de béisbol. Tras eso, como abogado defensor, Dowd representó a miembros destacados de Wall Street y figuras políticas, incluido el senador John McCain, vinculado al escándalo financiero contra los denominados cinco de Keating (Keating Five). Además, había sido socio del famoso bufete Akin Gump y ya estaba retirado.

Dowd tuvo una primera conversación telefónica con Trump y Kasowitz, y después varias con el presidente. Trump le dijo que la investigación de Mueller lo estaba consumiendo a él y a su presidencia. No había hecho nada malo.

—John, todo esto es una carga enorme. Interfiere particularmente con los asuntos extranjeros. Es vergonzoso estar en mitad de un pacto y que el tío, el superior o el primer ministro al otro lado diga: «Oye, Donald, ¿vas a estar por ahí?». Es como una patada en los huevos.

Dowd dijo que no cobraría por hora, sino que establecería unos honorarios. Acordaron 100.000 dólares al mes, que era aproximadamente la mitad de su tarifa habitual. Trump le dijo que enviara la factura a su despacho de Nueva York y que le pagarían al día siguiente. (Así fue.)

El presidente estaba encolerizado por la investigación de Mueller, y le entregó un listado de quejas a Dowd.

Primero, había sido pillado por sorpresa por la decisión del fiscal general Sessions del 2 de marzo de recusar su participación en cualquier investigación sobre la intromisión de Rusia en las elecciones. Había esperado protección política de su fiscal general, y ahora se había quedado indefenso.

Segundo, Trump relató cómo descubrió el 17 de mayo que Mueller había sido nombrado fiscal especial por Rod Rosenstein, el fiscal general adjunto. Era absolutamente indignante. Había estado en el Despacho Oval con Sessions cuando uno de los abogados de la Casa Blanca les dio la noticia.

—No sabía nada de esto —dijo Sessions.

Trump se dirigió a él:

—¿No trabaja para ti?

La recusación de Sessions dejaba a Rosenstein a cargo de cualquier investigación sobre Rusia.

209

Trump dijo que lo peor era que había entrevistado a Mueller el día de antes para que volviera como director del FBI y que este había rechazado la oferta. Ahora, de pronto, estaba a cargo de la investigación.

—Así que ya van dos putas veces que el Departamento de Justicia me tiende una emboscada.

Y, en tercer lugar, Trump dijo que después de despedir a Comey, el antiguo director del FBI había iniciado una cruzada de testimonios y filtraciones para asegurar que Trump le había pedido que dejara la investigación de Flynn.

—Yo no he hecho nada —le aseguró Trump a Dowd—. Son sandeces. Comey es un puto mentiroso.

Kasowitz coincidía en que él y uno de sus compañeros habían investigado para ver si había algo que conectara a Trump con la interferencia rusa. Después de todo un mes, su conclusión inicial era que no había nada.

La forma en la que Trump negaba las cosas le sugería a Dowd que su furia era genuina. Por supuesto, eso no significaba que fuese inocente. Además de culpar a Comey, Trump afirmó que se lo había buscado por no tener gente y abogados fuertes.

Dowd examinó la orden de una página de Rosenstein para nombrar a Mueller el 17 de mayo. No solo autorizaba la investigación rusa, sino que instruía a Mueller para que investigara «cualquier asunto que surja o pueda surgir directamente de la investigación [rusa]». Dowd nunca había visto a nadie en la justicia con tanta autoridad.

El presidente expresó su desconfianza. Muchos demócratas estaban en el equipo de fiscales de Mueller. Dowd coincidía en que debía de haber una motivación política.

—Esta es una cagada enorme de un puñado de perdedores —le dijo a Trump.

El planteamiento de Dowd de defender a un cliente es ser su defensor y también su amigo. Trump comenzó a llamarle a todas horas, todos los días. A pesar del estilo extrovertido y provocativo del presidente, Dowd se dio cuenta de que se sentía muy solo.

Dowd analizó los hechos conocidos con los consejeros legales de Trump y revisó el material en busca de posibles vulnerabilidades. Basándose en una revisión preliminar de las evidencias conocidas, no vio nada que respaldara un cargo de conspiración con los rusos ni tampoco de obstrucción a la justicia.

Tal vez las pruebas más perturbadoras fueron el memorando y el testimonio del antiguo director del FBI, James Comey, de que Trump le había pedido que no se pasara con el general Flynn tras su despido. Según Comey, Trump había dicho:

—Espero que puedas ver claramente que hay que dejar correr este asunto, dejar lo de Flynn. Es un buen hombre. Espero que puedas dejarlo correr.

Comey dijo que creía que Trump le estaba pidiendo que abandonara la investigación. Este negó haber dicho eso ni nada parecido.

—¿Qué fue lo que dijo? —le preguntó Dowd al presidente.

—Bueno, yo no he dicho eso. —Trump aseguró que Comey había planteado la posibilidad de que acudiera al cuartel general del FBI para hablar con los agentes—. Así que le pregunté cuándo quería que lo hiciera, y él dijo que ya me avisaría. Pero no comenté nada sobre Flynn. Es decir, por lo que yo sabía, Flynn estaba acabado.

Dowd continuó con su propia investigación y fue informado del testimonio de todos los testigos conocidos, además de revisar los documentos. Quería establecer una relación con Mueller, a quien conocía. Años antes, en un desfile de los marines, Dowd se había encontrado con él cuando era director del FBI.

—¿A qué te dedicas? —preguntó Mueller.

—Represento al congresista Don Young.

—¿Ese delincuente? —replicó Mueller—. ¿Cómo puedes hacer eso?

—Así es nuestro sistema —respondió Dowd, que se sentía ofendido porque el director del FBI hablara así. Young nunca fue acusado, aunque el Comité de Ética lo reprendió después. Young se convirtió pronto en el miembro del Congreso con más años de servicio.

Aunque Mueller todavía no había hecho una petición específica de documentos, era probable que hubiera una pronto. El abogado de la Casa Blanca Don McGahn no quería darle muchas vueltas. Deseaba que el presidente reafirmara prerrogativas, como el privilegio ejecutivo.*

Dowd no estaba de acuerdo con McGahn. Si no había nada que esconder, la cooperación de Trump podía ayudar a que el fiscal tal vez lo viera a su manera. Su recomendación para Trump fue que «conseguiríamos muchísimo más con miel que con vinagre».

—Tengo amigos que me dicen que deberíamos mandarlos a tomar por culo —le dijo el presidente por teléfono—. No confío en esos tíos.

Dowd argumentó que la cooperación aceleraría la resolución, y Trump acabó aprobando el enfoque de la miel por encima del vinagre.

Dowd recomendó contratar a Ty Cobb, un experimentado abogado de Washington conocido por su bigote blanco en forma de manillar (Dowd lo llamaba Coronel Sanders por el icono de Kentucky Fried Chicken), como abogado especial del personal de la Casa Blanca. Cobb se encargaría del envío de documentos a Mueller y su equipo. Dowd no podía hacerlo porque era el abogado personal de Trump, y los documentos pertenecían a la Casa Blanca. En realidad, llamaron a Cobb para ignorar el consejo de McGahn de enfrentarse a las peticiones de documentos.

Dowd le recalcó al presidente:

—Quiero construir una relación en la que entablemos una conversación (con Mueller) y no haya secretos. Y podemos hacerlo.

Dowd fue a su primera reunión con Mueller y su jefe ad-

_____

* El privilegio ejecutivo otorga al presidente de Estados Unidos la capacidad de retener información al público, al Congreso y a los tribunales cuando el asunto atañe a la seguridad nacional.

junto James *Jim* Quarles, un veterano de la fiscalía especial del Watergate, cuarenta años antes; se encontraron en el despacho del fiscal especial el 16 de junio a la una de la tarde.

—No vamos a oponernos a tu nombramiento —dijo Dowd—, ni a cómo demonios has llegado aquí. —La orden de Rosenstein era demasiado amplia, y nadie del Departamento de Justicia tenía autoridad para investigar ningún asunto con el que tropezaran—. Esa orden no seguirá vigente, pero no vamos a tirar piedras. —Mueller no respondió; era un maestro del silencio—. El presidente me ha autorizado para que te diga que cooperará.

Sus palabras fueron: «Dile a Bob que lo respeto. Colaboraré».

Mueller parecía aliviado.

—¿Qué necesitas? —le preguntó Dowd—. Te lo conseguiremos. Pero vamos a terminar con esta investigación. La posición del presidente es que no tiene nada que esconder. No está contento con la investigación, por decirlo de alguna manera, pero queremos evitar una batalla larga. Aunque nos gustaría que nos correspondieras. Y eso significa implicarte.

—John —dijo Mueller mientras se ponía en pie—, los mejores casos son aquellos en los que podemos implicarnos por completo.

—La razón por la que estamos cooperando es para terminar con este maldito asunto —dijo Dowd—. No vamos a reafirmar ninguna prerrogativa. Esto está por encima de la objeción de Don McGahn, pero el presidente quiere hacerlo. Quiere que lo veas todo, que hables con todos.

Ty Cobb había ideado una forma de mantener y al mismo tiempo evitar un privilegio ejecutivo sobre testimonios o documentos. Le había explicado a Mueller:

—Bob, te los vamos a dar. Pero no vamos a prescindir del privilegio. Después de que los veas, si al final necesitas usarlos, dínoslo y te conseguiremos una exención. En cuanto al balance que hay en tus archivos, tienes que devolverlo con el privilegio.

Mueller parecía encantado de poder ver todos los documentos.

213

—Hagámoslo verbalmente —convinieron Mueller y Quarles—. No queremos crear muchos papeles.

A Dowd le parecía bien. No habría registros por escrito.

—John —dijo Mueller—, ya me conoces. No me gusta perder el tiempo. —Dowd, un veterano de investigaciones especiales, sabía que podían continuar así de forma indefinida. La duración de aquellas investigaciones a menudo era exagerada—. Jim será quien dirija por mí, será el jefe, pero me podéis llamar cuando queráis y vendré a veros.

—Genial —contestó Dowd—, lo mismo digo. Si necesitáis algo, llamadme. Y os lo conseguiremos o responderemos a cualquier pregunta o ayudaremos a conseguir testigos.

El caso que se estaba construyendo, tal como informaron el *New York Times* y el *Washington Post*, tenía que evaluarse en serio. Sobre la supuesta confabulación, las preguntas incluían un viaje de Trump en 2013 a Moscú; lo que podía haber sabido sobre los esfuerzos de su antiguo director de campaña Paul Manafort y su abogado desde hacía mucho tiempo, Michael Cohen, por hacer negocios en Rusia durante la campaña; y lo que Trump podría haber sabido sobre otros ayudantes, como el supuesto papel de Roger Stone en los correos electrónicos hackeados de Hillary Clinton.

En una celebrada conferencia de prensa del 27 de julio durante la campaña de 2016, Trump había invitado a Rusia a publicar los correos electrónicos que el abogado de Clinton había borrado porque había decidido que no eran relevantes para la investigación del FBI.

—Rusia, si estás escuchando —solicitó Trump—, espero que puedas encontrar los 30.000 correos desaparecidos. Creo que probablemente seréis muy bien recompensados por nuestra prensa.

Más tarde tuiteó: «Si Rusia o cualquier otro país o persona tiene los 30.000 correos borrados ilegalmente de Hillary Clinton, ¡tal vez deberían compartirlos con el FBI!». Al día siguiente, aseguró: «Por supuesto, estoy siendo sarcástico».

Dowd pensaba que la declaración y la petición a Rusia, sarcástica o no, difícilmente sugería la treta oculta para trabajar con Rusia que parecía ser el centro de la investigación de Mueller.

El principal problema podían ser las alegaciones de obstrucción a la justicia al pedirle a Comey que abandonara la investigación de Flynn, y después darle la patada. Pero Dowd creía que la autoridad constitucional del Artículo II del presidente claramente abarcaba despedir a un director del FBI.

Cómo Mueller podría analizar esto podía dar la vuelta a las evidencias sobre la conducta de Trump. La clave sería comprender su intención. ¿Había un motivo «corrupto» en sus acciones para impedir la justicia, como requería el estatuto?

En la mayoría de los casos hay una gran exigencia, y por lo general los fiscales necesitan evidencias de la comisión de delitos, como pedir a otros que mientan a los investigadores, destruir documentos u ordenar el pago de dinero por acciones ilegales, para comprar el silencio de los testigos tal como Nixon había hecho en el Watergate, por ejemplo.

Los miles de horas de grabaciones secretas de Nixon proporcionaban una claridad inusual sobre la obstrucción a la justicia o el encubrimiento en el Watergate.

215

Dowd no había encontrado grabaciones de Trump ni testigos desfavorables al presidente aparte de Comey.

Al mismo tiempo, este había sido fiscal. Conocía la cultura judicial. A los fiscales les gustaba conseguir casos, sobre todo los que eran muy sonados.

Dentro de la Casa Blanca, era evidente que la investigación de Mueller sobre Rusia estaba fastidiando a Trump. Aquellos que pasaban más tiempo en el Ala Oeste y en el Despacho Oval notaron que le estaba consumiendo demasiada energía emocional. Era una verdadera distracción. Trump tenía dificultades para compartimentar sus obligaciones. Su frustración con Mueller, Jeff Sessions y Rod Rosenstein le consumía días enteros.

Incluso durante las reuniones sobre asuntos políticos que eran obsesiones de Trump, como los aranceles chinos, sacaba el tema de la investigación de Mueller. A menudo era por lo que había visto en televisión.

—¿Cómo va el asunto? —preguntaba—. ¿Qué creéis que debería hacer para contraatacar?

El personal de las reuniones que no estaba en el equipo legal no quería ofrecer ideas.

Trump rara vez perdía una oportunidad de declarar que era injusto y que se trataba de una «caza de brujas».

Porter veía que el asunto lo estaba volviendo loco. Con el tiempo iría menguando y fluyendo, pero había veces que Trump quedaba subsumido por ello y se distraía del trabajo y de las obligaciones de ser presidente. Le parecía que era injusto y que él no había hecho nada malo. Había gente investigándolo que parecía tener poder ilimitado.

Trump estaba preocupado por los teléfonos pinchados que podían haber sido autorizados por la Ley de Vigilancia de la Inteligencia Extranjera. Porter dijo a los demás que Trump estaba «muy preocupado por la posibilidad de que hubiera teléfonos pinchados en la campaña... como si se sintiera violado. Como que había alguien que tenía alguna clase de poder sobre él y él no fuera el jefe».

Trump tenía otra objeción a Mueller.

—No puedo ser presidente —le dijo—. Es como si tuviera las manos atadas a la espalda, porque no puedo hacer nada que parezca favorable para Rusia o Putin por culpa de Mueller.

La gente del Ala Oeste y los que viajaban de forma habitual con Trump se dieron cuenta de que él y Melania parecían sentir algún afecto mutuo sincero a pesar de la especulación de los medios. Pero ella trabajaba de forma independiente. Cenaban juntos a veces, pasaban algún tiempo juntos; pero nunca parecían fundir sus vidas de verdad.

La principal preocupación de Melania era el hijo de ambos, Barron.

—Está obsesionada con Barron —dijo una persona—. Está concentrada al cien por cien en él.

Trump le dio un consejo privado a un amigo que había reconocido comportamientos indeseables hacia las mujeres: «El verdadero poder es el miedo. Todo es cuestión de fuerza. Nunca hay que mostrar debilidad. Siempre hay que ser fuerte. No dejarse acosar. No hay elección».

—Tienes que negar, negar, negar y resistirte a esas mujeres —aconsejó—. Si admites cualquier cosa o cualquier culpa, estás muerto. Has cometido un gran error. No saliste disparando y desafiándolas. Mostraste debilidad. Tienes que ser fuerte, ser agresivo. Tienes que resistirte con fuerza. Tienes que negar cualquier cosa que digan sobre ti. No admitir nada nunca.

Trump se pasó meses debatiendo sobre los aranceles. Quería imponer un 25 por ciento de arancel en las importaciones de vehículos.

—Quiero una orden ejecutiva —dijo, pero Porter le respondió que no tenía la autoridad legal para hacer eso—. Vale, pues lo cuestionaremos en el tribunal. Pero me da igual. ¡Vamos a hacerlo!

En otra ocasión, el presidente le dijo a Porter:

—Ve a tu oficina ahora mismo. Escríbelo todo. ¡Tráeme mis aranceles!

Un día, en el Despacho Oval, Cohn les llevó las cifras más recientes a Trump y a Pence.

—Tengo las cifras más perfectas que vais a ver jamás.

—Es todo por mis aranceles —dijo Trump—. Están funcionando.

Trump todavía no había impuesto ningún arancel, pero creía que era una buena idea y sabía que Cohn no estaba de acuerdo con él.

—Eres un gilipollas —replicó Cohn, medio en broma, y le dio un pequeño golpe en el brazo a Trump. Después, se volvió hacia un agente del servicio secreto—. Acabo de golpear al presidente. Si quieres dispararme, adelante.

Cohn escribió una broma para que Trump la usara en la cena del Club Gridiron: «Hemos hecho grandes progresos con el muro. Todos los dibujos están terminados. Toda la excavación está terminada. Toda la ingeniería está terminada. Lo único que nos ha dado problemas es que no hemos sido capaces de averiguar cómo alargar la palabra "Trump" a lo largo de 1.900 kilómetros».

Trump no quería utilizarla.

Porter observó que, siempre que alguien desafiaba a Trump (en un debate político, en un juicio, en un lugar público), su instinto natural parecía ser que, si no ejercía la fuerza, estaba fracasando.

Dejó de contar las veces que Trump se desahogaba sobre Sessions. Su furia nunca desaparecía. La recusación de Sessions era una herida que permanecía abierta.

Según dijo Trump en una de sus muchas apreciaciones, Jeff Sessions era un fracaso abyecto. No era leal. Si tuviera huevos, si hubiera sido fuerte, habría dicho: «No voy a recusar. Soy el fiscal general. Puedo hacer lo que quiera».

*D*entro del mundo militar y de la inteligencia existe lo que el presidente Obama una vez me dijo que eran «nuestros secretos profundos». Son asuntos tan confidenciales, relacionados con fuentes y métodos de información, que solo un puñado de personas, incluidos el presidente y los principales oficiales del Ejército y la inteligencia, los conoce.

Tras los ataques terroristas del 11-S, el *establishment* del espionaje estadounidense se disparó, y la vigilancia secreta se convirtió en una forma de vida.

Casi a finales de mayo de 2017 me enteré de uno de esos «secretos profundos». Corea del Norte estaba acelerando sus programas de misiles y armas nucleares a un ritmo abrumador, y «en menos de un año» dispondría de un misil balístico con un arma nuclear que podría alcanzar el continente americano. Con anterioridad, los datos de inteligencia disponibles mostraban que Corea del Norte no tendría tal capacidad durante al menos dos años, si no más. Esta nueva información fue un terremoto poco frecuente en el mundo de la inteligencia, pero no llegó muy lejos. Debía protegerse casi a cualquier precio.

Como respuesta, el Pentágono elaboró un plan de guerra preliminar de alto secreto en el que exigía que Estados Unidos enviara señales de la intensificación del conflicto para poner al país en pie de guerra: reforzar la península de Corea con dos o tres portaaviones, mantener más submarinos de ataque de la armada estadounidense en la región (capaces de disparar andanadas de misiles Tomahawk), añadir otro escuadrón de aviones de combate F-22 y bombarderos furtivos B-2. Quizás incluso repatriar a las personas que se encontraban a cargo de Estados

Unidos, los familiares de los 28.500 soldados del Ejército estadounidense en Corea del Sur. Añadir más fuerzas de tierra, aumentar los sistemas de defensa contra misiles de teatro [TMD, por sus siglas en inglés], dispersar las tropas para hacerlas menos vulnerables, consolidar las infraestructuras para ayudar a resistir ataques de artillería.

Empecé a investigar sobre la posibilidad de que Corea del Norte tuviera la capacidad nuclear de lanzar misiles balísticos intercontinentales [ICBM, por sus siglas en inglés] «en menos de un año». Desde los niveles más altos del Pentágono me dijeron que «no hay nada de eso» y, con ello, echaron por tierra mi información.

Al mismo tiempo, desde las esferas más altas de la comunidad de inteligencia me dijeron que «no hay nada nuevo» y que «no hay cambios significativos» con respecto a la evaluación que se había llevado a cabo durante más de dos años. No había nada por lo que alarmarse.

Hablé con una persona de mayor autoridad y con un acceso más amplio a la inteligencia disponible. Las negaciones absolutas se repetían con énfasis, categóricamente. Fue entonces cuando sucedió algo que nunca antes, en cuarenta y seis años haciendo reportajes, había sucedido. Esta persona me dijo: «Si me equivoco, te pediré disculpas».

Fue toda una novedad. Pero su significado no estaba claro. Otros oficiales me habían mentido de forma descarada sobre asuntos altamente confidenciales. Al preguntarles más adelante, me habían dicho que pensaban que era mejor disimular. Entonces, ¿por qué aceptar que hablemos o nos reunamos? Normalmente respondían que el silencio podía interpretarse como una confirmación. Esa es la realidad del mundo de las investigaciones periodísticas sobre asuntos confidenciales de inteligencia. Nunca antes se me había ofrecido una disculpa en caso de error.

Decidí no buscar a esa persona para conseguir mi disculpa, aunque pronto tuve derecho a una.

Poco más de un mes después, el 3 de julio, Corea del Norte probó, con éxito, su primer ICBM, un Hwasong-14. El misil solo recorrió 930 kilómetros y estuvo en el aire treinta y siete minutos, pero los datos de inteligencia mostraron que si hubiese seguido una trayectoria más plana, podría haber alcanzado territorio estadounidense. Eso era lo que me había advertido mi fuente dos meses antes.

Se informó a Trump esa misma noche. Al día siguiente, el 4 de julio, se celebró el Día de la Independencia en la Casa Blanca. Esa misma tarde, McMaster presidió una reunión de emergencia entre dirigentes en la Sala de Crisis. Trump no estuvo presente.

El director de la CIA, Pompeo, dijo que se había confirmado la existencia de un ICBM. Se había lanzado desde un vehículo móvil de ocho ejes importado de China. Con eso moría la esperanza de que China pudiera ejercer una influencia moderada sobre Corea del Norte.

Tillerson informó de que no había podido contactar con los chinos, pero que había solicitado una reunión de emergencia en el Consejo de Seguridad de la ONU. «Tenemos que trabajar con Rusia para conseguir su apoyo y centrarnos en países que no obran de acuerdo a las sanciones existentes —dijo—. Este debería ser un tema de debate durante el G20, especialmente con Japón y la República de Corea.»

Tillerson expresó su preocupación por los aranceles al acero que la Administración estaba imponiendo a China en un momento en el que necesitaban su ayuda para acorralar a Corea del Norte. También le preocupaba la reacción de aliados como Japón, Corea del Sur y la Unión Europea ante las amenazas de Trump sobre la imposición de aranceles al acero.

La embajadora estadounidense ante la ONU Nikki Haley informó: «China nos ha estado evitando, pero finalmente ha aceptado que nos reunamos mañana ante el Consejo de Seguridad de la ONU». Estados Unidos debía identificar más empresas que hicieran negocios con Corea del Norte para aplicar sanciones adicionales.

«Necesitamos un comunicado de prensa convincente para

conseguir aliados en este asunto —afirmó Mattis—. No queremos que parezca que hay un alejamiento entre nosotros y la República de Corea.» Revisó planes militares de contingencia, incluidos posibles ataques contra Corea del Norte —todos ellos, desde objetivos pequeños y limitados hasta un ataque masivo, e, incluso, un ataque a los mandos—. Estados Unidos no disponía de todos los buques y demás activos que podría necesitar en la región. No estaban preparados para todas las contingencias, y llevaría tiempo conseguirlo.

«Nuestra primera elección deberían ser sanciones encabezadas por la ONU —dijo Mnuchin—. De lo contrario, podemos preparar otra docena de sanciones unilaterales.»

Mike Rogers, director de la Agencia de Seguridad Nacional, resumió la postura de defensa de Estados Unidos en cuanto a seguridad cibernética. No mencionó las capacidades ofensivas de ataques cibernéticos.

«En realidad, debería ser una cuestión de cuántos datos técnicos compartimos con China y Rusia —advirtió Dan Coats, director de Inteligencia Nacional— desde el punto de vista de lo que hemos averiguado sobre los misiles balísticos intercontinentales y demás.» La inteligencia estadounidense tenía una imagen general bastante completa, y debía protegerse.

«Pronto averiguaremos si China está de nuestro lado, según lo acordado», dijo Tillerson. Si Estados Unidos estaba preparado para prohibir a los ciudadanos estadounidenses que viajaran a Corea del Norte, debía conseguir que otros países pudieran hacer lo mismo.

—El mayor desafío será la pérdida de inteligencia humana —señaló Pompeo, haciendo alusión al posible impacto que tendría en fuentes confidenciales de la CIA.

—Espero que nos tomemos esto con calma —dijo Mattis. Conocía los detalles de los programas de actividades especiales—. Esa pérdida de inteligencia humana sería algo importante.

—Viajar de forma continuada conlleva el riesgo de que se tomen rehenes —advirtió Tillerson, pero su opinión sobre la importancia de las fuentes de información humanas no difería de la de Pompeo y Mattis.

El consenso general fue que, sin adoptar medidas audaces, Estados Unidos se arriesgaba a parecer falto de interés y recursos ante una nueva Corea del Norte equipada con ICBM.

El lanzamiento del misil de Corea del Norte se convirtió en una crisis a gran escala. Ahora Kim Jong-un disponía de ICBM móviles que, posiblemente, podían alcanzar el país. La inteligencia estadounidense tenía pruebas irrefutables de que los chinos habían proporcionado el vehículo de ocho ejes clave en este tipo de complejos sistemas de misiles. La CIA se arriesgaba a perder fuentes confidenciales si Estados Unidos reforzaba las restricciones de viaje. Y si el presidente decidía ordenar una respuesta militar contundente, los activos no estarían disponibles de inmediato.

Más adelante me enteré de que la persona con la que había hablado en mayo creía que la información era tan delicada que había decidido que era mejor mentir.

Menos de dos meses después, el 3 de septiembre, Corea del Norte llevó a cabo un ensayo subterráneo de su arma nuclear más potente, el sexto. Esta era al menos 17 veces más potente que la bomba que devastó Hiroshima en 1945.

Durante la campaña, el 10 de febrero de 2016, Trump dijo en *CBS This Morning* que conseguiría que China hiciera «desaparecer rápidamente, de una u otra forma» a Kim Jong-un. Llamó a Kim «un mal tipo, no lo subestiméis».

En un decreto presidencial firmado en 1981, el presidente Reagan manifestó que «ninguna persona empleada por o que actúe en nombre del gobierno de Estados Unidos tomará parte en, o conspirará para tomar parte en, un asesinato». Pero los abogados del Gobierno habían llegado a la conclusión de que un golpe militar en el cuartel general de un líder durante una época de conflicto no violaba la prohibición de asesinato.

223

Una de las primeras veces en las que se llevó a cabo un golpe militar de este tipo fue casi al final de la presidencia de Clinton. El ataque no se recuerda demasiado porque tuvo lugar en medio de un debate en el Congreso en el que se discutía la destitución del presidente. En diciembre de 1998, Clinton ordenó un ataque militar en Irak.

La operación Zorro del desierto incluyó 650 bombarderos y salidas militares contra menos de cien objetivos a lo largo de tres días. La operación se anunció como un gran bombardeo para castigar a Irak por no haber permitido que los inspectores de armamento de las Naciones Unidas buscaran armas de destrucción masiva.

Zorro del desierto no fue diseñada explícitamente con el objetivo de matar al líder iraquí Sadam Husein, pero la mitad de los objetivos seleccionados fueron sus palacios y otros lugares que solía usar, que estaban protegidos por unidades especiales de inteligencia y de la Guardia Republicana. El ataque no alcanzó a Sadam, aunque muchos miembros de la Administración, en particular el secretario de Defensa William Cohen, habrían deseado que ese fuera su fin.

Durante el período previo a la invasión de Irak de 2003, el presidente George W. Bush y sus oficiales de Seguridad Nacional sopesaron la posibilidad de matar a Sadam Husein en una operación encubierta.

Los oficiales de la CIA que participaban en el desmoralizado Grupo de Operaciones Iraquí, al que a menudo se hace referencia como «La casa de los juguetes rotos» dentro de la agencia y del propio grupo, se negaron de manera rotunda. Sería demasiado complicado, Sadam estaba muy bien protegido. Las organizaciones de seguridad e inteligencia existían para mantenerlo con vida y en el poder. El Grupo de Operaciones planteó una invasión militar como la única forma de eliminar al dictador.

La noche de la invasión estadounidense de Irak, los informantes de la CIA, cuyo nombre en clave era Rockstars [Estrellas de rock], comunicaron, con creciente certeza, que Sadam se encontraba en Dora Farm, un complejo al sureste de Bagdad, a orillas del río Tigris. Al ser informado de que Sadam Husein se había refugiado en un búnker, Bush ordenó un ataque con bombas antibúnker. Horas después, George Tenet, director de la CIA, llamó a la Sala de Crisis. «Decidle al presidente que tenemos a ese hijo de puta.» No era así.

Días después, el jefe de la base de la CIA en el norte de Irak visitó Dora Farm, que más bien parecía los restos de un mercadillo. No encontró ningún búnker, solo una alacena subterránea para almacenar comida. Una cosa estaba clara: Sadam había escapado, o nunca había estado allí. Fue capturado nueve meses después, cuando las fuerzas estadounidenses lo encontraron escondido en un zulo bajo una pequeña choza.

La CIA tomó parte en una introspección de alto nivel durante los siete años siguientes. A posteriori, los oficiales plantearon una cuestión esencial: ¿y si se hubiese asesinado a Sadam Husein en una operación encubierta o un ataque militar? ¿Habría significado que la invasión y la prolongada guerra no fueron necesarias? La pérdida de vidas iraquíes se estimó, de forma conservadora, en más de 100.000. La pérdida de vidas estadounidenses fue de 4.530. El coste para Estados Unidos fue de al menos 800.000 millones de dólares, probablemente un billón. ¿Hasta qué punto contribuyó la guerra a la inestabilidad en Oriente Medio y fortaleció a Irán? La historia de Oriente Medio y del mundo entero pareció girar en torno a la guerra de Irak durante años.

Este examen de conciencia alcanzó su cúspide años después, durante la época en la que John Brennan fue director de la CIA, desde 2013 hasta principios de 2017. Un hombre de la agencia hasta la médula, de carácter tranquilo, seguro y austero, con amplia experiencia en la CIA y un historial que mostraba que solía estar en lo cierto. Rara vez sonreía en televisión.

Brennan había sido el informador diario de inteligencia del presidente Clinton, jefe de la estación de la CIA en Arabia Saudita, ayudante de dirección y jefe de Gabinete del director Tenet de la CIA. Como asesor en materia antiterrorista de la Casa

Blanca durante el primer mandato de Obama, forjó una estrecha relación con el presidente, quien le otorgó la dirección de la CIA durante su segundo mandato. A Brennan se le conocía como «El hombre de las respuestas». Escrutaba los informes de inteligencia y a menudo pedía ver directamente los de los agentes, así como las intercepciones de mensajes sin procesar.

Consciente del «error» de Irak, Brennan acabó por llegar a la conclusión de que la CIA no había hecho bien su trabajo. La casa de los juguetes rotos había eludido sus responsabilidades, insistiendo en que «necesitáis tropas, necesitáis tropas». Bueno, esa no era la labor de la CIA. Deberían haber centrado su energía en qué podía hacer la CIA para ofrecer alternativas. Dada la magnitud del error, Brennan concluyó que el problema de Sadam Husein podría haberse resuelto con lo que llamó «un asesinato indirecto».

Así que a medida que el problema norcoreano se intensificaba durante la presidencia de Obama, Brennan aportó un argumento agresivo. La CIA no debería perseguir un cambio de régimen, sino un «cambio de hombre», la eliminación del líder Kim Jong-un. Brennan concluyó que al Grupo de Operaciones Iraquí de 2002 y 2003, del período anterior a la invasión, le faltaron agallas, conocimiento e imaginación. Así, el homólogo de este grupo en Corea del Norte, parte de la directiva de operaciones de la CIA, se puso manos a la obra. ¿Era posible un «asesinato indirecto» o un «cambio de hombre»? Era una opción que valía la pena explorar.

El grupo de la CIA en Corea del Norte propuso la Estimación de Inteligencia en la Península [PIE, por sus siglas en inglés], que advertiría de cualquier intención por parte de Corea del Norte de iniciar un ataque. El plan de emergencia estadounidense de alto secreto del Pentágono, es decir, la respuesta a un ataque, tenía como objetivo un cambio de régimen en Corea del Norte. Recibió el nombre de OPLAN 5027.

Una orden de distribución asignaba objetivos y misiones a las fuerzas aéreas, navales y terrestres. Era un plan masivo diseñado para ganar la guerra y uno de los más confidenciales dentro del Gobierno estadounidense.

226

El Despliegue Gradual de Fuerzas [TIPFID, por sus siglas en inglés] mostraba que se tardarían treinta días en situar a todas las unidades.

Una opción más simple, a la vez que arriesgada, incluía ataques a objetivos del mando norcoreano, Kim Jong-un específicamente, bajo un plan de guerra más sutil, llamado OPLAN 5015.

Las Fuerzas Aéreas disponían de varias opciones para atacar al alto mando, incluido enviar un ataque con un bombardero furtivo que entrara y saliera de Corea del Norte antes de que los norcoreanos pudieran hacer nada al respecto. Esto requeriría, según las palabras de un general, una «gran claridad» en los datos disponibles para realizar un ataque preciso sobre las fuerzas de mando.

Del 17 al 19 de octubre de 2017, las Fuerzas Aéreas estadounidenses llevaron a cabo una elaborada serie de simulacros de ataques aéreos en la meseta de Ozark, en el estado de Misuri. La región tiene una topografía similar a la de Corea del Norte.

El sistema cifrado de comunicaciones entre los bombarderos, el avión de alerta y de vigilancia aérea y los aviones cisterna no estaba funcionando, por lo que los controles locales que monitorizaban las frecuencias militares escucharon las comunicaciones entre los pilotos.

Una de las comunicaciones hacía referencia a una «posible nueva ubicación del líder de RPDC (Corea del Norte)». En otra, el piloto mencionaba un «puesto de mando posible de la nueva ubicación del líder de RPDC».

Uno de los lanzamientos aéreos de prueba se hizo a tan solo 150 metros de altura, que es peligrosamente baja, pero que está diseñada para provocar la mayor destrucción subterránea posible. En otro ejercicio de ese tipo, el bombardero llevaba una MOP (bomba pesada antibúnker) de 14 toneladas, la clase de bomba utilizada unos meses antes, en abril de 2017, en Afganistán. En los simulacros, el mapa de coordenadas apuntaba a un hangar en el aeropuerto de Jefferson City. Los pilotos también discutieron el tiempo que tardaban en detonar las bombas para maximizar su impacto sobre los objetivos.

227

Este ejercicio no era una preparación seria, pero, a estas alturas, sí que servía para poner en práctica uno de los recursos disponibles en caso de emergencia.

McMaster tenía una actitud militarista respecto a Corea del Norte. En discusiones internas en la Casa Blanca, sostenía que si Trump iba a atacar, era mejor que lo hiciera pronto, antes de que Corea del Norte mejorara sus misiles y armas nucleares.

O antes de que fabricara más. Con el tiempo la amenaza sería mayor. A quienes no estaban muy convencidos, McMaster les preguntó: «¿Queréis apostar una nube de hongo sobre Los Ángeles a que es así?».

Esta pregunta se hacía eco del comentario previo a la invasión de Irak que hizo Condoleezza Rice, asesora de Seguridad Nacional de Bush, cuando dijo que no podían estar seguros de la rapidez con que Sadam Husein podría adquirir armas nucleares. Y añadió: «Pero no queremos que la prueba irrefutable sea una nube de hongo».

El general Kelly, secretario de Seguridad Nacional y general con cuatro estrellas jubilado de los Marines, se puso furioso cuando se enteró de que la Casa Blanca trabajaba en un acuerdo sobre inmigración para los *dreamers* [soñadores], un asunto que ha sido tema central en el debate sobre inmigración. Los *dreamers* son hijos de inmigrantes que llegaron a Estados Unidos de la mano de sus padres, quienes, como adultos, entraron al país de manera ilegal.

En virtud de la ley de 2012 de Acción Diferida para los Llegados en la Infancia, conocida como DACA por sus siglas en inglés, el presidente Obama había brindado protección a 800.000 *dreamers* para evitar que fueran deportados, y les había otorgado permisos de trabajo con la esperanza de que así pudieran dejar de ser parte de la economía sumergida y brindarles nacionalidad estadounidense.

Kelly, intransigente en lo que respecta a inmigración, era

quien debía hacerse cargo de esos asuntos ahora, al menos en teoría. Pero Jared Kushner había estado trabajando en un acuerdo alternativo. Había estado invitando a su oficina al senador Dick Durbin, un demócrata del estado de Illinois, número dos de su partido, y a Lindsey Graham para negociar un acuerdo. Más adelante, Graham preguntó a Kelly: «¿Jared no te dijo que llevamos meses trabajando en esto? Tenemos una solución».

Kelly llamó a Bannon. «Si el yerno es quien va a organizarlo, deja que él mismo lo dirija. Yo no necesito dirigirlo. Tengo que ver al presidente. No voy a seguir con esto. No voy a seguir ahí arriba para que me engañen y me humillen con algo de lo que tendría que estar informado.»

Bannon creía que la Administración tenía una postura firme en cuanto a inmigración, a excepción de Trump. «Siempre ha sido blando con respecto al DACA. Se cree el rollo de la izquierda. Todos son los mejores de su promoción, todos han recibido becas Rhodes. Lo cree porque eso es lo que Ivanka le ha contado durante años.»

229

Kelly expresó su preocupación a Priebus, quien, al igual que Bannon, temía que Kelly dimitiera.

«Haz un hueco a Kelly en la agenda —propuso Bannon—. Deja que venga a ver al jefe y que cabree a Jared. Porque esta mierda es cosa de Jared, que hace las cosas a espaldas de la gente.»

Priebus no lo hizo.

«Ponlo en la maldita agenda», insistió Bannon.

Priebus siguió retrasándolo. Hacerlo pondría de manifiesto la falta de organización en la Casa Blanca.

«¿De qué hablas?», preguntó Bannon. ¡Esto era ridículo! Estaba claro que Priebus no podía controlar a Jared. Y que siempre había alguien que hacía cosas a espaldas de los demás.

Así que Bannon y Priebus le dijeron a Kelly que «nos haremos cargo. Acudir al presidente provocaría una consternación innecesaria. Nos aseguraremos de que no vuelva a ocurrir y de que estés al tanto de todo».

Kelly, por entonces todavía un jugador de equipo, no siguió

presionando. Cuando más adelante se lo mencionó de forma indirecta al presidente, Trump no respondió.

Lindsey Graham entró en el despacho de Bannon en el Ala Oeste.

—Mira, este es el trato. ¿Quieres tu muro? —inquirió Graham.

Trump conseguiría financiación para el muro a cambio de los *dreamers*.

—Un momento —solicitó Bannon. Un acuerdo sobre los *dreamers* era una amnistía—. Nunca daremos amnistía a una persona. Me da igual si levantas diez putos muros. El muro no es lo bastante bueno. Tiene que ser la migración en cadena.

La migración en cadena, conocida formalmente como política de reunificación familiar, permitía a un único inmigrante legal traer a miembros cercanos de su familia a Estados Unidos. Padres, hijos, un cónyuge y, en algunos casos, hermanos. Estos familiares podían llegar a obtener legalmente el permiso de residencia permanente o la ciudadanía. A ellos podrían seguirles, a su vez, sus propios cónyuges, hijos, padres o hermanos.

Dos tercios (el 68 por ciento) de los residentes permanentes legales entraron al país bajo el programa de reunificación familiar o de migración en cadena en 2016. Esto constituía el núcleo de la postura antiinmigración de Trump y Bannon: querían poner fin a la inmigración ilegal y poner límite a la legal. Bannon deseaba una nueva política más estricta. Él y Graham no fueron capaces de llegar a un acuerdo.

Ivanka y Jared invitaron a Stephen Miller, el intransigente antiinmigración, a cenar en su casa junto con Durbin y Graham.

—Solo tienes que escuchar —Bannon instruyó a Miller—. Ve y recibe. No pelees con ellos. Solo quiero escucharlo todo.

Miller le informó de que Ivanka y Jared pensaban que tenían alguna clase de acuerdo con Trump que incluía la financiación para el muro a cambio de una amnistía para 1,8 millones de *dreamers*. Bannon calculó que, con la migración en cadena, el número real sería el doble o el triple, entre tres y cinco millones más de inmigrantes. «No es posible que crean que somos tan tontos.»

Algunos días, para Bannon era como si el senador Graham se hubiese mudado al Ala Oeste. Escuchó su discurso sobre los *dreamers* por lo menos tres veces. Pensó que Graham quería sustituir a McConnell como líder mayoritario.

Bannon estaba en el momento más crítico de su guerra con McConnell, y consideraba a Graham su mayor aliado. Graham y Bannon hablaban por teléfono casi todos los días. Bannon creía que todo el mundo odiaba a McConnell, y quería quitarlo de en medio porque llevaba las cosas a rajatabla.

Graham había dicho algo sobre buscar un reemplazo para McConnell. «Tenemos que encontrar a alguien que lo reemplace», dijo Graham. Pero negó que quisiera el puesto de liderazgo de McConnell.

231

Bannon consideraba que Graham era el mejor negociador para los republicanos, pero representaba a la clase dirigente. A Graham no le gustaba la agenda nacionalista de Bannon, y así se lo hacía saber: «Bannon, todo eso de "América primero" es una sandez. Todo eso son sandeces».

Con el mismísimo estilo de Trump en la Casa Blanca, Bannon estaba dispuesto a hacer lo que fuera necesario para conseguir lo que se proponía. Convocó al fiscal general Sessions en la Casa Blanca. Ahora, su problema de inmigración era Trump. «Va a escuchar a Jared y a Ivanka. Y Graham es el mejor vendedor de por aquí. Le encanta Graham. Él puede venderle cualquier cosa. Tiene a Durbin. Van a dorarle la píldora. Tenemos un puto problema.»

Bannon habló con Kris Kobach, el secretario de Estado en Kansas, uno de los mayores opositores de los *dreamers* y héroe de la derecha. La idea de Kobach consistía en que él y los fiscales generales de otros estados interpusieran una demanda en la

que alegaran que la ley DACA era anticonstitucional. Bannon
y Sessions desarrollaron un plan para no defender la demanda.
«Ya está —dijo Bannon—. La ley DACA se ha acabado. Todo lo
que Trump tenía que decir al Congreso era: "Mirad, trabajo en
el número 1.600 de Pennsylvania Avenue. Si tenéis alguna idea,
venid a verme".» Trump solo tenía que mantenerse neutral.

Cuando Trump estaba planeando el abandono del Acuerdo de París sobre el cambio climático, Priebus tuvo un enfrentamiento con Ivanka. En la práctica, la hija de treinta y cinco años y asesora del presidente tenía carta blanca en el Ala Oeste, y había puesto en marcha una especie de operación secreta en apoyo del Acuerdo de París, un acuerdo internacional no vinculante para abordar el cambio climático mediante la reducción voluntaria de las emisiones de gases de efecto invernadero, que se alcanzó en 2015 e involucró a 195 países.

Obama se había comprometido a reducir estas emisiones alrededor de un 25 por ciento por debajo de los niveles de 2005. Esa meta se alcanzaría en el año 2025. Había prometido tres mil millones de dólares para ayudar a los países subdesarrollados en un Fondo Verde para el Clima [GCF, por sus siglas en inglés].

Solo se habían pagado mil millones de dólares, de los cuales Obama había transferido la mitad tres días antes de abandonar el cargo.

Ivanka quería a toda costa que su padre siguiera con el acuerdo a favor del medio ambiente. Podía estar Priebus reunido en el despacho del presidente con unos cuantos ayudantes del equipo económico y del Consejo Económico Nacional durante quince minutos, y entonces entraba Ivanka, se sentaba y escuchaba sin decir nada.

«Pero ¿quién se cree que es? —se sorprendía Priebus—. ¿Qué está haciendo?»

Se estaba volviendo casi imposible gestionar el Ala Oeste. A veces daba la impresión de que la presencia de Ivanka era permanente (horas al día, durante días seguidos). Y Jared tenía los mismos derechos de invasor del Ala Oeste. Eran como una pandilla de criticones, que merodeaban por allí a sus anchas, observando y actuando como asesores y familiares del presidente. Ivanka le pasaba artículos a su padre y se encargaba de plantar la semilla de la duda sobre sus políticas de gobierno.

Cuando Priebus expresaba su consternación, Trump solía bromear:

—Son demócratas.

Eran neoyorquinos infectados por el liberalismo de sus raíces cosmopolitas. Y el presidente no hacía ningún esfuerzo por limitar su trabajo individualista. Priebus consideraba que él había dirigido un Comité Nacional Republicano de horarios ajustadísimos con una organización sólida y eficiente. La Casa Blanca de Trump, en cambio, cambiaba de dirección tan rápido como el viento, desafiando cualquier orden o rutina.

En cierto momento, Priebus le planteó al presidente que revisara y firmara el memorando de entendimiento que había preparado para que Estados Unidos abandonase el Acuerdo de París.

Entonces, Ivanka le dijo a su padre:

—Mark Zuckerberg quiere hablar contigo.

Había organizado un encuentro telefónico entre su padre y el fundador y director ejecutivo de Facebook. Zuckerberg era un declarado defensor de las medidas contra el cambio climático. Ivanka hizo lo mismo con Tim Cook, el director ejecutivo de Apple, y con otros. Incluso llegó a colar un mensaje personal del anterior vicepresidente, Al Gore, uno de los principales defensores del Acuerdo de París, entre una pila de papeles que había sobre el escritorio del presidente.

Trump habló con Gore y, más tarde, este iba diciendo a otras personas que, en realidad, parecía que Trump respetaría el acuerdo.

Otra de las intromisiones de Ivanka y de Jared fue pasarle un artículo de periódico al presidente en el que habían destacado ciertas citas de una fuente anónima de la Casa Blanca.

234

Acusaron a Steve Bannon de ser el responsable de aquellas filtraciones. En un Ala Oeste repleta de soplones, esta táctica hizo crecer, lenta pero inexorablemente, la desconfianza de Trump hacia Bannon.

El 5 de abril, Porter vio a Scott Pruitt, el administrador de la EPA, la Agencia de Protección Ambiental, en el vestíbulo del Ala Oeste. Porter había sido la mano derecha de Pruitt cuando este fue confirmado por el Senado de Estados Unidos, por los pelos, en una ajustada votación de 52 a 46. Pruitt había sido fiscal general de Oklahoma durante seis años, y todo ese tiempo había liderado una guerra contra las regulaciones de la EPA.

Charlaron de trivialidades un rato. Cuando Pruitt se dirigió hacia el Despacho Oval, Porter lo siguió. Pruitt no tenía cita. Aquello era por supuesto una reunión extraoficial, cosa que fue más que evidente cuando Bannon irrumpió en el Despacho Oval.

—Tenemos que salir de París —aseguró Pruitt, a bocajarro, entregándole al presidente una hoja de papel que quería que leyera sobre el abandono del Acuerdo de París—. Te comprometiste a ello durante la campaña electoral.

—Sí, sí, sí —coincidió Bannon con vehemencia—. Tenemos que hacerlo ya.

Pruitt le pidió al presidente que usase la declaración que le había escrito en el papel como comunicado de prensa. Le sugirió que se la leyese a los periodistas en el Despacho Oval y que le pidiese al secretario de Prensa que la publicara por escrito.

Aquello había pillado a Porter por sorpresa. Como secretario de personal, sabía que no habían seguido ningún procedimiento: no se había consultado a nadie ni se había realizado ninguna valoración legal. Pruitt y Bannon se habían colado en el Despacho Oval y buscaban una decisión inmediata sobre el principal problema ambiental nacional e internacional de la actualidad.

Porter se dio cuenta de que el papel que habían puesto so-

235

bre la mesa del presidente era una bomba. Trump podía cogerlo, decidir leerlo en voz alta para la prensa o llevárselo al secretario de Prensa, Sean Spicer, y decir: «Acabemos con esto».

Cuando tuvo la oportunidad, Porter cogió el borrador de la declaración del escritorio de Trump. Más tarde, reprochó a Bannon y a Pruitt el haber entrado en el Despacho Oval de aquella manera, saltándose cualquier protocolo o procedimiento. Era inaceptable.

El 27 de abril, Gary Cohn reunió a los directores en la Sala de Crisis para tratar el tema del Acuerdo de París. El Consejo Económico Nacional de Cohn había enviado un memorando de seis páginas para uso exclusivamente oficial que proponía dos opciones: o bien retirarse del acuerdo, o bien: «Permanecer en el Acuerdo de París, pero adoptar un compromiso que no perjudique la economía ni implique nuevas obligaciones o contribuciones financieras».

236

—En primer lugar, me gustaría que interviniese el consejero de la Casa Blanca —solicitó Cohn, al empezar la reunión—, para que nos aclare los entresijos legales.

Pero Don McGahn aún no estaba allí. Su diputado, Greg Katsas, se encargó de hablar de los aspectos técnicos hasta que llegó el consejero.

—Perfecto, ya está aquí McGahn —dijo Cohn—. Háblanos de los aspectos legales.

McGahn estaba a favor de salir, aunque todavía no había mostrado sus cartas.

—Veamos —empezó—, vamos a tener unos cuantos juicios y, si no salimos del acuerdo, será complicado aplicar parte de la vuelta atrás en la normativa que teníamos pensada en la EPA. El Acuerdo de París formaba parte de los informes de normativa que el Gobierno de Obama usaba para justificar los costos y beneficios del Plan de Energía Limpia.

Ese plan era un reglamento de 460 páginas diseñado durante la era de Obama para reducir el dióxido de carbono emitido por las centrales eléctricas, que la EPA estimaba que salvaría 4.500 vidas al año. Y Pruitt ya se estaba moviendo para ponerle fin.

—Así pues, a menos que salgamos del Acuerdo de París, todos esos planes estarán en peligro —concluyó McGahn, dejando clara su postura: estaba a favor de salir cuanto antes.

—No sabes de lo que hablas —le espetó Tillerson—. El asesor legal de mi Departamento de Estado, que fue el que pactó el acuerdo en primer lugar y, por tanto, sabe mejor de qué va el asunto, dice que no podemos anunciar que lo dejamos sin más.

El documento con la opción de abandonar el pacto lo especificaba claramente: «Estados Unidos no puede anunciar oficialmente el abandono del Acuerdo de París hasta noviembre de 2019», así que todavía faltaban dos años y medio.

Sin embargo, según explicó Tillerson, la segunda opción (permanecer en el acuerdo, pero evitando hacer nada que perjudicase la economía y cancelando las contribuciones financieras) convertiría a Estados Unidos en un blanco fácil para las demandas.

El secretario de Estado se quedó solo. Pruitt abogó por el abandono del acuerdo. Priebus, con los beneficios políticos en el punto de mira, habló a favor de la retirada también. Bajo el punto de vista de Bannon, el Acuerdo de París no era más que otro pacto globalista que daba por culo a Estados Unidos.

Al final, Cohn dijo que, obviamente, había que resolver los problemas legales.

—Pero creo que estamos empezando a llegar a un consenso —añadió, sin embargo.

Y tenía razón. El Acuerdo de París ya era historia.

McMaster y Porter se encontraron a las diez de la mañana del 1 de junio, antes de la reunión con el presidente programada para tratar el tema del Acuerdo de París en el Despacho Oval. Se suponía que Trump iba a anunciar su decisión ese día. Acordaron que tenían que hacer un último esfuerzo.

—Retirarnos arruinará nuestras relaciones con muchos países —auguró McMaster.

237

Le habían estado lloviendo llamadas de sus homólogos extranjeros, planteando cosas como: «No pensáis hacerlo en serio, ¿verdad?»; o más explícitamente: «Por favor, no lo hagáis». Porter había elegido estratégicamente las palabras que el presidente podría usar en el anuncio. Le leyó la propuesta:

—Estados Unidos se retirará de los términos del Acuerdo de París sobre el cambio climático con efecto inmediato. A partir de hoy, Estados Unidos no se adherirá a ninguna carga financiera o económica que el Acuerdo de París pretenda imponer, incluida su contribución nacional establecida.

Si se retiraban de los «términos», Estados Unidos seguiría técnicamente en el acuerdo. Porter había convencido a McMaster de que ese lenguaje sonaría lo bastante duro y Trump vería que, de esa forma, le podría sacar el máximo provecho a la jugada: cumpliría la promesa que hizo durante la campaña electoral y emocionaría a sus votantes.

Al fin y al cabo, era la segunda opción de la reunión de directores: «Permanecer en el Acuerdo de París». Porter pensó que había encontrado la manera de minimizar el daño.

Sin embargo, cuando Porter y McMaster le presentaron la propuesta de anuncio al presidente, discutieron con él hasta que casi se quedaron sin voz; estaba claro que habían perdido la batalla.

—No, no, no —repitió Trump, cerrando la discusión. Él quería irse del acuerdo por la puerta grande. Explicó—: Solo así puedo ser fiel a mis votantes.

Trump modificó el borrador del discurso a su manera, endureciendo aún más el lenguaje.

Ese día, en una aparición en los jardines de la Casa Blanca por la tarde, con banda de música incluida, el presidente empezó el discurso elogiando el mercado de valores de Estados Unidos y sus esfuerzos por combatir el terrorismo.

—Tanto en estos aspectos como en muchos otros —dijo—, estamos cumpliendo nuestros compromisos. Y no quiero que nada se interponga en nuestro camino. —Después de dar unos cuantos rodeos al tema principal, finalmente, soltó el bomba-zo—: Por tanto, para cumplir mi solemne deber de proteger a América y a sus ciudadanos, Estados Unidos se retirará del Acuerdo climático de París.

A continuación, expuso las razones que lo habían llevado a tomar aquella decisión, de entre las cuales destacaban:

«Como alguien que se preocupa profundamente por el medio ambiente, que lo hago, no puedo apoyar con la conciencia tranquila un acuerdo que castiga a Estados Unidos (porque eso es lo que hace), siendo Estados Unidos el líder mundial en protección del medio ambiente, mientras que no impone ninguna obligación en especial a los principales países contaminadores del mundo [...]. Me eligieron para representar a los ciudadanos de Pittsburgh, no a los de París».

El 15 de junio de 2017, el *Washington Post* publicó una noticia redactada por tres de sus principales reporteros del departamento de Justicia y del FBI que llevaba el titular: «Un fiscal especial investiga las transacciones de Jared Kushner». Mueller quería muchos más documentos. Kushner contrató a Abbe Lowell, un destacado abogado criminalista de Washington. Priebus vio cómo una serie de inversiones sospechosas arrastraban a Jared al borde del abismo, así que decidió darle un empujoncito, hacer una jugada magistral. Le dijo a Trump que Jared no debería estar en la Casa Blanca oficialmente. Había leyes contra el nepotismo por una razón. La investigación de Mueller estaba indagando en las finanzas de Jared, y en poco tiempo lo haría en las suyas también, si no lo estaba haciendo ya.

Normalmente Trump no le hacía caso, pero esta vez echó el freno y adoptó una expresión reflexiva. Miró a su jefe de personal. La respuesta chirriaba, era impropia de él:

—Tienes razón.

Priebus continuó diciéndole a Trump que Jared, por ser su yerno, no debería tener un puesto oficial ni un cargo en la Casa Blanca. Pero esta sugerencia acabó por rebotarle en la cara más adelante, creándole problemas con Jared, que quería quedarse.

Alejar a Jared del Ala Oeste siguió siendo misión imposible para Priebus.

Los esfuerzos de Priebus por controlar o restringir los tuits del presidente habían caído en saco roto en más de una ocasión, de modo que pensó que un método más práctico tendría mayor efectividad. Ya que a menudo los tuits del presidente eran la consecuencia de su obsesión por ver la televisión, pensó en maneras de evitar que lo hiciera. Pero mirar la tele era la actividad por defecto de Trump. Los domingos por la noche solían ser los peores. Trump solía volver a la Casa Blanca después de pasar el fin de semana en uno de sus campos de golf, justo a tiempo para pescar las charlas sobre política en sus cadenas enemigas: la MSNBC y la CNN.

El presidente y la primera dama tenían habitaciones separadas en la residencia. Trump se pasaba horas solo, con un televisor gigante que estaba casi siempre encendido, el mando a distancia, el TiVo y su cuenta de Twitter. Priebus llamaba a la habitación presidencial «el taller del diablo», y a las madrugadas y los peligrosos domingos por la noche, «la hora de las brujas».

No había mucho que pudiera hacer por las mañanas, pero tenía cierto control sobre el horario del fin de semana. Comenzó a programar para más tarde la vuelta de Trump a la Casa Blanca el domingo. Así, Trump llegaba a la Casa Blanca justo antes de las nueve de la noche, cuando la MSNBC y la CNN generalmente optaban por una programación más ligera, que no se centraba en las controversias políticas inmediatas y el inevitable papel de Trump en ellas.

Bannon se dio cuenta de que Trump no estaba asimilando la avalancha de información de las presentaciones del Consejo de Seguridad Nacional sobre Afganistán, Irán, China, Rusia y Corea del Norte. Sin organizarlas de algún modo, era demasiado para su capacidad de atención.

240

Entonces, llamó a Sally Donnelly, una asesora clave muy cercana al ministro Mattis.

—Sally, tienes que hablar con tu jefe. El problema es este: un día el centro de atención es Libia, el siguiente puede ser Siria... Conozco a Trump. El hombre está frustrado. Todo es demasiado inconexo. Aparte de lo que estamos haciendo con los saudíes, todo lo demás es una especie de batiburrillo. Hay algo que quiero comentar con Mattis; lo traeré y se lo explicaré con una gráfica.

Bannon había ideado lo que llamó «la estrategia de Estados Unidos».

A las ocho de la mañana de un sábado de junio, Bannon llegó al Pentágono. Se tomó un café con Donnelly y con el jefe de personal de Mattis, el contraalmirante retirado Kevin Sweeney. Luego se reunieron con Mattis alrededor de la pequeña mesa de conferencias en la oficina de la secretaria.

—Ese es el problema —explicó Bannon—: no os habéis parado a pensar en el Pacífico ni por una milésima de segundo. No habéis pensado en China. No profundizáis. Estáis demasiado ligados al Mando Central.

El Mando Central era un comando unificado de seguridad de Estados Unidos que cubría países de Oriente Medio y de Asia del Sur. Como Mattis había sido comandante del Mando Central desde 2010 hasta 2013, Bannon pensaba que podía haber trasladado esa mentalidad a su nuevo trabajo de secretario de Defensa. Le recordó a Mattis que había disparidad de opiniones respecto a Estados Unidos entre los líderes políticos e intelectuales chinos: un grupo veía a Estados Unidos como a un socio en igualdad de condiciones, una cosuperpotencia. Los otros, los halcones, pensaban que Estados Unidos era una potencia menor y lo trataban como tal.

Mattis respondió que aniquilar al ISIS era la tarea que el presidente Trump le había encomendado de forma específica.

—Básicamente quiero hacer un trato contigo —propuso Bannon.

Si Mattis apoyaba la contención de China, él dejaría de presionar para sacar a Estados Unidos de Afganistán, que era un

241

país clave en la Iniciativa del Cinturón y la Ruta de la Seda de China, que Xi Jinping propuso en 2013, para expandir su red comercial hacia Europa.

—Steve —respondió Mattis—, yo no tengo nada en contra del comercio global. Me parece que todo el tema del comercio es bastante bueno.

Bannon se quedó de piedra. Trump tenía razón. Los generales no tenían ni idea sobre negocios o economía. Realmente no les importaba nada el precio de las cosas.

𝒟urante el fin de semana del 8 y el 9 de julio, el *New York Times* publicó dos artículos sobre una reunión en la Torre Trump, celebrada en plena campaña y que no se había hecho pública con anterioridad. Don Trump Jr., Manafort y Kushner se reunieron con un abogado ruso que, entre otras cosas, les ofrecía algunos trapos sucios de Hillary Clinton. Como es habitual, entre los participantes hubo confusión, y también quien lo negó y quien lo corroboró. Se trataba de una noticia importante que sugería, pero no demostraba, algún tipo de subterfugio y cooperación clandestina con los rusos.

El presidente estaba alterado y llamó a Dowd para quejarse de las filtraciones y de la prensa.

—Señor presidente, son gilipolleces —le espetó Dowd.

¿Cuál era el problema? Sacar los trapos sucios de los demás era algo habitual durante las campañas electorales y en la capital del país. Incluso tenía nombre, «investigación del adversario» o «reportaje de investigación». Medio Washington parecía cobrar por ello. ¿Había algo de malo en ello? No. Dowd sabía que los equipos de investigación del adversario y los periodistas políticos sacarían los trapos sucios de cualquiera, incluso de gobiernos extranjeros. La postura que estaban adoptando los medios de comunicación era repugnante. Parecía que fuera el crimen del siglo.

El *New York Times* y el *Washington Post* se creían que eran asesores especiales y parecía que hablaban en nombre de la ley. Dowd concluyó que aquellos artículos eran un auténtico fiasco.

El 17 de julio, Trump tuiteó: «La mayoría de los políticos

habría ido a una reunión como aquella a la que Don asistió para conseguir información sobre un oponente. ¡Así es la política!».

Dowd estaba decidido a no dejarse distraer por el constante goteo de los medios. Quería pruebas concluyentes. McGahn dictó, religiosamente, todas las reuniones o debates significativos con el presidente a Annie Donaldson, su asistente ejecutiva. Le supuso diecisiete horas de notas relativas a asuntos que estaban siendo investigados por Mueller y su equipo.

Dowd le entregó a Mueller esas notas, así como las que habían tomado otros siete abogados. No se omitió nada. Le dijo a Mueller:

—Bob, lee las notas de Annie Donaldson para saber en qué estaba pensando el presidente.

El presidente dio su bendición a todo. Dowd hablaba con él y le decía, mira, aquí están las categorías de los documentos. Vamos a darle esto. Vamos a darle aquello. «Constitucionalmente, no tiene derecho» a acceder a los documentos y al testimonio, pero «solo por respeto al cumplimiento de la ley, ya que tú eres el jefe, vamos a permitírselo. No te metas en líos». Dowd concluyó que el presidente parecía no tener miedo a nada. Nunca dijo no.

Dowd le dijo a Mueller:

—Esto es lo que le dije al presidente, así que no me hagas quedar como un idiota, ¿está claro? Nosotros haremos que tú quedes bien. Tú haznos quedar bien a nosotros. Pero hazlo.

Mueller recibió 1,4 millones de páginas de documentos que provenían de la campaña de Trump, así como 20.000 páginas de la Casa Blanca. Dowd creía que no se había destruido ningún documento. En total, treinta y siete testigos concedieron entrevistas al equipo de Mueller voluntariamente.

McGahn, Priebus y el personal del vicepresidente elaboraron un sumario de la Casa Blanca, de seis páginas, relativo a todo el asunto Flynn, a partir de recuerdos del momento. Dowd lo consideró la Biblia en lo que se refería a Flynn y se lo envió a Mueller. Pensaba que nadie, excepto Flynn, había mentido a los investigadores y que Mueller no tenía necesidad de presionar o forzar a nadie.

Cuando Dowd estaba enviando los documentos de la campaña a la comisión de investigación del Congreso, le dijo a Quarles, el asistente de Mueller:

—Estamos mandando copias al Congreso, ¿qué te parece si te envío una a ti también?

Quarles aceptó. Dowd pensó que él y Quarles trabajarían bien juntos. Se podían reunir y hablar, no como con Mueller, tan rígido que, a veces, parecía de mármol.

El 20 de julio, Bloomberg soltó lo que parecía una bomba: Mueller estaba investigando las finanzas de Trump, lo que incluía «la adquisición, desde Rusia, de apartamentos en los edificios Trump; el desfile de Miss Universo de 2013, celebrado en Moscú, y la venta que llevó a cabo Trump de una mansión en Florida a un oligarca ruso en 2008».

Dowd preguntó a Quarles sobre esta historia.

—Bueno —contestó Quarles—, Bob nunca hace comentarios.

—Dame un respiro, tío —replicó Dowd, cabreado—. Yo cuido de ti, así que cuida tú también de mí.

Como ambos sabían, «que la Casa Blanca lo negara no arreglaba nada». Dowd continuó:

—El trato que hicimos fue que, si añadíais algo a la investigación, nosotros seríamos los primeros en enterarnos.

—Es verdad —contestó Quarles.

—Porque vosotros nos dais los temas que tenemos que cubrir —añadió Dowd—. Y, de vez en cuando, añadís cosas que nosotros ponemos en una lista. No he oído nada sobre propiedades en Florida o sobre su venta.

Dowd le dijo que estaba al corriente de que, en Nueva York, se estaban investigando algunos asuntos relacionados con el abogado de Trump, Michael Cohen y Felix Sater, que intentó que se construyera una Torre Trump en Moscú.

—Ya lo sabes, Jimmy, cuando me preguntas algo, yo te lo doy todo, así que voy a necesitar una explicación mejor —solicitó Dowd.

245

—John, te lo voy a explicar de la siguiente manera —respondió Quarles—, estoy seguro, en un 99 por ciento, de que no hemos sido nosotros.

—Entendido —contestó Dowd.

Inmediatamente, llamó al presidente porque era consciente de que, cuando este tipo de noticias afectaban a Trump, este no podía centrarse en otra cosa. Trump estaba furioso.

—Ellos no son quienes están investigando esas cosas —informó Dowd, con intención de tranquilizarle. Pero Trump no terminaba de fiarse del todo y parecía que no era capaz de calmarse.

Cuatro días después, Dowd se citó con Quarles en un banco de piedra, fuera de Patriot Plaza, donde Mueller tenía sus oficinas.

—Bob y yo te debemos una. Y él dice que no te creas lo que leas en los periódicos —aseguró Quarles.

—Entendido.

—Estamos muy avergonzados —añadió Quarles.

246

—¿Por qué? —preguntó Dowd.

—Nos has enviado más de lo que nos habías prometido y estamos muy agradecidos. Estamos avanzando, lo estamos consiguiendo. Y, aunque en esto hay mucho que estructurar, todo llegó ya muy bien organizado. No tuvimos que ir a la caza y no nos hundiste.

Dowd había oído hablar de un tipo, blanco de una investigación fiscal, que, en una ocasión, le había dicho al FBI que la respuesta a sus preguntas se encontraba en algún rincón de un par de almacenes. Los agentes se pasaron años buscando.

—Estamos de acuerdo en lo de avanzar —señaló Dowd—. No quiero jugar al ratón y al gato. No eres mi última prioridad. Tengo un tío que quería la información para ayer.

Mientras que sobre Trump le aseguraba que «el instinto me dice que es una gilipollez». Dowd añadió que se había puesto en contacto con la Organización Trump y que habían negado que estuvieran siendo investigados por separado. No se les había solicitado ningún documento o entrevista, que son los pasos preliminares habituales. «Y dijeron, hasta donde nosotros

sabemos, que es mentira.» Todos los proyectos de la organización tenían ocho o nueve años de antigüedad. No había más
que hablar. Cualquier cosa que Mueller quisiera ver, estaba en
alguna parte del registro público.

Dowd le había contado todo esto al presidente.

—¡Eso ya lo sé, joder! —respondió Trump.

Dowd continuó presionando a Quarles.

—A veces tengo que hacer estas cosas por teléfono y tú
tendrás que guiarme en alguna dirección. No te estoy pidiendo
que me enseñes tus cartas, solo dime ¿vamos a recibir un golpe
o no? ¿Tenéis alguna petición o no?

—Estoy de acuerdo —contestó Quarles.

Dowd fue prudente y no se desvió del tema para preguntar
por una posible investigación sobre las finanzas de Jared. Su
cliente era Trump, y era vital concentrarse en el cliente.

En julio, el Freedom Caucus o Cónclave de la Libertad, una
alianza formada por treinta miembros conservadores muy relevantes en la Casa Blanca, amenazó con no votar los presupuestos a menos que el presidente Trump estableciera algún
tipo de prohibición respecto a pagar la cirugía de reasignación
de género y los tratamientos de hormonas para las personas
transgénero que estuvieran realizando el servicio militar.

Durante la candidatura de Obama, los soldados transgénero dejaron de tener prohibido realizar el servicio militar
abiertamente, aunque los nuevos reclutas no podrían incor-
porarse hasta el 1 de julio de 2017. El 30 de junio, un día antes
de la fecha límite, Mattis firmó un memorando a través del
cual se demoraba la implementación durante seis meses, con
el objetivo de revisar «la disposición y la capacidad letal de las
fuerzas armadas».

Durante su campaña, Trump se declaró simpatizante de
los derechos de la comunidad LGTB. Ahora le decía a Bannon:
«¿Qué cojones? Entran aquí, se operan», en una cruda referencia a la intervención de reasignación de género. Alguien
le había contado que cada operación costaba 250.000 dólares

[unos 215.000 euros], una cantidad desorbitada. «De ninguna manera», concluyó.

La cirugía de reasignación de género puede ser cara, pero también resulta poco habitual. En un estudio llevado a cabo por el Pentágono, la Corporación RAND «informó de que solo unos pocos cientos, de los aproximadamente 6.600 soldados transgénero, decidirían ponerse en tratamiento médico anualmente. RAND llegó a la conclusión de que esos costes no sumarían más de un total de ocho millones de dólares al año [unos siete millones de euros]».

Las diferentes instituciones se habían puesto manos a la obra con esta cuestión. Los consejeros de los departamentos y las agencias habían intervenido. El Comité de Adjuntos se reunió y se llevaron a cabo diversos encuentros con el Comité de Directores. No se llegó a un acuerdo, pero se barajaron cuatro opciones.

La mañana del 26 de julio, Priebus, Bannon y varios abogados contactaron con el presidente a través del manos libres de la residencia. No se le esperaba en el Despacho Oval hasta, al menos, una hora más tarde.

—Señor presidente —dijo Priebus—, sabemos que no tardarás en bajar pero queríamos que fueras el primero en conocer la decisión reflejada en el memorando sobre las personas transgénero en el Ejército.

Las cuatro opciones eran las siguientes: la primera consistía en mantener la medida de Obama que permitía a las personas transgénero realizar el servicio militar libremente. La segunda era emitir una directiva para el secretario Mattis en la que se le diera libertad de decisión. La tercera implicaba una orden presidencial para finalizar el programa, pero incluía un plan para aquellas personas transgénero que ya estuvieran dentro del Ejército, y la cuarta suponía excluir del servicio militar a todas las personas transgénero. Priebus explicó que la probabilidad de ser demandados aumentaba a medida que se acercaban a la opción número cuatro.

—Cuando bajes, nos gustaría enseñártelo sobre el papel —comunicó Priebus.

—Bajaré a las diez —dijo el presidente—. ¿Por qué no venís a verme? Tomaremos una decisión.

Priebus pensó que iban a seguir un procedimiento ordenado en, al menos, uno de los temas controvertidos.

A las 8:55 de la mañana, su teléfono móvil le notificó que el presidente acababa de publicar un tuit: «Después de consultar con mis generales y expertos militares, quisiera informar que el gobierno de Estados Unidos no aceptará ni permitirá…».

En los dos tuits publicados a continuación, a las 9:04 y a las 9:08, Trump ponía fin a su anuncio: «… a los individuos transgénero servir o desempeñar ninguna función en el Ejército de Estados Unidos. Nuestros militares deben centrarse en la victoria y no pueden cargar con los tremendos costes médicos y la alteración que los transgénero supondrán en el Ejército. Gracias».

—¿Qué te pareció mi tuit? —le preguntó el presidente a Priebus, más tarde.

—Creo que hubiera sido mejor si hubiéramos tenido un memorando de decisión, y hubiéramos incluido a Mattis —respondió Priebus.

Mattis no estaba contento con la decisión de Trump de tuitear las últimas novedades, ni con el efecto que estas tendrían en los militares transgénero en activo. Todo le había cogido por sorpresa mientras estaba de vacaciones en el noroeste del Pacífico.

La confusión se extendió entre la prensa cuando un portavoz del Pentágono se refirió al tuit como una «nueva dirección».

Sarah Huckabee Sanders, la representante de Trump, dijo que se consultó con «el equipo de Seguridad Nacional del presidente», que Trump había tomado la decisión el día anterior y que había informado a Mattis inmediatamente después. Varios oficiales de la Casa Blanca informaron a la prensa que se consultó con Mattis antes del anuncio y que era consciente de que Trump lo estaba considerando.

Bannon sabía que los generales, aunque mantenían una postura firme en lo que se refería a defensa, habían seguido una línea más progresista en cuanto a temas sociales.

249

—El cuerpo de Marines es una institución progresista —aseguró Bannon—. Y los que más, Dunford, Kelly y Mattis. Son más progresistas que Gary Cohn y Jared Kushner.

El comandante de los guardacostas dijo públicamente que «no perdería la fe» en los miembros transgénero a su servicio.

Dunford envió una carta a los responsables al mando: «No se realizarán modificaciones en la ley actual hasta que el secretario de Defensa haya recibido indicaciones del presidente y hasta que el secretario haya emitido una guía de implementación». En resumen, los tuits no eran órdenes. «Mientras tanto, continuaremos tratando a nuestro personal con respeto… Nos mantendremos centrados en cumplir con las misiones asignadas.»

La asistente de Mattis, Sally Donnelly, llamó a Bannon.

—Oye, tenemos un problema con el jefe. No podemos seguir adelante con esta decisión sobre los transgénero. No está bien, son ciudadanos norteamericanos.

—Estos tíos vienen a hacerse la cirugía completa —respondió Bannon—. ¿Se supone que tenemos que pagársela?

Sally Donnelly contestó que Mattis iba a intentar revocar la decisión.

—Tenéis que dar el brazo a torcer —le aconsejó Bannon.

Mattis tendría que asumirlo.

Más adelante, la Casa Blanca envió una guía formal al Pentágono. Mattis anunció que la estudiaría. Mientras, los soldados transgénero continuaban sirviendo en el Ejército. Las demandas habían comenzado y cuatro tribunales federales habían iniciado acciones judiciales preliminares contra la prohibición. El 1 de enero de 2018, el Pentágono empezó por aceptar reclutas transgénero, tal y como solicitaban los tribunales.

*E*l 2 de junio, Marc Kasowitz, el abogado de Trump de toda la vida, acudió al Despacho Oval. Trump estaba firmando los papeles que le había llevado Porter: se los había presentado cuidadosamente para que los firmara y se los comentaba por encima.

—Vaya —dijo Kasowitz—. Ese hombre es un buen fichaje. Harvard, Facultad de Derecho de Harvard y becario de Rhodes.

Trump había estado lidiando con Porter desde que se incorporó.

—¡Tienes mejor currículo que Neil Gorsuch! —exclamó el presidente. El logro más notable de Trump desde su investidura fue probablemente designar y que se confirmara a Gorsuch como juez del Tribunal Supremo. Siempre lo mencionaba cuando se vanagloriaba de alguno de sus triunfos en la Administración.

—¿Para quién trabajas? —preguntó Trump a Porter cuando Kasowitz se marchó.

—Supongo que para… —empezó a decir Porter.

—¿Ante quién respondes?

—Respondo ante Reince, pero trabajo para usted.

—Sí, ya, ya —reconoció Trump. Conocía el organigrama oficial y lo detestaba—. Olvídate de Reince. Es como una ratilla, se limita a corretear por ahí. No le hagas ni caso. Tú ven a hablar conmigo, no hace falta que pases por él.

Aquel día cambió la relación entre Trump y Porter. El secretario de personal de la presidencia era prácticamente un clon de Neil Gorsuch.

251

Porter se quedó estupefacto ante el trato denigrante de Trump hacia el jefe de Gabinete.

Priebus, Porter y otros siguieron intentando persuadir a Trump de que limitara su actividad en Twitter.

—Es mi megáfono —replicó Trump—. Es la manera en que hablo con la gente directamente, sin filtros. Me ahorro el ruido, las noticias falsas. Es la única forma que tengo para comunicarme con los diez millones de seguidores que tengo. Es más potente que salir en las noticias. Si voy a dar un discurso y lo cubre la CNN pero no me ve nadie, nadie se entera. Pero si pongo un tuit, es como si se lo dijera al mundo con un megáfono.

—Se le va la olla. —Así describió Priebus a Trump en la mañana del jueves 29 de junio, que había publicado un par de tuits antes de las seis de la mañana dirigidos al programa de televisión de la MSNBC *Morning Joe*, presentado por el excongresista republicano Joe Scarborough y su pareja, Mika Brzezinski.

Ambos se habían mostrado amigables e incluso parecían simpatizar con Trump en los inicios de la campaña y, de hecho, durante las primarias, lo invitaron al programa con regularidad, aunque ahora se habían posicionado como detractores. El tuit de Trump decía: «¿Cómo es que la loca de Mika, con su bajo coeficiente intelectual, y el psicópata de Joe se pasaron tres noches seguidas por Mar-a-Lago alrededor de la Nochevieja, e insistieron en unirse a mí? Sangraba mucho por un *lifting* facial».

Sobre las 10:15 de la mañana, Trump leía el periódico en el Despacho Oval cuando llegó Priebus.

—Ya sé lo que vas a decir —arrancó Trump mientras Priebus cruzaba el umbral de la puerta—. Que no es propio del presidente. ¿Y sabes qué? Que ya lo sé, pero tenía que hacerlo.

Priebus sabía que no debía preguntar por qué.

Hope Hicks, la directora de Comunicación, estaba horrorizada. Intentó tomar las riendas de los tuits sobre Mika.

—No ayuda en nada a la gestión política —le dijo al presidente—. No puedes disparar al aire en Twitter; ese tipo de acciones acabará contigo, te saldrá el tiro por la culata. Estás cometiendo graves errores.

Tras el tuit sobre Mika, llegó un aluvión de protestas a cargo de las voces republicanas más representativas, que eran votos necesarios para derogar y sustituir el Obamacare y otras leyes. La senadora Susan Collins, de Maine, exigió: «Esto tiene que acabar». La senadora Lisa Murkowski, de Alaska, comentó: «¡Basta ya!». El ataque personal de Trump, que ya pisaba aguas pantanosas en cuanto a las mujeres se refería, suscitó comparaciones con su pasado.

Como medida extrema, Hicks, Porter, Gary Cohn y Dan Scavino, el director de redes sociales de la Casa Blanca, propusieron que se organizara un comité. Redactaron algunos tuits que en su opinión serían del agrado de Trump. Si al presidente se le ocurría una idea, la escribiría y uno de ellos la validaría o la vetaría. ¿Se ceñía a los hechos? ¿Estaba bien escrita? ¿Tenía sentido? ¿Era útil para sus objetivos?

—Puede que tengáis razón —concedió Trump varias veces—. Hagámoslo así.

Pero luego ignoró la mayoría de las correcciones o vetos e hizo lo que le parecía.

Cuando Trump y el líder norcoreano Kim Jong-un incrementaron la retórica, le advirtieron que Twitter podía «meternos en una guerra».

Trump insistió: «Es mi megáfono. No lo llamemos Twitter, llamémoslo redes sociales». Aunque la Casa Blanca tenía cuentas en Facebook e Instagram, Trump no las utilizaba. Se limitaba a Twitter. «Yo soy así, y así me comunico. Por ello me eligieron. Es la razón por la que he triunfado.»

Los tuits no habían sido incidentes aislados en su mandato. Eran fundamentales. Pidió impresiones de los últimos tuits, que habían recibido un número elevado de «me gusta», como 200.000 o más. Los analizó para detectar los temas comunes con los que más éxito había tenido. Parecía buscar una estrategia mejor, averiguar si el éxito de un tuit tenía relación con

253

el tema, la expresión o simplemente con el factor sorpresa de su intervención. Los tuits que más calaban solían ser los más impactantes.

Más adelante, cuando Twitter anunció que el máximo de caracteres que podía tener un tuit pasaba de 140 al doble, 280, Trump le dijo a Porter que ese cambio tenía sentido en un aspecto. Ahora podría detallar más sus pensamientos.

—Está bien —concedió Trump—, pero es una lástima porque era el Ernest Hemingway de los 140 caracteres.

En la cumbre del G20 en Hamburgo, Alemania, a principios de julio, Trump quería hablar con el primer ministro australiano, Malcolm Turnbull. Violando las normas de seguridad, lo llevó a una zona de información confidencial (SCIF). Solo los más altos cargos estadounidenses podían acceder a esas dependencias; era una regla ineludible, pensada para evitar que se introdujeran dispositivos de escucha. Se trataba de una amplia cámara blindada y tuvieron que desmantelarla entera después de la reunión.

La relación entre ambos líderes había sido tensa desde la primera semana de legislatura, cuando hablaron por teléfono. Trump quería escapar de lo que llamaba un «trato estúpido» entre Estados Unidos y Australia que «me va a matar» y que venía de los tiempos del presidente Obama. Bajo ese acuerdo, ciertos refugiados con antecedentes dudosos, que esperaban en una isla cercana a la costa australiana, podrían obtener la autorización para entrar en Estados Unidos. Se había filtrado la llamada del 28 de enero de 2017 en la que Trump decía: «Es un mal momento… A ver si se convierten en los autores del próximo atentado en el maratón de Boston».

Cuando fue a reunirse con Trump en Alemania, Turnbull ya estaba al tanto del debate que existía en la Casa Blanca acerca de establecer aranceles a las importaciones de acero a Estados Unidos.

—Si establece aranceles —dijo Turnbull—, tendrá que exonerar el acero australiano. Es acero autóctono, somos los únicos que lo producimos en todo el mundo. Ha de eximirnos. Tiene un superávit de 40.000 millones con nosotros y somos aliados militares. Estamos con ustedes en todas las batallas.

—Claro —contestó Trump—, os eximiremos. Tiene todo el sentido del mundo, sois geniales. Tenemos un superávit enorme con vosotros.

Gary Cohn, que asistía a la reunión, estaba encantado. Turnbull era socio de Goldman Sachs y había trabajado para Cohn cuando fue presidente de la compañía.

Al regresar de la cumbre del G20, Trump estaba corrigiendo un discurso que daría pronto con Porter. Estaba pasando sus pensamientos a mano en letra muy clara y escribió: «El comercio es malo».

TRADe is BAD

255

Aunque no llegó a decirlo en ningún discurso, había descubierto la frase que mejor resumía y definía su proteccionismo, aislamiento y ferviente nacionalismo estadounidense.

Casi ocho meses después, el 23 de febrero de 2018, Turnbull llegó a la Casa Blanca para ver al presidente.

En la sesión preliminar en el Despacho Oval, Cohn le recordó a Trump a qué se había comprometido.

—Presidente —dijo Cohn—, lo primero que vas a sacar son los aranceles del acero. Y le recordarás que prometiste eximirles.

—No lo recuerdo —aseguró Trump desde detrás del escritorio.

—Verás, presidente… —siguió Cohn—, te reuniste con él y…

—Lo negaré todo —replicó Trump—. Esa conversación no tuvo lugar.

—De acuerdo, señor; solo te recuerdo que el tema va a salir.

Cohn había sido testigo de esto durante más de un año: lo negaba todo cuando era necesario, útil o más conveniente. Lo tildó de ser «un mentiroso profesional».

En el almuerzo, Turnbull le recordó a Trump con mucho cuidado que habían coincidido en el G20 el verano anterior.

—¿Recuerda que nos vimos en Hamburgo?

—Sí —dijo Trump.

—Me llevó a la cámara blindada.

—Ah, sí, ya me acuerdo —contestó Trump—. Los de seguridad se pusieron como fieras, no podían creer que hubiera hecho algo así.

—¿Recuerda la conversación que tuvimos?

Trump asintió.

—Hablamos del acero autóctono que se produce exclusivamente en Australia.

Trump hizo algo parecido a asentir.

—¿Con un superávit de 40.000 millones?

Sí, eso sí que lo tenía claro Trump.

—Accedió a eximirnos de los aranceles sobre las importaciones.

—Ah, sí —contestó Trump—, me suena.

Cohn se rio.

El acero australiano quedó exento de aranceles, como también sucedió con otras naciones. En junio de 2018, Australia conservaba esa exención.

*E*l 15 de julio, McMaster estaba tomando una copa con Dina Powell, una antigua asistente de su personal, y Porter.

—El dúo dinámico —los llamó McMaster, ya que Tillerson y Mattis le hacían la vida cada vez más difícil, y más insostenible.

McMaster creía que Mattis y Tillerson pensaban que el presidente de la Casa Blanca había perdido la cabeza. Por lo que trataban de implementar o incluso promulgar su propia política, sin obstáculos, sin involucrar a McMaster ni, mucho menos, al presidente.

257

Justo la semana anterior, McMaster explicaba que Tillerson había estado en Catar y había firmado un importantísimo memorando de entendimiento con su ministro de Exteriores contra el terrorismo, para impedir su financiación.

McMaster le acusaba de haberlo hecho a escondidas. No se había consultado al secretario de Estado, ni siquiera se le había informado con antelación. Es más, ¡el secretario se enteró al leerlo en los periódicos! En una rueda de prensa en Catar, Tillerson declaró que el acuerdo «representaba semanas de largas discusiones» entre los dos gobiernos. Por tanto, estaba claro que llevaban trabajando en ello desde hacía tiempo.

Porter aseguraba que Tillerson no había seguido el protocolo político de la Casa Blanca y que tampoco había involucrado al presidente.

No había lugar a dudas: Tillerson estaba trabajando solo.

—Lo más honrado sería —dijo McMaster— tratar de convencer al presidente, en vez de actuar a sus espaldas.

McMaster añadió que él siempre había seguido las órdenes

directas del presidente, cuando estas eran claras. Además, como oficial del Ejército, se sentía obligado a seguirlas. Tillerson, sin embargo, no.

—Es un capullo —espetó McMaster—. Se cree más listo que nadie. Piensa que puede hacer lo que le dé la gana.

Priebus, en un mayúsculo esfuerzo por aportar algo de orden a ese caos, obligó a que todos los miembros del gabinete ficharan al entrar.

Tillerson fue a su oficina a las 17:15 del jueves 18 de julio.

A McMaster no le habían invitado, pero acudió a la reunión de todas formas. Tomó asiento en la sala de conferencias. La silenciosa presencia del consejero de Seguridad Nacional era inquietante y eléctrica.

—Dime, Tillerson —preguntó Priebus—, ¿cómo va todo? ¿Todo en orden para llegar a los objetivos? ¿Cómo está la relación entre el Departamento de Estado y la Casa Blanca? ¿Y qué tal las cosas entre el presidente y tú?

—No estáis funcionando bien —empezó Tillerson antes de dejar salir todo lo que pensaba de los miembros de la Casa Blanca—. El presidente no sabe tomar una sola decisión. No puede decidirse, es incapaz. Hoy quiere una cosa, pero dentro de dos días cambiará de opinión.

McMaster rompió su silencio y volcó su furia sobre el secretario de Estado.

—No estás colaborando con la Casa Blanca —le acusó McMaster—. Nunca consultas las cosas conmigo, ni con nadie. Nos ignoras constantemente.

Le citó ejemplos en los que había intentado organizar reuniones, llamadas o incluso almuerzos con Tillerson.

—Nunca estás disponible, siempre estás ocupado; vas a la tuya. Comunicándote directamente con el presidente, Mattis, Priebus o Porter. Pero nunca con el Consejo de Seguridad Nacional y estamos aquí para eso. —Fue entonces cuando hizo su acusación más grave—: Estás socavando conscientemente el proceso de seguridad nacional.

—Eso no es cierto —se defendió Tillerson—. Siempre estoy disponible. Hablo contigo a todas horas. Justo ayer mantuvimos una conversación telefónica. Además, nos llamamos tres veces a la semana, por las mañanas. ¿Qué estás diciendo, H. R.? Yo he colaborado contigo. Contigo y con todos. También se da el caso de que soy el secretario de Estado. A veces estoy viajando y, por la diferencia horaria, a lo mejor no puedo cogerte todas las llamadas.

McMaster le dijo que consultaba con sus vicesecretarios si estaba en su puesto.

—No tengo ningún vicesecretario —se limitó a decir Tillerson, con frialdad—, porque yo no he escogido a ninguno, y los pocos que tengo no me gustan, no me fío de ellos, prefiero trabajar sin ellos. Así que puedes preguntarles todo lo que quieras. No tienen nada que ver conmigo.

Al resto del Departamento de Estado no le importó: si no iba con ellos, ya podías cantar misa.

Después de la reunión, Tillerson aún echaba humo y fue a ver a Porter a su oficina.

—La Casa Blanca es una pantomima —explotó—. Todos esos de ahí arriba no tienen ni la menor idea de lo que está pasando.

Tillerson dijo que Johnny DeStefano, director de personal, de treinta y nueve años, era incapaz de escoger a alguien eficiente para el Departamento de Estado ni aunque lo tuviera delante. DeStefano había trabajado con el personal del Capitolio y no tenía ni idea de política exterior.

—No te creerías al candidato que me envió para una primera entrevista [como vicesecretario de Estado]. Tenía que ser una broma. No me cabe en la cabeza que nadie, en el mundo entero, pudiera pensar que ese estuviera mínimamente cualificado para el trabajo.

Al final, Priebus intervino:

—Oh, guau, ¡vienes con toda la artillería! Parece que alguien ha hecho enfadar a Rex. Aunque no sueles tener mucha paciencia.

Porter entendía a McMaster, a pesar de que sus reuniones y llamadas podían ser cargantes, y no siempre muy necesarias. Sin embargo, la crisis entre Tillerson y McMaster demostraba la inoperancia que se vivía.

El miércoles 19 de julio de 2017, Trump concedió una entrevista fuera de lo habitual al *New York Times*, en la que lanzó un ataque, para llevarse las manos a la cabeza, contra Jeff Sessions.

Afirmó que, si hubiera sabido que Sessions iba a rehusar supervisar la investigación de Rusia, jamás le habría escogido.

—Sessions nunca debería haberse abstenido, y si era lo que quería hacer, debería habérmelo dicho antes de aceptar el trabajo, porque entonces yo habría escogido a otra persona. ¿Por qué aceptarlo si luego no quiere asumir la responsabilidad? Si me lo hubiera contado, antes de contratarlo, yo le habría dicho: «Gracias, Jeff, pero buscaré a alguien más apropiado para el puesto». Es extremadamente injusto, y estoy usando un eufemismo, para un presidente.

Trump todavía seguía enfadado con el tema de Sessions tres días después, en la mañana del sábado 22 de julio, cuando subía a bordo de la aeronave militar Marine One para dirigirse a Norfolk, Virginia. Tenía que dar un discurso en la ceremonia del comisionado sobre el USS Gerald R. Ford (CVN 78), un barco de guerra de 73.000 millones de dólares.

Trump y Priebus estaban manteniendo una conversación. El presidente admitió que siempre había sentido devoción por el fiscal general de Obama, Eric Holder, a pesar de que no estaba de acuerdo con su política, claro está.

Holder, pasara lo que pasara, siempre había sido fiel a Obama, sin importar qué contratiempo hubiera surgido en esos ocho años. Nunca había evadido sus responsabilidades ni evitado el conflicto político. Holder se habría dejado golpear por su presidente.

—Jeff no es ese tipo de persona, no puedes contar con él en los momentos duros —declaró.

Según Trump, Sessions podría haber rehuido la investigación de Rusia, si hubiera ignorado el día a día de la campaña de Trump. Sin embargo, Sessions había formado parte de la campaña, incluso asistido a mítines, pero, en el fondo, no había participado en su estrategia (el meollo del asunto: la persuasión por correo o las operaciones digitales).

También estaba descontento con los testimonios de Sessions ante varios comités del Congreso sobre reuniones o discusiones relacionadas con los rusos.

—Consigue su dimisión —ordenó Trump a Priebus.

Stephen Miller, antiguo miembro del personal de Sessions y uno de sus grandes defensores, le dijo a Priebus más tarde:

—Estamos jodidos, porque si no logras su dimisión, Trump pensará que eres débil. Pero si la consigues, formarás parte de una espiral de conspiración para quitar a gente de en medio.

Priebus habló con Sessions repetidas veces. Pero el fiscal general no tenía ninguna intención de dimitir.

—Si el presidente no te quiere en su equipo —le dijo Priebus—, tendrías que dimitir.

No, no se iría sin más.

Al cabo de unos días, Trump acabó por posponerlo. Tampoco es que quisiera una dimisión inmediata, ya que quería que Sessions asistiera a los programas de debates del domingo, al día siguiente.

Dos días después, en Twitter, Trump seguía su carga contra Sessions, llamándole «nuestro A. G. particular».

En una entrevista con el *Wall Street Journal* renegó del apoyo por parte de Sessions a su campaña presidencial.

—Cuando dijeron que me apoyaba, fui hasta Alabama, donde Sessions era senador. Reuní a 40.000 personas. Gané en el estado por un montón de votos, una cantidad enorme. Gané en muchos otros estados, con un montón de votos. Pero Sessions, como senador, miraría a esas 40.000 personas y seguramente pensaría: «¿Qué tengo que perder?», y por eso me apoyó. Así que no hay nada a su favor en su apoyo.

Bannon le pidió a Sessions que fuera a la Casa Blanca. Este tomó asiento en lo que Bannon llamaba su «sala de guerra»,

261

cuyas paredes estaban decoradas con pizarras llenas de las promesas de la campaña Trump.

El fiscal general, de pequeña estatura, estaba nervioso pero contento.

—Mira —empezó Bannon—, estuviste con nosotros durante toda la campaña. Sabías que no se podía tomar en serio, no había ninguna organización.

Sessions no se lo discutió.

Bannon hizo uso de lo que, seguramente, era el recuerdo más emocionante en sus vidas políticas: cuando Trump ganó la presidencia el 9 de noviembre. Una dulce victoria.

—¿Tenías alguna duda cuando, el 9, se anunció que estaba en nuestras manos? —preguntó Bannon, y se puso algo religioso—. ¿Crees que hubo alguna especie de fuerza divina que hizo que Trump ganara?

—Pues no —respondió Sessions.

—¿Lo dices en serio?

Sessions dijo que iba muy en serio.

—Fue la mano de Dios, ¿verdad? Tú y yo estábamos ahí. Sabes que nunca lo habríamos conseguido si Dios no hubiera intervenido.

—Ya, claro.

—Vale —zanjó Bannon—. Nunca vas a dimitir, ¿no?

—No, nunca.

Trump tendría que despedirle.

—¿Juras que nunca dimitirás?

—Lo juro.

—Porque las cosas podrían ponerse feas.

—¿Qué me estás tratando de decir? —inquirió Sessions.

—Va a ser muy divertido.

—¿A qué te refieres?

—Jared va a testificar.

El yerno de Trump iba a comparecer, antes del lunes, frente al Comité del Senado sobre Inteligencia y frente a la Comisión Permanente sobre Inteligencia de la Cámara, el martes.

—No pensarán que Jared será suficiente, nunca me traicionaría —aseguró Sessions.

—Y una mierda, te venderá a la primera de cambio. ¡Estoy seguro! ¡Ya verás! Si consideran válido su testimonio, dejará de tuitear.

El 24 de julio, Kushner publicó un largo informe, cuidadosamente redactado, antes de su aparición en el Congreso.

—Nunca me he confabulado con ningún gobierno extranjero, ni conozco a nadie más en la campaña que lo haya hecho. No tengo contactos sospechosos. Nunca he dependido de fondos rusos para financiar mis negocios o actividades en el sector privado.

Los ataques de Trump contra Sessions disminuyeron durante una temporada. Era como una atracción de feria, simple diversión.

En realidad no consideraba que Sessions le hubiera fallado, así que se trataba de pura distracción especulativa.

Los ataques mellaron a los republicanos del Senado de Estados Unidos. Graham dijo que Sessions «tenía fe en la ley». Otros republicanos defendieron a su antiguo compañero y declararon que sería complicado reemplazarle por alguien que el Senado aprobara. El diputado, Rod Rosenstein, incluso podría renunciar.

Su despido podía desembocar en una situación parecida al Watergate, como un eco de la masacre de la noche del sábado de 1973, cuando Nixon despidió al fiscal especial, provocando que el fiscal general y su ayudante dimitieran. A Priebus le preocupaba que hicieran que el asunto de Comey pareciera un juego de niños.

Trump sometió a Sessions a un ataque directo en el Despacho Oval llamándole «idiota». Pese a lo que le prometió a Bannon, Sessions presentó su carta de dimisión. Pero Priebus convenció al presidente de que no la aceptara.

Trump le contó a Porter que, por abstenerse de sus obligaciones, el fiscal general se había convertido en un «traidor».

El presidente incluso se burló de su acento sureño:

—Ese tío es retrasado. Otro sureño con menos cerebro que la suela de un zapato.

263

Trump hizo una pequeña imitación del acento sureño, emulando a Sessions cuando se confundió en sus audiencias de ratificación, negando que hubiera hablado con el embajador de Rusia.

—¿En qué momento me convencieron de escogerle para este puesto? —le preguntó Trump a Porter—. Ni siquiera fue capaz de ser un buen abogado para su país en Alabama. ¿Cómo se supone que va a ser fiscal general?

Trump no iba a parar. Le dijo a Porter:

—Si se iba a recusar él mismo, ¿por qué aceptó el puesto? Esto es alta traición. ¿Cómo se atreve?

Porter tenía una respuesta, y se la explicó lo mejor que pudo:

—Hay una serie de pautas y normas establecidas para esos casos, y él las cumple. En realidad, no fue decisión suya. Sessions no quería el puesto y lo consultó con los miembros relevantes del Departamento de Justicia, y ellos le dijeron que encajaba con el perfil, así que le tocaba apechugar.

—Bueno —dijo Trump—, nunca debería haberlo aceptado. Es el fiscal general. Puede tomar decisiones por sí mismo. No tiene por qué hacer lo que le dice su personal. Si es un abogado tan listo y sabía que iba a abstenerse, me lo debería haber dicho y yo nunca le habría escogido. Pero es un poco lento. Seguramente no lo vio venir.

$\mathcal{A}$ las ocho de la mañana del 20 de julio, Priebus convocó una reunión con todos los altos cargos para hablar de inmigración. Stephen Miller hizo una presentación. Para algunos, equivalía a una lista de la compra... de problemas: el muro fronterizo, la policía fronteriza, el proceso de captura y puesta en libertad, los jueces de inmigración, la lotería de visas por diversidad, las «ciudades santuario», la «ley de Kate» (que endurecería las penas a quienes trataran de volver a entrar ilegalmente a Estados Unidos después de haber sido deportados) y la migración en cadena.

—Tenemos que elegir los asuntos vencedores —dijo Miller—, los que son problemáticos para los demócratas. Y luego tenemos que convencer al Senado de que acepte la votación de cuestiones polémicas, como la retirada de fondos a las ciudades santuario.

Kushner discrepaba completamente de la estrategia de Miller.

—Tenemos que centrarnos en asuntos comunes, asuntos constructivos, e incluso en cosas que podamos ofrecer a los demócratas. Algunas de nuestras prioridades y, también, algunas de las suyas.

Quería «un camino para avanzar y en el que realmente logremos hacer algo productivo».

Priebus no estaba de acuerdo con Kushner.

—Conozco The Hill. Sé qué será bueno desde el punto de vista de estas votaciones con trasfondo político.

Consideraba que un promotor inmobiliario de la ciudad de Nueva York como Jared no sabía mucho de política.

Jared protestó.

—Sé cómo lograr objetivos, ser constructivo y hacer que gente que discrepa llegue a un acuerdo.

Kushner dijo que la mayoría de los debates legislativos que tenían lugar en la Casa Blanca incluían a los seguidores de Priebus del combativo Comité Nacional Republicano, a los de la oficina del exsenador Sessions o a los de la panda de conservadores de Pence. Todos ellos carecían de experiencia a la hora de negociar acuerdos entre los dos partidos o de cerrarlos. Los extremistas y gente que intentaba conseguir ventajas políticas eran quienes manejaban la agenda legislativa.

Mattis y Gary Cohn mantuvieron varias conversaciones discretas sobre el «gran problema»: el presidente no comprendía la importancia de tener aliados en el exterior, el valor de la diplomacia o la relación existente entre el Ejército, la economía y las alianzas de inteligencia con gobiernos extranjeros.

266

Se citaron para comer juntos en el Pentágono y elaborar un plan de acción.

Una de las causas del problema era la firme creencia del presidente de que un déficit comercial anual de unos 500.000 millones de dólares perjudicaba a la economía del país. Estaba haciendo todo lo posible por imponer aranceles y cuotas pese a los esfuerzos de Cohn por instruirlo en los beneficios del libre comercio.

¿Cómo podían convencer y, en su humilde opinión, educar al presidente? Cohn y Mattis se dieron cuenta de que estaban lejos de convencerlo. Las reuniones sobre comercio al estilo del Día de la Marmota se sucedieron y su acritud no hizo más que crecer.

—Traigámoslo aquí, al Tanque —propuso Mattis.

El Tanque es la sala de reuniones segura del Pentágono para los jefes del Estado Mayor. Quizás eso haría que se centrara.

—Buena idea —dijo Cohn—. Saquémosle de la Casa Blanca.

Sin prensa, sin televisión y sin Madeleine Westerhout, la secretaria personal de Trump, que trabajaba a tiro de piedra del Despacho Oval. Ni siquiera podría otear al horizonte por la ventana, porque no había ventanas en el Tanque.

Quizá sacar a Trump de su hábitat natural resolviera el problema. Era una idea sacada de un manual empresarial: un retiro o una reunión externa. Llevarían a Trump al Tanque junto a su equipo principal de seguridad nacional y economía para discutir relaciones estratégicas a nivel mundial.

Mattis y Cohn se pusieron de acuerdo. Juntos se enfrentarían a Trump sobre esto. Las guerras comerciales o las perturbaciones en los mercados globales podían atacar brutalmente y socavar la precaria estabilidad del mundo. La amenaza podría extenderse a la comunidad militar y a la de inteligencia.

Mattis no podía entender por qué Estados Unidos querría enemistarse con sus aliados, ya se tratara de la OTAN, los aliados en Oriente Medio, Japón o, especialmente, Corea del Sur.

267

Justo antes de las diez de la mañana del 20 de julio, un agobiante y despejado jueves, seis meses después de haberse proclamado presidente, Donald Trump cruzó el río Potomac hasta el Pentágono.

El Tanque tenía su atractivo. A Trump le encantaba la habitación. También conocida como la Habitación Dorada por su alfombra y sus cortinas, el Tanque es una estancia ornamentada y solemne. En esencia, es un lugar de retiro, privado y de alta seguridad que refleja décadas de historia.

Las presentaciones preparadas por Mattis y Cohn eran mitad clase de historia, mitad confrontación geoestratégica. También se trataba de un tardío esfuerzo por abordar la inminente pregunta: ¿cómo establece esta Administración sus prioridades políticas y se atiene a ellas?

McMaster no acudió porque tenía un compromiso familiar.

Los mapas que representaban las obligaciones estadounidenses por todo el mundo —despliegues militares, tropas, armas nucleares, cargos diplomáticos, puertos, activos de inteligencia, tratados e, incluso, acuerdos comerciales— ocupaban dos grandes pantallas en la pared, y contaban la historia de Estados Unidos en el mundo. Se mostraban incluso los países en los que Estados Unidos tenía puertos y derechos sobre el espacio aéreo. También se mostraban los principales radares y otras instalaciones de vigilancia.

—El mejor regalo que la generación anterior nos ha hecho —comenzó Mattis— es el orden democrático internacional basado en normas.

Esta arquitectura global trajo consigo seguridad, estabilidad y prosperidad.

Bannon estaba sentado a un lado, en la línea de visión del presidente. Conocía muy bien su concepción global del mundo. Para él era como una especie de fetiche. Su propia obsesión seguía siendo «Estados Unidos primero».

«Esto va a ser divertido», pensó Bannon mientras Mattis exponía las razones por las que los principios organizativos del pasado seguían siendo factibles y necesarios.

«Ahí está el meollo del asunto», pensó Bannon.

El secretario de Estado Rex Tillerson fue el siguiente.

—Esto es lo que ha mantenido la paz durante setenta años —concluyó el antiguo magnate del petróleo de Texas.

Para Bannon se trataba más bien del antiguo orden mundial: compromisos costosos y sin límite, promesas hechas y cumplidas.

Trump negó con la cabeza en desacuerdo, aunque no dijo nada.

Cohn fue el siguiente en hablar. Él expuso las razones a favor del libre comercio: México, Canadá, Japón, Europa, Corea del Sur. Presentó los datos de importación y exportación.

—Somos grandes exportadores de productos agrícolas, casi 130.000 millones de dólares al año —apuntó—. Necesitamos que esos países compren nuestros productos agrícolas. Toda la parte central de Estados Unidos se compone, básicamente, de agricultores —informó.

La mayoría de ellos había votado a Trump.

La venta de armas de Estados Unidos en el extranjero ascendió a 75,9 mil millones de dólares en el año fiscal de 2017.

—No cabe duda de que tenemos muchos aviones militares en el mismo aeropuerto de Singapur en el que compran muchos aviones Boeing —dijo Cohn—. No cabe duda de que realizamos enormes operaciones de inteligencia desde Singapur. No cabe duda de que nuestra flota naval entra y sale de allí para repostar y reabastecerse.

Cohn afirmó que el déficit comercial hacía crecer la economía estadounidense.

—No quiero oírlo —dijo Trump—. ¡Son todo chorradas!

Mnuchin, secretario del Tesoro y otro veterano de Goldman, habló de la importancia de las alianzas de seguridad y las sociedades comerciales.

Trump se volvió para mirar a Bannon. Luego volvió a mirar. Bannon lo tomó como una señal.

—Esperad un momento —dijo Bannon a todos los presentes mientras se levantaba—. Seamos realistas.

Eligió uno de los acuerdos internacionales más controvertidos, un acuerdo que ataba a Estados Unidos a ese orden global.

—El presidente quiere revocar el acuerdo iraní y vosotros lo estáis ralentizando. Es un acuerdo espantoso. Quiere revocarlo para poder renegociarlo.

El jefe de estrategia advirtió que «una de las cosas que quiere hacer» es imponer sanciones a Irán.

—¿Alguno de vuestros malditos grandes aliados de la Unión Europea va a apoyar al presidente? Tanto hablar de que son nuestros socios. ¿Podéis nombrar a uno que piense apoyar al presidente en el tema de las sanciones?

Mnuchin trató de responder a la pregunta sobre la importancia de los aliados.

—Dadme un nombre —solicitó Bannon—. Un país, una empresa. ¿Quién va a apoyar las sanciones?

Nadie respondió.

—A eso me refiero —corroboró Trump—. Lo ha dejado bien claro. Habláis de todos esos tipos como si fueran aliados.

269

Ahí arriba no hay un solo aliado. Responded la pregunta de Steve: ¿quién va a apoyarnos?

—Lo máximo que podemos decir es que no están incumpliendo nada —convino Tillerson.

Todas las agencias de inteligencia estaban de acuerdo en eso. Era el aspecto fundamental. ¿Cómo podían imponer nuevas sanciones si no se había incumplido el acuerdo?

—Todos están ganando dinero —dijo Trump, y señaló que la Unión Europea estaba comerciando y haciendo grandes negocios con Irán—. Y nadie nos va a apoyar.

Trump pasó a Afganistán, donde, recientemente, ya había aguantado media docena de reuniones del Consejo de Seguridad Nacional y algunas otras de menor envergadura.

—¿Cuándo vamos a ganar algunas guerras? Tenemos estos gráficos. ¿Cuándo vamos a ganar algunas guerras? ¿Por qué intentáis imponerme eso?

Haciendo referencia al comandante en Afganistán, el general John Nicholson, que no estaba presente, el presidente atacó.

—Dudo que sepa cómo ganar. No sé si es un ganador. No hay victorias.

Trump no se había decidido por una estrategia en cuanto a Afganistán, seguía siendo objeto de debate.

—Deberíais estar matando gente. No necesitáis una estrategia para matar gente.

El general Dunford, presidente del Estado Mayor Conjunto, salió en defensa de Nicholson.

—Señor presidente —dijo Dunford, de manera educada y con voz suave—, no se ha ordenado conseguir la victoria. Esas no son las órdenes.

Con Obama, que había retirado la mayor parte de las tropas (habían pasado de 100.000 a 8.400), la estrategia se centraba en llegar a un punto muerto.

Mattis y Dunford proponían nuevas normas de intervención para las tropas estadounidenses en Afganistán, lo que les otorgaría libertad para ser más agresivos y letales al eliminar las restricciones a los comandantes locales de la era Obama. Las tácticas ya no se anunciarían al enemigo. Los éxitos recientes al combatir al ISIS reflejaban la importancia de esos cambios.

Trump recordaba que el general Nicholson había autorizado el uso de la bomba de 10 toneladas, la GBU-42/B, conocida también como MOAB, por sus siglas en inglés, la madre de todas las bombas.

—Hizo explotar esa bomba enorme sobre ellos.

—Sí —dijo Dunford—, fue una decisión que tomó el comandante de campo, no se tomó en Washington.

Mattis intentó intervenir educadamente.

—Señor presidente, señor presidente...

—Perro loco, Perro loco —respondió Trump, usando su apodo en la Marina—. Se están aprovechando de nosotros ¿Qué estamos haciendo? —Trump preguntó a sus generales de forma tan severa como le fue posible sin gritar—. ¿Y ganar? ¿Y ganar, qué? Estamos en esta situación porque habéis estado recomendando esas actividades.

La tensión iba en aumento y pronto volvieron al tema de Irán.

—Lo están cumpliendo —dijo Tillerson—. Ese es el trato, y lo están cumpliendo. Puede no gustarte.

El secretario de Estado tenía una forma lógica de revisar los detalles del cumplimiento técnico del acuerdo.

—Eso es típico de la clase dirigente —contestó Trump.

Discutían para que todas esas cosas encajaran entre sí: los acuerdos comerciales con China y México, el acuerdo nuclear con Irán, el despliegue de tropas o la ayuda exterior. El mensaje de Trump fue decir «no» a todo lo que le habían presentado.

—No podemos hacer esto —dijo Trump—. Esto es lo que nos ha llevado a esta situación.

—Cuando digas que apliquen sanciones —dijo Bannon, dirigiéndose a Mnuchin—, estos grandes socios ¿qué harán con las sanciones?

Mnuchin parecía eludir una respuesta.

—No, espera —le presionó Bannon—. ¿Están con nosotros o no?

—Nunca lo apoyarán —observó Mnuchin.

271

—He ahí la respuesta —dijo Bannon—. Esos son vuestros aliados.

—Las empresas europeas —dijo Trump, señalando con el dedo a Mnuchin— no valen una mierda.

Siemens, Peugeot, Volkswagen y otras empresas europeas conocidas estaban invirtiendo activamente en Irán.

—Rex, eres débil. Quiero revocarlo.

Trump pasó a uno de sus temas favoritos. Quería aplicar aranceles a las importaciones de acero, aluminio y automóviles. Se preguntaba por qué Mnuchin no declaraba a China una manipuladora monetaria tal como él pretendía.

Mnuchin explicó que, hacía años, China había sido una manipuladora monetaria, pero que ya no lo era.

—¿Qué quieres decir? —preguntó Trump—. Aporta argumentos convincentes. Hazlo. Declara que lo es.

Mnuchin le explicó que la ley en Estados Unidos era muy clara en cuanto a los requisitos para probar la existencia de manipulación monetaria y que, por eso, no podía aportar argumentos convincentes.

—Estamos en el lado equivocado en los acuerdos comerciales —dijo Trump—. Pagamos por todos ellos más de lo que valen. Los otros países están ganando dinero. Mirad todo esto de aquí arriba. Estamos pagando por todo esto. Esos países son «protectorados» —declaró.

—De hecho, eso es bueno para nuestra economía —repitió Cohn.

—No quiero oírlo —respondió Trump—. Todo eso son chorradas.

A medida que la reunión llegaba a su fin, Tillerson se reclinó en su silla. Parecía dirigirse al presidente, pero no mantenía contacto visual con él. En cambio, miraba a Mattis.

—Tu acuerdo —dijo el secretario de Estado—. Es tu acuerdo.

En Texas era una forma de lavarse las manos, como aquel que dice: obedeceré y ejecutaré las órdenes, pero el plan es tuyo, no mío.

—Invertimos 3.500 millones de dólares al año para tener

tropas en Corea del Sur —dijo Trump enfadado—. ¡Y ellos fueron incapaces de decidir si querían o no el sistema antimisiles THAAD! ¡Y tampoco si iban o no a pagar por él!

Algunos surcoreanos creían que el sistema antimisiles podía provocar una guerra con Corea del Norte y habían puesto reparos a la instalación, argumentando que era por el bien de Estados Unidos y Japón.

—Pues ¡saca las putas tropas! —exclamó Trump—. ¡Me importa una mierda!

—Los surcoreanos nos dan muchísimas subvenciones —explicó Cohn, desafiando directamente al presidente—. El acuerdo comercial es bueno para la economía de Estados Unidos —repitió—. Nos compramos las teles más increíbles del mundo por 245 dólares. Lo cual quiere decir que la gente gasta menos dinero en televisores y más dinero en otros productos estadounidenses.

Si Estados Unidos retiraba sus tropas de Corea del Sur, harían falta más portaaviones en esa parte del mundo para estar tranquilos.

—Eso podría costar hasta diez veces más —expuso Cohn.

Luego estaba la información de inteligencia, sumamente delicada, que se había obtenido gracias a los programas de acceso especial que Corea del Sur permitió que Estados Unidos llevara a cabo. Trump parecía no comprender su valor o necesidad.

—A ver, 3.500 millones de dólares, 28.000 soldados —dijo el presidente. Estaba furioso—. No sé por qué están ahí. ¡Vamos a traerlos a todos a casa!

—Entonces, presidente —dijo Cohn—, ¿qué necesitarías que hubiera en la región para dormir bien por la noche?

—No necesitaría una mierda —aseguró el presidente—. Y dormiría como un bebé.

Priebus puso fin a la reunión. Mattis parecía estar completamente desanimado.

Trump se levantó y salió.

Era como si Tillerson se hubiese quedado sin aire. No podía soportar el ataque de Trump a los generales. El presidente

273

hablaba como si el Ejército estadounidense fuese una panda de mercenarios a sueldo. Si un país no nos pagaba para que estuviéramos ahí, no queríamos estar ahí. Como si a Estados Unidos no le interesara forjar y mantener un orden mundial pacífico, como si el principio organizativo de Estados Unidos fuera el dinero.

—¿Estás bien? —le preguntó Cohn.

—Es un puto imbécil —observó Tillerson para que todos lo oyeran.

Trump abandonó la reunión con Priebus, Bannon y Kushner justo antes de las 12.45 del mediodía. Estuvo unos momentos saludando a los miembros del servicio que se encontraban en el pasillo.

—La reunión ha ido genial —dijo Trump a los periodistas—. Una reunión estupenda.

Se dirigió a la limusina presidencial.

—Me alegro de que al fin te decidieras a decir algo —felicitó Trump a Bannon—. Necesitaba un poco de apoyo.

—Lo estabas haciendo genial —dijo Bannon.

Mnuchin, el secretario del Tesoro, salió detrás de ellos. Quería asegurarse de que estuviera claro que estaba con Trump en el asunto de los aliados europeos.

—No sé si son aliados o no —convino—. Estoy contigo.

En el coche, Trump describió a sus asesores.

—No saben nada de negocios. Todo lo que quieren hacer es proteger a todo el mundo, y nosotros lo pagamos.

Dijo que los surcoreanos, nuestros aliados, no llegarían a un nuevo acuerdo comercial con nosotros.

—Y quieren que les protejamos de ese loco en el norte.

Cohn concluyó que, de hecho, Trump estaba yendo hacia atrás. Había sido más razonable durante los primeros meses, cuando todavía era un principiante.

Para Priebus, esta había sido la peor de muchas reuniones

espantosas. Seis meses después de formar parte de la Administración, podía ver con claridad que tenían un problema fundamental a la hora de establecer objetivos. ¿Adónde se dirigían?

La desconfianza en la sala había sido palpable y corrosiva. El ambiente era salvaje. En apariencia, todos estaban en el mismo bando, pero parecían llevar puesta la armadura de guerra, en especial el presidente.

—A esto se parece la locura —concluyó Priebus.

Un alto cargo de la Casa Blanca que habló durante esa misma época con algunos participantes de la reunión, hizo este resumen: «El presidente procedió a soltar una reprimenda e insultar a todo el grupo por no saber nada en lo que respecta a defensa o seguridad nacional. Es evidente que muchos de los asesores principales del presidente, especialmente los pertenecientes a la esfera de la seguridad nacional, están sumamente preocupados por su carácter imprevisible, su relativa ignorancia, su incapacidad para aprender y también por lo que ellos consideran que son opiniones peligrosas».

275

28

*D*espués de la reunión en el Tanque, Tillerson, que era un Eagle Scout (el máximo rango de los Boy Scouts), se marchó para asistir a una reunión de esa organización en Virginia Occidental y a la boda de su hijo en Texas. Estaba pensando en dimitir.

—Escucha —le dijo Priebus, más tarde, por teléfono—. No puedes dimitir justo ahora. Es ridículo. Ven a mi oficina.

Tillerson fue a verle.

—No me gusta cómo el presidente les habla a esos generales. No se lo merecen. No puedo quedarme de brazos cruzados mientras el presidente dice esas cosas. Es un idiota.

A Priebus le sorprendió que fuera tan abiertamente hostil. Se dio cuenta de que la verdadera queja de Tillerson tenía que ver con la manera en que el presidente se dirigía a él. En muchas reuniones celebradas en la Sala de Crisis de la Casa Blanca, Tillerson se quedaba, casi literalmente, sin aliento, mientras daba señales evidentes de que estaba más que harto, sin apenas poder ocultar lo que pensaba del «idiota».

Priebus le aconsejó bajar un poco el tono.

—No puedes faltarle al respeto. No puedes hablarle así al presidente. Tienes que encontrar la manera de comunicarte con él, de decir lo mismo, pero de una forma que no resulte ofensiva.

Priebus admiraba el enfoque de Mattis. Evitaba la confrontación, mostraba respeto y deferencia, tenía ojo para los negocios y viajaba todo lo posible, entrando y saliendo de la ciudad.

Tillerson volvió al tema de los generales.

—No puedo quedarme de brazos cruzados mientras el presidente desmerece a los generales. No puedo, no está bien.

Más tarde, Priebus le contó a Trump que había tenido una conversación con Tillerson acerca de no faltarle al respeto al presidente. No mencionó que le había tratado de «idiota».

Trump escuchó en silencio, algo poco habitual, y no le contradijo en nada. Priebus pensó que el presidente no reconocía la hostilidad de Tillerson porque era muy orgulloso. Como jefe ejecutivo, no podía permitir la evidente insubordinación del secretario de Estado.

Poco a poco, el procedimiento del Consejo de Seguridad Nacional iba avanzando. El Comité de Coordinación de Políticas, un nivel por debajo del Comité de Adjuntos, consiguió la colaboración de los jefes del Estado Mayor, de civiles del Departamento de Defensa, del Departamento de Estado, de las agencias de inteligencia, de Hacienda y de la Oficina de Administración y Presupuesto. Se pretendía elaborar el borrador de un documento de estrategia de 30 páginas, más anexos. Se limarían asperezas. Ese documento se enviaría al Comité de Adjuntos, donde los diputados de varios departamentos podrían realizar los cambios pertinentes. Una vez que todo el mundo se hubiera puesto de acuerdo en cuanto al borrador y se hubiese aprobado una hoja de ruta, se convocaría un comité presidido por el consejero de Seguridad Nacional, H. R. McMaster, al que asistirían los secretarios del Gabinete.

Tillerson ocupaba un alto rango y, por tanto, era el primero en tomar la palabra en las diferentes reuniones. Llegaba y decía:

—No he visto el documento de estrategia del Consejo de Seguridad Nacional. Este es un tema serio. Tenemos que ponerlo en perspectiva. Así es como yo lo veo.

Proyectaba una serie de diapositivas informativas y, en lugar de enviarlas antes de las reuniones, de forma que los demás pudieran leerlas con antelación, las abordaba todas durante la reunión y, en ocasiones, llegaba a invertir hasta cinco minutos solo en una de ellas. Los miembros del Consejo de Seguridad Nacional estaban atrapados. Normalmente, las reuniones se

277

programaban para que duraran una hora y quince minutos, por lo que, a veces, Tillerson era el único que hablaba.

Pretendía que todos estuvieran de acuerdo con su definición de los problemas, para, entonces, volver atrás y redefinir la estrategia.

Las intervenciones de Tillerson y su deseo de reiniciar todo el proceso entre las diferentes instituciones, basándose en la dirección que, a su juicio, debían seguir las leyes, abordaron, de una forma u otra, las estrategias para Irán, Irak, Líbano y Hezbolá, Siria, China, Corea del Norte, y también para derrotar al ISIS.

Algunos de los presentes en esas reuniones, tanto los que estaban en la mesa como los que se encontraban entre los asistentes, se sorprendían, en ocasiones, con su enfoque. Otros, sin embargo, consideraban que sus presentaciones eran convencionales. Tillerson defendía una mayor integración económica, la coordinación en la ayuda al desarrollo y la necesidad de dirigirse hacia los causantes de la violencia, así como el uso activo de la diplomacia.

Lo que se echaba de menos, habitualmente, era un plan de ejecución que se encargara de asignar responsabilidades. Los objetivos finales eran vagos y poco claros, lo que se traducía, a menudo, en semanas o meses de retraso.

En esas fechas, en el mes de julio, Trump viajaba de vuelta a Bedminster, en un avión que todavía llevaba el nombre de Air Force One. Se dirigió a la zona de personal, donde estaban sentados Ivanka, Jared, McMaster y Porter.

Las tres principales áreas de guerra, Irak, Afganistán y Siria, no eran más que un barrizal y estaba harto de hacerse cargo de ellas, según dijo en tono aleccionador.

—¡Cuántos recursos seguimos gastando en esos países! Deberíamos declarar nuestra victoria, terminar las guerras y traer a las tropas a casa.

McMaster parecía hecho polvo. Tras seis meses como comandante al cargo, Trump quería acabar con todo y largarse.

Cuando el presidente se marchó, Jared e Ivanka parecían preocupados. Le dijeron a McMaster que querían ayudarle.

—Cuando volvamos —le dijeron—, ¿por qué no te sientas con Porter y pensáis en una estrategia para retirar algunas de nuestras tropas, pero seguir dejando otras? Encuentra la forma de hablar con el presidente.

El 25 de julio, el presidente volvió a reprender a McMaster. Trump dijo que no tenía ningún interés por los aliados. No quería tropas en Corea del Sur, ni siquiera cuando se le recordó que, desde allí, se podía detectar el lanzamiento de un ICBM, un misil balístico intercontinental, en siete segundos, a diferencia de los quince minutos que se tardaba en detectarlo desde Alaska.

McMaster tuvo una conversación con Cohn y Porter en la columnata exterior del Despacho Oval. Les contó que, a las 6:03 de la mañana, Trump había retuiteado: «Ucrania se está esforzando en sabotear la campaña de Trump y apoya a Clinton en silencio, así que ¿dónde está la investigación, fiscal general?».

Se trataba, claramente, de propaganda rusa, según McMaster. Eso era lo que habían concluido tanto él como el Consejo de Seguridad Nacional y expertos en inteligencia. Pero el presidente había sido rápido y lo había retirado.

McMaster confesó que no sabía si podría aguantar más tiempo.

Más tarde, ese mismo día, en el Despacho Oval, McMaster tenía una orden muy sensata relativa a Libia que quería que el presidente firmara.

—No la voy a firmar —espetó Trump—. Estados Unidos tendría que estar consiguiendo petróleo. Los generales no están lo bastante concentrados en ganar dinero. No entienden cuáles deberían ser nuestros objetivos y han comprometido a Estados Unidos de todas las formas erróneas posibles.

279

Antes de que el presidente se dirigiera a su residencia al final de ese mismo día, Porter le entregó un cuaderno informativo con documentos de antecedentes, memorandos de leyes y su agenda para el día siguiente.

A la mañana siguiente, bajó al Despacho Oval sobre las diez, las once o puede que a las once y media.

—¿Qué tenemos previsto hacer hoy? —preguntó.

Tal vez le había echado un vistazo al cuaderno, o tal vez no lo había mirado en absoluto. Ya había comentado que creía que su punto fuerte era la improvisación. Podía controlar la situación. O la habitación. O el momento, tal y como había hecho durante la campaña electoral.

Porter llegó a la conclusión de que a Trump le gustaba hacer las cosas de manera impulsiva y seguir su instinto. Era como si pensara que prepararse con mucha antelación fuera a disminuir sus habilidades como improvisador. No quería que un exceso de previsión lo arruinara todo. Como si tener un plan anulara sus poderes, su sexto sentido.

280

Aquello de lo que el presidente hablaba por las mañanas era, la mayoría de las veces, lo que había visto en la televisión, especialmente en el canal Fox News, o lo que había leído en los periódicos, que analizaba mucho más concienzudamente de lo que la gente pensaba.

A lo largo del día, Trump preguntaba su opinión a cualquiera que tuviera cerca, desde personal del gabinete a guardias de seguridad. Era su forma de conseguir que la gente colaborara.

En una ocasión, le preguntó a su guardaespaldas de veintisiete años, Johnny McEntee, si debería enviar más tropas a Afganistán.

—No le veo mucho sentido —respondió McEntee.

Cuando Trump preguntaba a otras personas en el Ala Oeste de la Casa Blanca, a menudo le eludían.

—Deberías hablar sobre esto con H. R. porque el experto es él.

—No, no, no —dijo Trump una vez—. Quiero saber qué piensas tú.

—Sé lo que leo en los periódicos.

Pero esto no le bastaba.

—No, quiero saber qué piensas tú.

Todos los presidentes se deben a su público, pero el público central de Trump era, a menudo, él mismo. No dejaba de analizarse a sí mismo y, la mayoría de las veces, lo hacía de forma entusiasta y positiva. Solo pensaba en la sala de prensa.

En la forma de funcionar del Despacho Oval y de la Casa Blanca, los negocios no eran un arte, sino una maraña difícil de ignorar. Era evidente que Trump corría en círculos, vertiginosamente.

Trump explicaba a aquellos que más tiempo pasaban en el Despacho Oval que, en lo que se refería a asuntos exteriores, todo se basaba en las relaciones personales.

—Tengo una magnífica relación con Xi —comentó acerca del presidente chino—. Tenemos mucha química. Le caigo bien, me puso una alfombra roja cuando fui a Pekín.

En noviembre de 2017, afirmó públicamente que «lo considero mi amigo, y él me considera su amigo».

H. R. McMaster intentó explicar que Xi estaba utilizando al presidente. China era un rival económico, que planeaba convertirse en el número uno del mundo.

Trump explicó que lo entendía, pero su buena relación con Xi había suavizado esos problemas.

Durante los últimos cuatro meses de 2017, el Consejo de Seguridad de las Naciones Unidas votó tres veces para imponer severas sanciones económicas a Corea del Norte. El 22 de diciembre, las votaciones quedaron 15 a 0, incluyendo a China. Las sanciones suponían cortar, en un 89 por ciento, la cantidad de petróleo que se exportaba a Corea del Norte. Trump estaba encantado.

—Todo esto es por la buenísima relación que mantengo con el presidente Xi y porque nos respetamos mutuamente. Y es fantástico que yo siga siendo amigo suyo, aunque todos me digáis que deberíamos ser rivales porque, si no fuera por nuestra buena amistad, esto no hubiera pasado. —Confiaba en la química—. Puedo conseguir que haga cosas que, de otra forma, no haría.

En temas en los que Trump había hecho correr ríos de tinta, las discusiones eran inútiles. Una de las personas con más experiencia en el Ala Oeste de la Casa Blanca, durante 2017 y 2018, afirmó:

—Ha llegado a sus conclusiones en lo que respecta a ciertos temas y le da igual lo que le digas. No le interesan tus argumentos. No te escucha.

En un momento dado, Trump decidió imponer aranceles.

—Estupendo —dijo Cohn—. Mañana, el mercado de valores descenderá unos 1.000 o 2.000 puntos, pero tú estarás contento, ¿verdad?

—No, no, no más reuniones. Lo dejamos estar.

—Lo que más te asusta es ser Herbert Hoover —contestó Cohn.

En el tema del comercio, siempre era el Día de la Marmota. Las mismas discusiones, los mismos temas, la misma certeza (por ambas partes). Volverían a tener la misma discusión, una semana o un mes después.

Trump afirmaba repetidamente que iba a retirarse de los acuerdos comerciales e iba a empezar a imponer aranceles. Quiso hacerlo muchas veces y llegaba a pedir una orden para firmarla.

—Tenemos que distraerle del Korus —le comentaba Porter a Cohn.

—Y del NAFTA —coincidía Cohn.

Al menos en dos ocasiones, Porter llegó a elaborar un borrador de la orden, siguiendo las instrucciones de Trump y, al menos en dos ocasiones, Cohn o Porter se lo llevaron de su mesa. Otras veces, simplemente lo retrasaban.

Parecía que Trump no se acordaba de su propia decisión porque no preguntaba nada al respecto. No tenía una lista, ni en su cabeza ni en ninguna parte, de cosas que hacer.

□

El 12 de julio de 2017, quince de los antiguos directores del Consejo de Asesores Económicos de la Casa Blanca, formado por economistas académicos, enviaron una carta a Trump, en la que le urgían a «no emprender el proceso de imponer aranceles sobre el acero», ya que ello podría afectar a las relaciones con los aliados clave y «dañar increíblemente la economía de Estados Unidos».

La carta la firmó un grupo compuesto por los republicanos y demócratas más selectos, entre los que se incluían Alan Greenspan y Ben Bernanke, anteriores presidentes de la Reserva Federal, Laura Tyson, la principal consejera económica de la Administración Clinton, y el ganador del Premio Nobel de Economía, Joseph Stiglitz.

La carta incluía una nota manuscrita dirigida a Trump, en la que Wilbur Ross manifestaba su desacuerdo: «Estimado señor presidente, es de suma importancia que los consejos de las personas de esta lista se reflejen en un déficit comercial. No podemos permitirnos sus medidas políticas. Saludos, Wilbur».

283

Los últimos diez días de julio de 2017 hicieron mella. El jueves 27 de julio, Trump contrató a Anthony Scaramucci, un intrépido banquero de inversión y antiguo alumno de Goldman Sachs, como director de Comunicaciones, en contra de las fuertes objeciones de Priebus.

Scaramucci había realizado una ronda de entrevistas, en las que afirmó, públicamente, que pronto se pediría la dimisión de Priebus.

—Reince es un puto esquizofrénico paranoide, un paranoico —manifestó.

La mañana del viernes 28 de julio, la promesa de Trump de derogar y sustituir la reforma sanitaria de Obama (Obamacare) fracasó en el Congreso. Trump culpó a Priebus porque se suponía que tenía que conocer el Pentágono y mantener relaciones cercanas con los líderes republicanos. No importó lo mucho que Priebus intentó explicarse, Trump no le hizo caso.

—No has podido hacerlo.

Aquel día, Trump voló a Long Island (Nueva York) para dar un discurso. Priebus le acompañó. Tuvieron una charla en una cabina privada del Air Force One.

Priebus había presentado su dimisión la noche anterior. Estaba harto y sabía que ya le había dado todo lo posible a Trump.

El presidente se preguntó quién podría ser un buen sustituto y comentó que hablaría con John Kelly, el secretario de Seguridad Nacional y general de cuatro estrellas de la Marina, ya retirado. Trump preguntó a Priebus qué opinaba de Kelly.

—El general Kelly está bien —respondió Priebus.

Trump coincidió y confesó que pensaba que Kelly lo haría bien, pero que aún no le había ofrecido el trabajo.

A Priebus le preocupaba cómo gestionar su marcha.

—Lo podemos anunciar este fin de semana u organizar una rueda de prensa. O el lunes. Lo que a ti te parezca. Estoy preparado para hacerlo como tú quieras.

—Igual lo hacemos este fin de semana —dijo Trump—. ¿Qué vas a hacer ahora? —Priebus esperaba reincorporarse a su antigua firma de abogados. Trump le dio un gran abrazo—. Ya se nos ocurrirá algo. Eres el mejor.

El Air Force One aterrizó. Priebus descendió por la rampa y la lluvia salpicó su deportivo negro, en el que Stephen Miller y Dan Scavino le esperaban. Dentro de lo que cabía, se sentía bien.

Le saltó una alerta de tuit presidencial. Comprobó la última actualización de @realdonaltrump: «Me complace informaros de que acabo de nombrar al secretario/general John F. Kelly como jefe de personal de la Casa Blanca. Es un buen ciudadano norteamericano...».

«¡Increíble! ¿Esto va en serio?», pensó Priebus. Acababa de hablar con Trump sobre esperar a anunciarlo.

Nadie esperaba ese tuit de Trump. Cuando Miller y Scavino lo vieron, se bajaron del deportivo de Priebus y se metieron en otro coche, dejando a solas al antiguo jefe de personal.

En cuanto cerró la puerta del coche, Priebus barajó la posibilidad de que Trump hubiera escrito ese tuit como borrador y lo hubiera publicado por accidente. No, eso no era lo que había pasado. La conversación en la cabina, simplemente, había sido otra mentira.

Esa noche, el general Kelly fue a ver a Priebus. Habían estado juntos en las trincheras, pero Kelly había criticado, ante Trump y en privado, el desorden y el caos en el que se sumía la Casa Blanca. Kelly le había dicho al presidente que creía poder enderezar la situación.

—Reince, yo nunca te haría eso. No me ofrecieron el trabajo hasta después de que se publicara ese tuit. Te lo hubiera contado.

Priebus era consciente de que no tenía ningún sentido, a menos que supieras cómo Trump tomaba las decisiones. «El presidente carece de habilidad psicológica para experimentar, en ninguna medida, empatía o pena.»

A Kelly le había pillado totalmente desprevenido y se desconectó del mundo durante unas horas. Tenía que llamar a su mujer para explicarle, después de que le ofrecieran uno de los trabajos más importantes del mundo a través de Twitter, que no le quedaba otra que decir que sí. Ese mismo día, Kelly afirmó en un comunicado:

—He tenido la suerte de servir a mi país durante más de cuarenta y cinco años. Primero, como marine y, después, como secretario del Departamento de Seguridad Nacional. Es un honor que se me pida servir como jefe de personal del presidente de Estados Unidos.

En cierto modo, Priebus nunca llegó a superar cómo se gestionó su salida. Finalmente, llegó a la conclusión de que si no eres capaz de sentir empatía o pena por algo o por alguien, un episodio como ese tampoco parecía tan descabellado. Y, por ese motivo, Trump le llamó dos días más tarde.

—Reince, amigo mío, ¿cómo va eso? ¿Cómo estás? —Trump no consideraba que tuvieran ningún problema, así que no le resultaba incómodo.

En lo que se refería a las relaciones con Trump, cuanto más cerca estuvieras, menos podías avanzar. Empezabas con 100 puntos, ya no podías conseguir más. Kelly había empezado con 100 puntos, que habían ido bajando. Estar cerca de Trump, especialmente si era en el papel de jefe de personal, significaba ir quedándote sin puntos. Significaba pagar.

La parte más importante del mundo de Trump era el círculo que se encontraba fuera del ojo del huracán. Eran las personas que Trump pensaba que, quizá, debería haber contratado o que habían trabajado para él, se había deshecho de ellas y, ahora, pensaba que no debería haberlo hecho. Eran las personas que ya estaban ahí o que deberían haber estado ahí, asociados o conocidos que no le debían nada y que le rondaban, pero que no buscaban nada. Los que tenían el poder eran los que pertenecían a ese círculo externo, no los de dentro. No eran ni Kelly ni Priebus ni Bannon.

Meses después de su salida de la Casa Blanca, Priebus hizo un comunicado final. Pensaba que, en el Ala Oeste de la Casa Blanca, había estado rodeado de una serie de asesinos naturales, sin ninguna habilidad para trabajar con normalidad: un plan, un discurso, un esbozo de estrategia, un presupuesto, una agenda diaria o semanal. Eran intrusos que deambulaban por allí, sembrando el caos.

Estaba Ivanka, una cazadora encantadora que entraba y salía de las reuniones y de los últimos acuerdos presidenciales. Jared tenía los mismos derechos. El currículo de ambos estaba vacío.

Kellyanne Conway tenía, o se tomaba, la licencia de aparecer en las entrevistas o en televisión, casi a su voluntad y, a menudo, sin coordinarse con las oficinas de Prensa y Comunicación que se suponía que Priebus controlaba.

Luego estaba Bannon, al que le había tocado una oficina clave en el Ala Oeste de la Casa Blanca, cerca del Despacho Oval, cuyas paredes había llenado de pizarras en las que enumeraba las promesas de la campaña de Trump. Era el estratega de una operación que no existía. Empezaba acaloradas discusiones cuando la agenda nacional populista se ponía en entredicho, por nada en especial o cuando necesitaba algo.

Trump había suspendido el examen del presidente Lincoln. Priebus llegó a la conclusión de que no había sentado a la mesa a un grupo de rivales u oponentes políticos.

—Los que están sentados a la mesa son depredadores naturales. No solo rivales, depredadores —afirmó más tarde.

Esas personas no tenían ninguna experiencia en el gobierno y, sorprendentemente, esta era una característica distintiva común a todos ellos. A lo largo de sus vidas habían tenido un contacto superficial y ocasional con el ambiente político o, simplemente, eran demasiado jóvenes.

En cierto modo, los cuatro, Ivanka, Jared, Conway y Bannon, seguían el mismo *modus operandi*.

—Entran en el Ala Oeste y, si tú no bajas el arma, ellos tampoco —comentó Priebus. Sus discusiones no tenían como objetivo convencer, sino, como en el caso de su presidente, ganar (rebajar, destrozar, matar)—. Si estás sentado frente a depredadores naturales, las cosas no avanzan. —De forma que, en la Casa Blanca no se estaban tratando temas imprescindibles, como la sanidad o la reforma de impuestos. La política extranjera no era coherente y, a menudo, resultaba contradictoria—. ¿Por qué? Porque cuando metes una serpiente con un ratón, un halcón con un conejo y un tiburón con una foca, en un zoo sin paredes, las cosas empiezan a ponerse desagradables y sangrientas. Eso es lo que pasa.

29

*E*n un fin de semana de mediados de agosto, el séptimo mes de la presidencia de Donald Trump, cientos de supremacistas blancos se enfrentaron de forma violenta con protestantes en Charlottesville, Virginia, enfatizando claramente una vez más la división racial de Estados Unidos.

Avanzando por el campus de la Universidad de Virginia en una perturbadora marcha nocturna con antorchas en la calurosa noche del 11 de agosto, recordando a la Alemania de los años treinta, unos 250 nacionalistas blancos coreaban «Los judíos no nos reemplazarán» y el eslogan nazi «Sangre y tierra».

Al día siguiente, tras varias peleas entre nacionalistas blancos protestando porque quitaran una estatua del general confederado Robert E. Lee y los contramanifestantes, uno de los nacionalistas blancos atropelló con su coche a una multitud de protestantes, matando a una mujer e hiriendo a diecinueve personas. Las imágenes de hombres blancos, gruñendo y con antorchas *tiki*, vestidos con polos de color caqui, y un vídeo del vehículo atropellando brutalmente a los peatones se convirtieron en un importante espectáculo televisivo e informativo.

El sábado 12 de agosto, Trump estaba viendo Fox News desde su campo de golf en Bedminster. A la una de la tarde en Fox, una portavoz de la policía de Virginia describió el conflicto:

—En medio de la multitud, por todos lados, estaban tirando botellas. Tiraban latas de refrescos con cemento dentro. Tiraban bolas de pintura. Estaban peleando. Saliendo de sus grupos y atacándose. Lanzando productos químicos a la multitud, así como bombas de humo.

A las 13:19, Trump tuiteó una petición de calma: «TODOS

debemos unirnos y condenar todo lo que defiende el odio. Esta clase de violencia no tiene lugar en Estados Unidos. ¡Debemos unirnos como uno!».

Después, por la tarde, en una firma rutinaria de un proyecto de ley de veteranos, Trump tenía un guion que era una completa condena de los hechos y terminaba con la palabra «violencia».

—Condenamos con la mayor fuerza posible esta indignante muestra de odio, intolerancia y violencia —manifestó. Pero se desvió del texto y añadió—: Desde muchos lados. Desde muchos lados. Lleva pasando demasiado tiempo en nuestro país. No es cosa de Donald Trump. No es cosa de Barack Obama. Esto lleva pasando demasiado, demasiado tiempo. —Después levantó el texto—: No tiene lugar en Estados Unidos.

Trump tocó una fibra sensible con lo de «muchos lados», sugiriendo una equivalencia entre los neonazis y los que se oponían a la supremacía blanca. Críticas mordaces al presidente llegaron desde todo el espectro político, incluyendo a muchos líderes del Partido Republicano.

«Es muy importante para la nación oír a @potus* describiendo el evento en #Charlottesville como lo que es, un ataque terrorista de #supremacistasblancos», tuiteó el senador Marco Rubio.

«Señor presidente, debemos llamar al mal por su nombre —tuiteó Cory Gardner, senador republicano de Colorado—. Estos eran supremacistas blancos y esto ha sido terrorismo nacional.»

«Mi hermano no dio la vida enfrentándose a Hitler por sus ideas nazis como para que no tengan oposición aquí en casa», tuiteó el senador Orrin Hatch, normalmente un aliado fiable de Trump.

En una declaración, el senador John McCain aseguró que lo de Charlottesville había sido «un enfrentamiento entre nuestros mejores ángeles y nuestros peores demonios. Los supremacistas blancos y los neonazis son, por definición, opuestos al patriotismo norteamericano y los ideales que nos definen».

El presidente de la Cámara de Representantes Paul Ryan

289

---

* Presidente de Estados Unidos, por sus siglas en inglés.

tuiteó: «La supremacía blanca es una lacra. Este odio y su terrorismo deben ser afrontados y derrotados». Mitt Romney tuiteó: «Prejuicio racial, después odio, después discurso repugnante, después marcha repugnante, después asesinato; no es supremacía, es barbarie».

El senador republicano Lindsey Graham apareció en *Fox News Sunday* y dijo que el presidente «necesita corregir las cosas. Estos grupos parecen creer que tienen un amigo en Donald Trump, en la Casa Blanca», y también que «instaría al presidente a disuadir a esos grupos de que es su amigo».

El vicepresidente Pence añadió: «No tenemos tolerancia para el odio y la violencia de los supremacistas blancos, los neonazis o el KKK. Esos peligrosos grupos radicales no tienen lugar en la vida pública norteamericana ni en el debate norteamericano, y los condenamos con la mayor fuerza posible».

Las noticias se centraron en la clara reticencia de Trump a condenar a los supremacistas blancos. Algunos señalaron que había desperdiciado la oportunidad de apagar las sospechas de que albergaba simpatías por los supremacistas blancos.

Kelly había organizado una reunión de altos cargos en una teleconferencia segura a las ocho de la mañana del lunes 14 de agosto. Estaba en Bedminster, pero la mayoría de los altos cargos estaban en la Casa Blanca, en Washington. Algo iba mal con el audio del equipo de teleconferencia seguro y el inicio de la reunión fue retrasado.

—¡A tomar por culo! —dijo Kelly después de unos treinta segundos—. No vamos a hacerlo.

Salió hecho una furia, causando un parloteo considerable entre el personal sobre su mal genio y su irritabilidad.

Al día siguiente hubo otro fallo.

—A la mierda —dijo Kelly—. A tomar por culo. Saca a la gente de la línea de la conferencia. Vamos a hacer la reunión solo con la gente que esté aquí.

□

Rob Porter estaba en Bedminster con Trump y se unió al esfuerzo coordinado para arreglar el desastre con un nuevo discurso sobre Charlottesville. Los redactores de discursos de la Casa Blanca habían escrito un nuevo borrador, y Porter lo tenía para que Trump lo entregara en la Casa Blanca al día siguiente, el lunes 14 de agosto. La intención era mostrar al presidente como una fuerza constructiva y tranquilizadora.

Porter le entregó el borrador a Trump en el vuelo de vuelta a Washington en el Air Force One. Lo revisaron los dos juntos. Al presidente no le gustaba el tono. No quería sonar como si estuviera rindiéndose a la corrección política.

Porter y Sarah Huckabee Sanders, ahora secretaria de Prensa, habían acordado que necesitaban presentar un frente unido para conseguir que el presidente diera otro discurso.

—Creo que es muy importante —le dijo Sanders al presidente— que puedas hablar directamente al pueblo norteamericano, no a través del filtro de los medios, para que no te malinterpreten en esto. Y para que la gente de la CNN y la MSNBC o quien sea no puedan sugerir que has dicho o querido decir nada diferente. Tienes que ser muy claro con esto. Y la mejor forma de hacerlo es que, sin el filtro de los medios, seas muy preciso con ello, muy directo. Y así podrás hacerlo sin que los medios lo retuerzan.

Trump defendió lo que había dicho:

—No es como si un lado tuviera cualquier clase de [monopolio] sobre el odio o la intolerancia. No es como si un grupo tuviera la culpa ni nada parecido. Con los medios, nunca vas a recibir un trato justo. Cualquier cosa que digas o hagas la van a criticar.

—Tiene que arreglar esto —insistió Porter—. No quiere ser percibido como le están percibiendo ahora. Tiene que unir al país. —Aquella era la obligación moral—. No hay ninguna ventaja en no condenar directamente a los neonazis y a los que se mueven por odio racial. Hay una brecha enorme en el país.

Porter jugaba mucho con el ego del presidente y su deseo de estar en el centro. Dijo que el presidente podía ser una especie de jefe sanador, alguien que consuele.

—El país está contando con su discurso para ayudar a aliviar las heridas y señalar una dirección que seguir —argumentó Porter.

El presidente podía inspirar y alentar. Podía centrarlo en él, el redentor.

Trump no lo rechazó, pero tampoco dijo que sí.

En la Casa Blanca, el Ala Oeste pasaba por una renovación. Trump y Porter fueron a la residencia. Porter abrió el borrador del discurso en su portátil. No había ninguna impresora disponible de inmediato, así que trabajaron directamente en el ordenador. Trump, que no utiliza el teclado, se sentó tras su escritorio. Porter, junto a él, repasaba el documento mientras copiaban y pegaban.

En un momento, Trump dijo:

—No sé si me convence esto. —El borrador era un ataque al racismo, y hacía referencia a la necesidad de amor y sanación—. No sé si esto está bien —dudó el presidente. Le parecía débil. No quería disculparse—. No me parece bien.

Porter podía ver ante él a los dos Donald Trump; dos impulsos. Estaba claramente dividido. No quería someterse a la corrección política, pero necesitaba unir a la gente. Pronto se dio cuenta de esto y no se opuso a la formulación.

—Vale, de acuerdo —asintió, mientras Porter revisaba el borrador, haciendo cambios que Trump aprobaba—. De acuerdo —dijo al fin—. Vamos a hacerlo.

Porter podía ver su esfuerzo. Trump no era de los que enmascaran sus emociones o conclusiones, y estaba claro que la idea no le gustaba. Pero no estaba molesto. No estaba enfadado. Porter cargó la versión final y aprobada de unos doce párrafos en el *teleprompter*. Trump iba a dar el discurso en la Sala de Recepción Diplomática.

Poco después de las 12:30 del mediodía, Trump caminó hasta el podio que había entre la bandera norteamericana y la bandera presidencial. Se sujetó al podio fieramente con ambas manos. Frunció el ceño. Parecía adusto, y declaró que estaba en Washington para reunirse con su equipo económico y tratar sobre política de comercio y la reforma de los impuestos. Ofrecía una economía fuerte, un alto mercado de valores y una baja tasa de desempleo; y también dijo que iba a hablar sobre Charlottesville.

Comunicó a la audiencia de la televisión nacional que el Departamento de Justicia había abierto una investigación sobre derechos civiles.

—Cualquiera que haya actuado de forma criminal en la violencia racista de este fin de semana —dijo Trump— deberá hacerse plenamente responsable.

Con un aspecto envarado e incómodo, como un rehén obligado a hablar en un vídeo, el presidente continuó:

—Sin importar el color de nuestra piel, todos vivimos bajo las mismas leyes, todos aclamamos la misma gran bandera. Debemos amarnos entre nosotros, mostrar afecto entre nosotros y unirnos para condenar el odio, la intolerancia y la violencia. Debemos redescubrir los lazos de amor y lealtad que nos unen como norteamericanos.

293

Dijo que «el racismo es malvado», señalando «al KKK, a los neonazis, a los supremacistas blancos y a otros grupos de odio». «Defenderemos y protegeremos los derechos sagrados de todos los norteamericanos» para que cada ciudadano «sea libre de seguir los sueños de sus corazones y de expresar el amor y la felicidad en sus almas».

Fue un discurso de cinco minutos que podía haber dado el presidente Reagan u Obama.

—Aseguraos de decirle lo magnífico que ha sido —recordó el general Kelly al personal de mayor jerarquía. Llevaba menos de tres semanas siendo jefe de personal.

Steve Mnuchin y Gary Cohn fueron a saludar a Trump en el ascensor de vuelta a la residencia. Lo llenaron de elogios.

—El discurso ha sido magnífico —comentó Cohn—. Este ha sido uno de sus mejores momentos como presidente.

Estaba en la línea de la gran tradición de unificar y tomar el camino de la sanación racial. Más tarde le confesaron a Porter que no sabían cómo había logrado convencer a Trump. A aquel le pareció un momento de victoria, de realmente haber hecho algo bueno por el país. Había servido bien al presidente. Eso hacía que las infinitas horas de trabajo intensivo valieran la pena.

Trump se marchó para ver la Fox. Rob O'Neill, antiguo líder del 6.º Equipo SEAL de la Marina y escritor, en general elogió a Trump por ser claro, pero añadió:

—Es casi como admitir: «Vale, me he equivocado. Y estoy haciendo esfuerzos al respecto».

El corresponsal de la Fox Kevin Corke admitía:

—A unas cuarenta y ocho horas del mayor desafío nacional de su corta presidencia, el señor Trump ha corregido el rumbo.

La sugerencia de que había admitido haberse equivocado y de que era inestable enfureció al presidente.

—Es el puto error más grande que he cometido jamás —le dijo a Porter—. Nunca hay que hacer esas concesiones. Nunca hay que disculparse. Para empezar, no he hecho nada malo. ¿Por qué parecer débil?

Aunque Porter no había escrito el borrador original, había dedicado casi cuatro horas a editarlo con Trump, expresándolo de forma más complaciente. Pero, extrañamente, Trump no dirigió su furia hacia él.

—No puedo creer que me obligaran a hacer esto —dijo Trump, al parecer todavía sin culpar a Porter pero desahogándose directamente con él—. Es el peor discurso que he dado jamás. No voy a volver a hacer nada parecido.

Siguió echando humo sobre lo que había dicho y sobre el gran error que suponía.

294

30

$\mathcal{A}$l día siguiente, martes, Trump tenía reuniones en Nueva York para discutir su idea del presupuesto para infraestructuras, enfocado principalmente en carreteras, puentes y escuelas. Por la tarde tenía que dar una rueda de prensa en el vestíbulo de la Torre Trump. Una cortina azul tapaba el escaparate de la marca de Ivanka Trump, instalado en el vestíbulo del edificio. Antes de bajar, pidió copias impresas de «las mejores frases» de las dos declaraciones sobre Charlottesville que había hecho. Dijo que quería las palabras exactas que había usado, por si le preguntaban.

Todo su personal le suplicó que no respondiese preguntas y Trump contestó que no tenía pensado hacerlo.

En la rueda de prensa, sí que respondió preguntas, y eran sobre Charlottesville.

—Como ya dije, condenamos en los términos más contundentes cualquier muestra atroz de odio, intolerancia o violencia —declaró, echando mano de su discurso del sábado.

A continuación, omitió el trozo de «ambas partes», pero esta vez agregó que «la extrema izquierda cargó» contra la concentración. Según sus palabras:

—La facción de al lado también era muy violenta. Nadie quiere decirlo, así que lo diré yo mismo.

»No todas esas personas eran neonazis, créanme. No todas esas personas eran supremacistas blancos, ni por asomo. Muchas de esas personas estaban allí para protestar por el derribo de la estatua de Robert E. Lee [...]. Y yo me pregunto: ¿será la de George Washington la semana que viene? ¿Y la de Thomas Jefferson la próxima?

Señaló que ambos líderes norteamericanos habían sido dueños de esclavos y concluyó: «Al final hay que plantearse: ¿esto dónde acaba?».

Volvió a su argumento anterior: «Ambos bandos tienen parte de culpa [...]; había gente muy buena en ambos grupos. También había mucha gente mala en el otro grupo [...]. Hay dos versiones de una misma historia».

David Duke, el conocido exlíder del Ku Klux Klan, tuiteó: «Gracias, presidente Trump, por su honestidad y su valentía para decir la verdad sobre #Charlottesville».

Los líderes de cada cuerpo del Ejército de Estados Unidos lanzaron una ofensiva impresionante en forma de reproche por las redes sociales contra su comandante en jefe. El almirante John Richardson, jefe de Operaciones Navales, tuiteó: «Lo ocurrido en Charlottesville es inaceptable y no debe ser tolerado. @USNavy estará siempre en contra de la intolerancia y del odio». El comandante del Cuerpo de Infantería de Marina, el general Robert B. Neller, escribió que «no hay lugar para el odio racial en la @USMC. Nuestros valores fundamentales de honor, valor y compromiso enmarcan la forma en que los infantes de marina viven y actúan». Y el jefe del Estado Mayor del Ejército de Estados Unidos, Mark Milley, tuiteó: «El Ejército no tolera el racismo, el extremismo ni el odio en sus filas. Va en contra de nuestros valores y de todo lo que hemos defendido desde 1775». Los jefes de las Fuerzas Aéreas y de la Guardia Nacional se sumaron con declaraciones similares.

En la emisora CBS, el presentador Stephen Colbert bromeó con pesimismo:

—Es justo como el Día D. ¿Os acordáis del Día D, la batalla de Normandía? Dos bandos: los aliados y los nazis. Hubo mucha violencia por parte de ambas facciones. Destrozaron una preciosa playa entre todos. Y eso que podría haber sido un campo de golf.

Y sus palabras después de la rueda de prensa del presidente en la Torre Trump fueron: «Este tío sería un general de primera. Irak: no hay problema. Afganistán: podemos con ello. ¿Rueda de prensa de veinte minutos? Un follón».

Porter había observado la conferencia desde un lateral del vestíbulo. Se había quedado patidifuso y destrozado. No se creía lo que había oído. Más adelante, cuando en cierto momento Trump le mencionó el segundo discurso, el secretario de personal opinó:

—De los tres, el único que me ha parecido bueno es el segundo.

—No quiero hablar contigo —le espetó Trump—. Apártate de mi vista.

El exgeneral John Kelly había presenciado con expresión sombría la rueda de prensa en la Torre Trump. Más tarde le dijo al presidente que, como había hecho tres declaraciones diferentes, «ahora cada uno puede elegir la que quiera, cosa que podría favorecer al presidente. Tal vez esta sea la mejor situación posible». Le confió que a su esposa le había gustado el discurso del martes, el tercero, porque demostraba que el presidente era fuerte y desafiante.

Kenneth Frazier, el presidente de Merck, la gigantesca compañía farmacéutica, y uno de los pocos directores ejecutivos afroamericanos en una compañía que ha figurado en la lista «Fortune 500» (publicada cada año por la revista *Fortune* con las 500 mayores empresas estadounidenses), anunció su dimisión del Consejo de Fabricantes Estadounidenses de Trump, un grupo de asesoramiento externo para el presidente, formado por prominentes empresarios.

Al dimitir, Frazier anunció en un comunicado: «Los líderes de Estados Unidos deben honrar nuestros valores fundamentales rechazando claramente las expresiones de odio, intolerancia y supremacía de un grupo [...]. Como director ejecutivo de Merck y por una cuestión de principios, siento la responsabilidad de posicionarme en contra de la intolerancia y del extremismo».

Al cabo de una hora, Trump atacó a Frazier por Twitter:

«Ahora que Ken Frazier ha dimitido [...], ¡tendrá más tiempo para BAJAR LOS PRECIOS ABUSIVOS DE LAS MEDICINAS!».

Los presidentes de Under Armour e Intel siguieron el ejemplo de Frazier, dimitiendo del consejo también.

Trump, a quien todavía le hervía la sangre, atacó de nuevo a Frazier por Twitter: «Merck Pharma es líder en precios desorbitados y, además, externaliza el trabajo de su empresa fuera de Estados Unidos. ¡Devolved el trabajo y BAJAD LOS PRECIOS!».

El martes 15 de agosto, Trump tuiteó: «Por cada director ejecutivo que abandona el Consejo de Fabricantes, hay muchos esperando para ocupar su puesto». Llamó a los que habían dimitido «chulitos».

La rueda de prensa de Trump resultó ser una prueba demasiado dura para el Consejo de Fabricantes, y para el Foro Estratégico y de Políticas del presidente, un segundo consejo asesor. A lo largo del día, los directores ejecutivos de 3M, Campbell Soup y General Electric anunciaron sus dimisiones del Consejo de Fabricantes, al igual que los representantes de las asociaciones sin ánimo de lucro AFL-CIO y Alliance for American Manufacturing.

Jamie Dimon, director ejecutivo de JPMorgan Chase, anunció a los empleados que el Foro Estratégico y de Políticas había decidido disolverse. Trump se anticipó a nuevas dimisiones mediante la disolución de ambos grupos a través de Twitter: «En lugar de presionar a los empresarios del Consejo de Fabricantes y del Foro Estratégico y de Políticas, prefiero poner fin a ambos. ¡Gracias a todos!».

Con todo, lo más significativo fue cómo reaccionaron en privado el presidente de la Cámara de Representantes, Paul Ryan, y el líder de la mayoría del Senado, McConnell. Ambos republicanos llamaron a algunos de los directores ejecutivos y los felicitaron en privado por haber dado la cara.

El viernes 18 de agosto, Gary Cohn voló en helicóptero desde East Hampton, Long Island, a Morristown, Nueva Jersey, donde estaba lloviendo a cántaros. Tuvo que esperar en la pista hasta que le dieron la autorización para salir hacia Bedminster. Llevaba una carta de dimisión. La gota que había colmado el vaso: alguien había puesto una esvástica en el dormitorio de su hija, en la universidad.

Se dirigió a la sede del club de golf de Trump, donde el presidente iba a dirigir un torneo para miembros invitados. A su llegada, Trump fue recibido con un aplauso, y se paseó estrechando manos y haciendo comentarios, recordándoles a todos cómo él mismo había ganado el torneo para invitados antes. Trump y Cohn se sirvieron comida del bufé y luego se retiraron a un comedor privado.

—Señor presidente —dijo Cohn, una vez solos—, me siento muy incómodo con la posición en la que nos has puesto, a mi familia y a mí. Tampoco quiero sacar las cosas de quicio.

—No sabes lo que dices —dijo Trump.

Debatieron lo que Trump había dicho y lo que no había dicho.

—Antes de que digas nada más —cortó el presidente—, quiero que vayas y lo escuches otra vez.

—Señor —respondió Cohn—, lo he escuchado como treinta veces. ¿Has visto el vídeo?

—No, no he visto el vídeo.

—Quiero que lo veas, presidente —instó Cohn—. Quiero que veas el vídeo de un grupo de hombres blancos con antorchas *tiki* diciendo: «Los judíos no nos reemplazarán». Yo no puedo vivir en un mundo así.

—Tú escucha mi discurso —resolvió Trump—. Y yo veré el vídeo.

Acordaron discutirlo después de haber analizado de nuevo los hechos.

—No dije nada malo —dijo Trump—. Quise decir exactamente lo que dije.

—El discurso del lunes fue genial —opinó Cohn, por su parte—. El del sábado y el del martes fueron espantosos.

299

El lunes, Cohn se presentó en el Despacho Oval. Ivanka estaba sentada en uno de los sofás. Kelly estaba de pie detrás de una silla.

Cohn estaba a medio camino de la mesa de Trump, cuando este dijo:

—Así pues, ¿estás aquí para dimitir?

—Precisamente, señor.

—Yo no he hecho nada malo —repitió Trump.

A su parecer, Cohn se iba por culpa de sus «amiguitos liberales de Nueva York», y acusó a la esposa de este de ser una de ellos. Incluso le soltó una historia sobre un gran golfista, cuya esposa se quejaba porque él pasaba todos los fines de semana fuera de casa. Al final, el golfista le hizo caso y dejó el golf. Trump remató su fábula sobre la esposa culpable diciendo que ese hombre que una vez fue un gran golfista está ahora vendiendo pelotas de golf y no tiene ni para comer.

—Todo el mundo quiere tu puesto —continuó Trump—. Cometí un gran error al dártelo a ti.

El presidente siguió lanzándole comentarios hirientes, como: «Esto es traición». Fue escalofriante. Nadie había tratado a Cohn de esa manera en toda su vida.

Trump pasó a la estrategia de intentar hacerlo sentir culpable:

—Estás al cargo de nuestra política y, si te vas ahora, los impuestos se irán a la mierda. No puedes hacerlo.

Cohn había pasado meses trabajando en un plan de reducción de impuestos y estaba en plena fase de negociaciones en el Congreso, una ardua y extensa tarea.

—¿Cómo puedes dejarme colgado? —preguntó Trump.

—Nunca quisiera dejarte colgado. Lo último que quiero es que alguien piense que te he traicionado. Tengo una reputación que me importa más que nada en el mundo. Estoy trabajando sin cobrar aquí, en la Casa Blanca. No es por dinero, es por ayudar al país. Si crees que te estoy traicionando, has de saber que no lo haré. —Y, finalmente, cediendo, añadió—: Me quedaré y me haré cargo de los impuestos. Pero no puedo quedarme sin posicionarme.

El vicepresidente Pence entró, se puso al lado de Cohn y le dio un toque afectuoso. Dijo que, aunque necesitaban a Cohn, entendía su postura, así que estaba de acuerdo en que debería decir algo públicamente.

—Di lo que te venga en gana —accedió Trump—. Mnuchin también dijo algo.

Mnuchin había publicado una declaración: «Condeno firmemente las acciones de los que están llenos de odio […]. No tienen apoyo alguno por mi parte ni por parte del presidente o de este Gobierno». Citó y elogió la respuesta inicial de Trump a Charlottesville, además de añadir: «Como judío […] aunque me cuesta creer que tenga que defenderme a mí mismo, o al presidente, me siento obligado a decir que el presidente no cree de ninguna manera que los grupos neonazis y otros grupos de odio que apoyan la violencia sean iguales a grupos que se manifiestan de manera pacífica y legal».

Trump citó a otros que también se habían distanciado de su opinión.

—No tengo los medios adecuados —respondió Cohn.

—¿Qué quieres decir? —preguntó Trump.

Cohn le recordó que los ministros del Gabinete tenían departamentos de prensa.

—Ellos pueden hacer declaraciones cuando quieran —dijo—. Yo soy un asistente del presidente. Se supone que no soy quién para hacer declaraciones de prensa.

—No me importa. Sube a la tarima ahora mismo y haz una declaración —dijo Trump, invitándolo a ir a la tarima de la Sala de Prensa de la Casa Blanca.

—No puedo hacer eso, señor. Es vergonzoso. Así no se hacen las cosas. Déjame hacerlo a mi manera.

—Me da igual cómo lo hagas. Simplemente no quiero que te vayas hasta que los impuestos estén listos. Y puedes decir lo que tengas que decir.

—¿Quieres leerlo antes de que lo diga?

La máscara de indiferencia de Trump se quebró, dejando entrever sus dudas:

—No —respondió en un primer momento—, di lo que te

dé la gana. —Pero justo después le preguntó qué diría y pidió—: ¿Podría verlo antes?

Cohn dijo que lo prepararía junto con el Departamento de Comunicaciones de la Casa Blanca.

Al salir del Despacho Oval, el general Kelly, que lo había oído todo, llevó a Cohn a la Sala del Gabinete. Según las notas que Cohn escribió más tarde, Kelly dijo: «Eso ha sido la mayor muestra de autocontrol que he visto nunca. De ser yo, habría cogido esa carta de dimisión y se la habría metido por el culo seis veces».

Pocos minutos después, Pence apareció en la oficina de Cohn, en el Ala Oeste. Le reiteró su apoyo. Le sugirió que dijese lo que fuera necesario y continuase sirviendo a su país, y le dio las gracias por todo.

Cohn optó por dar a conocer su punto de vista en una entrevista con el *Financial Times*. «Este Gobierno puede y debe hacerlo mejor [...]. He estado sometido a una enorme presión tanto para dimitir como para quedarme [...]. También me siento obligado a expresar mi angustia [...]. Los ciudadanos que defienden la igualdad y la libertad nunca pueden ser equiparados con los defensores de la supremacía blanca, los neonazis y el KKK.»

Cohn notó que Trump estaba enfadado con él, porque el presidente no le habló durante un par de semanas. En las reuniones rutinarias, Trump lo ignoraba. Finalmente, un día, Trump se volvió hacia él y le preguntó:

—Gary, ¿tú qué piensas?

El rechazo dentro del Gobierno se había acabado, pero la cicatriz seguía visible.

Para Rob Porter, lo de Charlottesville fue la gota que colmó el vaso. Trump hizo oídos sordos a la opinión más sensata de casi todo su personal. Ya lo había hecho antes. El perverso talante que lo empujaba a ir a la suya sin atender a razones se dejaba entrever de vez en cuando. Pero con Charlottesville le había dado rienda suelta. Solo por defender unas pocas palabras había cruzado la línea. «Eso ya no era una presidencia —declaró Porter más adelante—, ya no era la Casa Blanca. Era un hombre siendo él mismo.» Trump iba a seguir adelante a cualquier precio.

Tal como Porter pudo ver de cerca (quizá desde tan cerca como cualquier otro miembro del personal, excepto Hope Hicks), la elección de Trump había reavivado la división del país: la relación con los medios de comunicación se volvió más hostil, las luchas entre culturas se revitalizaron, el brote de racismo existente en la sociedad creció... Trump lo había acelerado todo.

Porter se preguntó si intentar reparar alguna de esas divisiones después de Charlottesville no era casi una causa perdida. Ya no había vuelta atrás. Trump había cruzado un punto de no retorno. Para los opositores y enemigos de Trump, era un antiamericano, un racista. Ya había mucha leña en ese fuego, y Trump había echado mucha más. El fuego iba a arder, e iba a arder con fuerza.

A partir de entonces, había un estado casi permanente de sospecha, incredulidad y hostilidad. «Esto ya es una guerra con todas las letras.»

303

*E*n medio de la polémica de Charlottesville, Bannon llamó a Kelly.

—Conozco a ese tipo —aseguró—. Si no consigues pronto gente que cubra a Trump en la Casa Blanca, habrá problemas. Tienes que cubrirlo.

El senador republicano Bob Corker había dicho a los periodistas que «el presidente todavía no ha sido capaz de demostrar la estabilidad o la competencia» necesarias para tener una presidencia exitosa. Y *Politico* había publicado una larga historia sobre los problemas de Trump para controlar la ira. Había dicho que Trump «se deja llevar por su mal genio» y que «usa la ira como instrumento para manejar a su personal, mostrar su descontento o, simplemente, como una válvula de escape para calmarse».

—Ni uno solo de los altos cargos de la Casa Blanca ha salido al paso para defenderle —reconoció Bannon.

Bannon sentía que Trump debería estar ganando la guerra de los mensajes.

—El presidente Trump, al preguntar «¿esto dónde acaba» (Washington, Jefferson, Lincoln), conecta con los estadounidenses. La política de identidad racial de la izquierda quiere decir que todo es racista. Dadme más..., no me canso.

El vicepresidente Mike Pence había retuiteado de manera responsable algunos de los comentarios más benignos de Trump, y había añadido: «Como dijo @potus Trump: "Tenemos que unirnos como estadounidenses que sentimos amor por nuestra nación... y verdadero cariño los unos por los otros". #Charlottesville».

—Si lo acorralan, en Capitol Hill van a tener vía libre. Tienes que empezar a proteger a este tío —le aconsejó Bannon a Kelly.

—¿Quieres este maldito trabajo? —preguntó Kelly.

—¿Disculpa?

—¿Quieres ser el maldito jefe del Estado Mayor?

—¿De qué estás hablando? —preguntó Bannon a su vez—. No me vengas con eso. Sabes que eres el único que puede hacerlo.

—Escucha —dijo Kelly—, mi problema ahora mismo es que creo que voy a perder a la mitad de la gente aquí, y podría perder un tercio del gabinete. No lo entiendes. Esto está en el filo de la navaja. La gente no va simplemente a tolerarlo, esto tiene que condenarse. Si crees que tienes una solución…

Bannon no la tenía. Pero sí le dijo a Kelly que iba a dimitir.

—El viernes me marcho —anunció Bannon.

El siguiente sería su último día.

—Creo que será lo mejor —aseguró Kelly.

Pero a Bannon le preocupaba el próximo fin de semana en Camp David, que incluía la última reunión del Consejo de Seguridad Nacional antes de la decisión sobre Afganistán.

—Solo asegúrate de que al presidente se le den todas las opciones y detalles.

—Me aseguraré de que así sea —confirmó Kelly.

Esa era su frase estándar. Se le contaría toda la historia al presidente y se le mostrarían todas las opciones disponibles.

—Asegúrate de que Pompeo tenga la oportunidad de dar su discurso.

Kelly le dijo que lo haría.

Bannon sabía que Trump se dirigía hacia la decisión global. Las fuerzas de la clase dirigente de la seguridad nacional, encabezadas por McMaster, le estaban tendiendo una trampa. Estaban creando un documento en el que decían que Trump estaba totalmente al corriente del potencial de la amenaza de Afganistán como base para llevar a cabo actos de terrorismo al estilo del 11-S en un futuro. Si la amenaza se materializaba, filtrarían al *Washington Post* o al *New York Times* que Trump había ignorado la amenaza.

305

□

De acuerdo al plan establecido para la reunión del Consejo de Seguridad Nacional del 18 de agosto, Sessions y Kellogg abogarían por abandonar Afganistán. El director Pompeo de la CIA abogaría por ampliar el papel paramilitar de la CIA en lugar de enviar más tropas, una posición que él y Bannon habían elaborado. McMaster abogaría por mantener el rumbo, lo cual significaba añadir 4.000 soldados más.

Sessions comenzó apuntando que llevaba en el Comité de Servicios Armados del Senado desde el 11-S.

—Siempre he escuchado la misma historia. En un período de seis a dieciocho meses le daremos la vuelta a Afganistán. Una y otra vez la misma historia. Siempre habéis estado equivocados. Echad un vistazo a las grandes decisiones de Obama para añadir decenas de miles de tropas —insistió con vehemencia—. Un cambio de rumbo prometido y esperado, pero siempre equivocado. Por eso llevamos dieciséis años en esta situación. Ahora los talibanes controlan más de la mitad del país. Retiraos ahora, renunciad a él.

Kellogg estaba de acuerdo.

—Hay que volver a casa.

Pompeo había pasado por algunas sesiones de «Ven a Cristo», en Langley. Los veteranos le habían recordado que Afganistán era un cementerio no solo de imperios, sino también de carreras profesionales. La agencia había pasado años desempeñando un papel secundario con los Equipos de Persecución Antiterrorista [CTPT, por sus siglas en inglés] paramilitares, evitando así asumir la total responsabilidad.

—Afganistán es problema del Ejército —le aconsejaron los veteranos de la agencia—, deja que siga siendo así.

Otro factor que había que tener en cuenta era que, según el plan propuesto por Pompeo, el Ejército estaría a cargo de los CTPT y nunca otorgaría el control real a la CIA. No había garantía, o expectativas razonables de éxito «y con el tiempo le echarán la culpa a alguien».

Cuando llegó la hora de que Pompeo expusiera las razones

para optar por un término medio, echó por tierra su propia alternativa.

—La CIA tardará al menos dos años en prepararse para ampliar su esfuerzo contra el terrorismo mediante los CTPT —reconoció—. No estamos físicamente preparados y no tenemos la infraestructura necesaria. No contamos con la capacidad de intervenir y dirigir conjuntamente un proyecto tan ambicioso con fuerzas especiales. Los activos de la CIA en Afganistán se han atrofiado. Hoy en día, no es una alternativa viable.

McMaster fue el siguiente en exponer las razones para mantener el rumbo y añadir hasta 4.000 tropas adicionales. Su argumento clave radicaba en que uno de los principales objetivos estratégicos era evitar que Al Qaeda u otros grupos terroristas atacaran territorio estadounidense o el de otros aliados.

—Estoy harto de escuchar eso —dijo Trump—, porque podríais decir lo mismo de todos los países del mundo. Sois los arquitectos de esta chapuza en Afganistán. Vosotros creasteis estos problemas. Sois tipos listos, pero debo deciros que sois parte del problema. Y no solo no habéis sido capaces de solucionarlo, sino que lo estáis empeorando. Y ahora —añadió, haciendo eco de las palabras de Sessions— queréis destinar aún más tropas para hacer algo en lo que no creo. He estado en contra de esto desde el principio. —Cruzó los brazos—. Quiero salir —dijo el presidente—. Y me estáis diciendo que la solución es involucrarnos aun más.

Mattis, con su estilo tranquilo, tuvo una gran influencia en la decisión. No le gustaban las confrontaciones. Como solía hacer, adoptó un enfoque de «menos es más».

—Creo que tienes razón en lo que dices —le dijo a Trump—, y que tus instintos se centran en el dinero. Pero un nuevo enfoque podría funcionar.

Poniendo fin a plazos artificiales al estilo de Obama y eliminando las restricciones que afectaban a los comandantes sobre el terreno. La salida de Estados Unidos podría precipitar la caída del Estado afgano. La retirada de Estados Unidos de

Afganistán había dejado un vacío que Al Qaeda había aprovechado para crear un santuario terrorista que había conducido a los ataques del 11-S.

—El problema es que un nuevo ataque terrorista, especialmente uno a gran escala, con origen en Afganistán, sería una catástrofe —argumentó Mattis.

Sostuvo que si se retiraban, se produciría otra agitación al estilo del ISIS, que ya estaba presente en Afganistán.

—Lo que sucedió en Irak con la aparición del ISIS durante la presidencia de Obama, sucederá durante la tuya —le advirtió Mattis a Trump en una de sus declaraciones más mordaces. Era una dura crítica que varios de los presentes recordaban.

—Todos me estáis diciendo que tengo que hacer esto —dijo Trump a regañadientes—, y supongo que está bien y que lo haremos, pero sigo pensando que estáis equivocados. No sé de qué sirve esto. No nos ha beneficiado en nada, hemos gastado millones de millones —exageró—. Hemos perdido todas esas vidas. Aun así —reconoció—, seguramente no podríamos largarnos y dejar un vacío para Al Qaeda, Irán y otros terroristas.

Después de la reunión, Sessions llamó a Bannon.

—Ha aflojado —dijo Sessions, usando un término que se usa para describir a un caballo de carreras agotado que se niega a obedecer a su jinete.

—¿Quién? —preguntó Bannon.

—Tu chico, Pompeo.

—¿De qué hablas?

—Ha sido la peor presentación que he visto en mi vida —aseguró Sessions. Él y Kellogg habían hecho todo lo posible—. A mí no ha podido salirme mejor, Kellogg estuvo fantástico, y McMaster ha estado mejor que nunca, porque tú no estabas presente. De hecho, después de la reunión el presidente dijo que Kellogg y yo habíamos hecho la mejor presentación. Pero es evidente que el presidente buscaba un término medio como alternativa.

—¿Cómo de mal ha estado Pompeo?

—No ha puesto el corazón en ello.

—¿Cómo que no?

Bannon llamó a Pompeo.

—¿Qué coño ha pasado? Lo organizamos todo para que salieras y te adueñaras de la situación.

—Solo puedo cargar con ese edificio hasta cierto punto —se excusó Pompeo, haciendo referencia a la CIA—. Tengo otras batallas que ganar.

Pompeo le informó sobre lo que le decían los altos cargos en Langley: «¿Qué estás haciendo?». Estaba recibiendo excelentes críticas y a Trump le gustaba su estilo. «Estás en racha. Pero te harán responsable de esto.»

Una persona en Langley le había dicho: «En Washington, pasamos diez años asegurándonos de que no se nos responsabilizara por nada de lo sucedido en Afganistán. ¿Por qué te ofreces? Nosotros nunca nos ofrecemos para nada. No te preocupes por Bannon, es un payaso, está loco. Esto es cosa del Pentágono, intentan tendernos una trampa porque a nosotros también nos quieren echar».

Pompeo describió la postura de la CIA.

—No disponemos de los medios para asumir el mando de esto. Es algo de lo que tiene que ocuparse el Ejército. Me decís que lo convierta en una empresa conjunta, pero no disponemos de esa clase de recursos. No tenemos el nivel de experiencia del que hablan, por lo que no vamos a responsabilizarnos. ¿Vosotros os vais a hacer responsables de Afganistán? Porque no vamos a ganar. ¡Sabes que no vamos a ganar!

Y esto sería complicado, dadas las palabras de Trump: «¿Cómo puede ser que no estemos ganando? ¿Cómo es posible que [los talibanes] nos estén haciendo saltar por los aires?».

Bannon habló con Trump por teléfono.

—Conoce mi postura en este asunto —dijo Bannon—. Creo que se llegará a un término medio con el tiempo.

—No lo has escuchado todo —dijo Trump—. Hay una nueva estrategia, y vamos a ganar.

En la reunión del Consejo de Seguridad Nacional del 18 de agosto, Trump aprobó las cuatro R de McMaster. Resumidas en un documento de 60 páginas sobre estrategia, con fecha del día 21 del mes de agosto, y firmado por McMaster, se habían formalizado de la siguiente manera:

- Reforzar: «Proporcionar más equipo e instrucción, pero obtener apoyo con condiciones para impulsar reformas».
- Realinear: «Se realinearán la asistencia civil y la divulgación política de Estados Unidos para fijar como objetivo áreas clave que se encuentran bajo control del Gobierno y áreas en disputa que serán consideradas caso por caso».
- Resolver: «Las iniciativas diplomáticas alentarán al Gobierno a hacer mayores esfuerzos para fomentar la inclusión y la avenencia política, promover elecciones y llevar a cabo actividades de divulgación de personas étnicas y regionales influyentes».
- Regionalizar: «Trabajar con agentes regionales».

310

El documento decía que en la reunión se estableció que el objetivo en Afganistán era «reformar las condiciones de seguridad» para limitar las opciones militares de los talibanes y «animarlos a negociar un acuerdo político para disminuir la violencia y denegar la protección a terroristas».

Trump autorizó que Mattis señalara a los talibanes y a la red terrorista Haqqani en Pakistán como fuerzas hostiles.

Enterrada en la sección de 19 páginas sobre estrategia integrada había una confesión: «Es probable que el punto muerto persista en Afganistán» y «es probable que los talibanes sigan ganando terreno».

Siguiendo la tradición de ocultar la verdadera historia dentro de un memorando, «la victoria es imposible» era la conclusión firmada por McMaster.

—Eres el primero al que he llamado —le dijo Trump a Graham—. Acabo de reunirme con los generales. Voy a ir con los generales.

—Bueno, presidente, puede que esa sea la decisión más inteligente que ningún presidente haya podido tomar.

—Ha sido difícil —confesó Trump—. Es un cementerio de imperios.

Era una referencia a un libro escrito por Seth G. Jones: *In the Graveyard of Empires: America's War in Afghanistan* [En el cementerio de los imperios: la guerra de Estados Unidos en Afganistán].

—Qué suerte tengo de que ese sea el único libro que hayas leído en tu vida —bromeó Graham.

Trump se rio con él.

—Extraoficialmente —informó Trump a sus altos cargos a bordo del Air Force One, a pesar de que ese viernes, 18 de agosto, la prensa no estaba presente—, acabo de despedir a Bannon. ¿Visteis lo que dijo sobre Corea del Norte, lo de que no hay opciones militares? ¡Cabrón!

Bannon acababa de conceder una entrevista a Robert Kuttner, de la revista liberal *The American Prospect*, en la que sugería que el tono agresivo con el que Trump se había pronunciado contra Corea del Norte, amenazando con responderles con «fuego y furia», era un farol.

—Aquí no hay una solución militar —dijo Bannon—. Nos tienen en sus manos —añadió—. Hasta que alguien resuelva la parte de la ecuación que me demuestre que en Seúl no mueren diez millones de personas durante los primeros treinta minutos a causa de armas convencionales, no sé de qué estás hablando.

A Trump le preocupaba entrar en una guerra de palabras prolongada con Bannon, y le disgustaba que no se marchara discretamente.

La noche del lunes 21 de agosto se programó un discurso sobre la estrategia en Afganistán que sería retransmitido a nivel nacional. El discurso se pronunciaría frente a una audiencia militar en la base de Fort Myer, en el estado de Virginia. Era muy importante, puesto que se trataba de uno de los primeros anuncios formales que hacía Trump sobre política frente a una gran audiencia.

—Mi primer instinto era salir y, tradicionalmente, me gusta seguir mis instintos —dijo Trump. Repitió tres veces que el objetivo era «ganar», y dijo que «no hablaremos del número de tropas o de nuestros planes de llevar a cabo otros preparativos militares».

Con esto, Trump evitó el talón de Aquiles de Bush y Obama. Su estrategia conseguía desviar la atención del debate de la guerra en Afganistán, hacerlo desaparecer de las portadas y de las noticias, a menos que tuviese lugar un grave acto de violencia.

John McCain comentó que «elogio al presidente Trump por dar un gran paso en la dirección correcta con esta nueva estrategia para Afganistán». Tim Kaine, senador demócrata y compañero de campaña de Clinton, dijo que Estados Unidos tenía que «asegurarse de que Afganistán no sea caldo de cultivo de cosas que puedan acabar perjudicándonos».

Bannon habló con Stephen Miller.

—¿De qué coño iba ese discurso? —preguntó Bannon—. Primero que nada, no hacía más que ir en círculos.

Lo cierto es que el discurso no daba vueltas. Era una nueva estrategia y, a la vez, más de lo mismo que con Obama. La principal objeción de Bannon era la falta de realismo.

—No puedes hacer que se siente ahí a hablar de victoria. No habrá ninguna victoria.

Trump se aferraba a la retórica de ganar. Había dado lo suficiente al Ejército, a Mattis y a McMaster. El Ejército había guardado las apariencias y había evitado tener que admitir la derrota.

El día después del discurso del presidente, Tillerson encontró otra forma de declarar que no era posible conseguir una victoria. Se dirigió a los talibanes durante una rueda de prensa: «No conseguiréis una victoria en el campo de batalla. Y puede que nosotros no la consigamos, pero vosotros tampoco».

Punto muerto.

$\mathcal{K}$elly y Porter pasaron varias semanas en Bedminster junto al presidente durante el receso de agosto del Congreso. El nuevo jefe de Gabinete creía que la Casa Blanca estaba hecha un desbarajuste. Priebus y Bannon habían actuado como aficionados y tenía que poner un poco de orden y disciplina.

—Eso es un poco lo que procuramos hacer —señaló Porter.

Este le comentó a Kelly que Priebus había intentado mantener el orden. Varios meses antes, Priebus se había reunido en una sala de estrategias del edificio de la Oficina Ejecutiva Eisenhower con el personal más relevante de la Casa Blanca: McMaster, Cohn, Bannon, Kellyanne Conway y Porter.

—Necesitamos un plan —instó el exjefe de Gabinete—. ¿Cuáles son las prioridades? ¿En qué orden las vamos a llevar a cabo?

Escribió las ideas en las pizarras blancas que había colgadas en las paredes de aquella sala. Parecía una especie de SCIF para debates sumamente confidenciales, equipada con ordenadores y un sistema de teleconferencias.

Las ideas que se sacaron de aquella sesión jamás se tomaron en serio. Normalmente, el presidente tomaba las decisiones junto a dos o tres personas más, pero en aquel momento no se estableció un procedimiento para la toma y coordinación de resoluciones. Más que caótico y desordenado, se podría decir que aquello era como una batalla campal.

Cuando Trump decía: «Quiero firmar tal cosa», Porter debía explicarle que, aunque, por ejemplo, estaba en pleno derecho de decretar órdenes ejecutivas, muchas veces la ley imponía limitaciones al presidente. No tenía ni idea de cómo funcionaba el gobierno. A veces, simplemente se ponía a planear proyectos de decretos y a dictar cosas.

La táctica que adoptó Porter desde los días de Priebus hasta entonces fue la de dilatar la toma de decisiones, mencionar los obstáculos legales y, de vez en cuando, llevarse los proyectos del escritorio Resolute.

Porter estaba metido de lleno en «aquel condenado proceso», como lo acabó llamando él, todos los días durante meses. Debían actuar *manu militari* con respecto a qué se firmaba y qué se ordenaba, o al menos debían controlarlo un poco.

El 21 de agosto, Kelly y Porter publicaron dos memorandos para todos los miembros del gabinete y los asistentes superiores de la Casa Blanca. En uno de ellos ponía: «El secretario de personal de la Casa Blanca [Porter] se encargará de recibir y notificar cualquier material presidencial». Es decir, que cualquier informe, incluidos aquellos en los que se dictaran decisiones, comunicados de prensa e incluso artículos periodísticos, debía pasar primero por Porter.

314

Las órdenes ejecutivas iban a tardar en terminarlas «por lo menos dos semanas», junto con la revisión obligatoria por parte del consejero del presidente y de la Oficina de Asesoría Legal del Departamento de Justicia, quienes proporcionarían las correspondientes interpretaciones jurídicas a la Casa Blanca.

«Cualquier documento que salga del Despacho Oval deberá entregarse primero al secretario de personal [...] para el cumplimiento de la Ley de Archivos Presidenciales.»

En el segundo memorando estaba escrito (subrayado en el original): «Las decisiones no serán definitivas (y por tanto no se llevarán a cabo) hasta que el secretario de personal no apruebe y expida un memorando con las resoluciones, y que haya sido firmado previamente por el presidente». En este se incluirían las nuevas iniciativas políticas, como las relacionadas con «los presupuestos, los servicios sanitarios o el comercio», y operaciones gubernamentales «diplomáticas, militares o de inteligencia». «Cualquier resolución que se haga de manera oral no será definitiva» hasta que no se escriba un memorando oficial con las resoluciones finales.

Sin embargo, aquello fue una fantasía.

Kelly y Porter se sentaron con el presidente para ponerle al día de todos esos asuntos.

—No puede dictar sus decisiones hasta que no haya firmado el memorando con las resoluciones —le explicó Porter.

También le comentó que dicho informe no debía extenderse demasiado:

—Yo diría que con una página tendría que valer. —Y añadió que, además, los memorandos vendrían acompañados de material de apoyo anexo—. Evitaré que tenga que leer más de una página. Asimismo, vendré y le informaré personalmente de todo para que podamos hablar detenidamente sobre ello. De vez en cuando tendrá que reunirse con unos cinco, seis o siete asesores. De esta forma, podremos actuar basándonos en los memorandos.

Trump aceptó.

Durante las primeras semanas, el presidente se sintió molesto por el nuevo sistema establecido. Porter llegó a un punto en el que cada día le llevaba desde dos hasta diez informes para firmar. Aunque a Trump le gustaba firmar, porque significaba que estaba haciendo algo. Además, su angulosa caligrafía escrita a rotulador negro tenía un aspecto autoritario.

Porter se dio cuenta de que aquellas primeras semanas Kelly se comportaba de manera muy amistosa con el presidente; se trataban como colegas. Siempre tenía una sonrisa en la boca y bromeaba cuando estaba con Trump. También le daba consejos y le ofrecía su opinión:

—Señor presidente, creo que deberíamos hacer esto —le decía de forma respetuosa—. Solo soy un subordinado, quien manda es usted, pero queremos que esté lo mejor informado posible. —Era el jefe de Gabinete perfecto—. Usted es el que toma las decisiones, yo no pretendo convencerle de nada.

Sin embargo, pronto terminó la luna de miel. A principios de septiembre, Kelly y Porter se reunieron a solas, o puede que con algunos miembros relevantes del personal de Trump.

—El presidente ha perdido los papeles —informó Kelly. Hizo referencia sobre todo a la posición de Trump sobre los acuerdos comerciales y las tropas estadounidenses en Corea del Sur—. Tenemos que hacer que cambie de opinión.

Tuvieron que hacer frente a Trump, pero este no les hizo ni caso.

Los negocios y la toma de decisiones en el Despacho Oval cada vez eran más caóticos.

—El presidente no entiende nada. No tiene ni idea de lo que habla —comentó Kelly.

Cuando vio que Trump seguía rechazando acuerdos comerciales o costosas políticas exteriores, Kelly llamó a Porter para explicarle la situación:

—Me parece increíble que esté pensando en hacerlo.

—Rob, debes pararle. No redactes esa orden. No te rebajes haciéndolo. ¿Podrías ir y hablar con él? Igual consigues algo. Yo he hablado con él esta mañana y le he dado argumentos, pero ¿podrías intentarlo tú también, a ver si puedes arreglar algo?

La presencia de las tropas estadounidenses en Corea del Sur siguió siendo un tema recurrente del que hablar con Trump. Insistió en que estaban subvencionando al país asiático: «No tiene sentido».

Porter le recordó que tanto Mattis como otros le habían dicho que aquellos podrían ser los dólares mejor invertidos de Estados Unidos en términos de seguridad nacional. La presencia de las tropas conllevaba que allí se encontraran los servicios de inteligencia ultrasecretos cruciales para detectar e impedir el lanzamiento de misiles norcoreanos.

El 25 de agosto, el presidente informó de que iba a tomar una importante decisión respecto al NAFTA, al Korus y a la Organización Mundial del Comercio (OMC).

—Hemos hablado de esto hasta la saciedad —dijo Trump—. Hagámoslo, sí. Salgamos del NAFTA, salgamos del Korus y salgamos de la OMC. Vamos a salir de los tres.

Cohn y Porter consiguieron el apoyo de Kelly, que no quería que los asuntos comerciales enturbiaran la seguridad nacional. Así pues, Kelly y Porter acudieron al Despacho Oval y le comentaron al presidente:

—Corea del Sur es nuestra aliada. En serio, el Korus nos beneficia más de lo que cree.

Porter presentó algunos estudios en los que se mostraba que gracias al Korus el déficit comercial no aumentaba.

—Nos encontramos en un momento muy importante en lo relativo a Corea del Norte y toda esa región —añadió Kelly—. En cuanto al comercio, será mejor que no toquemos nada, sobre todo teniendo en cuenta lo peliaguda que se pondría la situación tal y como están las cosas. Acabaría siendo todo un gran desbarajuste.

Luego, le recomendó que hablara con Tillerson, quien le dio los mismos argumentos.

Tillerson, Mattis, McMaster, Kelly... Todas las personas que tenían relación con la seguridad nacional estuvieron de acuerdo en que aunque el déficit comercial con Corea del Sur hubiera sido diez veces peor no habría justificado la retirada; la mera idea de retirarse era una locura.

—Está bien —accedió finalmente Trump el viernes 1 de septiembre—, no llevaremos a cabo lo de los 180 días del Korus hoy. No es que no lo vayamos a hacer, pero no lo haremos hoy.

Porter comunica esta decisión al personal legislativo, a los abogados de la Casa Blanca y a los miembros del Consejo de Seguridad Nacional para que pudieran respirar tranquilos por lo menos durante aquel día. Además, se aseguró de que no hubiera ningún documento que el presidente pudiera firmar.

Cuatro días después, el 5 de septiembre, Cohn y Porter, entre otros, acudieron al Despacho Oval. Trump tenía entre sus manos el borrador de una carta en la que se daba aviso de que empezaban los 180 días que Estados Unidos necesitaba para salir del Korus. Porter no lo había escrito y jamás pudo averiguar quién lo hizo; puede que fuera Navarro o Ross, pero no lo pudo saber con certeza.

—Tengo un borrador —aclaró Trump—. Vamos a salir. Haré que revisen el texto, le daremos validez y lo enviaré. Lo haré hoy.

McMaster centró sus argumentos en la seguridad nacional,

317

y Cohn y Porter en el comercio y la economía. No obstante, el presidente les explicó:

—Hasta que no pueda entrar en acción para demostrar que mis amenazas van en serio y que así se las han de tomar, tendremos que dejar un poco de lado esos asuntos. —Y se marchó del Despacho Oval.

Una vez Trump hubo rechazado los argumentos del secretario de personal de la Casa Blanca se marchó para, a continuación, ir a por un nuevo borrador, Cohn, que estaba muy preocupado, se llevó la carta del escritorio del presidente .*

Durante sus primeros meses como jefe de Gabinete, parecía que Kelly estaba en el Despacho Oval todo el día, en todas en las reuniones. No decía demasiado; más que nada, se dedicaba a observar. Procuró que la puerta entre el Despacho Oval y el pequeño despacho de Madeleine Westerhout estuviera cerrada. La asistente personal de Trump tenía veintisiete años y en el pasado había sido ayudante en el Comité Nacional Republicano; además, se parecía a Hope Hicks debido a sus largos cabellos y su amplia sonrisa. Según Kelly, cerraba la puerta para afianzar la privacidad y la seguridad del presidente, y así evitaba que la gente estuviera entrando y saliendo todo el tiempo como ya había sucedido en el pasado.

—No, no, déjala abierta —pedía el presidente—. Quiero tener a Madeleine a la vista por si la tengo que llamar.

El contraalmirante Ronny Jackson, médico del presidente en la Casa Blanca, visitaba a Trump varios días; de hecho, iba varias veces a la semana.

—¿Cómo te encuentras hoy, presidente? —preguntaba Jackson, que se asomaba cada vez que Trump pasaba junto a su despacho.

Por lo general solo le hacía un chequeo de unos treinta

* Véase el prólogo, páginas 17 a 23.

segundos, muchas veces por algo relacionado con un espray nasal.

El doctor Jackson también visitó en bastantes ocasiones a Kelly.

—Últimamente el presidente se ha visto sometido a mucho estrés —comentó Jackson una vez—. Deberíamos encontrar una manera de disminuirlo, por ejemplo, evitando que tenga una agenda tan apretada.

En otra ocasión, Jackson fue más específico.

—Parece que el presidente está más estresado de lo normal. Quizá deberíamos empezar mañana a aligerar su agenda.

La solución de Kelly estaba en dar a Trump más «tiempo para arreglar sus cosas». El presidente solía organizarse su propia agenda nada más empezar el día y, muchas veces, solo disponía de flexibilidad cuando volvía a su residencia.

Kelly procuraba dar una solución a lo que comentaba Jackson. ¿Cuáles eran las reuniones más importantes? ¿Podrían darle media hora o una hora extra por las mañanas para liberarlo por las tardes una hora antes? Lo intentaron. Sin embargo, el presidente no disminuyó el ritmo, de modo que todos, él incluido, acabaron con los ánimos alterados.

Trump se reunió con un grupo de personas para debatir acerca de los aranceles sobre el acero. En ese grupo se encontraban Ross, Navarro, Lighthizer, Cohn, McMaster y Porter. El presidente expresó que ya estaba cansado de aquel tema y que quería firmar el memorando con la resolución de imponer los aranceles sobre el acero a un 25 por ciento en todos los casos, sin exención para ningún país.

Como siempre, hubo una repetitiva ronda para expresar cada argumento, y Mnuchin dijo que la reforma fiscal tenía que ser su máxima prioridad. Según él, por fin la Cámara de Representantes, el Senado y la Casa Blanca, todos ellos presididos por republicanos, tenían una oportunidad única de aprobar una reforma fiscal, lo cual no se había hecho desde la presidencia de Reagan hacía más de treinta años.

Mnuchin le advirtió de que muchos de los senadores republicanos cuyo apoyo necesitaría para la reforma fiscal eran librecambistas y se oponían firmemente a los aranceles sobre el acero.

—Señor presidente, podría perderlos —aseguró.

Tanto Cohn como Porter le dieron la razón. McMaster, que había basado sus argumentos en la seguridad nacional, consideró que el aumento de los aranceles podía perjudicar muy seriamente las relaciones de Estados Unidos con aliados importantes y estuvo de acuerdo con la reforma fiscal y con la idea de mantener a los senadores republicanos.

—Sí, tenéis razón —comentó finalmente Trump—. Este es un asunto muy importante y no podemos poner en peligro la reforma fiscal. Así pues, esperaremos. Eso sí, en cuanto terminemos con lo otro, nos centraremos en el comercio y una de las primeras cosas que haremos será aumentar los aranceles.

320

Con Bannon fuera de la Casa Blanca, Trump propuso, junto a Sessions, otra solución para el tema de la inmigración el 5 de septiembre. El presidente anunció el fin de la era Obama y su programa DACA, al que etiquetó como «una aproximación a la amnistía como prioridad» y dijo que el Congreso debía encontrar una alternativa a esa política en el término de seis meses.

Dos días después, intentó tranquilizar a todo el mundo. El 7 de septiembre, Trump tuiteó: «Para todos aquellos (DACA) a los que les inquieta su situación dentro de seis meses: no tenéis de qué preocuparos. ¡No vamos a actuar!».

Bannon, que aún tenía contacto con Trump, le llamó para recordarle la importancia de mantener una postura antiinmigración firme.

—¿Se da cuenta de que esto estuvo a punto de destruir al Partido Republicano en el verano de 2013? —le preguntó al presidente—. Esta es la razón principal por la que usted es presidente. Lo único que puede acabar con el Partido Republicano y que nos ha estado acechando es todo este asunto de la amnistía.

Stephen Miller, desde la Casa Blanca, comunicó a Bannon que el debate trataba en aquel momento sobre la migración en cadena. Este calculó que llegarían al país cincuenta millones de inmigrantes nuevos en veinte años si todo seguía según las políticas establecidas.

—Los demócratas jamás acabarán con la migración en cadena. Y eso es algo que ha cambiado a este país, porque se trata de un asunto crucial. Así es como logran la reunificación familiar —explicó Miller a Bannon.

Resultó que Miller estaba en lo cierto. Trump seguía hablando como si se fuera a comprometer, pero no había llegado a ningún acuerdo con los demócratas.

—No tengo buenos abogados —se lamentó Trump un día en el Despacho Oval—. Son terribles. —Señaló al consejero de la Casa Blanca, Don McGahn—. Mis abogados no son agresivos, son débiles, no comparten mis intereses, no son leales. Son un desastre. No hay manera de encontrar un buen abogado. —También incluyó a sus abogados personales, que se encargaban de la investigación que dirigía Mueller.

Porter acudió a solas al despacho de Kelly para avisarle.

—Me suena esta historia —declaró Porter—. Estoy preocupado, porque ha habido momentos en el pasado (sobre todo cuando comenzó la investigación del fiscal especial Mueller, después de lo de Comey) en los que el presidente estaba tan obsesionado e inquieto por el tema que fue todo un reto seguir trabajando y tomar decisiones, al menos de una manera eficaz y digna de un presidente. También fue complicado marcar el rumbo que el resto debíamos seguir en cuanto a nuestras funciones en el Gobierno.

»—Menos mal que superamos aquello. Me preocupa que se repitan esos arrebatos, sobre todo mientras la investigación está en marcha, ahora que estamos en un punto crítico. A saber cuál será la razón ahora.

Incluso podía deberse a cualquier cosa del Senado o de las investigaciones sobre Rusia por parte de la Comisión Perma-

321

nente Selecta sobre Inteligencia de la Cámara de Representantes [HPSCI, por sus siglas en inglés].

—Quién sabe. Sea como sea, debemos estar al tanto. Si no repartimos bien las tareas y no le damos el tiempo y el espacio necesarios para que lidie con lo de Mueller, en lo que es preferible que se centre, podría acabar contagiándoselo al resto de la Casa Blanca.

Trump necesitaba tiempo para «desahogarse y conseguir una estabilidad emocional».

Porter instó a Kelly para que reflexionara sobre ello y añadió:

—Así estarás preparado y podremos seguir trabajando de forma que esto no llegue a incapacitar a todo el Ala Oeste durante días, si no semanas, como, de forma más o menos parecida, otras veces ya ha sucedido.

Kelly asintió.

—Sí, yo también he podido ver parte de eso con mis propios ojos. Puedo imaginar lo terrible que puede llegar a ser.

—La última vez que ocurrió a duras penas salimos airosos —se lamentó Porter—. Y podría llegar a ser peor que entonces, así que tenemos que empezar a pensar en cómo vamos a ocuparnos de esto.

Kelly, que sabía que tenía razón, estuvo de acuerdo.

—Intentémoslo —propuso.

Sin embargo, en aquel momento no tenían ningún plan en mente.

33

*L*o que iba a caerle encima no era solo la distracción por una amplia investigación de Mueller, sino la constante cobertura mediática que Trump había entretejido con los rusos y la obstrucción a la justicia, un auténtico frenesí de retroalimentación vicioso e incívico. Como resultado, Porter señaló: «En ocasiones se trataba de la incapacidad del presidente para ser presidente».

McMaster se dio cuenta. Por norma general, Trump no le hacía demasiado caso al consejero de Seguridad Nacional, pero cada vez iba a peor. McMaster le dijo a Porter:

—Ni siquiera consigo que me preste atención.

—No te lo tomes como algo personal —le aconsejó Porter—. Es obvio que está distraído, lleva así todo el día, está concentrado en las noticias sobre Rusia.

Gary Cohn le dijo a Porter: «Hoy es inútil hablar con él».

Hope Hicks estaba preocupada. «Está inquieto por este tema», le aseguró a Porter. Quería que el presidente se calmara para evitar que hiciera o dijera algo imprudente o de lo que pudiera arrepentirse más tarde. Intentaba hablar con Trump sobre otros temas, alejarlo de la televisión e incluso trataba de esclarecer las cosas.

Se lo llevaron en el Air Force One a un acto electoral. Cuando bajaba del avión, dijo: «Creo que los primeros diez minutos los voy a pasar atacando a los medios de comunicación».

Trump preguntaba a Porter a menudo si estaba interesado en ser asesor jurídico de la Casa Blanca, pero Porter declinaba la oferta cada vez.

Cuando el abogado personal de Trump llegó para debatir ciertos asuntos sobre el fiscal especial Mueller, Trump pidió a Porter que los acompañara.

—Quiero que te quedes, Rob, tienes que formar parte de todo esto.

—No soy tu abogado —explicó Porter— y no estoy ejerciendo como tal. Pero incluso si lo fuera, sería abogado del Gobierno, no uno de tus abogados personales, y eso rompería la confidencialidad entre abogado y cliente. Por eso no puedo estar presente.

—No, no, —dijo Trump—, eso da igual.

Fue necesario que uno de los abogados personales de Trump, como John Dowd, insistiera en que Rob debía marcharse.

«No sé cuánto tiempo más podré quedarme —le dijo Gary Cohn a Porter—, porque todo esto es una locura, es caótico. No va a cambiar nunca, da igual que preparemos una reunión informativa importante para el presidente, bien organizada y con un montón de diapositivas, si sabes que de todas formas no va a escucharnos. No lo conseguiremos. Escuchará durante diez minutos antes de sacar cualquier otro tema. Nos quedaremos ahí una hora sin llegar nunca a terminar la sesión informativa.»

Porter trató de preparar y organizar varios documentos informativos con todos los datos relevantes, los diferentes puntos de vista, la relación costes/beneficios, las ventajas y desventajas y las consecuencias de una decisión. No funcionó.

Gary Cohn y Robert Lighthizer, el representante de comercio de Estados Unidos, trabajaron durante meses para que Trump aceptara autorizar una investigación de propiedad intelectual sobre las prácticas comerciales de China. Fue un caso en el que Trump pudo hacer valer su política anticomercio sin llegar a romper un acuerdo comercial. La autorización provenía de la sección 301 de la Ley de Comercio de 1974, que otorgaba al presidente el poder de establecer unilateralmente restricciones punitivas para el comercio en países que realizan transacciones comerciales desleales con Estados Unidos.

Los chinos habían roto todas las reglas. Hicieron de todo, desde robar secretos comerciales de compañías tecnológicas hasta falsificar productos farmacéuticos u objetos de lujo o piratear *software*, películas y música. Compraron partes de empresas y robaron su tecnología. Robaron la propiedad intelectual de compañías estadounidenses a las que se les había exigido que trasladaran su tecnología a China para operar allí. Cohn consideraba que los chinos eran unos sinvergüenzas. La Administración estimó que China se había llevado 600.000 millones de dólares en robos de propiedad intelectual.

Una investigación 301 (301 para abreviar) le otorgó un año a Lighthizer para dilucidar si la oficina del representante de Comercio de Estados Unidos debía abrir una investigación formal sobre China. De ser así, Trump tendría autoridad para imponer aranceles, sanciones y otras medidas contra China.

Europa, Japón y Canadá se unirían a Estados Unidos en un gran esfuerzo coordinado contra las violaciones de la propiedad intelectual que perpetraba China. Sería la primera medida comercial de Trump.

Finalmente, el presidente accedió a firmar un memorando y anunciar en un discurso la investigación de un año de duración sobre las violaciones a la propiedad intelectual de China. Había sido un largo camino para proporcionarle una senda de acción clara y definida en el terreno comercial.

Durante una reunión en agosto, en su residencia, con los equipos económicos y comerciales, Trump se resistió. Acababa de hablar con el presidente Xi. No quería apuntar a China. «Vamos a necesitar su ayuda contra Corea del Norte —dijo—. No se trata solamente de una votación del Consejo de Seguridad de la ONU. Necesitaremos su ayuda de manera continuada. Quiero eliminar todas las referencias a China del discurso.» No quería poner en peligro sus buenas relaciones con el presidente Xi.

Porter le comunicó que el breve memorando de dos páginas mencionaba a China cinco veces, y solo a China. Se trataba de China, como habían estado discutiendo durante meses.

—No, no y no —negó Trump—, no quiero que sea específico de China. Hagámoslo para todo el mundo.

Según la ley, estas investigaciones deben ser sobre prácticas comerciales desleales de un país específico.

—En este caso se trata de China —continuó Porter—. Y eso es inevitable.

—Bueno, de acuerdo —concedió el presidente—, puedo firmar lo que sea, pero no quiero mencionar a China en los comentarios.

—No se puede explicar todo esto sin mencionar que nos estamos refiriendo a China.

—Está bien —dijo Trump.

En sus comentarios públicos, manifestó: «El robo de la propiedad intelectual por parte de países extranjeros supone a nuestra nación la pérdida de millones de empleos y varios miles de millones de dólares cada año. Durante mucho tiempo se han enriquecido a costa de nuestro país sin que Washington haya tomado cartas en el asunto, pero Washington no seguirá haciendo la vista gorda». Se hizo una mención a China.

Cohn y Porter tenían la esperanza de que la firma del memorando que autorizaba una investigación 301 desviaría la atención de Trump de la imposición de aranceles al acero y al aluminio de inmediato.

Cada vez que uno de ellos cuestionaba la convicción de Trump sobre la importancia de los déficits comerciales y la necesidad de imponer aranceles, el presidente era inamovible. «Sé que tengo razón y si no estás de acuerdo conmigo, es que estás equivocado», aseguraba.

Cohn sabía que la verdadera batalla sería la de los aranceles, que era donde Trump se mostraba más inflexible y donde más daño podía hacer a la economía de Estados Unidos y a la del mundo. Le dio al presidente todos los datos que pudo sobre cómo las cargas al acero importado serían un desastre y perjudicarían la economía.

En el documento de 17 páginas que Cohn le envió había una

tabla que mostraba la ínfima recaudación obtenida en los años 2002 y 2003 cuando el presidente Bush impuso aranceles al acero por razones similares. Le mostró que los ingresos que consiguieron fueron de 650 millones de dólares. Eso era un 0,04 por ciento del total de los ingresos federales de 1,78 billones de dólares.

Los ingresos estimados de unos aranceles al acero del 25 por ciento serían ahora de 3.400 millones de dólares, el 0,09 por ciento del total de los ingresos esperados de 3,7 billones de dólares para 2018.

Se perdieron decenas de miles de empleos en Estados Unidos en las industrias que consumían acero, le dijo Cohn, e hicieron una tabla para demostrarlo.

Trump tenía tres aliados que coincidían con él en la importancia de los déficits comerciales: el secretario de Comercio Wilbur Ross, Peter Navarro y Bob Lighthizer, el representante de Comercio de Estados Unidos.

Navarro dijo que los datos no incluían los empleos creados en las acerías bajo los aranceles de Bush de 2002 y 2003.

—Es cierto —dijo Cohn—. Se crearon 6.000 puestos de trabajo en acerías.

—Sus datos son erróneos —dijo Navarro.

Trump estaba decidido a imponer aranceles al acero.

—Mira —propuso Trump—, lo intentamos y, si no funciona, los quitamos.

—Presidente —explicó Cohn—, esa no es forma de trabajar con la economía de Estados Unidos

Como el riesgo era tan alto, se hacía necesario ser conservador.

—Haces algo cuando estás seguro al cien por cien de que funcionará, y luego rezas como un loco para estar en lo cierto. No se puede jugar al 50 por ciento con la economía de Estados Unidos.

—Si no funciona —repitió Trump—, las quitamos.

El Tratado de Libre Comercio de América del Norte (NAFTA) fue otro objetivo persistente de Trump. El presidente lle-

327

vaba meses diciendo que quería abandonar el NAFTA y renegociarlo. «La única manera de conseguir un buen trato es desbaratar el acuerdo anterior. Cuando lo hagamos, dentro de seis meses volverán corriendo.» Su teoría para la negociación era que, para llegar a un sí, primero tienes que decir que no.

«Una vez lo deshagas podría ser el final. Esa estrategia entraña un riesgo demasiado grade. O funciona o vas a la quiebra», respondió Cohn.

Cohn se dio cuenta de que Trump se había declarado en bancarrota seis veces y no parecía importarle. La bancarrota era para él como una estrategia más en los negocios. Aléjate, amenaza con deshacer el trato. «El verdadero poder es el miedo.»

Durante décadas, Goldman Sachs no había hecho negocios con la Organización Trump o con el propio Trump, ya que sabía que era algo difícil para cualquiera. No iba a pagar ni a demandar. Cuando Cohn comenzó a trabajar en Goldman hubo un subalterno que negoció con bonos de casino con Trump.

328

Cohn le dijo al joven que si no liquidaba la transacción, sería despedido. Afortunadamente para el chico, Trump pagó.

Pero aplicar esta forma de pensar su negocio de bienes raíces al Gobierno y decidir correr el riesgo de una bancarrota de Estados Unidos era un asunto completamente diferente.

En otra conversación con el presidente, Cohn dio a conocer un estudio del Departamento de Comercio que mostraba que para Estados Unidos era absolutamente necesario mantener el comercio con China. «Si China quisiera destruirnos de verdad, solo tendría que dejar de enviarnos antibióticos. ¿Sabías que en realidad no se fabrican antibióticos en Estados Unidos?» El estudio también mostró que nueve de los antibióticos más importantes no se fabricaban en Estados Unidos, incluida la penicilina. China vende el 96,6 por ciento de todos los antibióticos que se administran en el país. «No fabricamos penicilina.»

Extrañado, Trump miró a Cohn, y este le preguntó directamente:

—Entonces, cuando los bebés se mueran por estreptococos en la garganta, ¿qué les dirás a sus madres? ¿Que los déficits comerciales son más importantes?

—Los compraremos en otro país —propuso Trump.

—Entonces, China venderá los antibióticos a Alemania, y los alemanes subirán el precio para nosotros. Y nuestro déficit comercial se reducirá con los chinos y aumentará con los alemanes.

Los consumidores estadounidenses tendrían que pagar el margen de beneficio.

—¿Sería bueno para la economía? —inquirió Cohn.

Navarro dijo que comprarían en otro país que no fuera Alemania.

—Pasaría exactamente lo mismo —explicó Cohn—, sería como reordenar los asientos de la cubierta del Titanic.

La industria automovilística estadounidense era otra de las obsesiones de Trump. Según él, China estaba perjudicando gravemente a la industria y más todavía a los trabajadores estadounidenses.

Cohn reunió las mejores estadísticas que pudo encontrar. Trump ni se las miraba, así que tuvo que llevarle gráficos al Despacho Oval. Los números mostraban que la industria automovilística estadounidense estaba bien. Un enorme gráfico mostró que, aunque los Big Three (como se conoce a General Motors, Ford y Chrysler) de Detroit producían 3,6 millones menos de coches y camionetas desde 1994, el resto de Estados Unidos, principalmente en el sureste, había compensado esos 3,6 millones.

Cohn le explicó que toda la serie de BMW 3 del mundo se fabricaba en Carolina del Sur. Los Mercedes SUV se fabricaban en Estados Unidos. Los millones de empleos de automóviles perdidos en Detroit se trasladaron a Carolina del Sur y Carolina del Norte por las leyes del derecho al trabajo.

—¿Y qué pasa con las fábricas vacías? —preguntó Trump—. Hay que solucionar eso.

Cohn había incluido otro documento, *Los datos de Estados Unidos en las disputas de la OMC*, en el libro-diario que Porter había creado para el presidente aquella misma noche.

329

Pero Trump casi nunca lo abrió, si es que llegó a hacerlo alguna vez.

—¡La Organización Mundial de Comercio es la peor organización que se ha creado nunca! —exclamó Trump—. Perdemos más casos que otra cosa.

—Está en tu libro, señor —decía Cohn sacando otra copia. El documento mostraba que Estados Unidos había ganado el 85,7 por ciento de los casos en la OMC, más que la media—. Estados Unidos ha ganado disputas comerciales contra China sobre los impuestos extra desleales sobre aves de corral, acero y automóviles de Estados Unidos, además de las restricciones desleales a la exportación de materias primas y minerales de tierras raras. Además, Estados Unidos ha utilizado el sistema de resolución de disputas para obligar a China a abandonar los subsidios en varios sectores.

—Eso es mentira —respondió Trump—. Está equivocado.

—No hay ninguna equivocación. Esos datos son del representante de Comercio de Estados Unidos. Llama a Lighthizer y verás si está de acuerdo.

—No voy a llamar a Lighthizer —dijo Trump.

—Bueno —concedió Cohn—, ya lo hago yo. Esta es la información objetiva. Nadie puede discutir contra esa información… Los datos son los que son —agregó después.

Cohn buscaba a veces la ayuda del vicepresidente Pence, pero siempre en conversaciones privadas. Así lo hizo con el tema de los aranceles al acero y el aluminio.

—Mike, necesito tu ayuda.

—Estás haciendo lo correcto —contestó Pence—, no sé cómo podría ayudarte.

—Mike, ningún estado se verá más afectado que Indiana por los aranceles al acero y el aluminio. Elkhart, en Indiana, es la capital mundial de los barcos y vehículos recreativos. ¿Qué hay en los barcos y vehículos recreativos? Aluminio y acero. Esto puede aniquilar a tu estado.

—Sí, me doy cuenta.

—¿Me puedes echar una mano?

—Estoy haciendo lo que puedo.

Como siempre, Pence se mantenía ajeno a todo. No quería que tuitearan sobre él ni que lo llamaran «idiota». Si él fuera consejero de Pence, Cohn le habría dicho que hiciera exactamente eso, mantenerse al margen.

Kelly llegó a la conclusión de que el problema era Peter Navarro. Este entraba en el Despacho Oval y trataba con Trump los déficits comerciales. Como sembraba sobre terreno abonado, Trump entraría pronto en modo acción y declararía: «Firmo hoy mismo».

Cohn aprovechó cada oportunidad que tuvo para decirle a Kelly que Navarro era un absoluto desastre. Deshazte de él, le decía Cohn, despídelo. Este lugar nunca va a funcionar mientras él esté cerca.

Kelly le pidió a Porter que le diera su opinión. «El *statu quo* actual es insostenible —le dijo Porter—. No creo que puedas deshacerte de Peter, porque el presidente lo adora. No lo permitiría jamás. No puedes ascender a Navarro, como pretende, porque eso sería absurdo. Peter necesita rendirle cuentas a alguien, aparte de sentir que tiene línea directa con el presidente. Pero muchas veces consigo interceptarlo.»

Kelly se decidió a tomar el control y convocó una reunión de contrincantes el 26 de septiembre. Fue como un duelo. A Navarro se le permitió llevar a un ayudante y eligió a Stephen Miller. Cohn llevó a Porter.

Navarro empezó reclamando que durante la campaña le prometieron que sería ayudante del presidente. Ahora mismo solo era ayudante adjunto. Que aquello era una traición y no podía creer que siguiera así durante tanto tiempo. Que había hablado con el presidente, que no entendía la diferencia entre un ayudante del presidente y un ayudante adjunto.

El presidente pensaba que «asistente especial» sonaba mucho mejor, sin darse cuenta de que era una posición aún más baja.

331

Navarro dijo que el presidente le había prometido que podía tener el título y la estructura de informes que él escogiera. Él y su Consejo de Comercio representaban al trabajador estadounidense, a la base de la fábrica, al hombre olvidado.

—Peter va por ahí desbocado —comentó Cohn—. Está creando problemas, diciendo que el presidente miente. Está descontrolado. Es el origen de todo el caos de este edificio.

—Gary no tiene ni idea de lo que habla —respondió Navarro—. Es un globalista. No es leal al presidente.

Y Porter siempre estaba manipulando todo el proceso para retrasarlo todo, por lo que Navarro no podía entrar a ver al presidente.

—De acuerdo —concluyó Kelly—. No quiero continuar con todo esto. Peter, a partir de ahora serás miembro del Consejo Económico Nacional y tendrás que responder ante Gary. Así es como serán las cosas, y si no te gusta, puedes renunciar. Fin de la reunión.

—Deseo apelar esta decisión —dijo Navarro—. Quiero hablar con el presidente.

—No vas a dirigirte al presidente —aseguró Kelly—. Fuera de mi oficina.

Pasaron los meses.

—¿Dónde demonios está mi Peter? —preguntó el presidente un día—. No he hablado con Peter Navarro en dos meses.

Pero, como solía pasar, no insistió.

34

El enfrentamiento de Trump con Kim Jong-un se estaba volviendo cada vez más personal.

A bordo del Air Force One, cuando las tensiones iban en aumento, Trump dijo, en un inusual momento de reflexión:

—Este tío está pirado. De verdad espero que esto no acabe tomando un mal camino.

Hizo comentarios contradictorios sobre Corea del Norte, algunos provocativos y grandilocuentes, e incluso llegó a afirmar que deseaba la paz. En mayo comentó que se sentiría muy «honrado» de reunirse con Kim «bajo las circunstancias apropiadas». En agosto comunicó a la prensa: «Será mejor que Corea del Norte no siga amenazando a Estados Unidos, porque se encontrará con un fuego y una furia nunca vistos en el mundo».

Sin un propósito definido, McMaster elaboró una estrategia que esbozaba una campaña de presión contra Corea del Norte. El plan, que fue presentado mediante un documento firmado, tenía como propósito presionar a Corea del Norte y a China para que negociasen el programa de armas nucleares del primero y detuviesen el desarrollo de sus misiles balísticos intercontinentales (ICBM). El Departamento del Tesoro diseñaría las sanciones, y Asuntos Exteriores se encargaría de negociar con China para que esta presionase a Corea del Norte.

El Departamento de Defensa debía realizar incursiones militares, tales como sobrevolar el territorio, adentrarse en su espacio aéreo mediante actuaciones conocidas como Blue Lightning, y tomar parte en actividades cibernéticas limitadas para exhibir su fuerza y demostrar la amenaza que suponían.

McMaster reiteró en el Consejo de Seguridad Nacional que Trump no podía aceptar una Corea del Norte nuclearizada.

Sin embargo, el presidente resumió su postura sobre casi todo en una entrevista con el *New York Times*: «Estoy siempre en movimiento. Me muevo en ambas direcciones».

Dunford, el presidente del Estado Mayor Conjunto, creó una célula de comunicaciones estratégica en su Directorio de Operaciones, llamada J3, para examinar las oportunidades de las que podían disponer para el intercambio de mensajes en Corea del Norte. ¿Qué acciones podían llevar a cabo y eran lo suficientemente amenazantes para ser utilizadas como elemento disuasorio?

En cuanto hubo tres portaviones en las inmediaciones, Mattis expresó su malestar. ¿Podía aquello provocar una respuesta inesperada por parte de Kim? ¿Iba Estados Unidos a iniciar la guerra que intentaba evitar? Se mostró mucho más preocupado por esto que otros muchos del Pentágono y, sin duda alguna, de la Casa Blanca.

Mattis estaba estudiando *Los cañones de agosto*, un libro escrito por la historiadora Barbara Tuchman sobre el detonante de la Primera Guerra Mundial.

«Está obsesionado con agosto de 1914 —decía un oficial—, y con la idea de que se tomen medidas, medidas militares, que se consideran maniobras prudentes, y cuyas consecuencias inintencionadas son que uno no pueda apearse del tren de la guerra. —El conflicto coge impulso—. Ni tampoco detenerlo.»

Mattis no quería una guerra. El *statu quo* y una estrategia antibelicista, aun con tensiones fuertes y abrumadoras, aseguraban el éxito en cualquiera que fuese el caso.

El oficial resumió la situación: «Lo que Mattis y Dunford piensan es que Corea del Norte puede ser contenida. De hecho, Dunford dijo: "Así se lo he aconsejado al presidente"».

334

El 19 de septiembre de 2017, el presidente Trump dio su primer discurso en la Asamblea General de la ONU. Fue entonces cuando, por primera vez, le puso el apodo de «hombre cohete» al líder norcoreano. Dijo que, si se veían obligados a defenderse, Estados Unidos «no tendrá más remedio que destruir por completo Corea del Norte».

Kim contraatacó tres días después. «Cuanto más ladra el perro, más asustado está», y comentó que Trump era, «sin lugar a dudas, un granuja y un gánster al que le encanta jugar con fuego. Tengan por seguro que lograré domar a ese viejo chocho desquiciado estadounidense».

En un tuit del 23 de septiembre, Trump llamó a Kim «pequeño hombre cohete».

Trump y Rob Porter estaban juntos en la cabina presidencial delantera del Air Force One. Con el canal de Fox News en la televisión.

—«Pequeño hombre cohete» —pronunció Trump con orgullo—. Creo que ese es el mejor apodo que se me ha ocurrido jamás.

—Es gracioso —comentó Porter—, y está claro que ha cabreado mucho a Kim. —No obstante, preguntó—: ¿Qué finalidad tiene esto? Si seguimos incrementando la retórica, nos metemos en una guerra de palabras y esta se intensificará. ¿Qué esperas sacar de todo esto? ¿Cómo terminará todo?

—Uno nunca debe mostrarse débil —respondió Trump—. Tiene que proyectar firmeza. Necesito convencer a Kim y a todos los demás de que estoy dispuesto a hacer cualquier cosa para defender mis intereses.

—Ya, usted quiere que esté siempre alerta —dijo Porter—. Y también dar la impresión de que es imprevisible. Pero él sí que parece bastante imprevisible, y ni siquiera sabemos si está realmente cuerdo. ¿Seguro que está bien de la cabeza? No tiene las mismas reservas políticas que los demás. Parece que desea que le tomen en serio a nivel internacional.

—Uno tiene que mostrarse fuerte —repitió el presidente.

—Me pregunto si ridiculizarlo es una forma de dominarlo de algún modo o si también podría provocarlo —prosiguió Porter.

Trump no contestó. Su lenguaje corporal sugirió que sabía que Kim era capaz de cualquier cosa. Entonces expresó su conclusión: era una lucha de voluntades.

—Esto solo es un combate líder contra líder. Hombre contra hombre. Yo contra Kim.

A finales de septiembre, el general Kelly le pidió a Graham que fuese a la Casa Blanca para realizar una simulación sobre Corea del Norte.

Las noticias se vieron desbordadas por mensajes contradictorios por parte de Trump y Tillerson. Durante semanas, Tillerson había estado anunciando públicamente lo que él llamaba los «cuatro no»: Estados Unidos no solicitaba un cambio de régimen, no deseaba la caída de aquel régimen, no pretendía acelerar la reunificación de las dos Coreas y no buscaba una excusa para enviar tropas a Corea del Norte.

—Tenemos a ese tío desconcertado —le dijo Kelly a Graham, refiriéndose a Kim Jong-un.

Graham les hizo una propuesta drástica a Kelly y a McMaster.

—China tiene que matarlo y reemplazarlo por un general norcoreano al que puedan manejar —indicó. Al menos China poseía el control suficiente para que Corea del Norte no atacase—. Creo que los chinos son la clave de todo este asunto, y necesitan deshacerse de él. No nosotros, ellos. Y así controlar el suministro nuclear del país y calmar la situación. O controlarlo a él. Detener el aumento de su arsenal nuclear. Mi mayor temor es que lo venda.

Le propuso a Trump que le dijese lo siguiente a China: «El mundo es un lugar muy peligroso. No voy a permitir que este régimen amenace nuestro país con un arma nuclear».

Graham explicó que Trump le había asegurado que no iba a dejar que aquello ocurriese. Había hecho de todo excepto poner un anuncio en el periódico anunciando al mundo lo que Trump le había dicho a la cara.

336

El 1 de octubre, meses después de que Tillerson hubiese iniciado públicamente un acercamiento con Corea del Norte para entablar diálogo, Trump tuiteó: «Le he dicho a Rex Tillerson, nuestro maravilloso secretario de Estado, que pierde el tiempo al intentar negociar con ese pequeño hombre cohete. No malgastes tus energías, Rex. ¡Haremos lo que haya que hacer!».

La mayoría consideró que aquel belicoso tuit socavaba al principal diplomático del país.

Al parecer Trump cedió a un impulso repentino. Durante la campaña presidencial, él mismo hizo una ofrenda de paz al mostrarse dispuesto a negociar con Kim mientras se tomaban una hamburguesa.

Pero todos pasaron por alto que Trump conocía el modo de aparentar que fortalecía su posición al crear una situación, a menudo arriesgada, que antes no existía. Amenazar al inestable régimen norcoreano con armas nucleares era impensable, pero lo había hecho. Y aquel solo era el comienzo. La costumbre presidencial del pasado de preservar la armonía pasó a la historia.

Trump no tardó en tirar de la correa de Kelly con más fuerza, y varios meses después la misteriosa capacidad de este de controlar al presidente desapareció. Estaba claro que a Trump no le gustaba que nadie más tuviese el control desde el punto de vista emocional, pues era como admitir que él ya no podía ocuparse de aquel asunto. Le hacía sentirse aislado, como si ya no estuviese al mando.

En noviembre, Trump vio en Fox News a Chris Crane, el presidente del Servicio de Inmigración y Control de Aduanas [ICE, por sus siglas en inglés], quejándose de lo difícil que era comunicarse con él. Afirmaba que el presidente les estaba decepcionando. La agencia había respaldado a Trump seis semanas antes de las elecciones, y aquella fue la primera vez que el Consejo Nacional del ICE, como se le conocía, había apoyado una candidatura presidencial.

Trump puso el grito en el cielo.

John Kelly y Chris Crane sentían una fuerte antipatía el uno por el otro. Siendo Kelly secretario de Seguridad Nacional, había impedido que los agentes del ICE realizasen una dura campaña sobre las infracciones de las leyes de inmigración.

Trump invitó a Crane al Despacho Oval sin informar a Kelly.

—Kelly ha bloqueado nuestro acceso por completo —explicó Crane—. Pusimos la mano en el fuego por ti. Te respaldamos. Apoyamos todas tus políticas, y ahora ni siquiera podemos ponernos en contacto contigo.

Kelly se enteró de que Crane estaba en el Despacho Oval, entró allí dando grandes zancadas, y no tardaron mucho en empezar a echar pestes el uno del otro.

—Es increíble que haya dejado entrar en el Despacho Oval a un puto imbécil como este —espetó Kelly a Trump—. ¡Si es así como se van a hacer las cosas, entonces dimitiré! —aseguró, y salió hecho una furia.

Más tarde Trump le contó a los demás que pensaba que Kelly y Crane iban a llegar a las manos.

Kelly instó al presidente a que escogiera como nueva secretaria a Kirstjen Nielsen, una abogada de cuarenta y cinco años que había sido la jefa de Gabinete del Departamento de Seguridad Nacional durante su mandato.

—Kirstjen es la única persona capaz de hacer esto —alegó Kelly ante el presidente—. Conoce el Departamento de Seguridad Nacional, fue mi jefa de personal, es brillante haciendo estas cosas.

Su candidatura fue presentada en el Senado el 11 de octubre.

El presidente vio que la comentarista de Fox News, Ann Coulter, tachó a Nielsen de ser «una fanática de la apertura de fronteras» que se oponía al muro fronterizo de Trump. Lou Dobbs añadió a esto que Nielsen estaba a favor de la amnistía, que no era una verdadera creyente ni se mostraba férreamente en contra de la inmigración, y que formó parte de la Administración de George W. Bush. Durante su audiencia de confirmación había declarado: «No es necesario levantar un muro de una costa a otra», y Dobbs, un fuerte partidario de Trump, calificó aquel comentario de «escandaloso».

—Todo el mundo dice que es espantosa —le comentó Trump a Kelly más tarde, en el Despacho Oval—. Menuda jugarreta me has hecho. Es de la Administración Bush. Todos la odian. ¿Cómo demonios has dejado que haga esto?

—Es la mejor —afirmó Kelly—. Lo mejor de lo mejor. Se lo puedo asegurar de primera mano. Fue la primera mujer en dirigir el departamento, sé que es una buena persona. Hará un trabajo excepcional, será muy eficaz. Está de su lado. Fue mi mano derecha cuando estuve allí. Conoce el departamento a la perfección.

—Todo eso son gilipolleces —replicó Trump—. Es horrible. Eres el único que piensa que vale para algo. Tal vez tengamos que retirar su candidatura.

Kelly levantó las manos.

—Entonces tal vez tenga que dimitir. —Y salió enfurecido.

Después de aquello, Porter le entregó a Trump el nombramiento de Nielsen para que lo firmase y así investirla oficialmente como secretaria.

—No sé si quiero firmar esto ahora —expresó Trump—. No confío del todo en ella.

—Ha salido elegida —explicó Porter. El Senado había aprobado su candidatura con 62 votos a favor y 37 en contra—. Vas a tener que asistir a su investidura.

Trump firmó el documento.

Kelly apareció en el programa de Bret Baier, en Fox News, y aseguró que Trump había pasado por «un proceso evolutivo» y que «había cambiado de actitud en lo referente al asunto del programa DACA, de protección contra la deportación de inmigrantes menores de edad, e incluso en el tema del muro».

En la Casa Blanca, Trump se subía por las paredes.

—¿Has visto lo que ha dicho Kelly? —le preguntó a Porter—. ¿Que he evolucionado? ¿Que he cambiado de opinión en esto? ¿Quién coño se cree que es? No he cambiado ni una pizca. Pienso exactamente lo mismo que antes. Vamos a construir ese muro. Vamos a levantarlo a lo largo de toda la frontera.

☐

Zach Fuentes, el ayudante de Kelly, advirtió al personal de rango superior del Ala Oeste que la capacidad de concentración de Kelly era escasa y se distraía con facilidad.

—No se fija en los detalles —dijo Fuentes, que también había sido el ayudante de Kelly en Seguridad Nacional—. Nunca pongáis ante él más de una página. Aunque le eche un vistazo, no va a leérselo todo. Aseguraos de subrayar o poner en negrita los puntos principales.

Sin embargo, según Fuentes, había ciertos asuntos, en especial los relacionados con el Ejército, que atraían por completo la atención de Kelly y puede que deseara entablar una conversación prolongada.

Normalmente, dijo Fuentes, «dispondréis de treinta segundos para hablar con él. Si no lográis captar su atención, no se concentrará».

340

Kelly tenía reuniones periódicas con los veinte principales funcionarios del personal de mayor rango de la Casa Blanca todos los lunes, miércoles y viernes en la Sala Roosevelt. A menudo repasaba sus conversaciones con el presidente.

—He hablado con el presidente este fin de semana —relató Kelly en una reunión—. Está empeñado en que nos retiremos de la península de Corea por completo. Quiere obligar a los surcoreanos a que paguen el sistema THAAD para derribar misiles balísticos. He estado discutiéndolo con él, y al final me he lanzado y le he dicho que no podía hacer eso.

En cuanto el propio Kelly se vio envuelto en el conflicto político de Washington y los medios de comunicación lo criticaron, empezó a hablar cada vez más y más sobre la prensa y sobre su propio papel en las reuniones con el personal más importante.

—Soy el único que protege al presidente de la prensa —afirmó Kelly en una reunión—. La prensa va a por él.

Quieren destruirlo. Y yo estoy decidido a interponerme en su camino, recibiré las balas y también las flechas. Todos van a por nosotros. La prensa lo odia. Nos odia. No nos van a dar ni un solo respiro en ningún momento. Son hostilidades abiertas, y por eso estamos recibiendo tantos ataques. También se han vuelto contra mí porque soy el hombre que se mantiene firme ante al presidente para intentar protegerlo.

Un día, durante una pequeña reunión en su despacho, Kelly dijo, refiriéndose al presidente:

—Es idiota. Es inútil intentar convencerle de nada. Ha perdido el juicio. Estamos en Loquilandia.

Y también:

—Ni siquiera sé por qué estamos aquí. Este es el peor trabajo que he tenido en mi vida.

Kelly comenzó a perder autoridad y a participar menos. Trump llamaba a los miembros del Congreso cuando Kelly no estaba cerca. Llamaba a Chuck Schumer, Tom Cotton, Lindsey Graham, Dick Durbin o a los miembros del Gabinete, y recalcaba que él era su propio jefe de Gabinete y su propio director de asuntos legislativos.

—Madeleine —solía gritar—, llama al representante Ryan.

Entonces empezaban las preguntas de Trump.

—¿Cómo le va a Kelly? —le preguntaba a Porter—. Es duro, pero a mí me parece que es demasiado duro. No sé si le caerá tan bien al personal.

—Creo que le están ayudando —respondió Porter—. Es mejor ser temido que amado. Pero tiene sus limitaciones. Yo pienso que solo necesita reconocerlas. Y usted también. —Porter explicó que, a su parecer, la debilidad de Kelly residía en los asuntos legislativos—. Necesitas a un buen director de asuntos políticos porque ese no es su fuerte. Y si lo que quieres es que tu jefe de Gabinete sea tu asesor político principal, ese no debería ser Kelly.

□

Tillerson se quejó ante Kelly en numerosas ocasiones de que Porter estaba haciendo que Trump firmase memorandos de entendimiento sin la aprobación de la Secretaría del Estado.

—Sé que has estado intentando mantener informado a Rex —le dijo Kelly a Porter—, pero ahora no puedes darle un memorando de entendimiento al presidente. No puedes informar al presidente de algo así a no ser que tengas instrucciones explícitas.

Kelly le dejó claro que los comentarios del Gobierno en general o del jefe de Gabinete de Tillerson no iban a ser suficientes. Kelly le ordenó que no tomara ninguna decisión «hasta que hayas hablado expresamente con Rex en persona o por correo electrónico».

Trump se enteró de los conflictos que habían surgido. Le gustaban las discrepancias agresivas, pues dejaban al descubierto un variado abanico de opiniones. La armonía podía desarrollar el pensamiento grupal. Él adoraba el caos y se revolcaba en él.

342

Sobre las nueve de la noche del lunes 27 de noviembre, más de cuatro meses después de que Priebus abandonase la Casa Blanca, el presidente le llamó a su teléfono móvil. Estuvieron hablando durante diez minutos.

—¿Qué tal las próximas elecciones al Senado en Alabama? —preguntó Trump.

También se interesó por el crucero en el que Priebus había estado hacía poco. Trump comentó que era increíble la cantidad de cosas que habían hecho juntos en los primeros seis meses. ¿Qué tal la reforma fiscal? ¿Y los senadores republicanos a los que había dejado fuera de la reforma fiscal? Trump le aseguró que las historias que había publicado el *New York Times* aquella semana eran pamplinas.

—¿Cómo crees que lo está haciendo Rex? —preguntó Trump—. ¿Crees que va por buen camino?

Priebus fue prudente. Pensaba que Tillerson lo había estado haciendo muy bien, pero fue muy duro con el presidente. Y al presidente no le gustaba que hicieran eso.

Pero aquella llamada no era tensa, parecía que Trump solamente quisiera a alguien con quien soltar toda la mierda que llevaba dentro. Con Kelly solo hablaba de cosas serias; no era capaz de sentarse a charlar de banalidades.

El presidente invitó a Priebus a comer en la Casa Blanca el martes 19 de diciembre. Ahora que era abogado particular, su estrecha relación con el presidente y sus reuniones ampliamente difundidas resultaban ser de gran utilidad para sus clientes privados. El mundo sabía sin lugar a dudas que Priebus seguía siendo una pieza del tablero. No obstante, las preguntas del presidente con respecto a Tillerson le hicieron recordar a Priebus todos los momentos en los que se enteró de que Trump había tratado de averiguar cosas sobre él tanteando a otros: ¿cómo crees que lo está haciendo Reince?

Era un recuerdo desagradable. Trump siempre andaba preguntándole a la gente la opinión que le merecía el resto del mundo, buscando un boletín de notas. Era hiriente y podía llegar a retroalimentarse, minando y socavando la reputación y la posición de cualquiera.

—El *modus operandi* del presidente es poner en guardia a todo el mundo —explicó Priebus—. Pone todas las fichas sobre la mesa, y luego, con paso lento pero seguro, va apoderándose de todas ellas una a una. —Podía tratarse de una persona, una política, un país, un líder extranjero, un republicano, un demócrata, una controversia, una investigación… Trump intentaría aprovecharse de cualquiera, por todos los medios posibles, y, en algunas ocasiones, triunfaría—. Utiliza su influencia de un modo que jamás había visto antes.

343

$\mathcal{A}$hora que se había comprometido a quedarse para crear una nueva reforma de impuestos, a Gary Cohn le tocaba cumplir. El actual impuesto sobre sociedades de Estados Unidos era del 35 por ciento, de los más altos del mundo. Durante años, reducirlo había sido un punto de convergencia entre republicanos y hombres de negocios.

Al principio, era lo úncio lo que quería hablar Trump. En la época de Bush y Obama, docenas de grandes empresas habían transferido sus oficinas principales al extranjero para aprovechar sus bajos impuestos. A este proceso lo llamaban «inversión», porque normalmente conllevaba crear una empresa asociada en un país de bajos impuestos (como Irlanda) y hacer que la compañía estadounidense original fuera la subsidiaria. Esto era uno de los mayores quebraderos de cabeza para los hombres de negocios amigos de Trump. Si se conseguía bajar el impuesto sobre sociedades, billones de dólares pertenecientes a Estados Unidos volverían al país.

—El impuesto sobre sociedades debe bajar al 15 por ciento —declaró Trump.

—Presidente —respondió Cohn, confiado—, lo estudiaremos y lo conseguiremos.

Acorde a los cálculos del Departamento de Hacienda, había muy pocas empresas que pagaran la totalidad del impuesto (ese 35 por ciento) gracias a pequeñas lagunas y atajos especiales que el Congreso había aprobado para la evasión de impuestos.

Cohn pensaba que Estados Unidos estaba muy por detrás comparado con el resto del mundo. Algunos países, como Irlanda, tenían un impuesto sobre sociedades bajísimo, ¡del 9 por ciento!

—Hay que traer el dinero a casa —sentenció Cohn—. Billones de dólares van al extranjero solo para evitar el altísimo impuesto estadounidense.

—Perdemos como 4.000 billones —añadió Trump soltando cifras al azar—, quizás hasta 5.000 billones.

Cohn tenía un gráfico que mostraba que eran 2.600 billones.

En algún momento, al presidente se le ocurrió subir el impuesto sobre la renta (actualmente en su valor más alto, al 39,6 por ciento) para los asalariados a cambio de poder bajar, drásticamente, el de sociedades.

—Subiré el de la renta hasta un máximo del 44 por ciento, si a cambio podemos bajar el de sociedades a un 15 —anunció Trump.

Cohn sabía que era una locura, aunque comprendió que Trump, con sus numerosas deducciones (al poseer multipropiedades), nunca, o muy pocas veces, habría tenido que pagar todo el impuesto del 39,6 por ciento.

—Señor —explicó Cohn—, no se puede subir el impuesto que está más alto, simplemente, no se puede.

—¿Qué quieres decir?

—Eres republicano —le explicó Cohn, que era demócrata.

Los republicanos siempre estaban buscando formas de bajar los impuestos sobre la renta de los particulares. Los republicanos eran el partido de Reagan, quien había bajado el mayor impuesto federal sobre la renta que había habido, un 70 por ciento, hasta un 28 por ciento.

—Si lo subes aún más, se te van a tirar al cuello.

Trump parecía, por fin, entenderlo.

Cohn tenía un paquete de gráficos al estilo de Goldman Sachs y diversas tablas con las que educar al presidente sobre impuestos. Pero a Trump no le interesaban, y nunca se las miraba.

En una reunión en el Despacho Oval, Trump quería saber cuál iba a ser el nuevo impuesto sobre la renta para los particulares.

—Me gustan los números grandes y redondos —proclamó—, como el 10 por ciento, 20, 25... Así sí, números sólidos, fáciles de vender.

Mnuchin, Cohn y Mick Mulvaney, el director de la Oficina de Administración y Presupuesto, dijeron que tenían que realizar un estudio, un posterior análisis y debatir después sobre todo este tema para averiguar qué impacto tendría sobre el beneficio, el déficit y la relación del gasto federal esperado.

—Quiero saber cuáles van a ser los números —insistió Trump, volviendo a la carga con lo mismo—. Creo que deberían ser 10, 20 y 25.

Hizo caso omiso de cualquier pequeña sugerencia por cambiarlos.

El menor cambio de esos valores afectaría enormemente a las tasas recaudadas por la Hacienda estadounidense.

—A mí eso me importa un bledo —afirmó Trump. Números sólidos y redondos, esa era la clave—. Eso es lo que le entra a la gente —razonó—, y así lo voy a vender.

El punto clave del paquete de reformas de impuestos de Cohn se podía leer en la primera página: «Aumentar el crecimiento económico de un 2 a un 3 por ciento», con lo que se calculaba que recaudarían hasta 3.000 billones de ahorro en presupuestos en los próximos diez años.

—Señor, si podemos pasar de un 2 a un 3 por ciento es todo lo que necesitamos, podríamos llevar a cabo la reforma de impuestos —afirmó Cohn.

Cuanto mayor fuera el crecimiento económico, más podría recaudar el Gobierno en impuestos. La teoría era sencilla, pero, en la práctica, iba a ser muy complicado, casi imposible. Pasar de un 2 a un 3 por ciento era un sueño republicano recurrente.

A Trump le gustó la idea. Le cautivó su sencillez y empezó a hablar de un gran crecimiento económico en sus discursos.

Cohn trató de explicarle que, durante la época de Reagan, la economía de Estados Unidos había sido muy competitiva y otros países habían empezado por recortar impuestos. Todo eso conllevaba una gran cantidad de tecnicismos que...

—Me importan una mierda —confesó Trump.

Los lunes por la noche, el portavoz Paul Ryan organizaba un bufé italiano en su sala de conferencias al que asistían las seis figuras más importantes en la reforma de impuestos. Representaban al Congreso y la Administración y se les conocía como los «Seis Grandes». Un grupo formado por: Ryan, McConnell, Kevin Brady (director del Comité de Medios y Arbitrios), Orrin Hatch (director del Comité de Finanzas del Senado), Mnuchin y Cohn. Juntos eran una pesadilla para los demócratas: cinco republicanos conservadores y el expresidente de Goldman Sachs debatiendo qué cambiar en los impuestos.

Este grupo acordó cuatro principios: simplificar el código de impuestos, menos impuestos para familias con salario medio, creación de puestos de trabajo y crecimiento salarial y, por supuesto, traer de vuelta los billones de dólares que se estaban perdiendo en impuestos sobre sociedades en el extranjero.

347

Cohn trataba como reyes a los líderes del Congreso. Durante sus años de hombre de negocios en Goldman, aprendió que todo cliente debía recibir un trato excelente. Llegó a decir a sus clientes: «Estoy disponible las veinticuatro horas, siete días a la semana» o «Si quieres hablar, hablamos». El cliente siempre iba a ser lo primero, era lo único que importaba. Ahora mismo, los líderes del Congreso eran, por el momento, su único cliente.

Mnuchin, con anterioridad, había aislado a algunos miembros del Partido Republicano de la Administración al insistir en que tenían que votar a favor de que se mantuvieran ciertas resoluciones presupuestarias y cambiar el techo de la deuda (el límite de cuánto podía pedir prestado el Gobierno).

Mick Mulvaney, quien ya llevaba seis años en la Casa Blanca, le contó a Cohn que un republicano le había dicho a Mnuchin:

—Señor secretario, la última vez que alguien me dijo lo

que tenía que hacer fue a los dieciocho años. Era mi padre, y nunca más le he vuelto a escuchar.

Más tarde, Mnuchin propuso limitar la cantidad que debían pagar los contribuyentes por los ingresos percibidos de sus comercios al impuesto sobre la renta más bajo posible. A esto se le llamó *pass-throughs* [pases]. Dijo que el 95 por ciento de las devoluciones por impuestos estaban por debajo de los 350.000 dólares de ingresos anuales.

—Va a ser que no —le respondieron Ryan y Brady.

Era la idea más estúpida que habían escuchado en su vida. Mnuchin no había tenido en cuenta el 5 por ciento restante, que incluía a gigantescos donantes del Partido Republicano, como los hermanos Koch.

Mnuchin, a espaldas de Ryan y Brady, trató de convencer a algunos republicanos.

Mulvaney le dejó una nota a Cohn en su escritorio: «Si quieres reformar los impuestos, mantén a Mnuchin en el Capitolio». Cohn se lo contó a Kelly.

Según se intensificaban las negociaciones sobre impuestos en noviembre, Mnuchin recorrió el país, divulgando y vendiendo una nueva reforma sobre los impuestos junto a Ivanka. El 5 de noviembre estuvieron en California, en Nueva Jersey el 13, y Mnuchin fue solo a Ohio el 14 de noviembre.

En el Senado, Orrin Hatch, debido a su limitado conocimiento de política tributaria, reunió a diversos senadores para que hicieran las negociaciones por él. Entre los senadores se encontraban: Pat Toomey, de Pensilvania; Rob Portman, de Ohio; Tim Scott, de Carolina del Sur; y John Thune, de Dakota del Sur. Cohn se pasaba día y noche al teléfono con esos senadores.

Cohn se dio cuenta de una cosa: lo difícil que iba a llegar a ser realizar la reforma. Uno de sus gráficos señalaba: «El impuesto sobre la renta federal es muy progresivo». Cohn creía que era un gráfico muy importante: contaba toda la historia, tenía visibilidad completa. Además, el 44 por ciento de los estadounidenses no pagaban el impuesto sobre la renta federal.

Durante la campaña presidencial de 2012, cuando el porcentaje fue el más alto tras la gran recesión, el candidato republicano, Mitt Romney, fue grabado en diferentes ocasiones diciendo: «El 47 por ciento, que está a su favor [del presidente, Barack Obama], depende del Gobierno; se consideran víctimas y que el Gobierno debe responsabilizarse de ellos. Se creen que la seguridad social es un derecho, que tener un hogar es un derecho, que tienen derecho a todo, son gente con necesidades y el Gobierno es responsable de mantenerlas cubiertas. Por tanto, votarían por un presidente que prometiera eso, sin pensárselo... Pero esa gente no paga impuestos sobre la renta... Así que mi trabajo no va a ser preocuparme por ellos. Nunca voy a poder convencerles de que ellos tienen la responsabilidad de cuidar de sus propias vidas».

Mientras que el 44 por ciento que sí pagaba el impuesto salarial (que iba directo a la seguridad social y sanidad), al igual que impuestos por ventas, por propiedades, los impuestos locales y estatales, no pagaba ni un solo dólar de los impuestos sobre la renta federal. Eso significaba que el Gobierno federal obtenía un beneficio de tan solo el 56 por ciento.

Según los gráficos de Cohn, mucha gente con bajos ingresos pagaba mucho menos que un dólar. Sus ingresos eran tan bajos que, no solo estaban exentos de los impuestos sobre la renta federal, sino que le estaban costando dinero al Gobierno federal. Además, tenían derecho a créditos tributarios reembolsables (parte de las ganancias del Gobierno), como las ayudas por hijos y dependientes y los créditos por ingresos del trabajo.

Ivanka Trump trabajó con los senadores Marco Rubio y Mike Lee para aumentar las ayudas a niños de mil a dos mil dólares. Rubio y Lee no votarían a favor de la reforma final de impuestos, si no se incluía ese punto.

—Teníamos que comprar sus votos —admitió Cohn—. Rubio y Lee nos estaban extorsionando.

Cohn opinaba que el Gobierno federal mezclaba impuestos con beneficencia y, por supuesto, estaban usando la legislación de impuestos para ayudar a los pobres.

☐

El impuesto sobre sociedades seguía siendo una cuestión clave. Trump estaba convencido de que debía ser del 15 por ciento. Al final, Cohn y Mnuchin le convencieron para dejarlo en un 18 por ciento. Sin embargo, el portavoz Ryan, experto en impuestos, llamó a Trump e insistió en que lo moviera hasta un 20. El grupo de senadores de Orrin Hatch y Cohn dijeron que debía ser del 21 por ciento.

Cohn llamó a Trump. Le dio al presidente una compleja disertación técnica de las ventajas que tendría subir el impuesto sobre sociedades. Solo un abogado especialista en impuestos sería capaz de entender los matices de los diferentes porcentajes o de algunas de las lagunas. Pero Trump no podía verlo, o no quería.

—Está hecho —sentenció Trump.

Cohn se dio cuenta de que, siempre y cuando Trump lo viera como una victoria, podría hacer lo que quisiera con la reforma de impuestos.

Trump tenía una idea para vender la reforma.

—Lo llamaremos «el tijeretazo».

Le encantaba la idea, mantuvo una llamada muy larga para convencer a Ryan y Brady. Tras hablarlo con ellos, Trump tenía la impresión de que la Casa Blanca elegiría ese nombre.

La Casa Blanca lo llamó «Ley de trabajo y recorte de impuestos». Pero, debido a leyes inmemoriales del Senado, era un título demasiado corto y, aunque cueste creerlo, acabó siendo la «Ley para proveer en virtud de la reconciliación acorde a los títulos II y V de la actual resolución del presupuesto fiscal de 2018».

Cohn descubrió que conseguir los votos de los senadores era tan sencillo como averiguar sus lagunas o desgravaciones fiscales favoritas.

—Es como una tienda de chuches —comentó.

Los senadores Chuck Grassley, John Thune y Dean Heller estaban entre los que querían créditos para energías alternativas, como los molinos de viento. Susan Collins insistió en una deducción para los profesores de colegios que llevaban sus propios materiales a clase. Susan no votaría a favor de la reforma si no incluían esa deducción. A Ron Johnson, de Wisconsin, le preocupaban esos *pass-through* para los negocios. McConnell hizo otras promesas, incluyendo una de Jeff Flake sobre inmigración.

La reforma final era un vertiginoso laberinto numérico, lleno de normas y categorías. No cabía duda, se trataba de una reforma republicana, beneficiaba a las grandes empresas y a los más ricos. La reforma, sin embargo, también reduciría los impuestos para todos los tipos de ingresos en 2018 y, acorde al Centro de Política Tributaria, las ganancias netas subirían un 2,2 por ciento.

La mayor parte de la clase media estadounidense, quienes percibían entre 19.000 hasta 77.000 dólares al año, pasaría de pertenecer a la categoría del 15 por ciento de impuestos, a una nueva categoría más baja, de un 12 por ciento, lo que significaría un ahorro de cientos de dólares para cualquier persona de renta media. Sin embargo, esos recortes en los impuestos individuales disminuirían cada año y acabarían en 2025.

Las empresas también se beneficiarían de esos recortes en impuestos, ya que el de sociedades pasaría de un 35 al 21 por ciento. Otros beneficiados serían los conocidos *pass-through* para las pequeñas empresas y asociaciones (como la Organización Trump), que podían conseguir hasta un 20 por ciento de deducción.

Sobre la una de la mañana del 20 de diciembre de 2017, el vicepresidente Pence estaba atento, esperando en su silla, en caso de que necesitaran su voto para desempatar en el Senado.

La reforma fue aceptada: 51 a 48.

Un curtido senador demócrata, buen amigo de Cohn, se le acercó. Parecía la persona más alterada de todo el Senado.

—Esto dañará a la próxima década —declaró el senador—. Estaremos deshaciendo vuestro trabajo los próximos diez años.

Cohn trató de relajarle.

—No podíamos seguir quedándonos atrás en el mundo empresarial —defendió—. Teníamos que hacerlo. Cuando veas el gráfico de nuestros competidores... Mira, es un mundo muy competitivo.

Los valores de los impuestos sobre la renta individual estaban vinculados al 10, 12, 22, 24, 32, 35 y, como mucho, 37 por ciento. El descenso del 39,6 por ciento era el típico recorte de impuestos republicano.

Al final, la ley añadiría unos 1.500 billones de dólares al déficit anual durante los siguientes diez años.

En el pórtico sur de la Casa Blanca, Trump junto a los líderes republicanos lo celebraron soltando discursos ególatras. Trump declaró:

—¿Y al final esto en qué se traduce? En trabajo, trabajo y más trabajo.

352

La reforma de impuestos fue la única legislación importante que se aprobó durante el primer año de Trump.

A principios de 2018, el presidente hizo todo lo posible para humillar a Bannon, quien era evidente que había hablado con el periodista Michael Wolff y había sido la fuente principal para su desacreditador libro *Fuego y furia: En las entrañas de la Casa Blanca de Trump*.

En una extensa declaración, en vez de en un tuit, Trump afirmó: «Steve Bannon ya no tiene vinculación alguna conmigo o el Gobierno. Cuando le despedí, no solo perdió su trabajo, sino también la cabeza. [...] Ahora que ya no está conmigo, Steve se está dando cuenta de que ganar no es tan fácil como yo lo pinto».

Desde el punto de vista de Bannon, Trump había fracasado estrepitosamente como agente de cambio. Según el antiguo estratega jefe de la Casa Blanca, era cierto que Trump había triunfado el primer año con aquel plan de seguridad nacional. Al menos sin tener en cuenta su inflexible postura con China y el hecho de que era consciente de que el país asiático suponía un auténtico rival en cuestiones internacionales.

Bannon estaba horrorizado por la Estrategia de Seguridad Nacional, un documento de 55 páginas que se publicó en diciembre de 2017. En la sección sobre Oriente Medio se explicaba que esta se había diseñado para «mantener un equilibrio de poder favorable en la región».

¿Qué demonios significaba aquello?, se preguntó Bannon. Parecía una nueva versión del antiguo proceder de Kissinger con la que se buscaba estabilidad política. El objetivo de la Cumbre de Riad de 2017 había sido forjar una alianza para frenar la expansión y la hegemonía de Irán. Para Bannon, lo del

353

«equilibrio de poder» significaba que Estados Unidos estaba satisfecho con el *statu quo* y la estrategia en Irán, basada en la guerra de baja intensidad, y que llevó el conflicto al límite pero que acabó dejando a este país en la zona gris.

Bannon creía que lo que quería Trump era que Irán retrocediera; que dejara de intervenir en Irak, Siria, Líbano y Yemen. La alianza que se encargaría de ello sería la formada por Estados Unidos, Arabia Saudita, los países del Golfo Pérsico e Israel.

Sin embargo, el auténtico enemigo era China. Ni siquiera Rusia lo era, pues económicamente solo podía compararse al estado de Nueva York (su economía rondaba los 1,5 billones de dólares); no obstante, en una década, la economía china podría superar la de Estados Unidos.

Bannon seguía pensando que el populismo nacionalista tenía bastante poder, pero las antiguas políticas lograron mitigar sus fuerzas durante el primer año de la presidencia de Trump. Ese viejo orden no se iba a retirar tan fácilmente.

354

El movimiento populista había demostrado que no tenía el poder suficiente como para derrumbar a la inalterable clase política. Trump atravesó a Clinton como si de un proyectil se tratara, pero no pudo hacer lo mismo con el resto.

Según el exestratega jefe de la Casa Blanca, los dirigentes republicanos habían dejado a Trump en la estacada. La reducción fiscal implicó que las empresas salieran beneficiadas al cien por cien. Esto generó un déficit de 1,5 billones de dólares, que fue la peor consecuencia de la mentalidad de querer prosperar rápidamente de la clase política. Debido a esa reducción, los *lobbys* consiguieron cumplir con los objetivos que sus clientes demandaban. Ya no había ninguna barrera. El «pantano»* había ganado.

El «Estado profundo» (término utilizado para referirse al hecho de que los funcionarios del presidente actuaban de forma secreta para impedir que este llevara a cabo sus planes) no era el problema, sino lo que sucedía a plena luz.

---

* El «pantano» hace referencia al término que usó Trump en su campaña para designar al *establishment* corrupto de Washington.

Desde la perspectiva de Bannon, lo que más puso en evidencia a Trump fue el discurso que dio el 26 de enero de 2018 en el Foro Económico Mundial, en Davos, Suiza. El titular que sacó el *New York Times* de esto fue: «Trump llega a Davos como un aguafiestas y se marcha con elogios como un pragmatista».

Bannon cree que este discurso era obra de la Cámara de Comercio; Trump miró a los líderes allí reunidos y básicamente los envolvió con su charla.

Especialmente molesta le resultó a Bannon la crítica del presidente al fiscal general Jeff Sessions. Estaba convencido de que jamás conseguiría tener a alguien mejor en el Senado.

Trump siempre estaba quejándose, como un chaval de catorce años con el que se meten de manera injusta. No podías hablar con él haciendo uso de la lógica típica de un adulto, sino que había que explicarle las cosas como a un adolescente.

Durante los seis primeros meses en la Casa Blanca, pocos lograban entender cómo era posible que el presidente pudiera mirar tanto la televisión; daba hasta miedo. Trump no solía empezar a trabajar hasta las once de la mañana. Solía pasar entre seis y ocho horas diarias viendo la televisión.

—Imagina cómo debe de acabar su cerebro —comentó Bannon.

Este declaró que en muchas ocasiones le decía al presidente: «Apaga ese cacharro de una puñetera vez».

En la tarde de un sábado de febrero, o puede que fuera marzo, en Mar-a-Lago, Trump volvía de jugar al golf. Aquel era un lugar precioso, uno de los más bonitos del mundo. Melania se encontraba en la habitación que había al otro lado de la puerta y él estaba viendo en un programa de la CNN a un grupo de tertulianos (que a Bannon le parecía que tenían muy mala baba) que le estaban empezando a poner nervioso.

—Pero ¿qué hace? ¿Por qué hace esto? Apague la tele, esto no tiene sentido. Relájese —le aconsejó Bannon.

—Pero ¿has oído eso? Es un mentiroso de mierda. ¿Quién cojones...?

Esa era la respuesta típica del presidente.

—Vaya y eche un polvo con su mujer.

Trump tampoco pasaba demasiado tiempo con su hijo Barron, que en aquel momento tenía once años.

El exestratega jefe no se consideraba amigo de Trump; de hecho, el presidente no tenía amigos de verdad. Era un hombre que parecía de otra época: de los Estados Unidos de los años cincuenta. Era como el típico hombre duro, varonil.

Bannon creía que los movimientos #TimesUp y #MeToo, que promovieron las mujeres y las feministas, pretendían dar con una alternativa para acabar con el patriarcado imperante.

—Trump representa todo lo contrario —resumió Bannon—. Es un mal padre, un marido terrible, el novio que te jode la vida, por el que has desperdiciado tu juventud y que luego te deja. Ese jefe horrible que siempre te agarra el coño y te menosprecia.

Los tuits del presidente Trump podrían haber llegado a provocar una guerra contra Corea del Norte a principios de 2018. El público jamás conoció la historia completa sobre los riesgos que podrían haber supuesto las batallas verbales entre Trump y el líder norcoreano Kim Jong-un.

Todo empezó el día de Año Nuevo, cuando Kim recordó al presidente estadounidense y al resto del mundo que tenía en su poder armas nucleares.

Kim declaró: «Esto no es una simple amenaza, es cierto que tengo un botón nuclear en mi escritorio». Y prosiguió: «Todo el territorio de Estados Unidos está al alcance de nuestros ataques nucleares». Desde luego, aquella era una amenaza provocadora y alarmante.

Tras leer el Informe Presidencial de Inteligencia del día 2 de enero, Trump dijo:

—Juego en cinco manos de póker a la vez y ahora mismo estamos ganándolas casi todas. Irán tiene problemas y su régimen se encuentra bajo una gran presión. Pakistán tiene miedo de perder los reembolsos y nuestra ayuda en materia de seguridad. Corea del Sur se va a poner a nuestra disposición en lo relativo al comercio y también negociará con Corea de Norte.

Parecía que estuviera en la cima del mundo, pero no mencionó la quinta mano.

«El verdadero poder es el miedo.» Iba a responder a Corea del Norte con el objetivo de asustar a Kim Jong-un.

—Es un matón —comentó Trump a Porter— y un tipo duro. La manera de tratar a la gente como él es siendo duro, así que voy a ser más listo que él y a intimidarle.

Esa misma tarde, el presidente escribió un tuit en el que se burlaba y aseguraba que el suyo era más grande. Ese mensaje hizo temblar a la Casa Blanca y a la comunidad diplomática: «El líder norcoreano Kim Jong-un ha dicho que tiene "un botón nuclear en el escritorio". ¿Alguien en su régimen mermado y muerto de hambre podría comunicarle que yo también tengo un botón nuclear, pero que es mucho más grande y potente que el suyo? Además, ¡el mío funciona!», escribió Trump en Twitter a las 19:49.

Jugó con las inseguridades de Kim. En los últimos seis años, 18 de los 86 ensayos con misiles habían fallado, de acuerdo con el Centro James Martin para Estudios de la no Proliferación.

El presidente de Estados Unidos se había inspirado en la película *¿Teléfono rojo? Volamos hacia Moscú*, pero Internet se volvió loco.

Enseguida, en la cuenta del *Washington Post* apareció un mensaje que decía: «No existe tal botón».

Colin Kahl, antiguo asesor de Obama, tuiteó: «La gente no está flipando por el botón en sí, sino por la inestabilidad mental de un hombre que podría matar a millones de personas sin pedir permiso a nadie».

Muchos usuarios de Twitter se preguntaron si Trump había violado las condiciones de la plataforma al amenazar con una guerra nuclear. Otros recordaron la frase que Hillary Clinton pronunció en su discurso en la convención de julio de 2016: «Un hombre que se ha molestado por un tuit no puede ser alguien en el que se pueda confiar en términos de armas nucleares».

Sin embargo, el tuit del presidente no solo tuvo detractores. Un periodista del diario conservador *Washington Examiner* expresó: «Algo que pasaba con el expresidente Barack Obama era que la gente (tanto sus aliados como sus enemigos) tenía la sensación de que se mostraba reticente a sacar partido de todo el poder del que goza Estados Unidos. [...] Creo que Trump ha hecho bien en apostar por hacer todo lo contrario».

Pero Trump aún no había acabado. No le bastaba con que Estados Unidos, la potencia nuclear más importante del mundo, hubiera publicado una amenaza como no se había visto nunca antes.

Aunque no se hizo público, Trump, desde la Casa Blanca, propuso escribir un tuit en el que declarara que había ordenado a los familiares de los militares estadounidenses (miles de parientes de los 28.000 soldados) salir de Corea del Sur.

Estaba casi seguro de que en Corea del Norte aquella noticia se interpretaría como que Estados Unidos estaba preparándose seriamente para la guerra.

El 4 de diciembre, McMaster recibió un aviso en la Casa Blanca. Ri Su-yong, vicepresidente del Politburó, les comunicó a los mediadores que «Corea del Norte se tomaría la evacuación de los ciudadanos estadounidenses como señal de un ataque inminente».

Provocar la marcha de los familiares de los militares del país asiático era una de las últimas cartas que le quedaban. Aquellos posibles tuits pusieron en alerta a la dirección del Pentágono: Mattis y Dunford. No daban crédito a lo que el comandante en jefe de Estados Unidos pretendía publicar en Twitter.

El tuit en el que ordenara a todas aquellas personas salir de Corea del Sur podría provocar a Kim. El líder de un país como Corea del Norte, que había adquirido armas nucleares hacía poco y que tenía muchos menos misiles que cualquier otra potencia enemiga, actuaría de manera impulsiva. Podría llegar a la conclusión de que aquel momento era el perfecto para hacer uso de sus armas.

No obstante, jamás se publicó el tuit. Eso sí, Trump no dejó de lado aquel asunto y planteó la cuestión de la evacuación al senador Graham.

El 3 de diciembre, antes de la batalla verbal entre Trump y Kim y del ensayo con el ICBM (misil balístico intercontinental), Graham ya había propuesto sacar a las familias de los militares de Corea del Sur.

—Me parece una locura que vayan sus mujeres y sus hijos a Corea —dijo en el programa de la CBS *Face the Nation*.

Creía que lo mejor era que los militares no fuesen acompañados.

—Me parece que ha llegado la hora de sacar a los familiares estadounidenses de Corea del Sur.

Un mes después, cuando Trump citó a Graham, este parecía haber cambiado de opinión.

—Medítalo largo y tendido antes de tomar la decisión —le sugirió Graham—, porque, una vez la hayas tomado, no habrá vuelta atrás. El día en que lo hagas, sacudirás el mercado de valores surcoreano y la economía japonesa. Es algo muy serio.

—¿Crees que debería esperar? —preguntó Trump.

—Señor presidente, creo que no deberías tomar esa decisión a menos que estés preparado para enfrascarnos en una guerra.

Trump se controló y no escribió en Twitter lo que había planeado en un principio, pero el tema no quedó en el olvido. Sin embargo, el Ejército estadounidense siguió llevando a los familiares de las tropas a Corea del Sur.

*E*l general Kelly informó al presidente de que sus consejeros de políticas exteriores más importantes, McMaster y Tillerson, se encontraban en una feroz lucha por decidir quién negociaría con Arabia Saudita para conseguir 4.000 millones de dólares. El dinero era en parte para financiar operaciones en Siria, incluyendo un proyecto de alto secreto de la CIA, con nombre clave TEAK, centrado en los rebeldes sirios.

Conseguir que los gobiernos extranjeros financiaran al Ejército estadounidense y las operaciones de la CIA en países foráneos seguía siendo uno de los principales objetivos de Trump. «Maldito H. R.», dijo el presidente. Aquel académico aguafiestas no tenía ningún sentido comercial ni sabía cómo negociar.

Kelly le dio la razón, McMaster no era el indicado para el trabajo y hasta el momento no había tenido mucho éxito con los saudíes. Pero solían estar dispuestos a firmar grandes cheques para diversos proyectos en Siria. Según Tillerson, McMaster se postuló y dijo: «Voy a llamar a mis contactos en Arabia Saudita. Negociaré con ellos directamente».

El presidente estaba furioso. Incluso con la cantidad de problemas que había con Tillerson, al menos este tenía experiencia llegando a acuerdos con la familia real saudí durante los años en que fue director ejecutivo de Exxon. Tillerson sabía también que los saudíes no eran de fiar y, para Trump, no confiar en la gente del otro lado de la mesa era el inicio de disputas, de tener que pelearse para conseguir un acuerdo mejor. Hay que ser duro y decir no para conseguir el sí. ¿Por qué demonios le había quitado McMaster esa oportunidad a Tillerson? No tenía sentido, pensó.

Pero había un asunto más urgente aquel día, el 19 de enero de 2018, un día antes de completarse el primer año de Trump.

A través de varias conversaciones telefónicas seguras con el presidente Moon Jae-in de Corea del Sur, Trump había aumentado sus críticas hacia el Korus. No pensaba abandonar el déficit de comercio de 18.000 millones de dólares ni los 3.500 millones en gastos para mantener a los 28.500 soldados estadounidenses. La situación ponía en peligro las relaciones con Moon, por quien no sentía mucho aprecio. El desahogo verbal de Trump, obsesivo y sin filtro, le había llevado de nuevo al borde del precipicio.

El presidente le dijo a Moon que quería enviar una carta de revocación en 180 días y acabar con la relación de comercio.

—Nos estáis robando —acusó. Quería que el comercio y los asuntos de seguridad se mantuvieran separados—. ¡Ya estoy harto de regalaros dinero!

Moon respondió que las cuestiones de comercio y seguridad estaban vinculadas.

—Queremos trabajar con usted —aseguró el presidente surcoreano. Tenía una postura conciliadora—. Es uno de nuestros aliados, uno de nuestros socios. Es posible que haya algún tipo de malentendido sobre la relación económica. Queremos llegar a un entendimiento mutuo.

Trump se puso aún más furioso.

—Sois vosotros los que tenéis que pagar por el sistema THAAD de misiles antibalísticos. ¿Por qué tenemos nosotros que colocar nuestros sistemas ahí?

Despreciaba el Korus, a Corea del Sur y a su nuevo líder. Esa rabia apenas contenida contra un aliado atentaba contra todos los principios de la diplomacia, pero así solía gustarle a Trump. Estaba a punto de romper la relación.

Kelly, McMaster, Tillerson y Mattis bromearon con sorna diciendo que era inexplicable que el presidente dirigiera más ira sobre Corea del Sur que sobre sus adversarios: China, Rusia, Irán, Siria y Corea del Norte.

El equipo directivo de la Casa Blanca y el equipo de seguridad nacional estaban horrorizados. No sabían qué podía decir

361

o hacer el presidente. Se trataba de una relación importante, sobre todo en un momento así. Tenían que ponerle remedio. Se llegó a un consenso general de que había que hacer algo antes de que Moon decidiera que ya estaba harto.

McMaster convocó una reunión del Consejo de Seguridad Nacional en la Sala de Crisis el 19 de enero de 2018. El encuentro se presentó como una discusión de los problemas con Corea del Sur por parte del presidente y sus directores: Tillerson, Mattis, Kelly, McMaster, Dunford y Cohn.

Trump fue directo al grano.

—¿Qué sacamos nosotros manteniendo una presencia militar tan enorme en la península de Corea? —preguntó, volviendo a su obsesión con el dinero y el ejército.

—Es más —continuó—, ¿qué sacamos de proteger a Taiwán, ya que estamos?

Siempre lo había visto como un problema global: Estados Unidos estaba pagando por la defensa de otros en Asia, Oriente Medio y la OTAN. Exigía saber por qué eran amigos siquiera con Corea del Sur. ¿Qué sacaban de aquello? Llevaba un año echando humo y las respuestas eran insuficientes.

Mattis y el general Dunford explicaron de nuevo que el beneficio era inmenso. Podían asegurar una democracia estable en una parte del mundo donde la necesitaban de verdad. Corea del Sur era uno de los bastiones más fuertes, con elecciones libres y un capitalismo dinámico.

El país tenía una población de 50 millones de personas, era el 27.º más poblado del mundo, pero su economía era la 11.ª mayor, y tenía un PIB de 1,5 billones de dólares, el mismo que Rusia.

Se le informó también sobre la ventaja que las operaciones de inteligencia del Programa de Acceso Especial le había dado a Estados Unidos a la hora de detectar los lanzamientos de misiles de Corea del Norte, 7 segundos contra los 15 minutos de Alaska. También cabía la posibilidad de un ciberataque. Habían conseguido resultados diversos saboteando los misiles norcoreanos antes o después del lanzamiento.

Mattis mostraba signos de que estaba cansado de que se

menospreciaran las habilidades del Ejército y del servicio de inteligencia. Y también de la negativa de Trump a comprender su importancia.

—Estamos haciendo esto para evitar la Tercera Guerra Mundial —resumió.

Lo hizo con calma pero con dureza. Fue una declaración asombrosa, un desafío al presidente que sugería la posibilidad de que se estuviera arriesgando a una guerra nuclear. El reloj se detuvo para más de uno de los presentes.

Una persona que estuvo en la reunión dijo que el mensaje de Mattis fue claro: era hora de dejar de hacer el idiota. Estaban haciendo aquello para evitar la Tercera Guerra Mundial. No era una apuesta empresarial donde la quiebra no tendría grandes repercusiones.

Parecía que Mattis y los demás habían llegado al límite de su paciencia con el presidente. ¿Cómo podía poner en duda cosas que eran tan evidentes y fundamentales? Era como si le hubiera espetado: «¡Por Dios, ya basta!».

Pero Mattis no había terminado.

—Tenemos la posibilidad de defender la nación con un despliegue preventivo gracias a esos 28.500 soldados. —Parecía reacio a mencionar los Programas de Acceso Especial en una reunión tan numerosa.

Explicó que sin el servicio de inteligencia y las tropas, el riesgo de conflicto bélico aumentaría drásticamente. Las posibilidades de proteger Corea del Sur y Japón mermarían, sin duda. Si se produjera una guerra sin estos efectivos...

—La única opción sería la nuclear. No podemos conseguir el mismo efecto disuasorio de otra manera. Y desde luego, no con los mismos costes.

El acuerdo con Corea del Sur era uno de los mejores chollos de seguridad nacional de todos los tiempos. Mattis intentó hablar el mismo idioma del presidente sobre análisis de coste y beneficios.

—Pero estamos perdiendo mucho dinero comerciando con Corea del Sur, China y los demás —contraatacó Trump—. Preferiría que nos gastáramos ese dinero en nuestro propio país.

363

Estados Unidos estaba subvencionando a otros con ese desequilibrio comercial.

Trump siguió hablando.

—Las naciones que han aceptado realizar trabajos de seguridad para nosotros solo lo hacen porque pueden cobrarnos mucho dinero. En la práctica nos están robando.

—Las tropas preventivas proporcionan los medios menos costosos para alcanzar nuestros objetivos de seguridad, retirarlas llevaría a que nuestros aliados perdieran la confianza en nosotros —replicó Mattis.

El general Dunford intervino entonces secundando sus argumentos con gran pasión.

—Nos estamos gastando unas sumas enormes en países muy ricos que luego no asumen parte de nuestros gastos —insistió Trump, reafirmando su posición.

Entonces, sin venir al caso, aireó lo que Kelly le había contado sobre la disputa que McMaster y Tillerson tenían con respecto a las negociaciones con los saudíes para conseguir los 4.000 millones de dólares para operaciones en Siria y otros lugares.

Afirmó haber escuchado que McMaster había apremiado a Tillerson para que se retirara. Se volvió hacia su consejero de Seguridad Nacional.

—¿Por qué has hecho eso? —le preguntó a McMaster—. Los saudíes están confusos, son 4.000 millones. Rex será el que se encargue. H. R., te quiero fuera de esto. No tengo ni la menor idea de por qué has pensado que sería inteligente quitarle el asunto a Rex, pero te lo voy a dejar bien clarito, se va a ocupar él. Él es quien manejará el acuerdo.

McMaster se tomó la reprimenda con filosofía. Le había insultado delante del Consejo de Seguridad Nacional que se suponía que debía liderar y coordinar.

Con el carácter que se espera de un general al mando, respondió:

—Sí, señor.

Tillerson, por otro lado, decidió volver al asunto principal: el valor de las tropas preventivas.

—Es la mejor estrategia, el sistema que se emplea a nivel global. Unirnos en cuestiones de comercio y geopolítica conduce a buenos resultados en seguridad.

Dunford volvió a apoyar el argumento.

—El coste de las tropas en Corea del Sur es de apenas dos mil millones. Ellos nos devuelven más de 800 millones por la ayuda. No buscamos un reembolso completo por el coste de nuestra presencia. —El general añadió que otros países les estaban pagando un subsidio anual por las actividades que pudieran realizar para garantizar su propia protección—. Estamos recibiendo un impuesto de 4.000 millones al año por nuestros esfuerzos protegiendo la nación —dijo.

—Tengo la impresión de que podríamos ser muy ricos si no fuéramos tan estúpidos —respondió Trump—. Nos están tomando por tontos, sobre todo la OTAN.

Le parecía que lo de la defensa colectiva era una patraña.

Citando un número empleado a menudo por Bannon para hablar del sacrificio financiero y el coste de todas las guerras, la presencia militar y la ayuda internacional en Oriente Medio, el presidente resumió sus pensamientos.

—Nos hemos gastado siete billones en Oriente Medio. Y ni siquiera nos podemos gastar uno en infraestructura nacional.

Trump abandonó la sala. Entre los directores se produjo un sentimiento de exasperación acompañado por estas preguntas. ¿Por qué había que hacer aquello constantemente? ¿Cuándo iba a aprender? No podían creer que estuvieran teniendo esa clase de conversaciones y que tuvieran que justificar sus razonamientos. Mattis estaba particularmente harto y alarmado, les contaba a sus ayudantes que el presidente actuaba (y tenía el mismo nivel de comprensión) como un niño de quinto o sexto de primaria.

Cuando descubrí los detalles de esta reunión del Consejo de Seguridad Nacional, volví a revisar una transcripción de lo que el entonces presidente Obama me contó en 2010 sobre lo que más le preocupaba.

—Un cambio clarísimo en las reglas del juego —dijo Obama— sería un arma nuclear..., algo que arrasara una ciudad importante de Estados Unidos. Por eso, cuando repaso la lista de cosas por las que me tengo que preocupar, esa es la que está en lo más alto, porque es un caso en el que no te puedes permitir ningún error. Ahora mismo es cuando hemos empezado a preguntarnos cómo podemos empezar a prepararnos y a poner eso entre los puntos importantes de nuestras discusiones de seguridad nacional. Tenemos que estar seguros de que esa posibilidad, aunque remota, no llegue a producirse nunca.

La campaña de presión sobre Corea del Norte se suspendió de manera efectiva durante los Juegos Olímpicos de Invierno de 2018, que se celebraron en Corea del Sur del 9 al 25 de febrero.

El general Dunford descubrió que las Fuerzas Aéreas habían programado unas pruebas de diseño e investigación sobre sus misiles balísticos de capacidad nuclear lanzándolos desde California hacia el océano Pacífico, justo antes y después de los Juegos Olímpicos.

Esa era la clase de pruebas por las que Estados Unidos estaba presionando a Corea del Norte para que las abandonaran. Era una provocación. Decidió intervenir y las Fuerzas Aéreas anularon el ejercicio.

A principios de 2018, la CIA concluyó que Corea del Norte no tenía la capacidad de disparar con precisión un misil de ojiva nuclear que llegara hasta el territorio nacional de Estados Unidos. Según los datos y la información recogida de los cohetes norcoreanos, aún no habían perfeccionado la reentrada de los misiles. No obstante, estaban trabajando en esa dirección. Por el momento, la CIA parecía haber convencido a Trump de que el país asiático todavía no tenía esa capacidad.

El asunto de Afganistán seguía frustrando a Trump. Meses atrás, a finales de septiembre, había celebrado una recepción en la reunión anual de las Naciones Unidas en Nueva York. El presidente de Azerbaiyán, Ilham Alíyev, y su esposa posaron para una foto con la familia Trump. El líder de Azerbaiyán corrió la voz de que China estaba extrayendo cantidades sustanciales de cobre de Afganistán.

Trump estaba furioso. Estados Unidos estaba pagando miles de millones por la guerra, ¡y China estaba robando cobre!

Ghani, el presidente afgano, había dejado en el aire la posibilidad de que Estados Unidos tuviera acceso exclusivo a la enorme riqueza mineral que se hallaba intacta en las cadenas montañosas de Afganistán. Su argumento: hay mucho dinero de por medio. No vamos a decir que no. Minerales de tierras raras, incluido el litio, uno de los componentes principales en las baterías modernas. Algunas estimaciones exageradas sostenían que la totalidad de los minerales de Afganistán podrían tener un valor de hasta varios billones.

Trump quería los minerales.

—¡Nos han ofrecido sus minerales! —dijo en una reunión—. Nos lo han ofrecido todo. ¿Por qué no lo aceptamos? Estáis ahí sentados sin hacer nada. Los chinos lo están saqueando todo.

—Señor —dijo Gary Cohn—, no podemos simplemente entrar y coger los minerales. Carecen de un sistema legal, de derechos sobre las tierras. Construir la infraestructura minera necesaria nos costaría miles de millones de dólares —añadió.

367

—Tenemos que meter una empresa ahí —dijo Trump—. Licitad la concesión.

Era una oportunidad excelente, capitalismo, construcción y desarrollo en su máxima expresión.

—¿Por qué no estamos aprovechando esta oportunidad?

—¿A quiénes te refieres? —preguntó Cohn.

—Deberíamos estar ahí extrayendo los minerales —aseguró Trump, como si existiera una compañía minera que pudiera trasladarse a Afganistán.

En una reunión posterior en el Despacho Oval, Trump preguntó:

—¿Por qué no se ha hecho esto?

—Estamos gestionando el proceso con el Consejo de Seguridad Nacional —informó McMaster.

—¡No necesito que siga un puto proceso! —gritó Trump—. Necesito que entréis ahí y os hagáis con los minerales. ¡Es gratis! ¿Quién está conmigo?

Era un todos contra todos. ¿Quién apostaba por la prosperidad?

El secretario de Comercio, Wilbur Ross, se ofreció.

—Yo me ocuparé. Lo haré —aceptó, como si se tratara de un problema que concerniera al Departamento de Comercio.

Trump estuvo de acuerdo.

Kelly no dijo mucho, pero se llevó a McMaster, a Ross y a Cohn a su oficina.

McMaster estaba cabreado con Kelly por no haber intervenido.

—Me acabas de dejar en la estacada. Sabías que estaba gestionándolo.

Estaba haciendo las cosas según las reglas, como de costumbre, y estaba trabajando con los Departamentos de Estado y de Defensa, y con otros departamentos y agencias interesados.

—¡Me has dejado colgado delante del presidente!

Pocas cosas atraían más a Trump que la idea de recibir dinero de otros para pagar por compromisos de seguridad nacional asumidos por administraciones anteriores (la OTAN, Afganistán, Irak). La única otra idea que le resultaba atractiva era hacer un buen negocio, y creía que esta era una oportunidad para hacerlo.

El Departamento de Estado evaluó los derechos mineros. Los analistas concluyeron que sería una buena propaganda contra los extremistas de todo el mundo: Estados Unidos vendrá a destruir vuestras tierras y a robar la riqueza de vuestra tierra. Solicitaron dictámenes jurídicos con la esperanza de ralentizarlo.

El 7 de febrero de 2018, McMaster se reunió en la Sala de Crisis con un pequeño grupo de directores para escuchar el informe del secretario de Comercio Ross. Había hablado con el ministro interino de minas en Afganistán esa misma mañana.

—China no está extrayendo nada. Tienen grandes concesiones, al igual que en el resto del mundo, pero no hacen nada con ellas. Les interesa a largo plazo, no necesitan lucrarse con eso de inmediato.

Así que no había de qué preocuparse.

—Afganistán carece de la infraestructura y de los medios de transporte necesarios, así como de los controles reglamentarios y medioambientales —dijo.

Ninguna empresa privada invertiría ahí.

—Son noticias falsas —concluyó Ross medio riéndose.

McMaster agregó que sería imposible llegar a la mayoría de esos minerales porque muchos de ellos se encontraban en regiones controladas por los talibanes. Era una zona de guerra, por lo que sería necesario establecer un perímetro de defensa militar antes de comenzar la extracción.

—En el mejor de los casos —dijo—, siempre y cuando todo vaya bien, llevaría diez años hacerlo.

Ross dijo que haría un seguimiento y se lo explicaría al presidente.

Al parecer, Kelly solo intentaba mantener el barco a flote. Durante una reunión de altos cargos celebrada a principios de 2018, comunicó con orgullo que «sé que no seré el jefe del Estado Mayor que menos ha durado. He superado a Reince».

Priebus había permanecido en el cargo 189 días, el ejercicio más corto de un jefe del Estado Mayor de la Casa Blanca en toda la historia.

A principios de 2018, *60 Minutes* emitió un programa sobre la guerra de Afganistán en el que se mencionaba que el ambiente en Kabul era tan violento que el comandante estadounidense no podía atravesar la ciudad en coche para llegar hasta su oficina central. El general Nicholson recorría los tres kilómetros en helicóptero. Dejó bien claro que habían adoptado la estrategia orientada a la victoria de Trump.

—Es una política que podría otorgarnos una victoria —afirmó Nicholson.

Los mapas operacionales y de inteligencia del general mostraban que una coalición liderada por Estados Unidos controlaba casi el 50 por ciento del país. Dentro de los círculos mejor informados del Pentágono y del Departamento de Estado se sabía que Nicholson había afirmado que «llegaré al 80 por ciento en dos años».

Estaba decidido a aumentar la capacidad de la coalición y del Ejército afgano para recuperar un terreno equivalente a 200.000 kilómetros cuadrados. Para muchos de los que habían servido en Afganistán era un objetivo inalcanzable, incluso ridículo.

Uno de los objetivos secundarios de Nicholson era que, después de cuatro años, los talibanes se dieran cuenta de que no podían ganar y accedieran a sentarse a negociar. Esos eran los mismos talibanes con los que habían estado luchando durante dieciséis años.

El director de Inteligencia Nacional, y experto en inteligencia, informó a Trump sobre Afganistán a principios de 2018: Estados Unidos no había ganado terreno, no había recuperado terreno y no había ninguna mejora con respecto al año anterior. De hecho, algunas zonas estaban empeorando.

Parte de la explicación se centraba en que Estados Unidos y los afganos tenían que mantener Kabul vigilada, puesto que los talibanes atacaban la capital sin cesar. Durante los últimos nueve días de enero, 130 personas fueron asesinadas en cuatro ataques. Eso limitaba casi por completo la capacidad de la coalición para recuperar terreno.

Los analistas tenían conclusiones más desalentadoras. Pakistán no estaba cooperando, y tampoco respondía a las presiones. Cualquier posible acuerdo tenía como premisa la participación de Pakistán.

La perspectiva inmediata preveía más insurrecciones, quizás incluso una guerra civil si Estados Unidos se retiraba. Los yihadistas estaban saliendo de Siria y se dirigían a Afganistán, la nueva tierra prometida tanto para los fabricantes de bombas como para los encargados de detonarlas.

Probablemente, la coalición solo tendría hasta la primavera de 2019 para mantener el *statu quo*. La trama política parecía deshacerse. Se avecinaba una tormenta perfecta, y un problema práctico, como el clima, bien podía acabar siendo el punto de inflexión. En las montañas había muy poca nieve, por lo que el agua no llegaba a los campos. Se aproximaba una sequía y, con ella, una crisis de seguridad alimentaria. En esa misma época, era probable que Pakistán hiciera que entre uno y dos millones de refugiados cruzaran la frontera hasta Afganistán, muchos de ellos afganos que habían cruzado la frontera hasta Pakistán tras la invasión de Rusia en 1979. Cerca de dos millones habían vivido en Pakistán durante décadas, nunca en su Afganistán natal, pero tendrían que volver.

371

A pesar de todo, el general Nicholson continuaba diciendo que «ganaría» en Afganistán. A Mattis no le gustaba.

—El secretario está muy molesto con lo que [Nicholson] acaba de decir, y estamos intentando pararle los pies —confesó un oficial del Pentágono en privado.

Si el discurso del comandante en jefe iba sobre «ganar», difícilmente se podía criticar al comandante de campo por pronunciarse en los mismos términos. Sin embargo, la inteligencia indicaba que el año siguiente sería peor, no mejor.

A principios de 2018, uno de los participantes principales dijo que «era como si el Ejército deseara estar presente de forma permanente, al estilo de Corea del Sur. Si se da ese caso, la hostilidad de Irán, Rusia y China hacia nosotros crecerá, ya que pasarían a tenernos en sus patios traseros de forma permanente. Sin embargo, es posible que el Ejército se salga con la suya en este asunto, porque una retirada supondría un gran paso atrás. [El presidente] dijo que íbamos a ganar. No podemos decir que está en un punto muerto de forma indefinida, en algún momento habrá que reconocer que no es posible ganar».

Discreta y ansiosamente, algunos altos cargos del Estado y de la comunidad de inteligencia comenzaron a elaborar una planificación de escenarios sumamente delicada, un plan B. «El Ejército hace planificaciones de escenarios constantemente. ¿Por qué no los civiles?»

372

El analista describió las consecuencias de ese plan B.

—No es una retirada, con el consecuente colapso y guerra civil. No es una democracia liberal, sumamente centralizada. ¿Qué hay en medio? ¿El federalismo, más realista y sostenible? ¿Dar un papel, posiblemente, a los talibanes? Lo que es imprevisible es la poca capacidad de concentración del presidente, y el hecho de que ponga en entredicho todos los supuestos que se le presentan. También el que acuse y diga sandeces cuando le apetece. Como, por ejemplo, decir que todo saldrá bien con Pakistán. Sin embargo, Pakistán no ha cambiado desde el 11-S, y no lo hará. Por tanto, la única opción es retirarnos.

En resumen, Afganistán se había convertido en una nueva casa de juguetes rotos: inestabilidad política; desgaste del gobierno afgano; críticas del congreso y el público estadounidenses; escasos, o nulos, logros militares; sequía; enorme crisis de seguridad alimentaria; refugiados.

□

Trump culpaba, sobre todo, a dos personas. La primera era el expresidente George W. Bush, por quien sentía especial desprecio. En 2001, Bush había iniciado la guerra de Afganistán, y luego, en 2003, la guerra de Irak.

—Un presidente horrible —le dijo a Porter—. Era un belicista. Quería ejercer la influencia de Estados Unidos, llevar la democracia a todo el mundo y ser el policía del mundo, y por eso inició todas esas guerras.

Fue una insensatez y un error. A pesar de que Trump había tomado la decisión de añadir varios miles de tropas, aseguró que no iba a mantener el *statu quo*.

La otra persona a la que Trump culpaba era McMaster. Utilizó Irak como prueba.

—No sé cómo [los iraquís] han conseguido engañar a McMaster, pero no es un hombre de negocios. [Los generales estadounidenses] no entienden la relación coste-beneficio. No puedo creer que me convenciera de enviar más tropas.

Creía que a McMaster lo habían convencido también.

Trump imitó a su consejero de Seguridad Nacional, lo que supuso una gran ofensa para McMaster. El presidente sacó pecho y empezó a respirar de forma exagerada. En un alto *staccato*, dijo: «Conozco al presidente de Irak. ¡Es un buen hombre, señor! Solo quiere lo mejor para nosotros».

373

Recuperando su voz habitual, afirmó: «Ese tío no tiene puñetera idea. Lo conozco. McMaster no sabe de qué habla». Trump había conocido al primer ministro iraquí, Haider al-Abadi, en la Casa Blanca en marzo de 2017.

—Estos militares no se enteran de negocios. Saben cómo ser soldados y saben cómo luchar, pero no entienden lo que cuesta.

Sobre Afganistán, Trump le dijo esto a Porter: «Eso de ahí es un desastre. Nunca será una democracia efectiva. Deberíamos retirarnos por completo».

*T*rump y el senador Graham fueron a jugar al golf en el club de Trump en West Palm Beach dos semanas antes de Navidad, el 10 de diciembre de 2017. En un tuit, Graham dijo que el campo de golf era «espectacular», un comentario que seguramente complacería a Trump. No era nada comparado con los elogios que Graham le prodigó durante la ronda.

—Eres muy buen comandante general —le dijo a Trump. El presidente estaba escuchando a sus comandantes militares, y los cambios en las reglas de combate en Oriente Medio y Afganistán estaban dando buenos resultados. Graham continuó—: Puedes hacer algo que nadie ha hecho. Estás limpiando el desastre que dejó Obama. Estás haciendo un trabajo de la leche al limpiarlo. Estás reconstruyendo el cuerpo militar. Estás mejorando la economía. Realmente estás liberando al cuerpo militar y la economía. Dios te bendiga por deshacer los daños de los últimos ocho años. ¿Adónde quieres ir? ¿Cuál quieres que sea tu legado? Tu legado no es solo deshacer lo que se ha hecho, sino dejar tu sello en la historia.

A Trump parecía encantarle la adulación, pero le dijo a Graham:

—Eres un hombre moderado. Quiero que estés al cien por cien con Trump.

Eso se parecía al juramento de lealtad que el entonces director del FBI James Comey había comentado que el presidente le había pedido. Según Comey, le dijo: «Necesito lealtad. Espero lealtad», durante su ahora famosa cena en la Sala Verde de la Casa Blanca durante la primera semana de la presidencia de Trump.

374

—Vale, dime cuál es el problema —planteó Graham—, y te diré si estoy al cien por cien o no contigo.

—Estás como al ochenta y dos por ciento —replicó Trump.

—Bueno, algunos días estoy al cien por cien. Otros días puedo estar al cero.

—Quiero que estés al cien por cien.

—¿Por qué quieres que te diga que tienes razón cuando pienso que no es así? ¿De qué te sirve eso a ti, o a mí? —preguntó Graham—. Los presidentes necesitan que les digan la verdad tal como los otros la ven. Depende de ti ver si miento o no.

El 29 de diciembre de 2017, el tuit de Trump resumió su posición sobre la DACA, la Acción Diferida para los Llegados en la Infancia: «A los demócratas nos han dicho, y lo comprendemos por completo, que no puede haber DACA sin el MURO, que necesitamos desesperadamente en la frontera del sur, y un FIN a la horrible inmigración en cadena... ¡Debemos proteger nuestro país a toda costa!».

375

El presidente convocó una reunión en la Sala del Gabinete con veinte senadores y miembros de la Casa Blanca para debatir un plan de inmigración para los *dreamers*. Trump ordenó que la reunión del martes 9 de enero fuera televisada, los 55 minutos. Entró en modo acción total, prometiendo una legislación al respecto.

—Verdaderamente debería ser una ley de amor, y podemos hacerlo.

El presidente era cautivador y divertido. Graham estaba asombrado por el cambio aparente de Trump en uno de los asuntos más controvertidos a los que se enfrentaban. Los más intransigentes contra la inmigración quedarían espantados. Trump había sido su líder. Graham esperaba que aquel fuera el presidente en su mejor momento para cerrar acuerdos.

Graham nunca se había sentido mejor con la habilidad de Trump de cerrar un acuerdo sobre inmigración. Llevaba años trabajando en inmigración, intentando negociar compromisos con demócratas como Ted Kennedy, Chuck Schumer y Dick Durbin. Con Trump, veía la posibilidad de tener éxito por fin. En una declaración, dijo con entusiasmo:

—La reunión más fascinante en la que he participado en más de veinte años en la política.

Los titulares reforzaban el optimismo de Graham. En el *New York Times*: «Trump parece apoyar el camino de millones de inmigrantes». En el *Washington Post*: «En la mesa: Trump trató de negociar y demostrar estabilidad».

Al día siguiente, Trump llamó por teléfono a Graham.

—Me pareció que estuviste magistral —dijo Graham—. No dejes que esa gente [los intolerantes republicanos] te disuadan. Vas por buen camino. Ese es el hombre del que trato de hablar a la gente cuando jugamos al golf. Ese es el Donald Trump que apoyo por completo. Solo tú puedes hacerlo. Bush lo intentó. Obama no pudo hacerlo. Tú sí.

Para sorpresa de Graham, Trump puso a Melania, la primera dama, al teléfono.

376

—Tan solo quería decirle que me gusta lo que ha dicho —dijo con su suave acento—. Y cómo se ha comportado, y cómo habla. Me pareció que estuvo muy bien.

—Bueno, gracias, señora, me ha alegrado el día —respondió Graham. Estaba impresionado por su elegancia. Era la primera vez que había hablado realmente con ella. Quedaba bastante claro que, al ser ella misma una inmigrante, simpatizaba con los niños de la DACA.

—¿Podemos cambiar las leyes de difamación? —peguntó Trump, cambiando rápidamente el tono de la conversación a uno de sus mayores fastidios.

—No —dijo Graham, el abogado.

—¿Por qué?

—No estamos en Inglaterra —dijo Graham, pues allí las leyes sobre difamación eran más estrictas.

—La gente está escribiendo mentiras —insistió Trump.

—No lo dudo —asintió Graham—. Pero no, no podemos cambiar las leyes de difamación, y no tienes que preocuparte por ello.

En la sentencia de referencia de 1964 del *New York Times* contra Sullivan, la Corte Suprema de Estados Unidos había puesto la barra del libelo tan alta como era posible: algo era difamación solo si se publicaba o se decía sabiendo que era falso y haciendo caso omiso de forma imprudente a la verdad.

—Bueno, no pretendo que nos convirtamos en Inglaterra —dijo Trump.

—No hay saco de boxeo más grande en el mundo que el presidente de Estados Unidos —replicó Graham—. Y tú has obtenido más de su parte justa de criticismo infundado, pero esa es la mano que te ha tocado jugar. Y tu forma de derrotarlos, presidente, es trabajar. Y la forma de contener a los críticos no es demandarlos, sino comportarse. Demostrar que todos se equivocan.

Graham creía que había sido una de sus mejores conversaciones con el presidente. Él era quien más había hablado.

Sobre las once de la mañana del día siguiente, el senador Dick Durbin, el demócrata número dos del Senado, llamó a Graham.

—Acabo de hablar con Trump —dijo Durbin, que se había unido a Graham en sus esfuerzos por conseguir un compromiso sobre la inmigración—. Le gusta lo que hemos hecho. Quiere que vayamos a verlo.

Graham llamó a la Casa Blanca para tratar de concertar una reunión. Kelly fue al despacho de Graham para revisar los detalles.

Kelly, el más intransigente sobre inmigración, estaba nervioso. Le había dicho al personal del Ala Oeste e incluso a algunos del Capitolio que el presidente no entendía lo que era la DACA, que ignoraba tanto la política como el funcionamiento. El presidente había nombrado a Kelly su representante para encargarse de la DACA, y parte de su trabajo era asegurarse de que Trump no hiciera nada ni se reuniera con nadie de la DACA, como Graham o Durbin, sin estar él presente. «El presidente no puede hacer esto solo —le dijo a sus compañeros del Ala Oeste—, porque si lo hace solo, va a cagarla.»

—Lo único que pido es una oportunidad de explicárselo al presidente —solicitó Graham. Repitió que su plan era simple. Trump seguiría adelante con la financiación para los *dreamers* a cambio de financiación para el muro—. Que decida él solo.

Estaba repitiendo el mantra de Kelly en todos los asuntos. Quería que se presentaran los hechos al presidente, y que después él decidiera.

Así que Graham y Durbin se presentaron en la Casa Blanca pensando que se reunirían a solas con Trump. En lugar de eso, había un grupo de senadores, congresistas y miembros del personal en contra de la inmigración, incluidos John Kelly y Stephen Miller. Graham pensó que parecía un grupo de linchamiento en las sillas del Despacho Oval.

Graham comenzó a hablar del plan, que incluía el dinero que Trump había pedido para la seguridad en la frontera.

Trump dijo con condescendencia que no era suficiente.

Graham explicó que seguro que podían hacer más, pero habían empezado por ahí. Y mencionó 25.000 visados, sobre todo de países africanos. Habló de los visados para lugares como Haití y El Salvador por los terremotos, la hambruna y la violencia.

—Haitianos —observó Trump—. No necesitamos más haitianos. —Ante la mención de los inmigrantes de países africanos, Trump dijo—: ¿Por qué dejamos que toda esa gente de países de mierda venga aquí?

Acababa de reunirse con el primer ministro de Noruega. ¿Por qué no noruegos? ¿O asiáticos que pudieran ayudar a la economía? Durbin se sentía asqueado. Graham estaba aturdido.

—Una pausa —pidió, haciendo una señal para parar con las manos—. No me gusta adónde va esto. Estados Unidos es un ideal. Quiero inmigración basada en el mérito de cada rincón del globo, no solo europeos. Muchos de nosotros venimos de sitios de mierda.

Trump volvió a actuar de forma razonable, pero el daño ya estaba hecho.

Durbin opinó en público, revelando los comentarios de Trump sobre los «países de mierda», y Graham lo apoyó.

Dos días más tarde, el sábado, Trump llamó a Graham, que pensó que lo llamaba para reprenderle. ¿Estaría muy enfadado?

Trump dijo que estaba jugando al golf en su club de West Palm Beach.

—Bueno, pues golpéalas fuerte —respondió Graham.

—No he dicho algunas de las cosas que él dice —aseguró Trump, refiriéndose a Durbin.

—Sí, lo hiciste —insistió Graham.

—Bueno, hay gente a la que le gusta lo que dije.

—Yo no soy uno de ellos —replicó Graham—. Quiero ayudarte. Me gusta jugar al golf contigo. Pero si ese es el precio de entrada, no cuentes conmigo. Buena suerte. Golpéalas fuerte.

La idea de los «países de mierda» no era nueva para Trump. Durante la campaña de 2016 había visitado la Pequeña Haití en Miami. Antiguos líderes haitianos habían tomado los micrófonos para acusar a los Clinton de corrupción y de robar a Haití.

Tras el evento, en privado, Trump parecía decaído.

—Lo siento mucho por esa gente. Vienen de un sitio de mierda.

Con Bannon fuera, Stephen Miller era la fuerza principal tras la rígida política sobre la DACA en la Casa Blanca. Trump a menudo seguía expresando compasión por la gente joven del programa de la DACA, diciendo que muchas veces esos niños no llegaban ahí por su culpa. Era compasivo. También señaló la petición política de los *dreamers*.

Miller inyectaría la rigidez. Decía que todos los llaman «niños» y «*dreamers*», pero ya no eran niños. Muchos tenían veinticuatro años, veintiséis o veintisiete. Su posición era tajante: «A cambio de un compromiso sobre la DACA, queremos financiación completa para el muro de la frontera durante diez años, no solo uno, además de un fin para la migración en cadena y la lotería de las visas por diversidad, que dispensaba hasta 50.000 tarjetas verdes al año a inmigrantes de naciones que por lo demás tenían bajas tasas de inmigración a Estados Unidos. No aceptaremos nada menos que esas tres cosas».

El 21 de enero, Graham atacó públicamente a Miller:

—Mientras Stephen Miller siga a cargo de la negociación de la inmigración, no vamos a ir a ninguna parte. Lleva años siendo un caso aparte. He hablado con el presidente y tiene el corazón puesto en este asunto. Entiende perfectamente lo que está en juego, y, cada vez que tenemos una propuesta, son los miembros de su equipo quienes la echan para atrás.

El viernes 23 de febrero de 2018 por la mañana, Trump habló en la Conferencia de Acción Política Conservadora [CPAC, por sus siglas en inglés]), la cumbre conservadora más importante del país. Relajado y lleno de autoconfianza, el presidente habló durante más de una hora. En varios momentos se ciñó al texto preparado, pero en otros se salió de él eufóricamente y habló con espontaneidad.

—Tendréis el muro —afirmó—. No os preocupéis. Hay algunos que han dicho por detrás: «Oh, realmente no quiere el muro, tan solo lo usó para la campaña». Yo dije: «¿Te lo puedes creer?». ¿Sabéis? Cada vez que oigo eso, el muro crece tres metros más, en serio, cada vez que me lo dicen. Vale, ahora vamos a tener el muro.

Sobre inmigración dijo:

—No quiero que venga gente y acepte todos los regalos de nuestro país durante los próximos cincuenta años sin contribuir nada... Quiero gente que nos quiera... No quiero que venga gente como lo hace ahora.

Después repitió una de sus historias favoritas, sobre una mujer que acogió a una serpiente:

De camino al trabajo una mañana, por el camino junto al lago, una mujer buena vio a una pobre serpiente medio congelada. Su bonita piel de colores estaba escarchada por el rocío.

—¡Pobrecita! —se compadeció—. Te acogeré y te cuidaré.

—Acógeme, oh, buena mujer, acógeme, por amor de Dios. Acógeme, oh, buena mujer —susurró la malvada serpiente.

Ella la envolvió en una colcha de seda, y la dejó junto al fuego con leche y miel.

Se apresuró a volver a casa del trabajo aquella noche, y en cuanto volvió, vio que la bonita serpiente que había cogido revivía... Acarició de nuevo su bonita piel, la besó y la abrazó con fuerza. Pero en lugar de agradecérselo, la serpiente le dio un feroz mordisco...

—Te he salvado —dijo la mujer—. Y me has mordido, cielos, ¿por qué? Sabes que tu mordisco es venenoso y ahora voy a morir.

—Oh, cállate, estúpida mujer —respondió el reptil con una sonrisa—. Sabías de sobra que soy una serpiente antes de acogerme.

—Y eso es lo que estamos haciendo con nuestro país, amigos —aseguró Trump—. Estamos dejando entrar a los demás. Y va a haber muchos problemas. Tan solo puede empeorar.

Trump acababa de aprobar un proyecto de ley para dos años de 8,6 billones de dólares de gastos donde no había nada previsto, ni un solo centavo, para el muro.

La relación de Trump con su secretario de Estado había quedado definitivamente fracturada. Durante meses se especuló sobre que Tillerson estaba a punto de dejarlo o de ser despedido. Estaba en África cuando Kelly le advirtió en marzo de 2018 de que volviera pronto.

—Podrías recibir un tuit —advirtió Kelly.

La mañana del 13 de marzo, Trump tuiteó que el director de la CIA, Pompeo, iba a ser el siguiente secretario de Estado. «¡Gracias a Rex Tillerson por su servicio!», fue todo lo que dijo sobre él.

Trump declaró a los periodistas en el Jardín Sur de la Casa Blanca:

—Rex y yo llevamos mucho tiempo hablando de esto... No estábamos de acuerdo en cosas... Realmente no pensábamos igual... En realidad era una mentalidad diferente, una forma diferente de pensar.

*T*rump seguía quejándose a su abogado Dowd de que la investigación de Mueller estaba obstaculizando su capacidad de presidir. Le explicó algunas anécdotas clasificadas que Dowd, que estaba autorizado, podía transmitir a Mueller y Quarles, que también tenían las autorizaciones correspondientes.

Al percatarse de que Dowd era muy susceptible, Trump le dijo que en abril había negociado personalmente la liberación de la trabajadora de una organización de beneficencia, Aya Hijazi, de treinta años, una ciudadana estadounidense que estuvo encarcelada en El Cairo durante tres años.

Trump le transmitió su conversación con el presidente egipcio, Abdel Fattah el-Sisi, que tenía un enorme historial en violaciones de los derechos humanos, que incluía detenciones masivas, asesinatos de manifestantes por parte de las fuerzas de seguridad y juicios militares a civiles.

—Dowd, recuerda con quién estoy hablando, ese tipo es un puto asesino. ¡Un puto asesino! Pero lo estaba consiguiendo. Te hace sufrir al teléfono y, justo antes de hacer el trato, me dice el-Sisi —Trump puso voz grave—: Donald, estoy preocupado por la investigación. ¿Vas a estar ahí? Digamos que necesito un favor.

Trump decía que fue «como una patada en los huevos. Un horror».

En noviembre, Kelly llamó a Dowd.

—El presidente me ha dicho que vas a ver a Mueller.

—Sí, nos encontraremos en un par de horas.

—Mattis le ha dicho al presidente que Putin y los rusos se están volviendo demasiado peligrosos y tendremos que lidiar con ellos. Quiero que se lo digas a Bob, él conoce a Mattis.

Mueller y el secretario de Defensa habían sido marines.

Dowd le contó a Mueller que todo lo que Trump había estado haciendo con Rusia era bastante sospechoso.

—Bob, tú conoces al general Mattis. —Mueller se había reunido con Mattis durante una visita a Kandahar, en enero de 2002, cuando era director del FBI. Dowd había informado de que Mattis estaba preocupado por el asunto de Rusia—. Por cierto, si quieres comprobarlo, llámalo por teléfono. Él sabe quién eres y que eres marine.

Dowd le recordó a Mueller que habían dicho que no había tiempo que perder.

—Y ya ha pasado bastante de eso, pero seguimos defendiéndote con el presidente.

Mueller dijo que hablaba muy en serio en cuanto a terminar la investigación.

—Bob, tengo que admitir que no sé cuánto voy a durar. Os defiendo todo el tiempo, defiendo todo lo que estáis haciendo, pero hay personas a las que no paran de hacerles preguntas una y otra vez.

Con Mueller, Dowd medía sus palabras, pero con Quarles explotaba.

—¡Ya está bien!

383

Dowd tenía aún más problemas. Ty Cobb empezó a conceder entrevistas a los medios de comunicación y dijo que la investigación terminaría a finales de 2017.

—Me daría vergüenza si en Acción de Gracias la Casa Blanca todavía estuviera con esto —informó a Reuters—, y peor aún si continúa hasta Fin de Año.

Los medios publicaron historias con la foto de Cobb. En opinión de Dowd, Cobb ahora se parecía a un viejo *sheriff* del Oeste con un bigote de manillar, muy del estilo de la novela y miniserie de vaqueros *Lonesome Dove*, y no daba crédito. Era el principal abogado del presidente.

¿Estaban teniendo Cobb y Quarles conversaciones privadas? No, insistió Cobb. «Mi mujer no quiere verme metido en esto, por eso estoy intentando forzarlo en público», comentó.

—Hay entrevistas programadas para diciembre —declaró Dowd—. Y, francamente, son favorables al presidente, así que lo dejaremos pasar.

Kelly le preguntó a Dowd: «¿De dónde coño has sacado a ese amigo tuyo, Ty?» Cobb había empezado con el pie izquierdo con Kelly, yendo a espaldas de la jefa de personal para pedirle al presidente una oficina en el Ala Oeste. Y le dijo a Cobb: «Ni se te ocurra volver a intentar nada a mis espaldas».

Dowd le aseguró al presidente que su estrategia para encargarse de Mueller era «cooperar y destrozarlos hasta que tuviéramos una idea clara de lo que tenían en mente». Basándose en esa imagen y en la cooperación de 37 testigos, y con todos los documentos entregados, repitió varias veces: «No hay caso».

Según el Artículo II de la Constitución, Dowd le explicó que el presidente únicamente dirigía el poder ejecutivo. Y todas sus acciones, en especial las relacionadas con Comey, entraban dentro de esos poderes.

—No voy a decir que el instinto te la esté jugando con esos tipos y lo que pretenden hacer. Nos han tratado muy bien…, pero nosotros a ellos también.

En diciembre se publicó una noticia en el diario financiero alemán *Handelsblatt* que decía que la investigación de Mueller había citado registros del Deutsche Bank, la mayor entidad bancaria de Alemania y el prestamista principal de Trump.

El presidente llamó a Dowd a las siete de la mañana, completamente furioso.

—Sé cuál es mi situación con el Deutsche Bank —advirtió, y aseguró que el banco lo apreciaba y que siempre pagaba—. Sé cuánto me prestaron, cuándo lo hicieron y cuándo lo devolví. Lo sé todo, joder. —Se acordaba de quién había tratado con él y de otros detalles con exactitud—. De verdad, ¡es una estupidez!»

Dowd presionó a Quarles.

—Eh, Jim, ahí no hay ningún secreto. Es una estupidez.»

Se programó una conferencia telefónica con abogados de todos los bufetes importantes. Parecía como si estuvieran hablando en código.

—Mira, si no os importa, mi amigo no entiende vuestra jerga —explicó Dowd.

Finalmente, Quarles le informó:

—No hay nada. Recibimos citaciones judiciales del Deutsche Bank en verano, pero no involucran ni al presidente ni sus finanzas.

A las diez de la mañana del 21 de diciembre, Dowd fue a ver a Mueller en un intento de cambiar las tornas. A menudo, la mejor defensa es un buen ataque.

—Se han entregado todos los documentos —informó Dowd— y se ha entrevistado a todos los testigos, excepto a uno o dos. Toda la investigación parece producto de una conspiración del Comité Nacional Demócrata, de Fusion GPS —que elaboró el expediente de Steele— y de los funcionarios de inteligencia del FBI para socavar la presidencia de Trump. El error de analizar el papel de Comey propiciando la investigación es una farsa. La conducta aberrante y deshonrosa de Comey exige un análisis.

El inspector general del Departamento de Justicia estaba investigando las acciones de Comey en el caso del correo electrónico de Clinton.

—Si le echas el muerto al inspector general, dejarán de confiar en ti —afirmó Dowd.

Mueller no respondió.

Mueller y Quarles siguieron presionando. Querían encontrarse con el presidente. El 8 de enero de 2018, Mueller redactó una lista de dieciséis temas sobre los que querían preguntarle. Casi todos versaban sobre Flynn, Comey o Sessions.

385

Dowd le advirtió al presidente de que la lista no especificaba nada.

—Lo que quiero es presionar un poco más para que podamos hacernos una mejor idea. Ya sabes, son dieciséis temas, solo tenemos conjeturas de lo que podrían preguntar.

—¿Qué vas a hacer? —preguntó Trump.

—Bueno, mi idea es escribirle una carta respondiendo a las preguntas.

Mostrarían los hechos desde su punto de vista y darían argumentos legales; en especial se basarían en los poderes del presidente recogidos en el Artículo II.

—Y lo haremos como un informe de la Corte Suprema.

—Ya les hemos dado todo eso —insistió Trump—. ¿Por qué no les basta? No me importa hablar con él —añadió.

Dowd y Jay Sekulow pasaron las siguientes dos semanas haciendo un borrador de la carta. Sekulow, comentarista frecuente en *Christian Broadcasting Network* y Fox News, había representado a grupos conservadores, religiosos y antiabortistas durante treinta años.

—¿Quieres venir? —le preguntó al final Trump a Dowd—. ¿Nos veremos?

Dowd llegó a la Casa Blanca el sábado 27 de enero de 2018, alrededor de la una de la tarde.

El presidente le acompañó en un breve recorrido, incluyendo el Dormitorio Lincoln.

—Los dos cabríamos en esa cama —bromeó.

—Y nos podríamos mirar en el espejo —respondió Dowd también en broma.

—Si ganas este caso —dijo Trump—, te enseñaré la Casa Blanca por completo, se tarda horas en verla. En mi opinión, es la mansión más bonita del mundo. No hay nada igual.

El hijo de Trump, Barron, llegó entonces con un amigo.

—Papá —dijo Barron—, a mi amigo le gustaría hacerse una foto contigo. ¿Te parece bien?

Por supuesto, se hicieron la foto.

Trump y Dowd se sentaron a una mesa con vistas a los monumentos de Washington y Jefferson.

—Me gustaría presentarte un adelanto de cómo podría ser el encuentro —sugirió Dowd. Iban a convenir la sesión—. Hablaremos de algunos de esos temas. Tal vez de Comey y de Flynn, pero solo por encima. No tienes que prepararte nada de antemano, no hace falta.

»Quisiera que leyeras nuestra carta. Estoy preparado para firmarla, pero no lo haré hasta que estés convencido, porque es una decisión importante. Esto le mostrará a Bob en qué punto nos encontramos, dónde creemos que está él y por qué no deberías... por qué no se merece hacerte preguntas.

»Si las preguntas parecen inofensivas, no te confíes. Quiero que te concentres completamente en escuchar cada palabra. No soy muy observador. Me gustan las preguntas cortas y simples. Y me gusta desarrollarlas. Soy muy paciente. Y un consejo básico: limítate a responder la pregunta. ¿De acuerdo? ¿Estás listo?

—Sí.

—¿Cuándo supo por primera vez que había un problema con el general Flynn?

—No estoy seguro. Creo que cuando McGahn habló con Sally Yates. Pero, John, no estoy seguro.

Trump dijo que el fiscal general contó que Flynn le había dicho al vicepresidente algo que no era verdad.

—¿Y qué hizo al respecto?

Trump dijo que no creía haber hecho nada.

—Creo que Don se ocupó de eso. Trabajaron...

—¿Llamó a Flynn?

—No.

—¿Se puso en contacto con Flynn?

—No lo sé. Pero creo recordar que... Priebus y él me llamaron.

—Señor presidente, ¿alguna vez le preguntó si había hablado de sanciones con Kislyak, el embajador ruso?

—No.

—¿Está seguro, señor presidente? Tenemos pruebas de que esa conversación podría existir. ¿Está seguro de eso?

Dowd sabía que Priebus había hecho declaraciones a favor

del presidente. En una de las versiones con Priebus en la sala, Flynn había afirmado frente al presidente que nunca le había dicho nada de sus conversaciones con Kislyak.

Trump elaboró una larga respuesta que no revelaba demasiado.

—Bueno, volvamos al tema —dijo Dowd.

—Ajá.

—¿Llegó un momento en que tuvo que dejarlo marchar? —dijo Dowd, preguntando por Flynn.

—Sí.

—¿Recuerda cómo sucedió?

—No. Creo que tenía una carta de dimisión. No me importa reconocer que me sentí muy mal por él. Tenía sus defectos, pero era un hombre muy agradable y lo admiraba. Como ustedes saben, adoro a los militares. Pero eso fue lo que me aconsejaron y lo hice.

Priebus y McGahn le habían aconsejado que despidiera a Flynn.

388

—¿Alguna vez le hablaron de una entrevista con el FBI?

—No lo sé. No lo recuerdo.

Dowd se dio cuenta de que Trump realmente no se acordaba. Cuantas más preguntas hacía, más cosas había que Trump era incapaz de recordar. Le pareció comprensible, dadas las exigencias derivadas de presidir un país.

Así que Dowd volvió a diciembre de 2016, justo después de las elecciones, y le preguntó una vez más sobre Flynn.

—¿Estaba entablando contacto con diplomáticos y demás?

—Imagino que sí.

—¿Habló con Kislyak?

—Pues no lo sé. Sé que hubo muchas conversaciones entre el personal. Creo que he tuiteado sobre ello.

El 31 de marzo, Trump había tuiteado: «¡Mike Flynn debería pedir inmunidad porque esto es una caza de brujas (una excusa para una gran pérdida en las elecciones) de proporciones históricas por parte de los medios y los demócratas!».

—¿Cuál era su punto de vista sobre las sanciones aprobadas por Obama? —preguntó Dowd. Obama expulsó a 35 diplomáticos rusos, sancionó a varias personas y entidades y cerró dos complejos rusos en enero de 2017.

—Mi punto de vista es que me proporcionó ventaja.

—¡Vaya! —exclamó Dowd—. Porque todos piensan que estaría en su contra, ya que buscaba tener buenas relaciones con Putin.

—No, me pareció que me daba ventaja —repitió Trump.

Basándose en el testimonio que Dowd había leído, era cierto. Pensó que estaba yendo bastante bien. El memorando de seis páginas que la Casa Blanca y Dowd habían compilado sobre Flynn tenía mucha más información de la que Trump recordaba ahora. Dowd había leído punto por punto cómo la Casa Blanca descubrió que Flynn había mentido a Mueller y a Quarles, que habían alabado el memorando por su minuciosidad.

—¿Y por qué le pidió al director Comey que no fuera muy duro con Flynn? ¿Por qué lo dijo?

—Nunca dije eso —negó Trump.

—Comey hizo un memorando diario de aquello —replicó Dowd—. Se lo entregó a sus compañeros.

—No le dije eso —repitió Trump—. Te aseguro, John, que no dije nada de eso.

—Pero él dice…

—Es un mentiroso —cortó Trump, y fue a por todas contra Comey—. Ese tipo es un ladrón y un mentiroso. Se mueve entre el tema de Clinton [el correo electrónico] y hacer y filtrar memorandos.

El presidente se impuso en el tema de la crítica. Lo soltó todo, desatado, sin parar. Dowd intentó hacer comentarios, pero no había manera. Trump llegó hasta las últimas consecuencias.

—Oye —dijo Dowd después de que la tormenta hubiera pasado—, no puedes responder a una pregunta de esa forma. Eso es lo que les parece desagradable. No está bien, ¿de acuerdo? Intenta ser más conciliador.

—¡Vale, joder!

—¿El 6 de enero Comey le dijo que no le estaban investigando?

—Así es.

—Solo se refería a la parte escabrosa y no a la confabulación, ¿verdad? —preguntó Dowd. Era una de las teorías del equipo de Mueller.

—¡Eso es mentira! Nunca me dijo eso.

Dowd le creyó, ya que Comey había confirmado que no había habido ninguna investigación en aquel momento.

Los siguientes treinta minutos fueron inútiles. «¡Esto es un maldito engaño!» Trump repitió todo lo que había tuiteado o dicho antes. Dowd no conseguía llegar a ninguna parte. Y Trump estaba furioso. Dowd se preocupó de que, si él hubiera sido Mueller, lo más seguro es que Trump lo hubiera despedido al instante. Casi parecía que Trump se preguntara: «¿Por qué estoy sentado aquí respondiendo preguntas? ¡Soy el presidente de Estados Unidos!».

Qué desastre. Dowd se encogió de hombros ante esa pérdida de tiempo, pero estuvo presente durante toda esa pesadilla. Fue todo un espectáculo ver al presidente de Estados Unidos furibundo como un agraviado rey en una obra de Shakespeare.

Trump terminó por calmarse y recuperar la compostura.

—Señor presidente, por eso no puedes testificar —observó Dowd—. Sé que crees en ello. Sé que lo piensas. Sé que lo viviste. Pero cuando debes responder preguntas, cuando eres un testigo, debes intentar proporcionar hechos. Si no conoces los hechos, preferiría que dijeras, Bob, no me acuerdo, había mucho que hacer…, en lugar de elucubrar y sacar todo tipo de conclusiones descabelladas.

Entonces Dowd le entregó a Trump el borrador de la carta dirigida a Mueller. En el asunto decía: «Solicitud de testimonio sobre supuesta obstrucción de la justicia».

Una afirmación cruda del poder presidencial estaba impresa en negrita: **«Podría, si lo deseara, finalizar la investigación, o incluso ejercer su poder para absolverlo si es su voluntad».**

Trump leyó la carta de 22 páginas cuidadosamente, deteniéndose para leer varios párrafos en voz alta. Dijo que le encantaba.

—Son unos argumentos geniales. Me encanta la forma en que está organizado.

Le gustaron mucho las 59 notas a pie de página.

—Este es uno de los mejores días que he tenido con respecto a este asunto —siguió diciendo. Su capacidad para alternar entre emociones, de un extremo al otro, estaba al máximo.

—Es maravilloso. Creo que es todo lo que me imaginé y mejor. Ahora lo entiendo. Comprendo lo que estás haciendo.

—Sí —afirmó Dowd.

—Los tendremos contra las cuerdas. Pero ¿no quieres que testifique?

—No —respondió Dowd—. ¿Por qué no agotamos esta vía? Tal vez, si se llegara a ese punto, le sugeriré a Bob que me dé las preguntas y las responderemos. Haremos un guion. «Puedes venir, hacer tus preguntas y él leerá las respuestas.» ¿Por qué se iba a quejar de eso si se ha fiado de todo lo que le hemos dado? «Además —podemos decirle—, el presidente no puede acordarse de todo esto. Y, además, le encantaría conocerte y hablar del tema, pero necesita la ayuda [de un guion].»

—Genial, haré eso mismo —dijo Trump—. Es maravilloso.

—Bueno —dijo Dowd—, imagina que no hubiera guion.

—No sé, John. Acabamos de pasar por eso. ¿Crees que no lo hacía bien?

—Así es. Pero, presidente, no te culpo. No es que estés mintiendo o seas malo ni nada por el estilo. Teniendo en cuenta todo lo que haces cada día… No hay más que ver lo que hemos hecho esta tarde.

Hubo varias interrupciones durante la conversación, dos breves informes sobre problemas mundiales y algunos documentos clasificados que Trump debía firmar. ¿Cómo se iba a acordar de todo?

Dowd continuó:

—Precisamente eso evita que puedas recordar lo que sucedió hace seis o nueve meses.

—Eso es genial —dijo Trump—. Estoy de acuerdo. No quiero testificar.

El día después de la sesión de práctica en la Casa Blanca, Trump llamó a Dowd.

—He dormido de un tirón —dijo Trump—. Me encanta esa carta. ¿Puedo tener una copia?

—No —respondió Dowd.

Tenía al presidente justo donde lo quería.

El lunes 29 de enero de 2018, Dowd y Sekulow firmaron la carta. Dowd se dispuso a entregar la carta a Quarles el 1 de febrero. Sería como en las películas, pensó Dowd. Quarles iría por la calle y se subiría al coche aparcado de Dowd.

Intercambiaron algunas bromas y se preguntaron por sus respectivos hijos.

—Bueno, aquí está tu carta —dijo Dowd.

—¿Qué es esto?

—Las respuestas a los dieciséis temas —explicó Dowd— en las que mostramos nuestros argumentos. Dejo una puerta abierta. Voy a presionar para conseguir algunas preguntas específicas. Piénsalo. Si quieres hablarlo, dile a Bob que nos reunamos.

41

En una reunión de enero de 2018, Navarro, Ross, Cohn y Porter se encontraron en el Despacho Oval. Tras meses de discutir sobre aranceles desde posiciones enfrentadas, los debates se habían vuelto acalorados y ácidos.

Cohn, apoyado por Porter, volvía a discutir sobre los argumentos económicos y los de seguridad nacional geopolítica. Habló de que los aranceles se arriesgaban a agitar los mercados y poner en peligro muchas de las ganancias del mercado de valores. Dijo que los aranceles serían, en realidad, un impuesto a los consumidores estadounidenses. Los aranceles eliminarían gran parte del bien que Trump había hecho mediante los impuestos y la reforma regulatoria.

—El globalista eres tú —acusó Trump—. Ya ni siquiera me importa lo que pienses, Gary.

Trump lo echó de ahí, y Cohn se retiró a un sofá.

Navarro y Porter retomaron el debate, con Ross interviniendo desde la posición de Navarro de vez en cuando. Navarro argumentaba que los aranceles proporcionarían ingresos y serían aceptados por los empresarios y los sindicatos. Dijo que sería una gran oportunidad de que Trump consiguiera el apoyo de los sindicatos y una ayuda a su base por adelantado para las elecciones de mitad de legislatura.

Porter sacó el tema de los aranceles de Bush y la pérdida de empleos que habían supuesto. Argumentó que, en los años que habían pasado desde entonces, las industrias que consumían y dependían del acero (constructoras, oleoductos y la industria automovilística) se habían expandido, mientras que había poco potencial para la expansión de la manufactura del acero y los trabajos de producción. Esas pérdidas de empleo bajo nuevos aranceles serían todavía más pronunciadas que las que hubo en la Administración Bush.

La creencia de Porter y Navarro de que los aranceles recibirían aclamación popular era «muy errónea». Muchas empresas se opondrían a los aranceles porque eran compradores y consumidores de acero.

—Los fabricantes de automóviles van a odiar esto —aseguró Porter—. Tienen márgenes estrechos, y esto va a elevar sus costes. —Pasaba lo mismo con los fabricantes de oleoductos—. Vamos a abrir todas esas nuevas tierras públicas federales y plataformas de perforación marina. Hace falta que la gente construya oleoductos.

—Y los sindicatos —añadió Porter—. Es una locura. Sí, a los sindicatos del acero les va a encantar, pero a los de los automóviles no, y a los de construcción tampoco. Va a elevar sus costes.

Porter normalmente trataba de ser un negociante honesto, que facilitaba la discusión. Cuando tenía una visión fuerte sobre algo, tendía a esperar hasta que estuviera en privado con el presidente. Ahora se estaba delatando como partidario del libre comercio.

Navarro contrarrestó cada argumento tan enérgicamente como Porter lo presentaba. El jefe de personal John Kelly entró en la sala a mitad de la reunión. El presidente estaba observando el intercambio con avidez.

—¿Qué eres ahora, un economista? —le preguntó Trump a Porter después de que él y Navarro se intercambiaran ataques verbales mutuamente durante casi media hora—. ¿Qué sabes tú de economía? Eres abogado.

Porter dijo que había estudiado economía y también dado clases cuando estaba en Oxford como becario. Señaló que muchos de sus argumentos no eran estrictamente económicos.

—Siempre supe que Gary era un puto globalista —afirmó Trump—. Pero no sabía que tú fueras un puto globalista, Rob. —Se volvió hacia Kelly—. Mira a este tío. ¡Es un globalista!

Kelly asintió con la cabeza y sonrió. Quería que terminara la reunión.

La reunión finalizó sin una resolución real, salvo recordar a Trump que había firmado una decisión para avanzar en la investigación 301 con China y anunciarla. Eso tenía que ocurrir antes de los aranceles sobre el acero. Esa era la estrategia y el acuerdo.

Porter dejó la Casa Blanca el 7 de febrero después de que sus dos exmujeres hablaran en público alegando que había abusado físicamente de ellas. Una publicó una foto con un ojo morado del que culpaba a Porter. Ambas, una en la prensa y otra en la entrada de un blog, daban descripciones gráficas del abuso doméstico.

Porter llegó con rapidez a la conclusión de que sería mejor para todos (sus antiguas esposas, su familia y sus amigos, la Casa Blanca y él mismo) que renunciara. Quería concentrarse en recomponer sus relaciones.

395

El *New York Times* escribió: «Denuncias de abuso acaban con una estrella en ciernes en la Casa Blanca» y «La imagen cuidada del ayudante ocultaba su mal genio, según antiguos compañeros».

En una declaración, Porter aseguró: «Saqué las fotos dadas a los medios hace casi quince años, y la realidad tras ellas ni se acerca a lo que se describe».

«Las vidas de la gente están siendo destrozadas y destruidas por una mera acusación», tuiteó Trump.

El consejo editorial del *Washington Post* acusó a la Casa Blanca de «ignorar la violencia doméstica», y el *New York Times* dijo que «Trump parece dudar del movimiento #MeToo».

Cohn vio cómo una de las principales influencias que refrenaban a Trump había desaparecido.

Después de las 18:30 del miércoles 28 de febrero, el secretario de Comercio Wilbur Ross y Peter Navarro fueron al Despacho Oval y convencieron al presidente para seguir adelante con los aranceles sobre el acero antes de que terminara la investigación 301, haciendo que implosionara toda la estrategia de comercio. Ross había mostrado antes un estudio que mantenía que las importaciones crecientes de acero y aluminio eran una amenaza para la seguridad nacional, dándole a Trump la autoridad para imponerlos sin el apoyo del Congreso.

Ross y Navarro habían organizado que al día siguiente los principales ejecutivos de las empresas del acero estadounidense acudieran a la Casa Blanca.

Cuando Cohn se enteró del plan, llamó a Kelly a eso de las diez de la noche.

—No sé nada sobre ninguna reunión —aseguró Kelly—. No hay ninguna reunión.

—Sí que la hay.

—¿De qué estás hablando, Gary?

Cohn trató de acabar con la reunión, y por un momento pensó que lo había conseguido. Pero no fue así.

Más de una docena de ejecutivos se presentaron al día siguiente. En la reunión en la Sala del Gabinete, Trump anunció que había decidido imponer un arancel del 25 por ciento sobre el acero de fabricación extranjera y un 10 por ciento en el aluminio.

—Tendréis protección por primera vez en mucho tiempo —dijo Trump a los ejecutivos—. Y vuestras industrias van a volver a crecer —añadió, a pesar de que todos los datos que había recogido Cohn mostraban que no era práctico, ni siquiera posible.

Cohn creía que si hubieran completado el trabajo sobre el caso de la propiedad intelectual contra China, podrían haber tenido a aliados en su bando en un exitoso caso de comercio. Habría sido la mayor parte de los países del mundo contra China. Su rival económico quedaría aislado. Pero los aranceles sobre el acero le dieron la vuelta a todo.

Cohn llegó a la conclusión de que a Trump simplemente le encantaba enfrentar a la gente. El presidente nunca se había metido en un negocio para el que tuviera que pensar de forma estratégica a largo plazo. Fue a ver a Trump para explicarle que iba a renunciar.

—Si así es como vas a dirigir esto —empezó, y continuó diciendo que iba a marcharse—. Puedo soportar perder una batalla en la Casa Blanca mientras sigamos el protocolo y el procedimiento adecuados. Pero cuando dos tíos pueden entrar en tu despacho a las seis y media de la tarde y organizar una reunión de la que ni el jefe de personal ni nadie saben nada…, no puedo trabajar en este entorno.

Cohn conocía la importancia de Hope Hicks, que había sido ascendida a directora de Comunicación de la Casa Blanca. A menudo le pedía que se uniera a él cuando se dirigía a una conversación dura con Trump. Le pedía:

—Hope, entra conmigo.

Se dio cuenta de que Hicks suavizaba al presidente, y de que este lo trataba de forma diferente cuando ella estaba ahí.

El martes 6 de marzo fue a ver a Hicks. Crearon una declaración para el presidente anunciando la dimisión de Cohn.

—Gary ha sido mi consejero económico jefe y ha hecho un trabajo soberbio para conseguir nuestros objetivos, ayudando a diseñar reducciones históricas en los impuestos, reformas y liberando la economía norteamericana una vez más. Es un talento poco común, y le doy las gracias por su dedicado servicio al pueblo norteamericano.

Jugaron con el lenguaje y después llevaron una copia impresa al Despacho Oval. Tomaron asiento frente al escritorio Resolute.

—Señor presidente —comenzó Cohn—, probablemente hoy sea el mejor día para entregar mi dimisión.

—Gary has sido genial —intervino Hicks, suavizando el momento—. Vamos a echarte mucho de menos. Es una pena. Tenemos que encontrar la forma de que vuelvas.

—Por supuesto que vamos a traerlo de vuelta —afirmó el presidente.

Fue una farsa hasta el final. Cohn se dio cuenta de nuevo de lo que había comentado antes a otros sobre el presidente: «Es un mentiroso profesional».

—Tengo una declaración aquí que he aprobado con Gary —explicó Hicks—. Quiero que la apruebes.

Trump tomó la hoja de papel y cambió una palabra, pero por lo demás dejó el texto como estaba.

—Es una gran pérdida. Pero estaremos bien. Y va a regresar.

«Gary Cohn dimite como consejero de Trump tras una disputa por los aranceles», anunció Bloomberg. «Gary Cohn dimite entre diferencias con Trump sobre el comercio», publicó el *Washington Post*. «Gary Cohn dimite, aparentemente por los aranceles», informó *The Atlantic*. «Gary Cohn dimite como consejero económico de la Casa Blanca tras perder la batalla sobre los aranceles», señaló el *Wall Street Journal*.

Más tarde, tras dimitir, Cohn se preocupó por la inestabilidad en la economía que surgiría por la cuestión de los aranceles y el impacto en el consumidor. Estados Unidos tiene una economía impulsada por el consumidor. Y si el consumidor no sabe cómo será la economía y cuáles serán los ingresos que va a tener, eso se reflejará pronto en la economía y en el mercado de valores.

La acción de Trump y las amenazas sobre los aranceles eran estremecedoras. Cohn pensaba que Trump tenía que saberlo.

—Pero no es lo bastante hombre para admitirlo. Nunca se ha equivocado. Tiene setenta y un años. No va a admitir jamás que se ha equivocado.

Tom Bossert, el asesor de Seguridad Nacional, Seguridad Digital y Antiterrorismo del presidente, fue al Despacho Oval en la primavera de 2018 y encontró a Trump en su comedor privado.

—Presidente, ¿tienes un momento? —preguntó Bossert, un abogado de cuarenta y tres años y experto en seguridad.

—Quiero ver los Masters —respondió Trump. Había grabado el torneo del Augusta National Golf Club, el más famoso del mundo, y estaba enganchado a la pantalla.

Bossert, otro exitoso asesor con acceso al Despacho Oval incluso en la era de Kelly, se invitó a sí mismo a verlo junto a él.

El abogado sabía que Estados Unidos ya se encontraba en un estado constante de ciberguerra de baja intensidad con avanzados adversarios extranjeros como China, Rusia, Corea del Norte e Irán. Esos países tenían la habilidad de apagar la red eléctrica de ciudades de Estados Unidos, por ejemplo, y la única disuasión era dejar claro que un ciberataque masivo no sería respondido con proporción, ciberataque por ciberataque.

Toda la fuerza militar de Estados Unidos, incluidas las armas nucleares, sería una parte central de la disuasión. A Bossert le gustaba decir, y lo hacía a menudo, que el uso de cualquier elemento de poder nacional estaría justificado. Estados Unidos tenía mucho que perder en un ciberataque de graves consecuencias. Bossert lo había repetido tan a menudo que el presidente parecía entenderlo, pero la importancia de esto (armas nucleares como ciberdisuasión) no se había convertido en un debate público.

—¿Qué está pasando? —preguntó al fin Trump.

—Acudo a ti una vez más —dijo Bossert—. Voy a ir a la tele—. En el próximo programa de ABC *Sunday This Week*—. Pero este asunto del comercio de China va a salir otra vez.

Y también los ciberataques.

—Tú y tus ciberataques —replicó Trump—. Vas a meterme en una guerra con toda tu cibermierda.

—Esa es la cuestión, señor. Estoy tratando de utilizar otros elementos de poderío nacional para prevenir el mal comportamiento *online*. Y eso se va a situar justo en el medio de todas las decisiones que tomes. Por eso estoy aquí. Ahora mismo estás enfrascado en una negociación personal con el presidente Xi. Acabas de subir la apuesta inicial a 150.000 millones de dólares. —En amenazas de aranceles a China—. Vale. ¿Cómo quieres que se lo diga a la tele? No quiero salir y decir algo que vaya a cabrearte.

399

A Trump le encantó la invitación de proporcionar ayuda para la televisión, de aportar sabiduría. Era una pura delicia.

—Así es como lo harás —explicó Trump, con los dedos volando por el aire—. Tom, ¿estás listo? Te subes ahí. Les dices...

—Quería formularlo a la perfección—. Les dices que nunca has visto... No, espera. Primero les dices: «Trump va muy en serio». Eso es lo que les dices. ¿Estás listo? —Trump volvió a levantar las manos—. Les dices lo de los 150.000 millones de dólares. ¡Espera! Diles que 150.000 millones no es nada. Que estamos preparados para ir a por los 500.000 millones de dólares porque no nos tratan con justicia. ¡Eso es lo que les dirás! —Trump continuó actuando con los dedos—. ¿Estás listo? Eso es lo que les dirás.

—Vale —dijo Bossert—, ¿quieres que les dé duro?

—¡Dales duro! —respondió Trump con entusiasmo—. Si no fuera domingo, cerrarías los mercados, ¡así es lo fuerte que debes darles, joder! —Levantó otra vez los dedos—. ¡Un momento! ¡Espera! Entonces dices: «No os preocupéis». Mira, observa, esto es lo que tienes que hacer. —Trump haciendo de director escénico, con una mano en alto otra vez para dar énfasis dramático, siguió—. Entonces dices: «Todo saldrá bien porque la relación que tiene Trump con Xi es muy...». —Una pausa. Una mejora—. «Es la mejor.» ¡Espera! «No habéis visto una relación tan buena entre dos presidentes en la vida. Tal vez nunca la veáis.» ¿Estás preparado?

Bossert pensó que recordaría el guion y el espectáculo de Trump, tal vez para el resto de su vida. Era la forma que tenía Trump de decir: «Dales duro, Trump está dispuesto a ir al ring. Nos están tratando injustamente».

—Y no te preocupes por la soja —recomendó Trump. Los chinos habían anunciado que contraatacarían con aranceles sobre la agricultura estadounidense y otros bienes. Hablando en tercera persona, continuó—: Trump comprará más maldita soja si tiene que hacerlo. Comprará su maldita soja de sus propios granjeros antes de que los chinos lo zarandeen. Pero entonces les dirás: «Todo saldrá bien. Él y Xi llegarán a un acuerdo. Será un acuerdo hermoso. El mejor acuerdo que hayáis visto».

—Entonces, ¿quieres que les dé duro y suave? —preguntó Bossert; duro en la determinación y suave en la relación con Xi.

—Sí.

Bossert volvió a sacar el tema de los ciberataques.

—Por amor de Dios —dijo Trump—, si tienes que sacar los ciberataques otra vez, está bien.

Bossert veía que Trump quería que se ciñera al comercio.

—Jefe, así es como lo haré: es una disputa de comercio, no una guerra de comercio. Hay un déficit de comercio. En los años ochenta tuvimos una disputa de comercio con Japón y éramos aliados cercanos de ellos al mismo tiempo.

—¡Perfecto! —afirmó Trump—. Eso es. Sueltas la mierda, que suene bien, y después les dices lo que yo te he dicho. Y ya está. —Aparentemente tratando de apaciguar cualquier ansiedad, añadió—: Tom, lo harás bien.

Después, Bossert asomó la cabeza en el despacho de Kelly, solo por cortesía, para decir que se había estado preparando para la tele con el presidente y no tenía nada inusual de lo que informar. Kelly le dejó marchar. A Bossert le parecía que el jefe de personal estaba muy mermado, resignado, y que casi se había rendido.

Bossert estaba listo, con sus puntos centrales, pero en ABC, la presentadora Martha Raddatz se centró en la seguridad fronteriza. Trump había dicho que quería enviar de 2.000 a 4.000 efectivos de la Guardia Nacional a la frontera sureña. Era el tema del día, instigado por el comentario de Trump. No le preguntó sobre China.

Bossert quedó decepcionado, porque estaba «¡listo!» para transmitir el mensaje de determinación del presidente y los extraordinarios lazos con el presidente Xi Jinping de China.

*E*n lo que quedaba del mes de febrero, Dowd no se enteró de mucho. Creía que Mueller y Quarles se lo estaban tomando con calma.

Finalmente, se concertó una reunión en el despacho de Mueller el lunes 15 de marzo a las dos de la tarde.

Mueller estaba acompañado por Quarles y otros tres fiscales.

Dowd se presentó con Sekulow y otro abogado. Enseguida quedó patente que tenían opiniones diferentes acerca del propósito de la reunión.

—Bueno, creo que eso es todo —concluyó Mueller.

—Pero ¿qué estás diciendo? —preguntó Dowd—. ¿Y la ronda de preguntas?

—No sé —respondió Mueller como un jugador de póker en mitad del juego.

—Jim ya vaticinó que esto iba a pasar.

—En fin, no sé —repitió—, me parece que no vas a declarar.

—Así es, tal y como está la situación.

—Pero siempre podría citar al gran jurado.

—Pues adelante, ¡vamos, cítalo! —exclamó Dowd, mientras estampaba la mano contra la mesa—. Estoy deseando presentar una moción para anularlo. Y quiero escucharte decir al juez de distrito de Estados Unidos cuál es el crimen, quiero que se lo expliques.

Dowd dijo a Mueller que tenía todas las pruebas que necesitaba.

—En la moción que presentaré se mostrará todo, incluido el testimonio de 37 testigos y el casi millón y medio de documentos con las conversaciones privadas con el presidente marcadas. Quiero que le digas al juez por qué necesitas al gran jurado, que, por cierto, jamás en la historia de este país ha perjudicado a ningún presidente tras declarar. Además, desde Thomas Jefferson, nunca ha habido un presidente tan transparente como Trump.

»¿Quieres que entremos en guerra? Pues entremos en guerra. Por cierto, le diré al presidente que nos has amenazado con citar al gran jurado. «Señor presidente, si no declara, me veré obligado a hacer que mueva su culo hasta quedar frente al público y tendremos que citar al gran jurado. Así que tendremos una audiencia.» Y, por cierto, Bob, no presentarás pruebas ante el gran jurado. Así pues, quiero que le expliques al juez federal por qué no se las has presentado a él o al gran jurado.

Dowd pensaba que las pruebas más importantes se encontraban en entrevistas y documentos, y rara vez ese tipo de evidencias se presentaban ante el jurado.

—Tranquilízate, John —solicitó Mueller.

—Bob, has amenazado al presidente de Estados Unidos con citar al gran jurado cuando él no es el objetivo de nada; ni siquiera podría ser el sujeto. No es más que un simple testigo. Eso es lo que le diré al juez. A 5 de marzo de 2018 no tiene responsabilidad penal. No tiene ninguna responsabilidad penal. Le voy a decir al juez que no pienso permitir que sigas con tu jueguecito de ir a por el presidente ni dejaré que reúnas pruebas en contra de Trump, ya que no ha cometido ningún crimen. Ya te lo he dicho; eres tú el que está empeñado en esto. Pero hablemos de reciprocidad. Decidme dónde está la confabulación, y no me vale lo de aquella tontería de reunión que tuvo en junio —explicó Dowd, que hizo alusión a la reunión que tuvo Donald Trump Jr. con una abogada rusa en la Torre Trump—. Eso no tiene la menor importancia —continuó—, no veo dónde está la confabulación. ¿Y lo de que ha obstruido la justicia? Venga, ¿qué chiste es ese? Yates y Comey no creían que Flynn mintiera. Además, en el memorando del consejero de la Casa Blanca se explicaba que sus representantes le habían dicho que habían archivado su caso.

403

Lo que quiero decir es que Flynn no creía que estuviera en una situación de riesgo.

»Estoy deseando leer vuestros documentos, aunque, bueno, los míos irán primero. Expide la citación, que yo me haré cargo.

—John —le tranquilizó Mueller—, no te estoy amenazando, solo he expuesto las posibilidades que tenemos.

Dowd respondió a aquel intento de comentario amable:

—La otra posibilidad es que me digas cuáles son las preguntas que le vas a hacer. Al fin y al cabo confiamos los unos en los otros: nosotros hemos confiado en vosotros y vosotros, en nosotros, y jamás os hemos fallado. Estamos a tu disposición. Bob, ¿acaso no es conocer la verdad lo más importante?

Entonces Dowd decidió ir un paso más allá:

—No tengo secretos para vosotros, así que os voy a decir de qué hablé con el presidente de Estados Unidos en la conversación que tuvimos acerca de lo de testificar.

Mencionó tres de las preguntas que le hizo a Trump en la residencia de la Casa Blanca. Cuando le formuló la tercera, el presidente no tenía ni idea de qué responder.

—Se inventó la respuesta. Típico de él.

Dowd se fijó en que tenía toda la atención de Mueller.

—Jay —se dirigió a Sekulow—, imagina que eres el presidente y yo soy Mueller, ¿vale? —Iban a reproducir aquel encuentro que habían tenido con Trump—. Hablemos de Comey.

Dowd se refería a una de las conversaciones que el presidente había tenido con Comey. En ese caso, Sekulow respondió como lo habría hecho el comandante en jefe: de manera impulsiva, con contradicciones y cosas inventadas, además de enfadado. Imitó a Trump a la perfección.

—¡Te pillé, te pillé! ¡1001! —Dowd aludió a la sección del Código de Estados Unidos en la que se trataba el tema de las falsas declaraciones mientras golpeaba la mesa con la mano—. ¡Te pillé! ¡1001!

Dowd formuló otra pregunta sencilla a Sekulow, que seguía haciendo de Trump.

—No lo sé —respondió este—. No lo sé.

—Jay, ¿cuántas veces dijo «no lo sé» cuando hablamos con él?

—Más de diez, como unas veinte.

—Ahí es donde quería llegar —le señaló Dowd a Mueller—. Me estás pidiendo que me siente junto a un presidente que, en cuanto le formulen la tercera pregunta, los mandará a la mierda, y después, puesto que le voy a asesorar, dirá que no lo sabe y que no lo recuerda unas veinte veces. Y, Bob, te aseguro que es verdad que no se acuerda. Es más, si quieres, puedo llamar al general Kelly para que te lo confirme. Además, la razón por la que no lo recuerda es muy simple: para él, esos sucesos no tienen la menor importancia en su vida.

Nada más empezar con su presidencia, ya tuvo muchos asuntos de los que ocuparse. Dowd prosiguió:

—De golpe y porrazo, se había convertido en presidente y no había dejado de recibir información a diestro y siniestro, aparte de la que le llegaba por los medios de comunicación. Eso es muchísima información. Sin embargo, el asunto está en que no quiero que parezca idiota, vamos, no voy a ir allí y permitir que eso ocurra. Y, como se publique la transcripción, la gente va a empezar a decir que si es un idiota y un memo, porque ya sabes que en Washington todo acaba filtrándose. ¿Por qué tenemos que tratar con un idiota así? Si no es capaz ni de recordar nada de lo que ha hablado con el director del FBI.

Dowd se dio cuenta de que había pintado al presidente como si fuera discapacitado.

—Entiendo —dijo Mueller.

—Entonces, Bob, ¿qué quieres saber? Hazme alguna pregunta que nadie haya respondido aún.

—Pues me gustaría saber si ha habido algún intento de corrupción.

—¿Acaso crees que te va a decir que sí? Porque ya te puedo asegurar yo que no. Es más, si quieres que te presente una declaración jurada en la que se confirme que no ha habido ningún intento de corrupción por parte de Trump, lo haré.

—Déjame meditarlo —le pidió Mueller—. Me gustaría pensar que no nos estás tomando el pelo.

—Dame un momento —solicitó Dowd—. Tengo por aquí una prueba irreprochable. Pregúntale a Jim Quarles si alguna vez le he mentido. ¿Alguna vez te he dicho algo que no fuera verdad?

—No —contestó Quarles—. John es uno de los mejores abogados que conozco.

Dowd estaba empezando a creer que Mueller no conocía los hechos del caso.

Debido al acuerdo conjunto de defensa con 37 testigos, los abogados les habían facilitado unas reuniones informativas.

—¿Alguno de ellos mintió?

—No —respondió Mueller.

—¿Alguno de ellos destruyó algún documento?

—No.

—¿Me equivoco al decir que quieres respuestas que resulten fiables?

—No.

—Muéstrame las preguntas que tienes y te diré si las podremos responder o no. —Luego, le daría las respuestas, que no ocuparían más de dos líneas—. Me parece un trato justo: tú me das las preguntas y así yo sabré qué es lo que tienes en mente.

El general Kelly podía meter a Mueller, a su equipo y a un taquígrafo en la Casa Blanca sin que nadie lo supiera.

—Escribiremos las respuestas y nosotros simplemente haremos lo que consideremos. —Pero el presidente siempre hablaría bajo juramento—. Ya te digo yo que la verdad es esa y que el presidente dirá todo lo que sabe, con la ayuda de sus asesores. Así que o te quedas sentado viendo cómo le interrumpimos durante seis horas, o seguirá con los «no lo sé».

El equipo de Mueller negó con la cabeza y dejó claro que aquello era algo sin precedentes, insólito.

—Déjame pensarlo —pidió Mueller.

Dowd recordó que en julio, o agosto, cuando Trump atacó a Mueller y a Sessions, el fiscal especial le dijo:

—Tengo problemas, ¿podrías venir? Según tú, tengo a gente que se había negado a declarar y que no tenía por qué hacerlo, ya que no son culpables de nada. Pero si van a declarar no podrán evitar sentirse unos traidores.

Dowd le contestó:

—Haré público que necesitamos que todos cooperen. El presidente colaborará al cien por cien y animaremos a que todo el mundo haga lo mismo.

En la prensa citaron las palabras de Dowd y Cobb en las que decían que Trump y la Casa Blanca «seguirán cooperando plenamente».

En cada encuentro, Dowd decía: «El país está en peligro». El presidente tenía cosas importantes que hacer y no tenía tiempo para centrarse en aquella investigación. Había tensiones muy serias en el mundo, como aquellas con Corea del Norte, Irán, Oriente Medio, Rusia o China.

—Soy completamente consciente de eso —respondió Mueller—. Hago lo que puedo.

—Solo tienes que pasarnos las preguntas y ya está —insistió Dowd.

A Mueller no le convencía demasiado la idea.

Dowd estaba desafiando a Mueller con la amenaza de presentar una moción. Ese era su plan: mostrarle qué pasaría si citaba al gran jurado. Él contraatacaría con documentos probatorios y el juez de distrito tendría que invertir dos semanas en leerlos. Así pues, Dowd procuró dejárselo muy claro:

—Allí, en el estrado, tendrás que levantarte y decirle al juez por qué quieres llevar al presidente de Estados Unidos ante el gran jurado. Como ya sabrás, ya he llevado casos parecidos y no voy a permitir que el presidente se vea en esa situación.

Tenía un último recurso bajo la manga: las «trampas de perjurio» por parte del equipo de Mueller.

—Provocasteis que Flynn, Gates y [el ayudante de la campaña electoral George] Papadopoulos perjuraran. Así es como vosotros hacéis las cosas.

Rick Gates, el asociado de negocios de Manafort y gerente de campaña de Trump, tenía a uno de los mejores abogados junto a él y aun así mintió.

—Le pillasteis desprevenido y ahora tiene cargos por delitos graves. Le conté eso al presidente y le dije que a él le iban a hacer lo mismo.

407

Dowd pensó que era bastante probable que hubiera algo que se le escapara.

—Bob, se os nota molestos por algo, por algo que está pasando aquí. —Pensó que quizá no aprobaba las acciones tomadas por el presidente—. Sea como sea, no tenéis argumentos suficientes. Ya puedes decir misa, ya puedes hablar con el Capitolio, que me va a dar igual.

Mueller se quedó de piedra y no dijo nada más. Intentó controlarse. El encuentro había finalizado.

A las cinco de la tarde, Dowd y Sekulow se reunieron en el comedor de la Casa Blanca con el presidente.

—¿Cómo ha ido? —preguntó Trump.

—Señor presidente, esto es absurdo —respondió Dowd.

—Madre mía —se limitó a decir el presidente.

La respuesta de Dowd sobre la conversación con Mueller había sido tan negativa que parecía que Trump había empezado a preocuparse, pues sabía que estaba metido en un buen lío.

—No —dijo Dowd—, nunca has respetado a Mueller. He de admitir que, aunque nunca lo habría dicho, tienes muy buenos instintos, y es posible que estuvieras en lo cierto. No estabas preparado. Pero no entiendo por qué hemos vuelto con las manos vacías.

Una semana después, el 12 de marzo, Dowd y su equipo volvieron a reunirse con Mueller y los suyos. Aunque sabía que era improbable, esperó que Mueller dijera que no iba a iniciar la acusación y que no necesitaría las declaraciones del presidente para redactar un informe para Rosenstein, el fiscal general adjunto.

El equipo de Mueller, Quarles y otras tres personas más dictaron 49 preguntas mientras Jay Sekulow tomaba notas. Casi todas ellas tenían relación con la actitud, las opiniones, las decisiones y las conclusiones de Trump acerca de personas como Flynn, Comey y Sessions. Algunas también tenían que ver con el famoso encuentro de Donald Jr. en la Torre Trump con una abogada rusa que le prometió ensuciar la campaña de Hillary Clinton y sobre el mercado inmobiliario en Rusia.

Los temas que sacaron eran aquellos que se sabía que Mueller estaba investigando.

A Dowd aquello le pareció una gilipollez. Eran preguntas de segundo de Derecho y muchas encima ya se habían respondido en el pasado. Sin embargo, si era Trump quien las respondía, acabaría siendo una catástrofe, porque seguramente acabaría montando en cólera y no diría nada en absoluto. En cierta manera, a Dowd aquel abanico de preguntas le sugirió que Mueller realmente no tenía ninguna evidencia para llevarlo ante el jurado, pero tender a Trump una trampa para llevarle al perjurio iba a ser para ellos pan comido.

—No estás aportando ningún hecho —le dijo al fiscal especial.

—Necesito el testimonio del presidente —explicó Mueller—. ¿Qué era lo que pretendía con lo de Comey?

—No estoy seguro de que sea constitucional preguntar eso.

Incluso el mismo Comey conocía los poderes que el Artículo II otorgaba al presidente.

—Quiero saber si hubo algún intento de corrupción —aseguró Mueller.

Aquel era el quid de la cuestión. Las leyes de obstrucción no declaran ilegales ciertos actos así porque sí, sino que tiene que haber habido un intento de corrupción o de obstrucción a la justicia de manera intencionada. Saber lo que pensaba Trump era clave, por eso creía Dowd que Mueller quería tener su testimonio, para saber por qué el presidente hacía lo que hacía.

—¿Tienes pruebas de que fue sobornado? —preguntó Dowd.

Normalmente se demostraba obstrucción a la justicia cuando se pagaba para emprender acciones ilegales, se sobornaba para que se cometiera perjurio o se destruían pruebas. Las mejores evidencias que se podían aportar eran grabaciones, las declaraciones juradas de algún testigo o documentos, a no ser que el mismo sujeto de la investigación fuera el que se lo confesara directamente al fiscal; a no ser que alguien se pusiera en evidencia a sí mismo, como Dowd estaba seguro de que Trump haría.

409

—El fiscal general adjunto testificará a favor del presidente —informó Dowd.

Rosenstein había escrito el memorando en el que explicaba que creía que era necesario despedir a Comey por su comportamiento en lo que respectaba al caso de los correos de Clinton.

—De hecho, [Rosenstein] cogió la carta de cuatro páginas del presidente y la reescribió. Con eso lo digo todo. Así que tienes al fiscal general, al vicepresidente, a McGahn... Todos están con el presidente. Y luego está el tema del comportamiento de Comey, que tanto el fiscal adjunto como el fiscal general han condenado por lo de Clinton.

»Puedes intentar recabar todos los documentos y testimonios posibles. Ya preguntaste a los testigos qué había dicho [el presidente], qué había hecho y cuándo lo había hecho. Todo es real.

Aquello era todo lo que tenía que decir acerca de lo que pretendía el presidente.

Mueller no compró sus argumentos.

Dowd y Sekulow abandonaron el edificio.

—¿Qué opinas? —preguntó Sekulow.

—Que no va a declarar —contestó Dowd.

Había sido un iluso al pensar que Mueller no iniciaría la acusación.

Dowd pensó que podría usar la decisión del Tribunal de Apelaciones sobre la investigación de aquel abogado independiente a Mike Espy, secretario de Agricultura de Bill Clinton. El tribunal había declarado que el presidente y sus asesores podrían hacer uso del «privilegio ejecutivo», y los fiscales, para sortear tal privilegio, debían presentar materiales que contuvieran pruebas importantes que no se pudieran conseguir de otra manera.

El tribunal dictaminó que los fiscales debían demostrar que el hecho investigado era un crimen muy grave y del que solo el testigo citado podía responder.

Dowd y Sekulow informaron a Trump sobre el asunto.

—Ahora tengo una imagen completamente diferente de Mueller. No confío en él —dijo el líder de los abogados a Trump. El presidente tenía razón.

A Dowd le molestó que fueran 49 preguntas, ya podría haberlas dejado en cinco.

¿Por qué no mostró respeto alguno por el presidente de Estados Unidos, quien no tenía tiempo de prepararse ni de responder tantas preguntas cuando había de por medio tantos problemas en el mundo? Dowd consideró que aquel era suficiente motivo para reafirmar su decisión de que Trump no debía declarar.

—Sí —afirmó el presidente—. Ya tienen las respuestas a todas.

Cobb empezó a difundir de forma pública que el comandante en jefe tenía muchas ganas de declarar y responder unas pocas preguntas.

—Señor presidente —le avisó Dowd—, no son unas pocas preguntas, son 49. Te recomiendo que no lo hagas.

—Pero ¿qué dirá la gente? —preguntó Trump—. ¿Qué publicará la prensa?

—Señor presidente, es una trampa. No tienen razones legales ni constitucionales para citarte. —Mencionó a algunos abogados que defendieron a Trump en el pasado y dijo—: Si no crees que lo que te digo es verdad, puedes preguntarles a ellos.

A finales de marzo, Trump llamó a Dowd desde el Air Force One.

—Presidente, te recomendaría que siguieras mis consejos, o puede que todo acabe peor de lo que estaba. No saldrás airoso. ¿Recuerdas la reunión que tuvimos cuando leíste nuestra carta? ¿Recuerdas lo a gusto que estabas y que entendiste la estrategia? Ya hemos superado este asunto sin demasiada complicación. Es cierto, las 49 preguntas ya están respondidas. Diferentes personas las respondieron por ti, como algunos abogados o los miembros de tu gabinete. Priebus, Bannon…, todos dieron un testimonio bastante aceptable al fiscal especial y este no tuvo problema alguno con tales declaraciones.

»Nadie te puso en evidencia, nadie mintió, no faltan documentos… Ningún presidente en la historia de este país ha logrado lo que tú has logrado. Por eso creo que lo mejor sería que simplemente te enorgullecieras de lo que has conseguido y esperaras un poco.

»Además, te aconsejaría que hiciéramos esto público. Le diremos muy educadamente a Bob que no te va a interrogar, por las razones obvias y las constitucionales, porque has de proteger el cargo de presidente para tus sucesores. Como acudas, irán a pillarte, a ti y a los que te sigan, e intentarán teneros bajo juramento durante décadas. Así es como juegan. Así están las cosas. Hay que tener en cuenta sobre todo que no se ha cometido ningún crimen y que no tienen ninguna prueba de ello.

Comentó que tanto el escándalo Irán-Contra de Reagan, como el Whitewater de Clinton y el Watergate de Nixon implicaron actividades delictivas.

—Además, sé que si la Casa Blanca tuviera relación con tales actividades, darías la cara. Si alguien te preguntara algo sobre algún miembro de tu gabinete que ha actuado mal y supieras algo, estoy seguro de que serías un buen testigo e irías a declarar, pero no es el caso que ahora nos atañe, porque ahora mismo nos encontramos en una situación en la que todas las preguntas ya tienen sus respuestas.

»Señor presidente, intento hacer bien mi trabajo, pero me estás poniendo trabas.

—Eres un buen abogado. De hecho, eres un abogado magnífico —aseguró Trump.

—Como abogado y persona dedicada a la justicia que soy, no puedo sentarme a tu lado y simplemente dejar que respondas todas esas preguntas cuando sé perfectamente que no eres capaz de hacerlo bien.

Dowd quería disfrazar aquel hecho lo máximo posible y decirle que no era culpa suya, que es lo que pasa cuando estás en esa posición y tienes que atender tantos asuntos. Era consciente de que no debía parecer ofensivo y no podía expresar lo que sabía que era verdad: «Eres un mentiroso de mierda». Ese era el problema.

Así pues, Dowd dijo:

—Tienes problemas a la hora de centrarte en el tema en

cuestión y podrían derrotarte. Es posible que, en ese caso, intentes arreglar la situación, pero, en vez de eso, acabes diciendo algo que no deberías haber dicho y adiós muy buenas. Como cuando Flynn dijo que no recordaba las conversaciones con Kislyak.

De nuevo, Trump llamó a su abogado desde el Air Force One.

—¿Estás bien? —preguntó el presidente.

—No, presidente, no lo estoy. Me siento fatal. Siento que te he fallado como abogado al ser incapaz de persuadirte para que tengas en consideración mis consejos. Soy como un médico: sé qué te duele y conozco tu problema, así que te he dado una receta con la que espero que te cures, porque, recuerda, lo más importante es evitar que sufras. Eso es lo que he intentado, pero si te acompaño a declarar y permito que hagas algo que creo que puede ser malo para ti y que te dará problemas, debería perder mi licencia para ejercer como abogado, aunque puede que haya a quienes les dé igual.

—Ya lo sé, John, sé que te sientes frustrado.

—Sí, y debo decirte que me arrepiento de haberte recomendado a Ty Cobb en su día. No puedo creer que me haya desautorizado así.

Trump comentó que le dijo que quería hablar, demostrar que el presidente no tenía miedo de declarar.

—Cobb debería haber rechazado tu propuesta, al fin y al cabo trabaja para el Gobierno. Además, te pueden llamar como testigo y no goza del privilegio abogado-cliente contigo —aseguró Dowd.

—Dios mío, pues he hablado un montón con él. —Parecía preocupado.

—De verdad, ojalá pueda convencerte de que no vayas a declarar. Si lo haces, acabarás vestido con un mono naranja. No puedo estar contigo si lo que pretendes es seguir con tu plan de declarar.

—Entonces, ¿te marchas? ¿Por qué me abandonas?

Dowd le explicó que se trataba de una cuestión de princi-

413

pios, ya que la obligación de un abogado es la de proteger a su cliente.

—Ojalá te quedaras más tiempo conmigo, eres un abogado magnífico.

Dowd sabía que aquello eran pamplinas. No obstante, Trump era un hombre paradójico: podían haber discutido acaloradamente y, una vez se le pasaba el enfado, le daba las gracias y apreciaba todo lo que hacía por él, ya fuera por teléfono o en persona.

Durante toda su carrera como abogado, Dowd solo había tenido cinco clientes que le habían dado las gracias de una forma tan amable.

Sekulow y Cobb llamaron a Dowd para quejarse de que el presidente no les hacía caso alguno y decirle que le necesitaban para que hablara con él.

—Señor presidente —dijo Dowd cuando llamó a Trump el 21 de marzo cerca de las diez de la noche.

—Hola, John —respondió el presidente, cortés y tranquilo.

—Perdona que te moleste, pero me han llamado Ty y Jay.

Le explicó que querían abordar el tema de ir a declarar y Trump le dijo que lo iba a hacer, que podría apañárselas con Mueller.

—John, ya he decidido que eso es lo que voy a hacer, lo siento mucho si no estás de acuerdo.

—Mi trabajo no consiste en estar de acuerdo o no, sino en protegerte, y, si al final decides asesorarte a ti mismo, te meterás en líos. Ni siquiera yo me asesoro a mí mismo.

—¿Tienes abogados?

—Por supuesto. Con toda la mierda que me ha caído encima, claro que tengo abogados.

—John, no voy a cambiar de parecer. No puedo dejar que vean cómo el presidente de Estados Unidos se acoge a la quinta enmienda.

—Señor presidente, creo que podemos llevar este asunto de una manera mejor. Aparte, antes de hacer pública tu decisión, creo que deberíamos informar a los líderes en el Capitolio.

—Lo mejor era tomar todas las pruebas y documentos y presentarles el caso a ellos antes de meterse en una batalla judicial—. Diles por qué no vamos a declarar, si se lo enseñamos todo…

—No parece una mala idea —reconoció Trump—, pero, John, a la gente no le va a gustar que no vaya a declarar.

No especificó a qué «gente» se refería, pero Dowd sabía que hablaba de sus militantes, de la gente que acudía a sus mítines, de aquellos que veían las noticias de la Fox, de sus orgullosos «tarugos».

—¿Y qué pensará esa gente cuando Mueller te acuse de violar la sección 1001? —preguntó Dowd haciendo alusión al hecho de dar falso testimonio.

—Soy un buen testigo, en serio, y me comportaré como tal.

Dowd era consciente de que aquello no eran más que paparruchas y que simplemente se estaba autoengañando. Antes le había contado una anécdota al presidente de un compañero de profesión de Florida que una vez le había tomado declaración. Cuando el abogado le preguntó a qué se dedicaba, a Trump le llevó 16 páginas responder la pregunta.

—No eres un buen testigo —le aclaró Dowd. Había gente que no lo era, simple y llanamente. Le dio un ejemplo—: ¿Recuerdas a Raj Rajaratnam?

—Sí, el tipo de los fondos de cobertura.

Dowd representó a Rajaratnam, el fundador de Galleon Group al que declararon culpable en 2011 por tráfico de información privilegiada y al que condenaron a once años de prisión.

—Un hombre brillante —comentó Dowd—. Si te parabas a hablar con él, te dabas cuenta de que era una de las personas más inteligentes y elocuentes que jamás ibas a conocer. Podía hablarte de cualquier cosa. No obstante, cuando estuvo listo para declarar, cosa que solo le iba a llevar cinco minutos, por poco no se mea en los pantalones. De pronto se puso muy nervioso… No podía… A duras penas pudo decir su nombre. Es algo que está en la naturaleza de las bestias y, créeme, soy experto en ellas.

415

»Presidente, mucho me temo que no voy a poder ayudarte.

Dowd le dijo al presidente que estaba en todo su derecho de cabrearse con Mueller.

—No te van a poner en entredicho, ¿estás de coña? Si son todos una panda de cobardes. Los medios, el Congreso... Son unos gallinas. ¿Por qué deberían imputarte? ¿Por hacer uso de lo establecido en el Artículo II? ¿Hola? Me encantaría ver a Ryan, el presidente de la Cámara de Representantes, haciendo eso delante de la Comisión Reglamentaria y la Comisión de Asuntos Judiciales.

Trump expresó que era por la prensa: «Me están linchando».

—Tú no cediste con el tema de la declaración de impuestos. Ya has ganado la primera ronda. Tienen muy mala baba; te odian, y odian tu valentía.

El presidente se preguntó qué quería la prensa.

—Yo les quitaría las credenciales y les echaría a patadas de aquí. No tienen ningún derecho a venir a la Casa Blanca y comportarse de la manera en que lo hacen.

Lo mismo opinaba Trump.

—Pero es que nunca me dejan, John. [Hope Hicks y John Kelly] no me dejan quitarles las credenciales.

Dowd, refiriéndose tanto a la prensa, como a Mueller y al Congreso, sentenció:

—Tenemos que dejarles claro que queremos que se vayan a la mierda y luego volverás a presidir Estados Unidos como si nada, porque, en comparación con lo que haces todos los días, este asunto es como una pulga en el culo de un elefante, así que debemos tomárnoslo como tal y olvidarnos de él una vez lo hayamos solucionado.

Ese fue su alegato final.

—Eres un tipo genial —le dijo Trump—. Te estoy muy agradecido. Y lo siento por tenerte aquí hablando hasta tan tarde.

A la mañana siguiente, Dowd le dijo a Carole, su mujer:

—Se acabó.

Llamó al presidente y le dijo que dimitía.

—Lo siento, pero tengo que dimitir. Me caes bien, por eso tienes todo mi apoyo y te deseo lo mejor, pero si no vas a tener en consideración mis consejos, no te puedo representar.

—Entiendo tu frustración —expresó Trump—. Has hecho un gran trabajo.

—Si hubiera algo más que pudiera hacer por ti, sabes que puedes contar conmigo.

—Gracias.

Dos minutos después, llamaron del *New York Times* y del *Washington Post* a Dowd.

El exabogado de Trump se lo imaginó cogiendo el teléfono y llamando a la periodista Maggie Haberman: «¿Maggie? El desgraciado de Dowd acaba de dimitir». Al presidente siempre le había gustado ser el primero en dar las noticias.

Al menos Dowd sabía que había hecho bien al dimitir antes de que le despidieran con una patada en el culo.

El abogado estaba convencido de que Mueller jamás había tenido evidencias para demostrar lo de Rusia y la obstrucción a la justicia, simplemente quería tenderle una «trampa de perjurio».

La verdad, aunque fuera dura, era que creía que Mueller les había tomado el pelo a él y al presidente para que cooperaran a la hora de presentar testimonios y documentos.

Se sentía muy frustrado por las artimañas de Mueller.

Tras cuarenta y siete años de carrera, Dowd ya sabía cómo iba la cosa y cómo eran los fiscales: se inventaban pruebas. Con todos los testimonios y documentos que tenía, Mueller podía preparar algún hecho que pintara mal. Aunque empezó a sospechar que quizá tenía algo que desconocía y que podía suponer una prueba irrefutable. Quizás algún testigo como Flynn había cambiado su testimonio. A veces pasaban ese tipo de cosas, y si así fuera, la situación podría dar un giro de ciento ochenta grados. Podía ser que el exconsejero confesara que mintió y se pusiera en contra del presidente. A Dowd le parecía bastante improbable, pero debía tener en cuenta esa posibilidad.

En lo que respectaba a aquella investigación tan compleja y

417

enrevesada, algunas cosas estaban claras, pero muchas otras, no. No podía radiografiar las intrigas de la investigación, tampoco tenía grabaciones ni documentos que le ayudaran a conocer qué pretendían. Sin embargo, Dowd creía que el presidente no estaba confabulado con Rusia ni había obstruido a la justicia.

A pesar de ello, el exabogado de Trump había visto en aquel hombre y en su presidencia un gran defecto. Con los tira y afloja políticos, las evasivas, los rechazos, los tuits, las ocultaciones, las noticias falsas o la indignación, Trump había demostrado que tenía un gran problema, que Dowd conocía, pero no podía decírselo al presidente a la cara: «Eres un mentiroso de mierda».

Agradecimientos

*E*ste es el decimonoveno libro que escribo con Alice Mayhew, mi editora en Simon & Schuster, en cuarenta y seis años. Alice comprendió de inmediato, en medio de la presidencia de Trump, con todas sus controversias e investigaciones, la importancia de descubrir lo que Trump ha hecho hasta hoy como presidente en materia de política exterior y política interna. Siempre ha estado decidida a mantener el concepto del libro, la estructura, el ritmo y el tono.

Jonathan Karp, presidente y editor de Simon & Schuster, también tiene mucho que ver. Le dedicó todo su tiempo y su sagaz intelecto a este libro. Ayudó a editarlo y a reflexionar sobre las oportunidades, responsabilidades y dilemas que supondría publicar un libro sobre el presidente Trump en esta época tan convulsa. Le debo mucho. Antes no era más que un crío, pero ahora es todo un hombre. Aunque sigue manteniendo el espíritu y la energía de un niño.

Gracias a Carolyn K. Reidy, la directora ejecutiva de Simon & Schuster, que ha patrocinado y promocionado mi trabajo durante años.

De Simon & Schuster quiero agradecer su labor a las siguientes personas: a Stuart Roberts, el ayudante de Alice Mayhew, siempre enérgico, considerado e inteligente, a Richard Rhorer, a Cary Goldstein, a Stephen Bedford, a Irene Kheradi, a Kristen Lemire, a Lisa Erwin, a Lisa Healy, a Lewelin Polanco, a Joshua Cohen, a Laura Tatum, a Katie Haigler, a Toby Yuen, a Kate Mertes y a Elisa Rivlin.

En especial, me gustaría dar las gracias a Fred Chase, gran consejero de viajes y excelente redactor, con quien Evelyn y yo pasamos una semana en Washington. A Fred le apasionan las palabras y las ideas. En esa semana revisó el manuscrito tres veces con sabiduría y un meticuloso cuidado. A Fred lo llamamos «Don Perfecto», porque en cada página arregla algo con ayuda de sus lápices verde y rojo.

Ojalá en los dos últimos años hubiese tomado notas de mis conversaciones sobre Trump con Carl Berstein, mi compañero en el Nixon-Watergate. No siempre estábamos de acuerdo, pero me encantaban esas charlas y los pensamientos tan intricados que tiene sobre la presidencia, sobre Washington y sobre los medios. Mi amistad con Carl es una de las alegrías de mi vida.

El *Washington Post*, muy amablemente, me ha mantenido el puesto de editor asociado. Ya casi no voy a la oficina del *Washington Post* del centro de Washington, pero sigo trabajando desde casa. En cuanto a editar, a lo sumo, lo que hago es hablar por teléfono con un reportero que quiere indagar sobre algún tema del pasado. El título de editor asociado es un cargo estupendo que me permite seguir en contacto con mis raíces como periodista. El *Post* ha sido mi hogar institucional y mi familia durante los últimos cuarenta y siete años. Últimamente les va de maravilla. Están haciendo un periodismo impecable y agresivo, pero necesario, durante esta época de la presidencia de Trump. Doy las gracias a Marty Baron, director ejecutivo; a Cameron Barr, editor directivo; a Jeff Leen, editor de investigación; a Robert Costa; a Tom Hamburger; a Rosalind Helderman; a David Fahrenthold; a Karen Tumulty; a Philip Rucker; a Robert O'Harrow; a Amy Goldstein; a Scott Wilson; a Steven Ginsberg; a Peter Wallsten; a Dan Balz; a Lucy Shackelford; y a toda la plantilla del *Post*.

Quiero darles las gracias a mis viejos compañeros y amigos que trabajan o trabajaban en el *Post*: Don Graham, Sally Quinn, David Maraniss, Rick Atkinson, Christian Williams, Paul Richard, Patrick Tyler, Tom Wilkinson, Leonard Downie Jr., Marcus Brauchli, Steve Coll, Steve Luxenberg, Scott Armstrong, Al Kamen, Ben Weiser, Martha Sherrill, Bill Powers, Carlos Lozada, Fred Hiatt, John Feinstein y al editor Fred Ryan.

Muchas gracias a Michael Kranish y a Marc Fisher, que

reunieron a un grupo de reporteros del *Post*, entre los que yo me encontraba, para informar sobre Trump antes de las elecciones. El resultado fue el libro de Marc y Michael, *Trump Revealed* [Trump al descubierto], una de las mejores fuentes de información sobre el que acabaría siendo nuestro presidente. Incluye más de veinte horas de entrevistas con Trump.

Todos aquellos que siguen contratados en el *Post* o que mantienen alguna conexión con él, deben estar agradecidos de que Jeff Bezos, fundador y director ejecutivo de Amazon, sea el propietario de este diario. Ha empleado su tiempo y una gran cantidad de dinero en otorgarle al periódico recursos extra en cuanto a edición y reportajes para poder realizar investigaciones exhaustivas. La cultura del periodismo independiente sigue viva gracias al riguroso apoyo de Katherin Graham y Don Graham.

Es gracias al periodismo, a la redacción y a los libros que han venido antes de este que se ha podido hacer un libro sobre el presidente actual. Hay muchísima información sobre Trump que ya se ha publicado en este vórtice de noticias continuas. Más que un ciclo, se ha convertido en un flujo constante. Este libro está basado en mis propios reportajes, pero es inevitable que haya algunas ideas o información que nos han aportado otras publicaciones o fuentes de noticias, ya sea directa o indirectamente. Les debo una muy grande a todos los que han escrito sobre Trump en los tiempos políticos que corren, especialmente al *Washington Post*, el *New York Times*, el *Wall Street Journal*, *Axios* y *Politico*.

Robert B. Barnett, mi abogado, consejero y amigo, de nuevo ha hecho un trabajo excelente. Fiel a su idea de volcarse por completo en sus clientes, cumplió con todas mis expectativas. Bob sabe más que nadie sobre la política de Washington y las publicaciones de Nueva York, y usa esa sabiduría con ingenio y devoción para ayudar a sus clientes.

Evelyn y yo tenemos la suerte de poder disfrutar de la presencia, el cuidado y la amabilidad de Rosa Criollo y Jackie Crowe.

Todo mi amor y mi aprecio a Tali Woodward, mi hija mayor y directora del máster en Arte de la Escuela de Periodismo

421

de la Universidad de Columbia. Siempre me da buenos y sabios consejos. Y todo mi cariño a su marido, Gabe Roth, y a sus dos niños, Zadie y Theo, mis nietos.

Diana Woodward, nuestra hija pequeña, va a cursar su último año en la Universidad de Yale, donde se graduará en Humanidades y Psicología. Cuando vuelva por vacaciones nos traerá esa chispa y esa alegría que echamos tanto de menos en casa.

Este libro va dedicado a Els,a Walsh, mi mujer, más conocida como la «señora Amabilidad» porque vive, según las palabras de Henry James, sobre la importancia de ser amable. Elsa no solo opina que no hay que ser egoísta y que hay que valorar a todas las personas, sino también que debemos venerar a cada una de ellas. Ya son quince libros los que llevo escritos a su lado en los treinta y siete años que llevamos juntos. Como antigua reportera del *Washington Post* y escritora en plantilla del *New York Times*, Elsa es amante de las personas, las ideas y los libros. Le ha aportado a este su talento natural y curtido como editora. Se lo agradeceré siempre. No puedo expresar con palabras mi gratitud por su amor y apoyo. Con los años, he desarrollado un respeto inmutable por su juicio. Muchas veces me pregunto: «¿Cómo lo sabe? ¿De dónde viene su inteligencia?». Nunca he encontrado una respuesta a mis preguntas, pero tengo el placer de ver esa magia en acción todos los días. La llevo siempre en mi corazón. Es mi compañera y el amor de mi vida.

Notas sobre las fuentes

Prólogo

La información empleada en este capítulo proviene, en su mayoría, de múltiples y largas entrevistas con fuentes de primera mano.

18 *Pero ahora había una carta*: Documento obtenido por el autor.
22 *«Es, ante todo la seguridad de nuestra nación»*: D. J. Trump, entrevista, 31 de marzo de 2016.

Capítulo 1

La información empleada en este capítulo proviene, en su mayoría, de múltiples y largas entrevistas con fuentes de primera mano. Véase también la obra de Corey Lewandowski y David Bossie *Let Trump Be Trump* [Que Trump sea Trump] (Hachette, Nueva York, 2017).

26 *Trump le había concedido una vez a Bannon*: Hollywoodland, (2012), Breitbart: *Bannon's 'Victory Sessions' Goes National* [Victory Sessions, de Bannon, pasa al ámbito nacional].

Capítulo 2

La información empleada en este capítulo proviene, en su mayoría, de múltiples y largas entrevistas con fuentes de primera mano.

33 *«Fracasa la misión interna»*: Burns, A. y M. Haberman, «The Failing Inside Mission to Tame Trump's Tongue» [El fracaso de la misión interna de dominarle la lengua a Trump], *The New York Times* (14 agosto 2016), A1. Véase también: https://www.nytimes.com/2016/08/14/us/politics/donald -trump-campaign-gop.html)
36 *El artículo del* New York Times *sobre el fracaso*: Ibíd.
38 *Trump había aparecido en una serie de entrevistas*: Fahrenthold, D. A. y F. S. Sellers, «How Bannon Flattered and Coaxed Trump on Policies Key to the Alt-Right» [Cómo Bannon persuadió y coaccionó a Trump con respecto a políticas fundamentales para la derecha alternativa], *The Washington Post* (15 de noviembre de 2016).

41 *Durante el discurso del 8 de agosto*: Trump, «Remarks to the Detroit Economic Club» [Declaraciones al Detroit Economic Club], 2016. Véase Peters, G. y J. T. Woolley, The American Presidency Project: http://www.presidency.ucsb.edu/ws/?pid=119744

43 *Los diez puntos del plan de reforma*: Nelson, «Trump Outlines 10-Point Plan to Reform Veterans Affairs Department» [Trump esboza un plan de 10 puntos para reformar el Departamento de Asuntos de Veteranos], *Politico* (11 de julio de 2016).

Capítulo 3

La información empleada en este capítulo proviene, en su mayoría, de múltiples y largas entrevistas con fuentes de primera mano.

46 *Pero el* New York Daily News: Fermino, «Senior Donald Trump Adviser Appears to Be Fan of NYC Bondage, Swinger's Club» [Asesor veterano de Donald Trump parece tener afición por los clubs de sexo liberal de Nueva York], *New York Daily News* (12 abril 2016).

47 *«Necesito que eches un vistazo a algo»*: Kramer, A. E., M. McIntire y B. Meier, «Secret Ledger in Ukraine Lists Cash for Donald Trump's Campaign Chief» [Libro de cuentas secreto en Ucrania apunta al jefe de campaña de Donald Trump por malversación], *The New York Times* (14 de agosto de 2016).

48 *El artículo del* Times: Ibíd.

49 *A pesar de los insultos*: Cusack, «Trump Slams RNC Chairman, Calls 2016 Process 'A Disgrace'» [Trump explota ante un congresista del RNC, califica el proceso de 2016 «una vergüenza»], *The Hill* (12 de abril de 2016).

50 *El* New York Times *afirmaba*: Martin, J., J. Rutenberg y M. Haberman, «Donald Trump Appoints Media Firebrand to Run Campaign» [Donald Trump le encomienda la dirección de su campaña a un medio de comunicación incendiario], *The New York Times* (2016).

53 *El 22 de agosto, la revista* Time: Time, portada, Véase: http://time.com/magazine/us/4447970/august-22nd-2016-vol-188-no-7-u-s/

Capítulo 4

La información empleada en este capítulo proviene, en su mayoría, de múltiples y largas entrevistas con fuentes de primera mano.

El amplio y detallado proyecto oral e histórico *64 Hours in October: How One Weekend Blew up the Rules of American Politics* [64 horas en octubre: cómo se cargaron las reglas del juego de la política estadounidense en un fin de semana] publicado por Yahoo News junto a *Huffington Post* en 2017.

Fue presentado por Michael Isikoff, Dylan Stableford, Hunter Walker, Holly Bailey, Liz Goodwin, Lisa Belkin, Garance Franke-Ruta y Gabby Kaufman, fue redactado por Dylan Stableford. Véase: https://www.huffingtonpost.com/entry/yahoo-64-hours-october-american-politics_us_59d7c567e4b072637c43dd1c.

54 *La primera se presentó*: Fessler, «10 Months After Election Day, Feds Tell States More About Russian Hacking» [10 meses después de las elecciones, los federales cuentan más detalles del hackeo ruso a los estados], NPR (22 de septiembre de 2017).

54 *En julio de 2016, WikiLeaks*: Lipton, E., D. E. Sanger y S. Shane, «The Perfect Weapon: How Russian Cyberpower Invaded the U.S.» [El arma perfecta: cómo los ciberpoderes rusos invadieron Estados Unidos], *The New York Times* (13 de diciembre de 2016). 2 bis. Nakashima, «Cybersecurity Firm Finds Evidence That Russian Military Unit Was Behind DNC Hack» [Empresa de ciberseguridad encuentra pruebas que demuestran que el ejército ruso estaba detrás del ataque a la DNC], *The Washington Post* (22 de diciembre de 2016).

55 *Al día siguiente, el 5 de agosto*: Morell, «I Ran the C.I.A. Now I'm Endorsing Hillary Clinton» [Yo dirigía la CIA. Ahora apoyo a Hillary Clinton], *The New York Times* (5 de agosto de 2016).

56 *A las 15:00 del viernes*: Confesión conjunta del Departamento de Seguridad Nacional y del Despacho del Directorio de Inteligencia Nacional en Seguridad Electoral, Departamento de Seguridad Nacional (archivos), 7 de octubre de 2016.

57 *Pero una hora más tarde*: Fahrenthold, «Trump Recorded Having Extremely Lewd Conversation About Women in 2005» [Trump grabado en una conversación extremadamente obscena sobre mujeres en 2005], *The Washington Post* (8 de octubre de 2016).

57 *«Esperaba que fuera algo»*: Personal de Yahoo News, «64 Hours in October: How One Weekend Blew Up the Rules of American Politics» [64 horas en octubre: cómo se cargaron las reglas del juego de la política estadounidense en un fin de semana], Yahoo News y *Huffington Post* (6 de octubre de 2017).

57 *Trump hizo una breve declaración*: Fahrenthold, *op. cit.*

58 *Pasada la medianoche*: «Transcript of Donald Trump's Videotaped Apology» [Transcripción de la disculpa grabada en vídeo de Donald Trump], *The New York Times* (8 de octubre de 2016).

61 *Poco antes de la una de la tarde*: Yahoo News y *Huffington Post, op. cit.*

61 *Dos horas más tarde, Melania Trump*: Ibíd.

61 *A las 15:40 Trump tuiteó*: Ibíd.

63 *¿Sigue en la carrera?*: Ibíd.

63 *Priebus, Christie e incluso el acorazado*: Griffiths, «Trump Campaign Manager Reemerges to Show Support for GOP Nominee» [El director de campaña de Trump reaparece para mostrar su apoyo a un candidato republicano], *Politico* (9 de octubre de 2016); 13 bis. Transcripción de Estados de la Unión, CNN, 9 de octubre de 2016.

64 *Giuliani dio, o intentó dar*: Transcripción de *Meet the Press*, NBC, 9 de octubre de 2016.

64 *La campaña presidencial estaba siendo «transformadora»*: Transcripción de *Fox News Sunday*, Fox News, 9 de octubre de 2016.

64 *Cuando Jake Tapper de la CNN*: Transcripción de Estados de la Unión, *op. cit.*

64 *Había hecho todo lo que estaba a su alcance*: Transcripción de *This Week*, ABC, 9 de octubre de 2016.

Capítulo 5

La información empleada en este capítulo proviene, en su mayoría, de múltiples y largas entrevistas con fuentes de primera mano.

El amplio y detallado proyecto oral e histórico *64 Hours in October: How One Weekend Blew up the Rules of American Politics* [64 horas en octubre: cómo se cargaron las reglas del juego de la política estadounidense en un fin de semana] publicado por Yahoo News y *Huffington Post* el 2017 fue de gran ayuda en este capítulo.

66 *Giuliani había dicho en dos ocasiones*: Transcripción de Estados de la Unión, CNN, 9 octubre 2016. Transcripción de *Meet the Press*, NBC, 9 de octubre de 2016.

67 *Justo antes de las 19:30*: Personal de Yahoo News, «64 Hours in October: How One Weekend Blew Up the Rules of American Politics» [64 horas en octubre: cómo se cargaron las reglas del juego de la política estadounidense en un fin de semana], Yahoo News y *Huffington Post* (6 de octubre de 2017).

67 *A las 19:26, Trump tuiteó: Ibíd.*

67 *Ya desde el principio, Anderson Cooper, de la CNN*: Transcripción del debate presidencial en la Universidad de Washington, San Luis, Misuri, Comisión de debates presidenciales, 9 de octubre de 2016.

72 *Aquel creía que estaba usando bien a Pence*: Las apariciones de Pence durante la campaña fueron grabadas por los apartidistas *P2016: Race for the White House* (Véase: http://www.p2016.org/trump/pencecal 1116.html).

73 *Dos días antes de las elecciones*: Transcripción de *Fox News Sunday*, Fox News, 6 de noviembre de 2016.

73 *Si no ganamos*: Trump, «Remarks at J. S. Dorton Arena in Raleigh, North Carolina» [Declaraciones en el estadio J. S. Dorton de Raleigh, Carolina del Norte], (7 de noviembre de 2016). Véase Peters, G. y J. T. Woolley, The American Presidency Project: http://www.presidency.ucsb.edu/ws/?pid=122536.

74 *Según el libro de Clinton*: Clinton, *Lo que pasó*, Simon & Schuster, Nueva York, 2017, página 378 del original.

74 *A las 23:11*: Easton, «Calling the Presidential Race State by State» [Desgranando la carrera presidencial estado a estado], Associated Press: https://blog.ap.org/behind-the-news/calling-the-presidential-race-state-by-state)

74 *A las 22:36 se había anunciado: Ibíd.*

74 *La Associated Press (AP) comunicó que Wisconsin: Ibíd.*

74 *Ahora ha llegado el momento de que los estadounidenses*: Trump, «Remarks in New York City Accepting Election as the 45th President of the United States» [Declaraciones en Nueva York aceptando ser el 45.º presi-

dente de Estados Unidos], 9 de noviembre de 2016. Véase Peters, G. y J. T. Woolley, The American Presidency Project: http://www.presidency.ucsb. edu/ws/?pid=119495

75 *El presidente electo se centró*: Ibíd.

76 *El comunicado de prensa mencionaba*: Trump, «President-Elect Donald J. Trump Announces Senior White House Leadership Team» [El presidente electo, Donald J. Trump, anuncia veterano equipo de liderazgo para la Casa Blanca], artículo de prensa (13 de noviembre de 2016). Véase Peters, G. y J. T. Woolley, The American Presidency Project: http://www.presidency.ucsb.edu/ws/?pid=119641

Capítulo 6

La información empleada en este capítulo proviene, en su mayoría, de múltiples y largas entrevistas con fuentes de primera mano.

82 *Cuando fue nombrado secretario*: El 1 de diciembre de 2016, en el mitin de Cincinnati, Trump anunció que nominaría a Mattis para secretario de Defensa.

83 *Una elección muy de Trump*: Cillizza, «Here's Why Donald Trump Picked Rex Tillerson as Secretary of State» [He aquí por qué Donald Trump escogió a Rex Tillerson como secretario de Estado], *The Washington Post* (13 de diciembre de 2016). 2 bis. Conway le pasó comentarios sobre el episodio del 12 de diciembre de 2016 de *Andrea Mitchell Reports* de la cadena MSNBC.

427

Capítulo 7

La información empleada en este capítulo proviene, en su mayoría, de múltiples y largas entrevistas con fuentes de primera mano.

87 *Cohn no mencionó un informe*: Giordano, «Trump's Business Credit Score Is 19 Out of a Possible 100» [El crédito empresarial de Trump es un 19 sobre un posible 100], Fox Business (20 de octubre de 2016).

88 *Cinco minutos después, mientras Cohn*: Trump, «President Elect Donald J. Trump to Nominate Steven Mnuchin as Secretary of the Treasury, Wilbur Ross as Secretary of Commerce and Todd Ricketts as Deputy Secretary of Commerce» [El presidente electo Donald J. Trump nombra a Steven Mnuchin secretario de Hacienda, a Wilbur Ross secretario de Comercio y a Todd Ricketts secretario adjunto de Comercio], artículo de prensa (30 de noviembre de 2016). Véase Peters, G. y J. T. Woolley, The American Presidency Project: http://www.presidency.ucsb.edu/ws/?pid=119711.

89 *El 26 de diciembre de 2016*: Michael Flynn, entrevista personal, 26 de diciembre de 2016.

91 *Flynn fue muy criticado*: Helderman, R. S. y T. Hamburger, «Trump Adviser Flynn Paid by multiple Russia-Related Entities, New Records Show» [Nuevas grabaciones demuestran que múltiples entidades con relaciones

rusas enviaron dinero al asesor de Trump, Flynn], *The Washington Post* (16 de marzo de 2017).

Capítulo 8

La información empleada en este capítulo proviene, en su mayoría, de múltiples y largas entrevistas con fuentes de primera mano.

92 *Una versión no clasificada y reducida*: Versión sin clasificar, Comunidad de Inteligencia, 6 de enero de 2017. Informe en la web del Directorio de Inteligencia Nacional: https://www.dni.gov/files/documents/ICA_2017_01.pdf.

93 *Steele había compartido fragmentos*: Greenwood, «McCain Gave Dossier Containing 'Sensitive Information' to FBI» [McCain le entregó al FBI un dosier con información «delicada»], The Hill (11 enero 2017).

94 *En la segunda página, se leía*: Bensinger, K., M. Elder y Mark Schoofs, «These Reports Allege Trump Has Deep Ties to Russia» [Estos informes alegan que Trump mantiene buenas relaciones con los rusos], BuzzFeed News (10 enero 2017).

94 *Esto estaba diseñado para obtener*: Ibíd.

95 *El 9 de diciembre, Trump dijo*: Toosi, «Trump Team Rejects Intel Agencies' Claims of Russian Meddling» [El equipo de Trump rechaza las acusaciones de las agencias de inteligencia por la intromisión rusa], *Politico* (9 de diciembre de 2016).

95 *Posteriormente, le dijo a Fox News*: «Trump: Claims of Russian Interference in 2016 Race 'Ridiculous,' Dems Making Excuses» [Trump afirma que las posibles interferencias rusas en la carrera de 2016 son «ridículas», los liberales dando excusas], Fox News (11 de diciembre de 2016).

95 *También tuiteó*: «Salvo que atrapes»: Véase: https://twitter.com/realdonaldtrump/status/808300706914594816.

95 *Furioso por las críticas*: Matishak, M. y C. O'Brien, «Clapper: Trump Rhetoric on Intel Agencies Alarming U.S. Allies» [Clapper afirma que las declaraciones de Trump sobre las agencias de inteligencia alarman a los aliados de Estados Unidos], *Politico* (5 de enero de 2017).

95 *Al día siguiente, Kellyanne Conway*: Nelson, «Conway 'Disappointed' in Media Leaks Before Intel Briefing» [Conway «defraudado» por las filtraciones antes de sesión informativa con Inteligencia], *Politico* (6 de enero de 2017).

95 *En una entrevista telefónica*: Shear, M. D. y D. E. Sanger, «Putin Led a Complex Cyberattack Scheme to Aid Trump, Report Finds» [Informe demuestra que Putin lideró un complejo ciberataque para ayudar a Trump], *The New York Times* (6 de enero de 2017).

96 *En su libro, Comey ofrece*: Comey, *A Higher Loyalty*, Flatiron Books, Nueva York, 2018, p. 218.

97 *Rusia tenía un antiguo deseo*: Informe en la web del Directorio de Inteligencia Nacional, *op. cit.*

97 *Trump era una «clara preferencia»*: Ibíd.

99 *Posteriormente, Comey escribió*: Comey, *op. cit.*, p. 224.

99 *En su libro* A Higher Loyalty *[Una lealtad superior], Comey escribió*: Ibíd., p. 216.

99 *Esto es lo que Comey escribió: Ibíd.*, p. 225.

99 *Tras la reunión, Trump lanzó un comunicado*: Nelson, «Trump Says Hacking Had 'No Effect on the Outcome of the Election» [Trump declara que el hackeo «No afectó de ninguna forma a los resultados de las elecciones»], *Politico* (6 de enero de 2017).

99 *Cuatro días después, el 10 de enero*: Bensinger, *op. cit.*

100 *En su libro* Facts and Fears *[Hechos y temores]*: Clapper, J. R., *Facts and Fears*, Penguin, Nueva York, 2018, p. 4.

101 En *A Higher Loyalty*: Comey, *op. cit.*, p. 216.

101 *El 15 de enero, cinco días*: Transcripción de «Fox News Sunday», Fox News, 15 de enero de 2017.

102 *Posteriormente, esa tarde, Trump tuiteó*: Véase: https://twitter.com/rea ldonaldtrump/status/820723387995717632.

Capítulo 9

La información empleada en este capítulo proviene, en su mayoría, de múltiples y largas entrevistas con fuentes de primera mano.

104 *Pero la jugada no les salió tan bien como esperaban*: Schmitt, E. y D. E. Sanger, «Raid in Yemen: Risky from the Start and Costly in the End» [Ataques en Yemen: arriesgados al principio y un sobrecoste al final], *The New York Times* (1 febrero 2017). 1 bis. Gibbons-Neff, T. y M. Ryan, «In Deadly Yemen Raid, a Lesson for Trump's National Security Team» [En los sangrientos ataques de Yemen, una lección para el quipo de Seguridad Nacional de Trump], *The Washington Post* (31 de enero de 2017).

104 *El padre de Owens, Bill Owens*: Brown, J. K. «Slain SEAL's Dad Wants Answers: 'Don't Hide Behind My Son's Death'» [El padre de Slain, miembro de los SEALS, quiere respuestas: «No os escondáis tras la muerte de mi hijo»], *Miami Herald* (26 de febrero de 2017).

104 *Al cabo de un rato añadió: Ibíd.*

105 *Yo le entiendo*: McCaskill, «Trump Deflects Responsibility on Yemen Raid: 'They Lost Ryan'» [Trump no se responsabiliza de los ataques de Yemen: «Perdieron a Ryan»], *Politico* (28 de febrero de 2017).

105 *En una entrevista de la Fox: Ibíd.*

105 *Frente a la audiencia del Congreso*: Trump, «Address Before a Joint Session of the Congress» [Charla antes una Sesión Conjunta del Congreso], 28 de febrero de 2017. Véase Peters, G. y J. T. Woolley, The American Presidency Project: http://www.presidency.ucsb.edu/ws/?pid=123408.

107 *Mattis, como ciudadano particular*: Marinucci, «Ex-Military Leaders at Hoover Institution Say Trump Statements Threaten America's Interests» [Antiguos líderes militares en la institución Hoover afirman que las acciones de Trump ponen en peligro los intereses estadounidenses], *Politico* (15 de julio de 2016).

108 *El senador, John McCain, haciendo alarde*: Loop, «John McCain Says the

429

Recent Yemen Raid Was a 'Failure'» [John McCain califica los ataques en Yemen de «fracaso»], BuzzFeed News (7 de febrero de 2017).

110 *Debido al Brexit*: El referéndum del Brexit se llevó a cabo el 23 de junio de 2016.

110 *El 15 de febrero, el secretario Mattis*: «Intervention by Secretary of Defense Mattis, Session One of the North Atlantic Council» [Intervención por el secretario de Defensa, Mattis, primera sesión del Consejo Atlántico del Norte], Defensa Ministerial de la OTAN (15 febrero 2017).

111 *A pesar de todo, añadió*: «U.S. Defense Chief Says NATO Is 'Fundamental Bedrock'» [El director de Defensa de Estados Unidos afirma que la OTAN «es un pilar maestro»], Reuters (15 de febrero de 2017).

111 *Dos meses después, en una rueda de prensa*: Trump, «The President's News Conference with Secretary General Jens Stoltenberg of the North Atlantic Treaty Organization» [La conferencia de prensa sobre el presidente con el secretario general, Jens Stoltenberg de la Organización del Tratado del Atlántico Norte], (12 de abril de 2017). Véase Peters, G. y J. T. Woolley, The American Presidency Project: http://www.presidency.ucsb .edu/ws/?pid=123739.

111 *Cuando Trump se reunió con los líderes europeos*: Trump, «Remarks at the Dedication Ceremony for the Berlin Wall Memorial and the 9/11 and Article 5 Memorial in Brussels, Belgium» [Declaraciones en la ceremonia de dedicación por la conmemoración del Muro de Berlín y los atentados del 11 de septiembre y el Artículo 5 en Bruselas, Bélgica], 25 de mayo de 2017. Véase Peters, G. y J. T. Woolley, The American Presidency Project: http://www.presidency.ucsb.edu/ws/?pid=125840.

430

Capítulo 10

La información empleada en este capítulo proviene, en su mayoría, de múltiples y largas entrevistas con fuentes de primera mano.

112 *«¡No me jodas!», pensó Priebus*: Miller, G., A. Entous y E. Nakashima, «National Security Adviser Flynn Discussed Sanctions with Russian Ambassador, Despite Denials, Officials Say» [Acorde a los oficiales, el asesor de Seguridad Nacional, Flynn, discute las sanciones con el embajador ruso, pese a negarlo], The Washington Post (9 de febrero de 2017).

112 *El artículo del periódico, firmado por*: Ibíd.

113 *Según un memorando interno de seis páginas*: El autor obtuvo el documento.

113 *El presidente electo Trump elogió a Putin*: Véase: https://twitter.com/realdonaldtrump/status/814919370711461890.

114 *La renuncia de Flynn fue anunciada*: Miller, G. y P. Rucker, «Michael Flynn Resigns as National Security Adviser» [Michael Flynn deja su puesto como asesor de Seguridad Nacional], The Washington Post (14 de febrero de 2017).

114 *Su declaración fue*: Leonnig, y otros, «Michael Flynn Pleads Guilty to Lying to FBI on Contacts with Russian Ambassador» [Michael Flynn se

declara culpable de haber mentido al FBI en cuando a sus relaciones con el embajador ruso], *The Washington Post* (1 de diciembre de 2017).

116 *Trump había puesto el grito en el cielo*: Gore, «Clinton's Connection to FBI Official» [La conexión de Clinton con un oficial del FBI], FactCheck. org (25 de octubre de 2016).

116 *Había recibido 675.288 dólares: Ibíd.* Véase también: Gore, «Trump Wrong About Campaign Donations» [Trump se equivoca en las donaciones de la campaña], FactCheck.org (26 de julio de 2017).

116 *Y no dejó correr el tema sin más*: Véase: https://twitter.com/realdonaldtrump/status/889792764363276288; https://twitter.com/realdonaldtrump/status/890207082926022656; https://twitter.com/realdonaldtrump p /status/890208319566229504.

116 *¿Te suena este artículo del* New York Times*?*: Schmidt, M. S., M. Mazzetti y M. Apuzzo, «Trump Campaign Aides Had Repeated Contacts with Russian Intelligence» [La campaña de Trump ha contactado repetidas veces con la Inteligencia rusa], *The New York Times* (14 de febrero de 2017).

118 *Alrededor de una semana más tarde*: Sciutto, y otros, «FBI Refused White House Request to Knock Down Recent Trump-Russia Stories» [El FBI rechaza la petición de la Casa Blanca de abandonar los recientes descubrimientos entre Trump y Rusia], CNN (24 de febrero de 2017).

118 *Cuatro meses después, el 8 de junio*: bis. Schmidt, M. S., M. Mazzetti y M. Apuzzo, «Comey Disputes *New York Times* Article About Russia Investigation» [Comey se enfrenta a un artículo del *New York Times* sobre la investigación rusa], *The New York Times* (8 de junio de 2017).

431

Capítulo 11

La información empleada en este capítulo proviene, en su mayoría, de múltiples y largas entrevistas con fuentes de primera mano.

122 *Solo quería anunciar*: Trump, «Remarks on the Appointment of Lieutenant General H. R. McMaster (USA) as National Security Adviser in Palm Beach, Florida, and an Exchange with Reporters» [Declaraciones en la cita con el teniente general H. R. McMaster (Estados Unidos) como asesor de Seguridad nacional en Palm Beach, Florida, y con algunos periodistas], 20 de febrero de 2017. Véase Peters, G. y J. T. Woolley, The American Presidency Project: http://www.presidency.ucsb.edu/ws/?pid=123396

Capítulo 12

La información empleada en este capítulo proviene, en su mayoría, de múltiples y largas entrevistas con fuentes de primera mano.

124 *Por si quedaba alguna duda*: Kim, C., «Voice of Triumph or Doom: North Korean Presenter Back in Limelight for Nuclear Test [La voz

del triunfo o de la catástrofe: un presentador norcoreano vuelve a ser el centro de atención a causa de una prueba nuclear], Reuters (4 de septiembre de 2017).

124 *El centro de armas nucleares de Corea del Norte*: Clinch, M., «Here's the Full Statement from North Korea on Nuclear Test» [Esta es la declaración completa de Corea del Norte sobre la prueba nuclear], CNBC (9 de septiembre de 2016).

125 *Para empeorar la posible amenaza*: La base de datos del Consejo de Seguridad Nacional sobre las pruebas de misiles de Corea del Norte puede consultarse en http://www.nti.org/analysis/articles/cns-north-korea-mi ssile -test-database/.

128 *El antiguo negociador de Estados Unidos, Robert Gallucci*: Debate sobre la política de Estados Unidos en Corea del Norte celebrada en la Universidad George Washington, 28 de agosto de 2017, Washington, D.C. Véase: https://www.c-span.org/video/?433122-1/us-policy-north-korea.

129 *Trump tenía un historial de declaraciones públicas*: Shabad, R., «Timeline: What Has Trump Said About North Korea over the Years?» [¿Qué ha dicho Trump sobre Corea del Norte a lo largo de los años?], CBS News (10 de agosto de 2017).

129 *En un discurso en la campaña electoral, en 2016*: Ibíd.

129 *En mayo de 2016, manifestó para la agencia de noticias Reuters*: Ibíd.

129 *Como presidente, ya en 2017*: Ibíd.

130 *Condenó la prueba nuclear de Corea del Norte*: Barack Obama, «Statement on North Korea's Nuclear Test» [Declaración sobre la prueba nuclear de Corea del Norte] (9 de septiembre de 2016). Véase Peters, G. y J. T. Woolley, The American Presidency Project http://www.presidency. ucsb.edu/ws/?pid=118931.

132 *Para provocar tanta conmoción como fuera posible*: Weise, E., «Sony Pictures Entertainment Hacked» [El hackeo de Sony Pictures Entertainment], *USA Today* (24 de noviembre de 2014).

Capítulo 13

La información empleada en este capítulo proviene, en su mayoría, de múltiples y largas entrevistas con fuentes de primera mano.

133 *El antiguo vicepresidente Joe Biden*: Woodward, B., *Obama's War* [Las guerras de Obama], Simon & Schuster, Nueva York, 2010, p. 62.

134 *Había declarado que Trump era un «imbécil»*: Fandos, N., «Lindsey Graham Destroys Cellphone After Donald Trump Discloses His Number» [Lindsey Graham destruye el teléfono después de que Donald Trump revelara su número], *The New York Times* (22 de julio de 2015).

134 *Apoyó a Jeb Bush*: Cheng, C., «Lindsey Graham Endorses Presidential Candidate Jeb Bush», News Everyday (15 de enero de 2016).

134 *Graham y McCain habían emitido*: «Statement by Senators McCain and Graham on Executive Order on Immigration» [Comunicado de los sena-

dores McCain y Graham sobre el decreto presidencial sobre inmigración] (29 de enero de 2017).

136 *Pocos días antes, el 5 de marzo:* Véase la base de datos del Consejo de Seguridad Nacional sobre las pruebas de misiles de Corea del Norte en http://www.nti.org/analysis/articles/cns-north-korea-missile-test-database/.

138 *La semana anterior, el 4 de marzo:* Véase: https://twitter.com/realdonaldtrump/status/837989835818287106; https://twitter.com/realdonald trump/status/837993273679560704; https://twitter.com/realdonaldtru mp/status/837994257566863360 y https://twitter.com/realdonaldtrum p/status /837996746236182529.

138 *En 2015, Trump había hecho:* Martin, J. y A. Rappeport, «Donald Trump Says John McCain Is No War Hero, Setting Off Another Storm» [Donald Trump dice que John McCain no es ningún héroe de guerra y desencadena otra tormenta], *The New York Times* (18 de julio de 2015).

140 *Durante una reunión en primavera:* Diaz, A., «U.S. THAAD Missile System a Factor in South Korea's Presidential Election» [El sistema antimisiles THAAD de Estados Unidos, un factor en la elección presidencial de Corea del Sur], CBS News (8 de mayo de 2017).

141 *Trump dijo luego a Reuters:* Adler S. J., J. Mason y S. Holland, «Exclusive: Trump Vows to Fix or Scrap South Korean Trade Deal, Wants Missile System Payment» [Exclusiva: Trump vota por cerrar o descartar el acuerdo comercial con Corea del Sur, reclama el pago del sistema antimisiles], Reuters (27 de abril de 2017).

141 *Según comentó a Chris Wallace en Fox News:* «McMaster Says U.S. Will Pay for THAAD Antimissile System in South Korea» [McMaster dice que Estados Unidos pagará por el sistema antimisiles THAAD en Corea del Sur], Fox News (30 de abril de 2017).

141 *Como primer paso:* «South Korea Trade Ministry Says Ready to Begin Renegotiating U.S. Trade Pact» [El ministro de Comercio de Corea del Sur dice que están preparados para empezar a renegociar el pacto comercial con Estados Unidos], Reuters (17 de diciembre de 2017).

433

Capítulo 14

La información empleada en este capítulo proviene, en su mayoría, de múltiples y largas entrevistas con fuentes de primera mano.

144 *McMaster, enfadado, no le permitiría:* McMaster despidió a Harvey el 27 de julio de 2017.

148 *Cuando parecía que la cumbre se acercaba:* Hirschfeld Davis, J., «Trump Meets Saudi Prince as U.S. and Kingdom Seek Warmer Relations» [Trump se reúne con el príncipe saudí mientras Estados Unidos y el reino intentan establecer relaciones más cordiales], *The New York Times* (14 de marzo de 2017).

148 *Al final, Trump dio su aprobación:* Landler, M. y P. Baker, «Saudi Arabia

and Israel Will Be on Itinerary of Trump's First Foreign Trip» [Arabia Saudita e Israel estarán en el itinerario del primer viaje al extranjero de Trump], *The New York Times* (4 de mayo de 2017).

149 *Anunció la adquisición*: Mehta A., «Revealed: Trump's $110 Billion Weapons List for the Saudis» [Revelación: la lista de armas de Trump para los saudíes está valorada en 110.000 millones de dólares], Defense News (8 de junio de 2017).

149 *Al cabo de un mes, el rey de Arabia Saudita*: Raghavan, S. y K. Fahim, «Saudi King Names Son as New Crown Prince, Upending the Royal Succession» [El rey saudí nombra a su hijo nuevo príncipe heredero, cambia drásticamente la sucesión real», *The Washington Post* (21 de junio de 2017).

Capítulo 15

La información empleada en este capítulo proviene, en su mayoría, de múltiples y largas entrevistas con fuentes de primera mano.

150 *A principios de 2011, cuatro años*: Véase: https://twitter.com/realdonaldtrump/status/122396588336349184.

150 *En marzo de 2012 escribía*: Véase: https://twitter.com/realdonaldtrump/status/179270017064513536.

150 *En enero: «Hay que salir...»*: Véase: https://twitter.com/realdonaldtrump/status/289807790178959360.

150 *En marzo: «Tenemos que salir...»*: Véase: https://twitter.com/realdonaldtrump/status/307568422789709824.

150 *«El Gobierno es tan patético...»*: Véase:https://twitter.com/realdonaldtrump/status/32459096182714368.]

150 *Y en noviembre: «No permitamos...»*: Véase: https://twitter.com/realdonaldtrump/status/403511109942247424.

150 *En diciembre de 2015 tuiteó*: Véase: https://twitter.com/realdonaldtrump/status/679000573241393154.

151 *Coordinador de la Casa Blanca*: Woodward, B., *Obama's Wars* [Las guerras de Obama], Simon & Schuster, Nueva York, 2010, p. 361.

152 *El presidente Bush citó públicamente*: Transcripción «President Bush Discusses the War in Iraq» [El presidente Bush habla de la guerra en Irak], CQ Transcript Wire (20 de marzo de 2006).

158 *Publicó un artículo de opinión en* The Wall Street Journal: Prince, E. D., «The MacArthur Model for Afghanistan» [El modelo MacArthur para Afganistán], *The Wall Street Journal* (31 de mayo de 2017).

159 *Durante años, la CIA había coordinado*: Woodward, B., *Obama's Wars* [Las guerras de Obama], Simon & Schuster, Nueva York, 2010, p. 8.

160 *El 18 de julio, Trump organizó*: Jacobs, B., «In Town Pool Report #3» [Informe en la ciudad N.o 3], 13.12 horas (18 de julio de 2017). Véase: http://www.presidency.ucsb.edu/report.php?pid=2365.

160 *El Consejo de Seguridad Nacional se reunió*: Reseña del autor de las notas contemporáneas de un participante.

163 *Más tarde, ese mismo día*: Ibíd.
163 *Esa misma noche, Priebus celebró*: Ibíd.

Capítulo 16

La información empleada en este capítulo proviene, en su mayoría, de múltiples y largas entrevistas con fuentes de primera mano.

166 *En febrero, Trump había dicho*: Trump, «The President's News Conference with Prime Minister Benjamin Netanyahu of Israel» [La rueda de prensa del presidente con el primer ministro israelí Benjamín Netanyahu]. Véase Peters, G. y J. T. Woolley, The American Presidency Project: http://www.presidency.ucsb.edu/ws/?pid=123361.
166 *Como candidato en 2016, había afirmado*: Trump, «Remarks at the AIPAC Policy Conference in Washington, DC» [Comentarios hechos en la conferencia sobre política del AIPAC en Washington, D.C.]. Véase Peters, G. y J. T. Woolley, The American Presidency Project: http://www.presidency.ucsb.edu/ws/?pid=116597.
167 *Ordenó que la breve carta*: «Tillerson: Iran Remains a Leading State Sponsor of Terror» [Tillerson: Irán sigue siendo uno de los principales estados que patrocinan el terrorismo], Breitbart News (20 de abril de 2017).
167 *En una presentación de cinco minutos, Tillerson*: Véanse los comentarios de Tillerson en una parte de la transcripción del programa *The Lead with Jake Tapper*, CNN (19 de abril de 2017), http://transcripts.cnn.com/TRANSCRIPTS/1704/19/cg.01.html.

Capítulo 17

La información empleada en este capítulo proviene, en su mayoría, de múltiples y largas entrevistas con fuentes de primera mano.

171 *En junio de 2016 durante un miti*n: Transcripción completa: «Donald Trump's Jobs Plan Speech» [El discurso de Donald Trump sobre su plan de empleo], *Politico* (28 de junio de 2016).
171 *«Este es el punto de vista del presidente»*: Coy, P., «After Defeating Cohn, Trump's Trade Warrior Is on the Rise Again» [Tras derrotar a Cohn, el guerrero de comercio de Trump vuelve a estar al alza], Bloomberg (8 de marzo de 2018).
175 *Cada mes Cohn le llevaba a Trump*: Las cifras del resumen de ofertas de empleo y de rotación de personal (JOLTS) se pueden consultar en https://www.bls.gov/jlt/.
176 *Llegó a su puesto con excelentes*: El que más destacaba entre todos los que le recomendaban era Brett Kavanaugh, quien había sido secretario de personal del presidente George W. Bush. Bush asignó a Kavanaugh una magistratura en el poderoso Tribunal de Apelación del distrito de Columbia. El presidente Trump respaldó su candidatura a la Corte Suprema el 9 de julio de 2018.

Capítulo 18

La información empleada en este capítulo proviene, en su mayoría, de múltiples y largas entrevistas con fuentes de primera mano.

182 *Bannon estaba convencido de que Jared*: Véase Crane, E. y C. Roundtree, «Donald's Eruption in the Oval Office: Video Emerges of Trump's 'Furious Argument' with Top Adviser Steven Bannon as Ivanka and Jared Look On, Hours Before President Made Phone Tapping Claims» [El estallido de Donald en el Despacho Oval: aparece un vídeo de la «violenta discusión» de Trump con su asesor principal, Steve Bannon, mientras Ivanka y Jared observan, horas antes de que el presidente lanzara acusaciones de escuchas telefónicas], *Daily Mail* (5 de marzo de 2017).

183 *Por su parte, estaba convencido*: Véase Schmidt, M. S., M. Rosenberg y M. Apuzzo, «Kushner and Flynn Met with Russian Envoy in December, White House Says» [Según la Casa Banca, Kushner y Flynn se reunieron con un enviado ruso en diciembre], *The New York Times* (2 de marzo de 2017).

184 *El evento para Modi*: Bearak, M., «Modi's 'No Frills' Visit to Washington Masks a Potential Minefield» [La visita «sin pretensiones» de Modi a Washington enmascara un campo de minas en potencia], *The Washington Post* (26 de junio de 2017).

185 *En 2014 dijo*: «Conseguimos...»: Obama, B., «Statement on the Elimination of Syria's Declared Chemical Weapons Stockpile» [Comunicado acerca de la eliminación del arsenal de armas nucleares declarado en Siria] (18 de agosto de 2014). Véase Peters, G. y J. T. Woolley, The American Presidency Project http://www.presidency.ucsb.edu/ws/ ?pid=106702.

185 *«Retiramos el cien por cien de las armas químicas»*: Entrevista de John Kerry con David Gregory, *Meet the Press*, NBC (20 de julio de 2014).

185 *En 2016, Clapper, director del Servicio Nacional de Inteligencia, aseguró públicamente*: Baker, P., «For Obama, Syria Chemical Attack Shows Risk of 'Deals with Dictators'» [Para Obama, el ataque químico en Siria pone de manifiesto el riesgo de «Negociar con dictadores»], *The New York Times* (9 de abril de 2017).

187 *En una declaración pública del 4 de abril*: Trump, «Statement on the Chemical Weapons Attack in Khan Sheikhoun, Syria» [Comunicado sobre el ataque con armas químicas en Jan Sheijun, Siria] (4 de abril de 2017). Véase Peters, G. y J. T. Woolley, The American Presidency Project: http://www.presidency.ucsb.edu/ws/?pid=123681.

191 *Graham conocía el lenguaje de Trump*: Al día siguiente, Putin calificó el ataque como «un acto de agresión ilegal» y anuló un acuerdo de prevención de unos incidentes aéreos entre cazas estadounidenses y rusos sobre Siria llamados «desviación».

191 *A la mañana siguiente, el senador John McCain*: «Sen. John McCain, R-Ariz, Is Interviewed on MSNBC's 'Morning Joe'» [Entrevistan al senador republicano de Arizona John McCain en el programa *Morning Joe* de MSNBC], Federal News Service (7 de abril de 2017).

192 *Anne-Marie Slaughter, que había sido*: Véase: https://twitter.com/slaugh teram/status/850263058756673540.

Capítulo 19

La información empleada en este capítulo proviene, en su mayoría, de múltiples y largas entrevistas con fuentes de primera mano.

195 *Se convocó una reunión de emergencia*: Reseña del autor de las notas contemporáneas de un participante.
198 *Sonny Perdue hizo una presentación*: Reseña del autor de las notas contemporáneas de un participante.
199 *Un titular del* New York Times *decía*: Chon, G. y P. Sweeney, «China Surrenders Little to U.S. in First Round of Trade Talks» [China cede muy poco a Estados Unidos durante la primera ronda de conversaciones sobre comercio], *The New York Times* (12 de mayo de 2017).
200 *El presidente celebró una reunión*: Reseña del autor de las notas contemporáneas de un participante.

Capítulo 20

La información empleada en este capítulo proviene, en su mayoría, de múltiples y largas entrevistas con fuentes de primera mano.

437

203 *Trajo un documento de tres páginas*: Véase: https://assets.document-cloud.org/documents/3711188/Rosenstein-letter-on-Comey-firing.pdf.
204 *Había enredado las cosas*: «Partial Transcript: NBC News Interview with Donald Trump» [Transcripción parcial: Entrevista en NBC News con Donald Trump], CNN (11 de mayo de 2017). Véase: https://www.cnn.com/2017/05/11/politics/transcript-donald-trump-nbc-news/index.html.
204 *La noche del martes, el 16 de mayo*: Schmidt, M. S., «Comey Memo Says Trump Asked Him to End Flynn Investigation» [El documento de Comey dice que Trump le pidió que pusiera fin a la investigación a Flynn], *The New York Times* (16 de mayo de 2017).
204 *Esa noche en la CNN*: Hawkins, D., «'I Think We're in Impeachment Territory,' Says David Gergen, Former Aide to Nixon and Clinton» [«Creo que estamos en territorio de destitución», dice David Gergen, antiguo asesor de Nixon y Clinton], *The Washington Post* (17 de mayo de 2017).

Capítulo 21

La información empleada en este capítulo proviene, en su mayoría, de múltiples y largas entrevistas con fuentes de primera mano.

209 *Primero, había sido pillado por sorpresa*: «Attorney General Sessions Statement on Recusal» [La declaración del fiscal general Sessions so-

bre la recusación], Departamento de Justicia de Estados Unidos (2 de marzo de 2017).

210 *Dowd examinó la orden de una página de Rosenstein*: La orden se puede consultar en https://www.documentcloud.org/documents/3726408-Rosenstein-letter-appointing-Mueller-special.html.

211 *Tal vez las pruebas más perturbadoras*: El testimonio de Comey ante el Comité Selecto del Senado sobre Inteligencia del 8 de junio de 2017 está disponible en https://assets.documentcloud.org/documents/3860393/Comey-Opening-Statement-June-8.pdf.

214 *En una celebrada conferencia de prensa del 27 de julio*: Donald J. Trump, «News Conference in Doral, Florida» [Rueda de prensa en Doral, Florida] (27 de julio de 2016). Véase Peters, G. y J. T. Woolley, The American Presidency Project: http://www.presidency.ucsb.edu/ws/?pid=118047.

214 *Más tarde tuiteó*: «Si Rusia...»: Véase: https://twitter.com/realdonaldtrump/status/758335147183788032.

214 *Al día siguiente, aseguró*: Gass, N., «Trump on Russia Hacking Comments: 'Of Course I'm Being Sarcastic'» [Trump, acerca de los comentarios sobre el hackeo de Rusia: «Claro que estoy siendo sarcástico»], *Politico* (27 de julio de 2016).

Capítulo 22

438 La información empleada en este capítulo proviene, en su mayoría, de múltiples y largas entrevistas con fuentes de primera mano.

219 *Dentro del mundo militar y de la inteligencia*: Woodward, B., *Obama's Wars* [Las guerras de Obama], Simon & Schuster, Nueva york, 2010, p. 56.

221 *Poco más de un mes después*: Véase la base de datos del Consejo de Seguridad Nacional sobre las pruebas de misiles de Corea del Norte, disponible para su descarga en http://www.nti.org/analysis/articles/cns-north-korea-missile-test-database/.

221 *Esa misma tarde, McMaster presidió*: Reseña del autor de las notas contemporáneas de un participante.

223 *Menos de dos meses después*: Ye Hee Lee, M., «North Korea's Latest Nuclear Test Was So Powerful It Reshaped the Mountain Above It» [La última prueba nuclear de Corea del Norte fue tan potente que cambió la forma de la montaña que estaba encima], *The Washington Post* (4 de septiembre de 2017).

223 *Durante la campaña, el 10 de febrero*: Stevens, M., «Trump and Kim Jong Un, and the Names They've Called Each Other» [Trump y Kim Jong-un, y lo que se han llamado el uno al otro], *The New York Times* (9 de marzo de 2018).

225 *Fue capturado nueve meses después*: Sadam Husein fue juzgado por crímenes contra la humanidad, declarado culpable y ahorcado tres años después.

227 *Del 17 al 19 de octubre de 2017*: Cenciotti, D., «Here Are Some Interes-

ting Details About the Way U.S. B-2 Bombers Trained Over the U.S. to Strike North Korea» [Aquí hay algunos detalles interesantes de cómo los bombarderos B-2 de Estados Unidos llevaron a cabo simulacros en suelo estadounidense para atacar Corea del Norte], *The Aviationist* (30 de octubre de 2017).

228 *Esta pregunta se hacía eco*: Blitzer, W., «Search for the 'Smoking Gun'» [En busca de la «prueba irrefutable»], CNN (10 de enero de 2003).

230 *La migración en cadena, conocida formalmente*: Kandel, W. A., «U.S. Family-Based Immigration Policy» [La política de inmigración de Estados Unidos basada en las familias], Servicio de Investigación del Congreso (9 de febrero de 2018). Véase: https://fas.org/sgp/crs/home-sec/R43145.pdf.

230 *Dos tercios (el 68 por ciento)*: Ibíd.

Capítulo 23

La información empleada en este capítulo proviene, en su mayoría, de múltiples y largas entrevistas con fuentes de primera mano.

236 *El 27 de abril, Gary Cohn reunió a los directores*: Reseña del autor de las notas contemporáneas de un participante.

238 *En una aparición en los jardines de la Casa Blanca*: Trump, «Remarks Announcing United States Withdrawal from the United Nations Framework Convention on Climate Change Paris Agreement» [Declaraciones en las que anunciaba la retirada de Estados Unidos del Acuerdo de París, la convención marco de las Naciones Unidas sobre cambio climático] (1 de junio de 2017). Véase Peters, G. y J. T. Woolley, The American Presidency Project: http://www.presidency.ucsb.edu/ws/?pid=125881.

239 *El 15 de junio de 2017, el* Washington Post: Horwitz, S., M. Zapotosky y A. Entous, «Special Counsel Is Investigating Jared Kushner's Business Dealings» [Un consejo especial está investigando las relaciones comerciales de Jared Kushner], *The Washington Post* (15 de junio de 2017).

239 *Priebus continuó diciéndole a Trump*: A principios de 2018, la acreditación de seguridad de alto secreto provisional de Jared fue revocada mientras el FBI continuaba con una investigación de antecedentes muy agresiva. Finalmente, en mayo, el FBI otorgó a Jared una acreditación de seguridad de alto secreto permanente, lo cual sugería que sus problemas con el consejo especial habían terminado y suponía un giro inesperado a su favor.

Capítulo 24

La información empleada en este capítulo proviene, en su mayoría, de múltiples y largas entrevistas con fuentes de primera mano.

243 *Durante el fin de semana del 8 y el 9 de julio*: El primer artículo, escrito por Becker J., M. Apuzzo y A. Goldman, «Trump Team Met with

Lawyer Linked to Kremlin During Campaign» [El equipo de Trump se reunió con un abogado relacionado con el Kremlim durante la campaña], *The New York Times* (8 de julio de 2017). El segundo, escrito por los mismos periodistas, era «Trump's Son Met with Russian Lawyer After Being Promised Damaging Information on Clinton» [El hijo de Trump se reunió con un abogado ruso después de que prometiera proporcionarle información que perjudicara a Clinton], *The New York Times* (9 de julio de 2017).

243 *El 17 de julio, Trump tuiteó*: Véase: ttps://twitter.com/realdonaldtrump/status/886950594220568576.

244 *McGahn, Priebus y el personal del vicepresidente*: Documento obtenido por el autor.

245 *El 20 de julio, Bloomberg soltó*: Farrell, G. y C. Berthelsen, «Mueller Expands Probe to Trump Business Transactions» [Mueller extiende la investigación a las transacciones comerciales de Trump], Bloomberg (20 de julio de 2017).

248 *En un estudio llevado a cabo por el Pentágono*: Vanden Brook, T., «Military Tells Transgender Troops They Can Still Serve and Get Medical Treatment Until Further Notice» [El Ejército dice que, hasta nuevo aviso, los soldados transgénero pueden continuar en el servicio y recibir tratamiento médico], *USA Today* (27 de julio de 2017). Véase: https://www.rand.org/content/dam/rand/pubs/research_briefs/RB9 900/RB9909/RAND_RB9909.pdf.

249 *«Después de consultar con mis generales»*: Véase: https://twitter.com/realdonaldtrump/status/890193981585444864.

249 *En los dos tuits publicados a continuació*n: Véase: https://twitter.com/realdonaldtrump/status/890196164313833472 y https://twitter.com/realdonaldtrump/status/890197095151546369.

249 *La confusión se extendió*: Shane III, L. y T. Copp, «Trump Says Transgender Troops Can't Serve in the Military» [Trump dice que los soldados transgénero no pueden servir en el Ejército], Military Times (26 de julio de 2017).

249 *Sarah Huckabee Sanders, la representante de Trump*: «Press Briefing by Press Secretary Sarah Sanders» [Rueda de prensa de la secretaria de Prensa Sarah Sanders], la Casa Blanca (26 de julio de 2017).

249 *Varios oficiales de la Casa Blanca*: Bade, R. y J. Dawsey, «Inside Trump's Snap Decision to Ban Transgender Troops» [Los entresijos de la repentina decisión de Trump de excluir a los soldados transgénero], *Politico* (26 de julio de 2017).

250 *El comandante de los guardacostas*: Kenning, C., «Retired Military Officers Slam Trump's Proposed Transgender Ban» [Oficiales veteranos del Ejército critican severamente la propuesta de exclusión de personas transgénero], Reuters (1 de agosto de 2017).

250 *Dunford envió una carta*: Kheel, R., «Joint Chiefs: No Change in Transgender Policy Until Trump Sends Pentagon Direction» [Jefes del Estado Mayor: no habrá un cambio en la política transgénero hasta que Trump envíe la orden al Pentágono], *The Hill* (27 de julio de 2017).

250 *Más adelante, la Casa Blanca envió*: Sisk, R., «Pentagon Ready to Accept Transgender Recruits Starting Jan. 1» [El Pentágono está preparado para aceptar reclutas transgénero a partir del 1 de enero], Military.com (30 de diciembre de 2017).

Capítulo 25

La información empleada en este capítulo proviene, en su mayoría, de múltiples y largas entrevistas con fuentes de primera mano.

252 *Había publicado un par de tuits*: Véase: https://twitter.com/realdonaldtrump/status/880408582310776832; https://twitter.com/realdonaldtrump/status/880410114456465411.

253 *Tras el tuit sobre Mika*: Thrush, G. y M. Haberman, «Trump Mocks Mika Brzezinski; Says She Was 'Bleeding Badly from a Face-Lift'» [Trump se burla de Mika Brzezinski; dice que estaba «perdiendo sangre por un estiramiento facial»], *The New York Times* (29 de junio de 2017).

254 *Trump quería escapar*: Miller, G., J. Vitkovskaya y R. Fischer-Baum, «'This Deal Will Make Me Look Terrible': Full Transcripts of Trump's Calls with Mexico and Australia» [«Este acuerdo me hará quedar fatal»: Transcripciones completas de las conversciones telefónicas de Trump con Méjico y Australia], *The Washington Post* (3 de agosto de 2017).

254 *En la que Trump decía*: «Es un mal momento»: *Ibíd.*

255 *Estaba pasando sus pensamientos a mano*: Documento obtenido por el autor.

Capítulo 26

La información empleada en este capítulo proviene, en su mayoría, de múltiples y largas entrevistas con fuentes de primera mano.

257 *Justo la semana anterior*: Finn, T., «U.S., Qatar Sign Agreement on Combating Terrorism Financing» [EE. UU. y Catar firman acuerdo para combatir la financiación al terrorismo], Reuters (10 de julio de 2017).

257 *En una rueda de prensa en Catar*: *Ibíd.*

258 *Priebus, en un mayúsculo esfuerzo*: Reseña del autor de las notas contemporáneas de un participante.

260 *El miércoles 19 de julio de 2017*: Baker, P., M. S. Schmidt y M. Haberman, «Citing Recusal, Trump Says He Wouldn't Have Hired Sessions» [Citando la recusación, Trump dice que no hubiese contratado a Sessions], *The New York Times* (19 de julio de 2017).

261 *Dos días después, en Twitter*: Véase: https://twitter.com/realdonaldtrump/status/889467610332528641.

261 *En una entrevista con el* Wall Street Journal: Bender, M. C., «Trump Won't Say if He Will Fire Sessions» [Trump se niega a decir si despedirá a Sessions], *The Wall Street Journal* (25 de julio de 2017).

263 *El 24 de julio, Kushner publicó*: Karni, A., «Kushner Defends His Russia

Contacts: 'I Did Not Collude'» [Kushner defiende sus contactos con Rusia: «No hubo confabulación»], *Politico* (24 de julio de 2017).

263 *Graham dijo que Sessions*: Savransky, R., «Graham Defends Sessions: Trump Tweets 'Highly Inappropriate'» [Graham defiende a Sessions: Trump tuitea «Muy inapropiado»], *The Hill* (25 de julio de 2017).

263 *Pero Priebus convenció al presidente*: Whipple, C., «'Who Needs a Controversy over the Inauguration?' Reince Priebus Opens Up About His Six Months of Magical Thinking» [«¿Quién necesita que haya polémica con la inauguración?» Reince Priebus se sincera sobre sus seis meses de pensamientos mágicos], *Vanity Fair* (marzo de 2018).

Capítulo 27

La información empleada en este capítulo proviene, en su mayoría, de múltiples y largas entrevistas con fuentes de primera mano.

265 *Priebus convocó una reunión con todos los altos cargos*: Reseña del autor de las notas contemporáneas de un participante.

270 *«Todos están ganando dinero», dijo Trump*: El acuerdo nuclear de 2015 supuso un tiempo de bonanza para los países de la Unión Europea. Las exportaciones de Irán para la UE aumentaron el año 2016 en un impresionante 347 por ciento con respecto al año anterior. (Fuente: Servicio de Investigaciones del Congreso, 25 de octubre de 2017). Una empresa francesa firmó un acuerdo de gas de 4,7 mil millones de dólares.

271 *Trump recordaba que el General*: Las siglas MOAB vienen del inglés Massive Ordnance Air Blast (munición masiva de explosión aérea en castellano).

274 *Trump abandonó la reunión*: Fabian, J., «In-Town Pool Report #2—Troop Greeting & Another Comment on Afghan» [Informe en la ciudad N.º 2], 14.51 horas (20 de julio de 2017). Véase: http://www.presidency.ucsb.edu/report.php?pid=2357.

275 *Un alto cargo de la Casa Blanca*: Reseña del autor de las notas contemporáneas de un participante.

Capítulo 28

La información empleada en este capítulo proviene, en su mayoría, de múltiples y largas entrevistas con fuentes de primera mano.

279 *Les contó que, a las 6:03 de la mañana*: Véase: https://twitter.com/realdonaldtrump/status/889788202172780544.

281 *En noviembre de 2017*: Trump, «The President's News Conference with Prime Minister Shinzo Abe of Japan in Tokyo, Japan» [La rueda de prensa del presidente con el primer ministro Shinzo Abe de Japón en Tokio, Japón] (6 de noviembre de 2017). Véase: Peters, G. y J. T. Woolley, The American Presidency Project: http://www.presidency.ucsb.edu/ws/?pid=128510.

281 *El 22 de diciembre, las votaciones quedaron 15 a 0*: Gladstone, R. y D. E. Sanger, «Security Council Tightens Economic Vise on North Korea, Blocking Fuel, Ships and Workers» [El Consejo de Seguridad endurece las medidas económicas sobre Corea del Norte, bloquea combustible, buques y trabajadores], *The New York Times* (22 de diciembre de 2017).

283 *«Reince es un puto esquizofrénico paranoide»*: Lizza, R., «Anthony Scaramucci Called Me to Unload About White House Leakers, Reince Priebus and Steve Bannon» [Anthony Scaramucci me llamó para contármelo todo sobre los que filtran información en la Casa Blance, Reince Priebus y Steve Bannon], *The New Yorker* (27 de julio de 2017).

284 *Comprobó la última actualización*: Véase: https://twitter.com/realdonaldtrump/status/891038014314598400.

285 *Kelly afirmó en un comunicado*: Lima, C., «Kelly 'Honored' to Serve as White House Chief of Staff» [A Kelly le «honra» servir como jefe del Estado Mayor de la Casa Blanca], *Politico* (28 de julio de 2017).

Capítulo 29

La información empleada en este capítulo proviene, en su mayoría, de múltiples y largas entrevistas con fuentes de primera mano.

288 *A la una de la tarde en Fox*: Véase la entrevista con la portavoz en YouTube en https://youtu.be/UshUxz7Lt0w.

288 *A la 1:19 horas, Trump tuiteó*: Véase: https://twitter.com/realdonaldtrump/status/896420822780444672.

289 *Después, por la tarde*: Trump, «Remarks on Signing the VA Choice and Quality Employment Act of 2017 in Bedminster, New Jersey» [Comentarios sobre la firma de la Ley de elección y calidad de empleo para veteranos de 2017 en Bedminster, Nueva Jersey] (12 de agosto de 2017). Véase Peters, G. y J. T. Woolley, The American Presidency Project: http://www.presidency.ucsb.edu/ws/?pid=128032; y reseña del autor de las notas contemporáneas de un participante.

289 *«Es muy importante para la nación»*: Phillips, K., «Trump Didn't Call Out White Supremacists. He Was Rebuked by Members of His Own Party» [Trump no hizo referencia a los supremacistas blancos. Miembros de su propio partido le reprendieron], *The Washington Post* (13 de agosto de 2017).

289 *«Señor presidente, debemos llamar al mal por su nombre»*: Ibíd.

289 *«Mi hermano no dio la vida enfrentándose a Hitler»*: Ibíd.

289 *En una declaración, el senador John McCain*: Ibíd.

289 *El presidente de la Cámara de Representantes Paul Ryan tuiteó*: Ibíd.

290 *Mitt Romney tuiteó*: Ibíd.

290 *El senador republicano Lindsey Graham apareció*: Transcripción del noticiario Fox News Sunday, Fox News (13 de agosto de 2017).

290 *El vicepresidente Pence añadió*: Rucker, P., «Pence: 'We Have No Tolerance for . . . White Supremacists, Neo-Nazis or the KKK'» [Pence: «No

tenemos ninguna tolerancia por los supremacistas blancos, los neonazis o el Ku Klux Klan»), *The Washington Post* (13 de agosto de 2017).

292 *Poco después de las 12:30 del mediodía*: Trump, «Remarks on the Situation in Charlottesville, Virginia» [Comentarios sobre la situación en Charlottesville, Virginia] (14 de agosto de 2017). Véase Peters, G. y J. T. Woolley, The American Presidency Project: http://www.presidency.ucsb. edu/ws/?pid=128019.

294 *Rob O'Neill, antiguo líder del 6º Equipo SEAL de la Marina*: «Trump Condemns Hate Groups Amid Uproar over Initial Response» [Trump condena a los grupos racistas entre el escándalo ante su respuesta inicial], transcripción del noticiario Fox News (14 de agosto de 2017).

Capítulo 30

La información empleada en este capítulo proviene, en su mayoría, de múltiples y largas entrevistas con fuentes de primera mano.

295 *En la rueda de prensa*: Trump, «Remarks on Infrastructure and an Exchange with Reporters in New York City» [Comentarios sobre infraestructura y un intercambio con periodistas en la ciudad de Nueva York] (15 de agosto de 2017). Véase Peters, G. y J. T. Woolley, The American Presidency Project: http://www.presidency.ucsb.edu/ws/?pid=126765.

296 *David Duke, el conocido exlíder del Ku Klux Klan*: Véase: https://twitter.com/drdaviddduke/status/897559892164304896.

296 *Los líderes de cada cuerpo del Ejército*: Watson, B., «How U.S. Military Leaders Are Reacting to Charlottesville» [Las reacciones de los líderes militares estadounidenses a Charlottesville], *Defense One* (16 de agosto de 2017).

296 *En la emisora CBS, el presentador Stephen Colbert*: Yahr, E., «'Clinically Insane,' '7th Circle of Hell': Late-Night Hosts Process Trump's News Conference» [«Clínicamente loco», «El 7º círculo del infierno»: presentador de programa de noche procesa la rueda de prensa de Trump], *The Washington Post* (16 de agosto de 2017).

297 *Kenneth Frazier, el presidente de Merck*: McCaskill, N. D., «Trump Attacks Merck CEO for Quitting Manufacturing Council over Charlottesville» [Trump ataca al presidente de Merck por no renunciar a un consejo industrial por Charlottesville], *Politico* (14 de agosto de 2017).

297 *Al dimitir, Frazier anunció en un comunicado*: Ibíd.

298 *Trump, a quien todavía le hervía la sangre, atacó de nuevo*: Ibíd.

298 *El martes 15 de agosto Trump tuiteó*: Véase: https://twitter.com/realdonaldtrump/status/897478270442143744.

298 *Trump se anticipó a nuevas dimisiones*: Véase: https://twitter.com/realdonaldtrump/status/897869174323728385.

298 *El viernes 18 de agosto*: Reseña del autor de las notas contemporáneas de un participante.

300 *El lunes, Cohn se presentó*: Ibíd.

301 *Mnuchin había publicado una declaración*: «Statement by U.S. Treasury

Secretary Steven T. Mnuchin» [Declaración del secretario del Tesoro Steven T. Mnuchin], Departamento del Tesoro (19 de agosto de 2017).

302 *Cohn optó por dar a conocer su punto de vista*: «Transcript: Gary Cohn on Tax Reform and Charlottesville» [Transcripción: Gary Cohn habla de la reforma fiscal y de Charlottesville], *Financial Times* (25 de agosto de 2017).

Capítulo 31

La información empleada en este capítulo proviene, en su mayoría, de múltiples y largas entrevistas con fuentes de primera mano.

304 *El senador republicano Bob Corker*: «Republican Senator Says Trump Yet to Demonstrate Needed Stability» [Senador republicano dice que Trump aún no ha demostrado la estabilidad necesaria], Reuters (17 de agosto de 2017).

304 Y Politico *había publicado una larga historia*: Cook, N. y J. Dawsey, «'He Is Stubborn and Doesn't Realize How Bad This Is Getting'» [«Es testarudo y no se da cuenta de lo mal que se está poniendo esto»], *Politico* (16 de agosto de 2017).

304 *«El presidente Trump, al preguntar»*: Peters, J. W., J. Martin y J. Healy, «Trump's Embrace of Racially Charged Past Puts Republicans in Crisis» [Trump acepta pasado de tensiones raciales, pone a los republicanos en crisis], *The New York Times* (16 de agosto de 2017).

304 *El vicepresidente Mike Pence*: Véase: https://twitter.com/vp/status/896 471461669605376.

311 *«Extraoficialmente», informó Trump*: Reseña del autor de las notas contemporáneas de un participante.

311 *Bannon acababa de conceder una entrevista*: Kuttner, R., «Steve Bannon, Unrepentant» [Steve Bannon, impenitente], The American Prospect (16 de agosto de 2017).

311 *Un discurso sobre la estrategia en Afganistán*: Trump, «Address to the Nation on United States Strategy in Afghanistan and South Asia from Joint Base Myer-Henderson Hall, Virginia» [Discurso a la nación sobre la estrategia de Estados Unidos en Afganistán y Asia del Sur desde el vestíbulo de la base de Fort Myer-Henderson, Virginia] (21 de agosto de 2017). Véase Peters, G. y J. T. Woolley, The American Presidency Project: http://www.presidency.ucsb.edu/ws/?pid=126842.

312 *John McCain comentó*: «McCain on the New Strategy for Afghanistan» [McCain habla de la nueva estrategia en Afganistán] (21 de agosto de 2017).

312 *Senador demócrata y compañero de campaña de Clinton*: «Kaine: U.S. Must Be 'Invested' in Afghanistan» [Kaine: EE. UU. debe «invertir» en Afganistán], *Talking Points Memo* (21 de agosto de 2017).

312 *Se dirigió a los talibanes*: Blake, A., «Rex Tillerson Totally Undercut Trump's 'We Will Win' Rhetoric on Afghanistan» [Rex Tillerson socavó por completo la retórica de «ganaremos» de Trump en Afganistán], *The Washington Post* (22 de agosto de 2017).

Capítulo 32

La información empleada en este capítulo proviene, en su mayoría, de múltiples y largas entrevistas con fuentes de primera mano.

317 *Trump tenía entre sus manos*: Documento obtenido por el autor.

319 *Trump se reunió con un grupo de personas:* Reseña del autor de las notas contemporáneas de un participante.

320 *El presidente anunció el fin*: Shear, M. D. y J. Hirschfeld Davis, «Trump Moves to End DACA and Calls on Congress to Act» [Trump quiere acabar con el DACA y pide al Congreso que actúe], *The New York Times* (5 de septiembre de 2017).

320 *Dos días después, intentó tranquilizar:* Véase: https://twitter.com/realdonaldtrump/status/905788459301908480.

Capítulo 33

La información empleada en este capítulo proviene, en su mayoría, de múltiples y largas entrevistas con fuentes de primera mano.

325 *Finalmente, el presidente accedió a firmar*: Trump, «Memorandum on Addressing China's Laws, Policies, Practices, and Actions Related to Intellectual Property, Innovation, and Technology» [Documento sobre las leyes, políticas, prácticas y acciones de China relacionadas con propiedad intelectual, innovación y tecnología] (14 de agosto de 2017). Véase Peters, G. y J. T. Woolley, The American Presidency Project: http://www.presidency.ucsb.edu/ws/?pid=128023.

326 *En sus comentarios públicos, manifestó*: Trump, «Remarks on Signing a Memorandum on Addressing China's Laws, Policies, Practices, and Actions Related to Intellectual Property, Innovation, and Technology and an Exchange with Reporters [Comentarios sobre la firma de un documento que aborda las leyes, políticas, prácticas y acciones de China relacionadas con propiedad intelectual, innovación y tecnología] (14 de agosto de 2017). Véase Peters, G. y J. T. Woolley, The American Presidency Project: http://www.presidency.ucsb.edu/ws/?pid=128022. Trump hizo esos comentarios el 14 de agosto, el mismo que día que habló por segunda vez sobre Charlottesville. El discurso sobre Charlottesville fue a las 12:40 y los comentarios sobre China fueron a las 15:06.

331 *Kelly se decidió a tomar el control*: Reseña del autor de las notas contemporáneas de un participante.

Capítulo 34

La información empleada en este capítulo proviene, en su mayoría, de múltiples y largas entrevistas con fuentes de primera mano.

333 *En mayo comentó que*: Parker, A. y A. Gearan, «President Trump Says

He Would Be 'Honored' to Meet with North Korean Dictator» [El presidente Trump dice que «sería un honor» reunirse con el dictador norcoreano], *The Washington Post* (1 de mayo de 2017).

333 *En agosto comunicó a la prensa*: Trump, «Remarks Prior to a Briefing on the Opioid Crisis and an Exchange with Reporters in Bedminster, New Jersey» [Comentarios previos a una sesión informativa sobre la crisis de los opiáceos e intercambio con periodistas en Bedminster, Nueva Jersey] (8 de agosto de 2017). Véase Peters, G. y J. T. Woolley, The American Presidency Project: http://www.presidency.ucsb.edu /ws/?pid=127991.

334 *El presidente resumió su postura*: «Excerpts from Trump's Interview with the *Times*» [Extractos de la entrevista de Trump con el *Times*], entrevista realizada por Schmidt, M. S., *The New York Times* (28 de diciembre de 2017).

335 *El 19 de septiembre del 2017, el presidente: Trump*: «Remarks to the United Nations General Assembly in New York City» [Comentarios a la Asamblea General de las Naciones Unidas en la ciudad de Nueva York] (19 de septiembre de 2017). Véase Peters, G. y J. T. Woolley, The American Presidency Project: http://www.presidency.ucsb.edu/ws/?pid=128326.

335 *Kim contraatacó tres días después*: «Full Text of Kim Jong-Un's Response to President Trump» [Texto completo de la respuesta de Kim Jong-Un al presidente Trump], *The New York Times* (22 de septiembre de 2017).

335 *En un tuit del 23 de septiembre*: Véase: https://twitter.com/realdonaldtrump/status/911789314169823232.

336 *Durante semanas, Tillerson había estado anunciando*: John A. y M. Niquette, «Tillerson Vows 'Peaceful Pressure Campaign' Against North Korea» [Tillerson aboga por una «campaña de presión pacífica» contra Corea del Norte], Bloomberg (17 de septiembre de 2017).

337 *El 1 de octubre, meses después de que Tillerson*: Véase: https://twitter.com/realdonaldtrump/status/914497877543735296; https://twitter.com/realdonaldtrump/status/914497947517227008.

337 *En noviembre, Trump vio en Fox News a Chris Crane*: Véase la carta de Crane en la que habla de las quejas por parte de los agentes del Servicio de Inmigración y Control de Aduanas de los Estados Unidos en https://jicreport.com/wp-content/uploads/2017/11/POTUS-Ltr-11_13_2017.pdf.

338 *Su candidatura fue presentada en el Senado*: Parker, A. y M. Zapotosky, «Trump Taps Kirstjen Nielsen to Lead Department of Homeland Security» [Trump nombra a Kirstjen Nielsen para que dirija el Departamento de Seguridad Nacional], *The Washington Post* (11 de octubre de 2017).

338 *El presidente vio que la comentarista de Fox News*: Restuccia, A. y E. Johnson, «Advisers Bad-Mouth Nielsen as a 'Never Trumper'» [Los asesores hablan mal de Nielsen por «no apoyar nunca a Trump»], *Politico* (11 de mayo de 2018).

338 *Durante su audiencia de confirmación*: Ibíd.

339 *Kelly apareció en el programa de Bret Baier*: Tatum, S., «Kelly on Immigration: Trump 'Has Changed the Way He's Looked at a Number of Things'» [Kelly sobre inmigración: Trump «ha cambiado su forma de ver varias cosas»], CNN (17 de enero de 2018).

340 «*He hablado con el presidente*»: Reseña del autor de las notas contemporá

340 «*Soy el único que protege al presidente de la prensa*»: Ibíd.

341 *Durante una pequeña reunión en su despacho*: Ibíd.

Capítulo 35

La información empleada en este capítulo proviene, en su mayoría, de múltiples y largas entrevistas con fuentes de primera mano.

345 *Cohn sabía que era una locura*: Una copia filtrada de la declaración de la renta de Trump en 2005 mostraba que había pagado 38 millones de dólares por más de 150 millones de dólares en ingresos durante ese año; una tasa de un 25 por ciento. El documento se encuentra disponible en https:// www.nytimes.com/interactive/2017/03/14/us/politics/documen t-Donald-Trump-2005-Tax.html.

348 *Según se intensificaban las negociaciones sobre impuestos*: Mohsin, S., «Mnuchin Crosses the U.S. Trying to Sell the GOP Tax Plan» [Mnuchin cruza Estados Unidos tratando de vender el plan de impuestos del Partido Republicano], Bloomberg (16 de noviembre de 2017).

348 *Durante la campaña presidencial de 2012*: Moorhead, M., «Mitt Romney Says 47 Percent of Americans Pay No Income Tax» [Mitt Romney dice que un 47 por ciento de los norteamericanos no pagan impuestos sobre las rentas], PolitiFact (18 de septiembre de 2012).

349 *Mientras que el 44 por ciento:* Williams, R. C.: «A Closer Look at Those Who Pay No Income or Payroll Taxes» [Una mirada cercana a los que no pagan impuestos sobre las rentas o los salarios], Tax Policy Center (11 de julio de 2016).

349 *Sus ingresos eran tan bajos*: En 2013, el Crédito Tributario por Ingreso del Trabajo (EITC, por sus siglas en inglés) costó a la tesorería estadounidense 63.000 millones de dólares, según PolitiFact. El Crédito Tributario por Hijos costó 57.000 millones de dólares en 2013 según el Comité para el Presupuesto Federal Responsable (CRFB, por sus siglas en inglés).

351 *La reforma, sin embargo, también reduciría los impuestos*: Gleckman, H., «How the Tax Cuts and Jobs Act Evolved» [Cómo evolucionaron las bajadas de impuestos y la ley de trabajo], Tax Policy Center (28 de diciembre de 2017).

352 *Trump junto a los líderes republicanos lo celebraron*: Trump, «Remarks on Congressional Passage of Tax Reform Legislation» [Observaciones sobre el paso por el Congreso de la legislación de reforma de impuestos] (20 de diciembre de 2017). Véase Peters, G. y J. T. Woolley, The American Presidency Project: http://www.presidency.ucsb.edu/ws/?pid=129018.

Capítulo 36

La información empleada en este capítulo proviene, en su mayoría, de múltiples y largas entrevistas con fuentes de primera mano.

353 *En una extensa declaración, en vez de en un tuit*: Trump, «Statement on Former White House Chief Strategist Stephen K. Bannon» [Declaración sobre el antiguo estratega jefe de la Casa Blanca Stephen K. Bannon»], (3 de enero de 2018). Véase Peters, G. y J. T. Woolley, The American Presidency Project: http://www.presidency.ucsb.edu/ws/?pid=128962.

353 *Bannon estaba horrorizado por*: La Estrategia de Seguridad Nacional (NSS, por sus siglas en inglés) puede consultarse *online* en https://www.whitehouse.gov/wp-content/uploads/2017/12/NSS-Final-12-18-2017-0905.pdf.

355 *Especialmente molesta le resultó a Bannon*: Trump, «Remarks and a Question and Answer Session at the World Economic Forum in Davos, Switzerland» [Reflexiones y una sesión de preguntas y respuestas en el Foro Económico Mundial en Davos, Suiza»], (26 de enero de 2018). Véase Peters, G. y J. T. Woolley, The American Presidency Project: http://www.presidency.ucsb.edu/ws/?pid=128980.

355 *El titular que sacó el* New York Times *de esto*: Goodman, P. S. y K. Bradsher, «Trump Arrived in Davos as a Party Wrecker. He Leaves Praised as a Pragmatist» [Trump llega a Davos como un aguafiestas y se marcha con elogios como pragmatista], *The New York Times* (26 de enero de 2018).

356 *«Esto no es una simple amenaza»*: Baker, P. y M. Tacket, «Trump Says His 'Nuclear Button' Is 'Much Bigger' Than North Korea's» [Trump dice que su «botón nuclear» es «mucho más grande» que el de Corea del Norte», *The New York Times* (2 de enero de 2018).

356 *Tras leer el Informe Presidencial de Inteligencia del día 2 de enero*: Reseña del autor de las notas contemporáneas de un participante.

357 *Esa misma tarde, el presidente escribió un tuit en el que se burlaba*: Peter Baker y Michael Tackett, «Trump Says His 'Nuclear Button' Is 'Much Bigger' Than North Korea's» [Trump dice que su «botón nuclear» es «mucho más grande» que el de Corea del Norte], *The New York Times* (2 de enero de 2018).

357 *Enseguida en la cuenta del* Washington Post *apareció*: Véase: https://twitter.com/washingtonpost/status/948380549156098052.

357 *Colin Kahl, antiguo asesor de Obama*: Véase: https://twitter.com/colinkahl/status/948395216213626881.

357 *Otros recordaron la frase que Hillary Clinton*: Clinton, H., «Address Accepting the Presidential Nomination at the Democratic National Convention in Philadelphia, Pennsylvania» [Sobre aceptar la nominación presidencial en la Convención Nacional Demócrata de Filadelfia, Pensilvania] (28 de julio de 2016). Véase Peters, G. y J. T. Woolley, The American Presidency Project: http://www.presidency.ucsb.edu/ws/?pid=118051.

357 *Un periodista del conservador* Washington Examiner: Rogan, T., «Trump's 'Nuclear Button' Tweet About North Korea Was Good» [El tuit del botón nuclear de Trump sobre Corea del Norte fue bueno], *Washington Examiner* (3 de enero de 2018).

358 *El 3 de diciembre, antes de la batalla verbal entre Trump y Kim*: «Transcript: Sen. Lindsey Graham on 'Face the Nation'» [Transcripción: Sen. Lindsey Graham sobre «enfrentarse a la nación»] (3 de diciembre de 2018).

Capítulo 37

La información empleada en este capítulo proviene, en su mayoría, de múltiples y largas entrevistas con fuentes de primera mano.

362 *McMaster convocó una reunión del Consejo de Seguridad Nacional*: Reseña del autor de las notas contemporáneas de un participante.
365 *Cuando descubrí los detalles*: Entrevista con el presidente Barack H. Obama (10 de julio de 2010).

Capítulo 38

La información empleada en este capítulo proviene, en su mayoría, de múltiples y largas entrevistas con fuentes de primera mano.

367 *El presidente de Azerbaiyán, Ilham Alíyev*: «President of Azerbaijan Ilham Aliyev Met President Donald Trump» [El presidente de Azerbaiyán Ilham Alíyev conoció al presidente Donald Trump], Embajada de Estados Unidos en Azerbaiyán (21 de septiembre de 2017). https://az.usembassy. gov/president-azerbaijan-ilham-aliyev-met-president-donald-trump/.
369 *El 7 de febrero de 2018, McMaster se reunió*: Reseña del autor de las notas contemporáneas de un participante.
369 *A principios de 2018*, 60 Minutes *emitió*: «16 Years Later, Afghan Capital Under Siege» [Dieciséis años después, la capital afgana bajo asedio], *60 Minutes*, CBS (11 de enero de 2018).
371 *Durante los últimos nueve días*: Constable, P., «A String of Deadly Attacks in Afghanistan Exposes Government Weakness, Limits of U.S. Training Effort» [Una serie de ataques letales en Afganistán expone la debilidad del Gobierno y los límites del esfuerzo de entrenamiento de Estados Unidos], *The Washington Post* (29 de enero de 2018).
371 *Sobre Afganistán, Trump le dijo esto a Porter*: En abril de 2018, para ganar un voto importante y que Mike Pompeo se convirtiera en secretario de Estado, Trump le dijo esto al senador republicano por Kentucky Rand Paul. Según Paul: «El presidente me dijo una y otra vez que vamos a largarnos de aquí».

Capítulo 39

La información empleada en este capítulo proviene, en su mayoría, de múltiples y largas entrevistas con fuentes de primera mano.

374 *En un tuit, Graham dijo*: Véase: https://twitter.com/LindseyGrahamSC/ status/939988068823715842.
374 *Según Comey, le había dicho*: El testimonio de Comey del 8 de junio de 2017 para la Comisión Selecta sobre Inteligencia del Senado (SSCI, por sus siglas en inglés) está disponible en https://assets.documentcloud. org/documents/3860393/Comey-Opening-Statement-June-8.pdf.

375 *El 29 de diciembre de 2017, el tuit de Trump*: Véase: https://twitter.com/
realdonaldtrump/status/946731576687235072.

375 *El presidente convocó una reunión*: Trump, «Remarks in a Meeting with
Members of Congress on Immigration Reform and an Exchange with
Reporters» [Reflexiones sobre la reunión con los miembros del Congreso
para la reforma de la inmigración y un intercambio con los periodistas]
(9 de enero de 2018). Véase Peters, G. y J. T. Woolley, The American Presidency Project: http://www.presidency.ucsb.edu/ws/?pid=128934.

376 *En una declaración, dijo con entusiasmo*: Véase: https://twitter.com/Lin
dseyGrahamSC/status/950800026401492992.

376 *En el* New York Times: «Trump parece...»: Hirschfeld Davis, J. y S. Gay
Stolberg, «Trump Appears to Endorse Path to Citizenship for Millions of
Immigrants» [Trump parece apoyar el camino a la ciudadanía de millo-
nes de inmigrantes], *The New York Times* (9 de enero de 2018).

376 *En el* Washington Post: «En la mesa...»: Parker, A. y P. Rucker: «55 Minutes at the Table: Trump Tries to Negotiate and Prove Stability» [55
minutos en la mesa: Trump trata de negociar y demostrar estabilidad],
The Washington Post (9 de enero de 2018).

378 *Durbin opinó en público*: Byrne, J. y K. Skiba, «Sen. Dick Durbin: President Trump Used 'Hate-Filled, Vile and Racist' Language in Immigration
Meeting» [El senador Dick Durbin: el presidente Trump usó lenguaje
«lleno de odio, vil y racista» en la reunión de inmigración], *Chicago Tri-
bune* (12 de enero de 2018); Dawsey, J., «Trump Derides Protections for
Immigrants from 'Shithole' Countries» [Trump ridiculiza la protección
para inmigrantes de países «de mierda»], *The Washington Post* (12 de
enero de 2018).

380 *El 21 de enero, Graham atacó públicamente a Miller*: Schor, E., «Graham Tees Off on Stephen Miller over Immigration» [Graham da el primer golpe a Stephen Miller por la inmigración], *Politico* (21 de enero de
2018).

380 *El viernes 23 de febrero de 2018 por la mañan*a: Trump, «Remarks at the
Conservative Political Action Conference in Oxon Hill, Maryland» [Re-
flexiones en la Conferencia sobre acción política conservadora en Oxon
Hill, Maryland] (23 de febrero de 2018). Véase Peters, G. y J. T. Woolley, The American Presidency Project: http://www.presidency.ucsb.edu/
ws/?pid=129472.

380 *Después repitió una de sus historias favoritas*: La historia es una apro-
piación de la letra del cantautor y activista negro radical Oscar Brown Jr.
que contó repetidamente durante la campaña, ante las duras críticas de
la familia Brown.

381 *Estaba en África*: Baker, P., G. Harris y M. Landler: «Trump Fires Rex Tillerson and Will Replace Him with CIA Chief Pompeo» [Trump despide
a Rex Tillerson y lo reemplazará por el jefe de la CIA Pompeo], *The New
York Times* (13 de marzo de 2018).

381 *La mañana del 13 de marzo*: Ibíd.

381 *Trump declaró a los periodistas en el Jardín Sur*: Trump, «Remarks on
the Nomination of Director of the Central Intelligence Agency Michael

R. Pompeo to Be Secretary of State, the Termination of Rex W. Tillerson as Secretary of State, and the Nomination of Gina C. Haspel to be Director of the Central Intelligence Agency and an Exchange with Reporters Upon Departure for San Diego, California» [Reflexiones sobre el nombramiento del director de la CIA Michael R. Pompeo para ser secretario de Estado, la rescisión de Rez W. Tillerson como secretario de Estado y el nombramiento de Gina C. Haspel para ser directora de la CIA y un intercambio con los periodistas al salir para San Diego, California] (13 de marzo de 2018). Véase Peters, G. y J. T. Woolley, The American Presidency Project: http://www.presidency.ucsb.edu/ws/?pid=129510.

Capítulo 40

La información empleada en este capítulo proviene, en su mayoría, de múltiples y largas entrevistas con fuentes de primera mano.

383 *«Me daría vergüenza si en Acción de Gracias la Casa Blanca...»*: Freifeld, K., «White House Lawyer Cobb Predicts Quick End to Mueller Probe» [El abogado Cobb de la Casa Blanca predice un final rápido para Mueller Probe], Reuters (18 de agosto de 2017).

384 *En diciembre se publicó una noticia*: «Mueller's Trump-Russia Investigation Engulfs Deutsche» [La investigación Trump-Rusia de Mueller engulle al Deutsche Bank], *Handelsblatt* (5 de diciembre de 2018).

388 *El 31 de marzo, Trump había tuiteado*: Véase: https://twitter.com/realdonaldtrump/status/847766558520856578.

389 *«Comey hizo un memorando diario»*: Los memorandos de Comey están disponibles en https://assets.documentcloud.org/documents/4442900/Ex-FBI-Director-James-Comey-s-memos.pdf.

Capítulo 41

La información empleada en este capítulo proviene, en su mayoría, de múltiples y largas entrevistas con fuentes de primera mano.

393 *En una reunión de enero de 2018*: Reseña del autor de notas contemporáneas de un participante.

395 *Ambas, una en la prensa y otra en la entrada de un blog*: Lee, M. J. y K. Liptak, «Former White House Aide's Ex-Wives Detail Abuse Allegations» [Exmujeres del antiguo ayudante de la Casa Blanca detallan acusaciones de abuso], CNN (8 de febrero de 2018); Holderness, C., «Rob Porter Is My Ex-Husband. Here's What You Should Know About Abuse» [Rob Porter es mi exmarido. Esto es lo que deberías saber sobre el abuso], *The Washington Post* (12 de febrero de 2018); Gans, F., «Jennifer Willoughby Called Rob Porter's Alleged Abuse 'Insidious' Last Year» [Jennifer Willoughby dijo el año pasado que el supuesto abuso de Rob Porter era «pérfido»], *Boston Globe* (10 de febrero de 2018).

395 *El* New York Times *escribió*: Haberman, M. y K. Rogers, «Abuse Claims

End Star's Rise in White House» [Denuncias de abuso acaban con una estrella en ciernes en la Casa Blanca], *The New York Times* (8 de febrero de 2016), p. A1; Rogers, K., «Aide's Clean-Cut Image Belied His Hot Temper, Former Colleagues Say» [La imagen cuidada del ayudante ocultaba su mal genio, según antiguos compañeros], *The New York Times* (20 de febrero de 2018), p. A14.

395 *En una declaración, Porter aseguró:* Dawsey, J., B. Reinhard y E. Viebeck, «Senior White House Official to Resign After Ex-Wives' Allegations of Abuse» [Alto cargo de la Casa Blanca dimite tras las acusaciones de abuso de sus exmujeres], *The Washington Post* (7 de febrero de 2018).

395 *«Las vidas de la gente están siendo destrozadas...»:* Véase: https://twitter.com/realdonaldtrump/status/962348831789797381.

395 *El consejo editorial del* Washington Post *acusó:* «The White House Shrugged Off Domestic Violence. It's Not Alone» [La Casa Blanca ignoró la violencia doméstica. No está sola], *The Washington Post* (8 de febrero de 2018); Lander, M., «Trump, Saying 'Mere Allegation' Ruins Lives, Appears to Doubt #MeToo Movement» [Trump dice que una «mera acusación» arruina la vida de la gente y parece dudar del movimiento #MeToo], *The New York Times* (10 de febrero de 2018).

396 *Más de una docena de ejecutivos se presentaron:* Trump, «Remarks at a Listening Session with Steel and Aluminum Industry Leaders and an Exchange with Reporters» [Reflexiones en una charla con los líderes de la industria del acero y el aluminio y un intercambio con los periodistas] (1 de marzo de 2018). Véase Peters, G. y J. T. Woolley, The American Presidency Project: http://www.presidency.ucsb.edu/ws/?pid=129484.

398 *«Gary Cohn dimite como consejero de Trump»:* Sink, J., J. Jacobs, D. Campbell y S. Pettypiece, «Gary Cohn to Resign as Trump Adviser After Dispute over Tariffs» [Gary Cohn dimite como consejero de Trump tras una disputa por los aranceles], Bloomberg (6 de marzo de 2018).

398 *«Gary Cohn dimite entre diferencias...»:* Paletta, D. y P. Rucker, «Gary Cohn, Trump's Top Economic Adviser, to Resign Amid Differences on Trade Policy» [Gary Cohn, principal consejero económico de Trump, dimite por las diferencias sobre la política de comercio], *The Washington Post* (7 de marzo de 2018).

398 *«Gary Cohn dimite, aparentemente por los aranceles»:* Thompson, D., «Gary Cohn Resigns, Apparently over Tariffs» [Gary Cohn dimite, aparentemente, por los aranceles], *The Atlantic* (6 de marzo de 2018).

398 *«Gary Cohn dimite como consejero económico...»:* Timiraos, N., P. Nicholas y L. Hoffman, «Gary Cohn Resigns as White House Economic Adviser After Losing Tariffs Fight» [Gary Cohn dimite como consejero económico de la Casa Blanca tras perder la batalla sobre los aranceles], *The Wall Street Journal* (6 de marzo de 2018).

399 *«Acabas de subir la apuesta inicial a 150.000 millones de dólares...»:* Davis, B., «Trump Weighs Tariffs on $100 Billion More of Chinese Goods» [Trump incrementa los aranceles a los bienes chinos en más de cien mil millones de dólares], *The Wall Street Journal* (5 de abril de 2018). Bossert y Trump se reunieron el 6 de abril de 2018.

453

401 *Bossert estaba listo, con sus puntos centrales*: «Transcript of *This Week*» [Transcripción de *This Week*], ABC News (8 de abril de 2018).

Capítulo 42

La información empleada en este capítulo proviene, en su mayoría, de múltiples y largas entrevistas con fuentes de primera mano.

407 *En la prensa citaron las palabras de Dowd y Cobb*: Schmidt, M. S., M. Apuzzo y M. Haberman, «Mueller Is Said to Seek Interviews with West Wing in Russia Case» [Se dice que Mueller busca entrevistas con el Ala Oeste sobre el caso de Rusia], *The New York Times* (12 de agosto de 2017).

407 *«Provocasteis que Flynn, Gates...»*: Herb, J., E. Perez, M. Cohen, P. Brown y S. Prokupecz, «Ex-Trump Campaign Adviser Pleads Guilty to Making False Statement» [Antiguo consejero de campaña de Trump se declara culpable de declaración falsa], CNN (31 de octubre de 2017); Johnson, C., «Rick Gates Pleads Guilty and Begins Cooperating with Mueller's Russia Investigation» [Rick Gates se declara culpable y comienza a cooperar con la investigación de Mueller sobre Rusia], NPR (23 de febrero de 2018).

408 *El equipo de Mueller, Quarles y otras tres personas más*: Las preguntas de Mueller, obtenidas por *The New York Times* en abril de 2018, se pueden leer en https://www.nytimes.com/2018/04/30/us/politics/questions-mueller-wants-to-ask-trump-russia.html.

415 *Dowd representó a Rajaratnam*: Lattman, P., «Galleon Chief Sentenced to 11-Year Term in Insider Case» [Jefe de Galleon sentenciado a once años por un caso de tráfico de información privilegiada], *The New York Times* (13 de octubre de 2011).

Créditos fotográficos

Este libro utiliza el tipo Aldus, que toma su nombre
del vanguardista impresor del Renacimiento
italiano, Aldus Manutius. Hermann Zapf
diseñó el tipo Aldus para la imprenta
Stempel en 1954, como una réplica
más ligera y elegante del
popular tipo
Palatino

Miedo. Trump en la Casa Blanca
se acabó de imprimir
un día de otoño de 2018,
en los talleres gráficos de Liberdúplex, s.l.u.
Ctra. BV-2249, km 7,4, Pol. Ind. Torrentfondo
Sant Llorenç d'Hortons (Barcelona)